학위논문과 통계분석

DISSERTATION & STATISTICAL ANALYSIS

김규태 · 권민석 · 최경민 공저

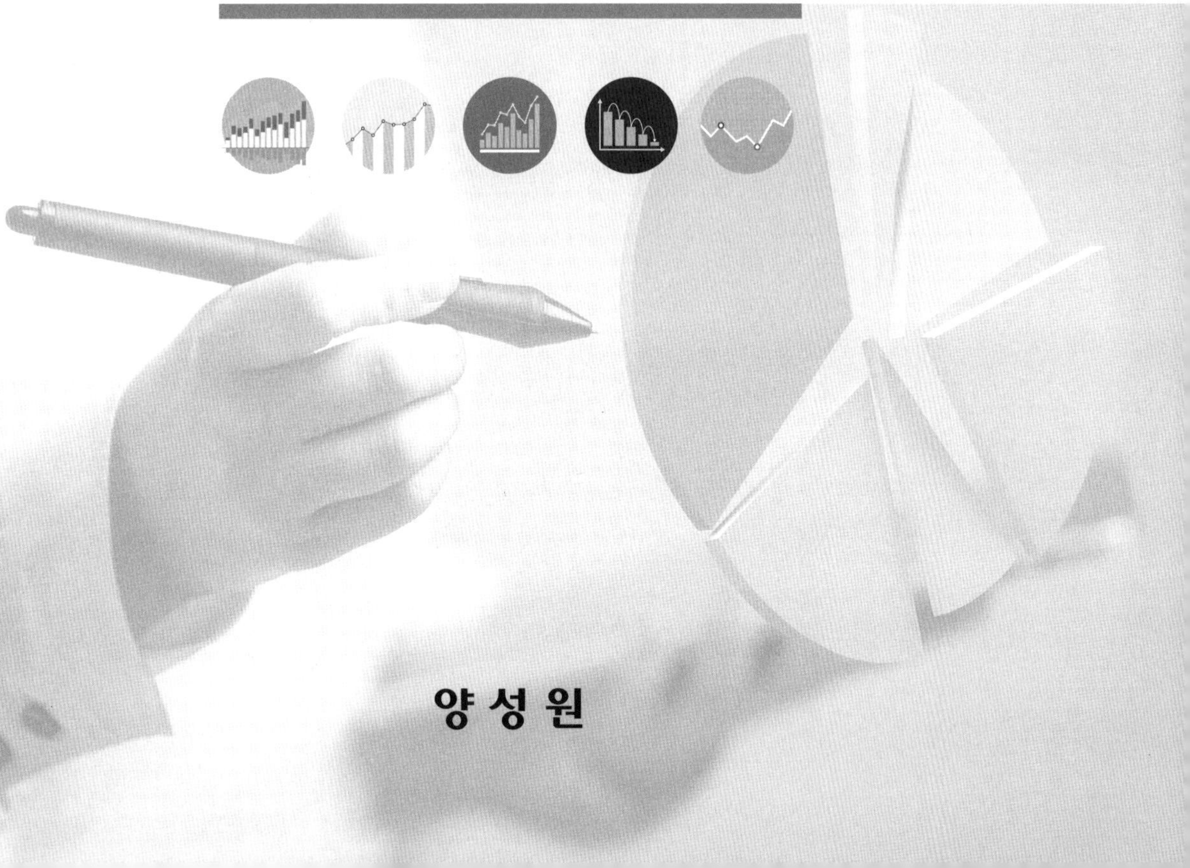

양 성 원

대학원생 여러분
논문 작성에 도전과 용기를 바라며....
학위논문을 준비 중인 모든 학생들에게 이 글을 바칩니다.

본 저서 내 통계, 실습용 파일은 도서출판 양성원 홈페이지(www.tnwpub.co.kr)에서 다운로드 가능합니다.

학위논문이란?

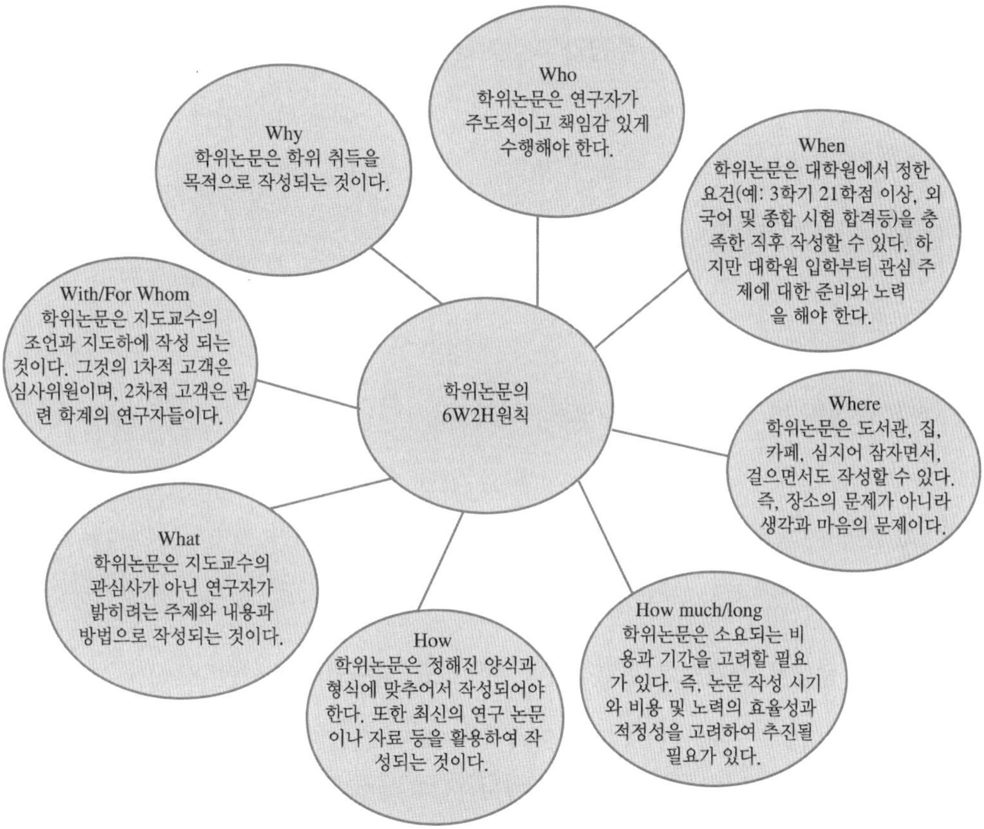
학위논문의
6W2H원칙
Who
학위논문은 연구자가
주도적이고 책임감 있게
수행해야 한다.
Why
학위논문은 학위 취득을
목적으로 작성되는 것이다.
When
학위논문은 대학원에서 정한
요건(예: 3학기 21학점 이상, 외
국어 및 종합 시험 합격등)을 충
족한 직후 작성할 수 있다. 하
지만 대학원 입학부터 관심 주
제에 대한 준비와 노력
을 해야 한다.
With/For Whom
학위논문은 지도교수의
조언과 지도하에 작성 되는
것이다. 그것의 1차적 고객은
심사위원이며, 2차적 고객은 관
련 학계의 연구자들이다.
Where
학위논문은 도서관, 집,
카페, 심지어 잠자면서,
걸으면서도 작성할 수 있다.
즉, 장소의 문제가 아니라
생각과 마음의 문제이다.
What
학위논문은 지도교수의
관심사가 아닌 연구자가
밝히려는 주제와 내용과
방법으로 작성되는 것이다.
How
학위논문은 정해진 양식과
형식에 맞추어서 작성되어야
한다. 또한 최신의 연구 논문
이나 자료 등을 활용하여 작
성되는 것이다.
How much/long
학위논문은 소요되는 비
용과 기간을 고려할 필요
가 있다. 즉, 논문 작성 시기
와 비용 및 노력의 효율성과
적정성을 고려하여 추진될
필요가 있다.

학위논문 작성 15가지 원칙

원칙 1. 한 문단에 하나의 주장과 이야기를 제시한다.

글은 문단과 문장을 기본단위로 구성된다. 핵심 주장은 한 문단에 하나씩 담는 것이 좋다. 한 문단은 주장문, 주장에 대한 설명문, 주장에 대한 이론적 근거(최소 3개 또는 그 이상), 소결로 이루어지는 것이 좋다. 만약 하나의 문단에 두 가지 이상의 내용이 포함되어 있으면 글의 초점이 분산되고 짜임새가 떨어져 독자에게 혼란을 줄 수 있다.

원칙 2. 문단은 가급적 두괄식으로 구성한다.

두괄식은 주제문(중요한 문제나 사실)을 앞에 두는 방식이다. 즉, 일반론적 진술을 한 다음 그것을 풀어서 설명하거나 증거를 제시함으로써 글을 보다 논리적이고 체계적으로 구성할 수 있으며 무엇보다도 독자의 이해를 돕는 데 효과적이다.

원칙 3. 문장은 간결하고 구체적이며 분명하고 일관되게 작성한다.

자신의 주장을 명확히 전달하기 위해서는 짧고 간결한 문장이 필수적이다. 서술이 장황해지면 실제로 훌륭한 논증을 담고 있다 하더라도 자칫 복잡하고 조잡한 글로 보이게 하며 핵심 메시지로부터 멀어질 수 있다. 또한, 자신의 주장을 명확하게 부각하기 위하여 최대한 추상적 표현을 피하고 구체적으로 작성해야 할 것이다. 문장에서 다루는 단어나 표현은 두 가지 이상의 의미로 작성되어 독자들이 애매모호하게 해석되지 않도록 해야 한다. 표현의 의미가 아주 흐릿해서 도무지 감을 잡을 수 없거나 앞뒤에서 사용한 단어나 표현이 일관되게 제시되어 있지 않다면 글의 논리성과 통일성이 낮은 글이 될 것이다.

원칙 4. 3인칭, 평어체, 표준어, 문어체로 작성되어야 한다.

문장은 1인칭 시점이나 경어체로 작성되지 않아야 하고, 사투리를 사용하지 않아야 하며, 구어체를 사용하지 말아야 한다. 즉, 문장은 3인칭, 평어체, 표준어, 문어체로 작성되어야 한다.

원칙 5. 논리적이고 적절한 사례와 근거를 제시한다.

자신의 주장에 대한 객관타당하며 적절한 증거와 근거를 인용하여 정당화하도록 해야 한다. 또는 논증을 위한 근거는 대표성 있고 공신력 있는 자료나 사례를 2가지 이상 제시하는 것이 논리적으로 타당성을 보여주는 데 좋다.

원칙 6. 서론에서는 글을 쓰는 배경과 목적을 간략하게 제시한다.

서론은 필자가 쓰고자 하는 글 전체의 길잡이로서 일반적으로 글을 쓰는 배경과 목적을 제시하는 부분이다. 서론은 필자가 글을 쓰는 배경과 목적을 분명하고 간결하게 밝힘으로 독자들이 글에 대한 흥미와 방향성을 설정하도록 돕는 것이다. 특히 서론에서 진술하는 연구의 필요성과 목적은 필자가 주장하는 바를 간략하게 요약 제시하여 글의 방향과 범위를 설정하는 기능을 한다. 독자들은 연구의 필요성과 목적을 보고 필자의 주장과 글의 방향을 분명하게 파악하여 연구논문의 구성과 전개를 예측할 수 있다.

원칙 7. 연구의 필요성과 목적은 이론적 배경에서 써야 할 내용이나 교과서를 기술하는 방식으로 작성하지 않는다.

위의 원칙 6에서 제시한 바와 같이 서론에서 기술하는 연구의 필요성과 목적은 글을 쓰는 이유나 범위를 간략하게 제시하는 역할을 한다. 따라서 여기에 이론적 배경에서 다루어야 할 내용이나 이론서처럼 작성하지 말아야 한다. 비록 논문의 성격이 변수와의 관계를 다루는 논문일지라도 말이다. 왜냐하면 서론은 자신이 논문을 쓰는 배경이나 이유 및 목적을 간결하게 밝히면서 논문의 타당성과 차별성을 제시하는 글이기 때문이다.

원칙 8. 연구문제는 이론적 배경, 연구결과, 논의 및 결론의 전개 내용과 순서를 결정한다.

연구문제는 논문의 방향과 내용을 결정하는 키잡이 역할을 한다. 연구문제의 순서대로 이론적 배경, 연구결과와 논의 및 결론을 일치시키면 논문 전개의 일관성과 통일성을 갖추어 보이게 한다. 하지만 이론적 배경의 구성은 전공별 논문 형식에 따라 다를 수 있음으로 선행연구를 참고하여 구성방식을 확인할 필요가 있다.

원칙 9. 이론적 배경은 연구의 필요성 및 목적, 내용 및 방법에 대한 타당성과 차별화를 제시하는 것이다.

이론적 배경은 단순 관련 변수의 이론을 복사, 나열, 정리하는 것이 아니라 선행연구에 기초하여 연구문제(내용), 변수의 개념과 구성요소, 변수 간의 관계, 방법 선정에 대한 입장과 논리적 근거를 체계적으로 제시하는 것이다. 다시 말해, 선행연구를 copy & paste 수준에서 인용하거나 베끼는 것이 아니라 선행연구를 기반으로 하여 자신의 연구에서 활용하는 개념, 변인, 변수 간의 관계, 연구방법에 대한 이론적, 논리적 타당성 및 차별성을 체계적으로 제시하는 것이다.

원칙 10. 일반적으로 이론적 배경에는 개념, 구성요인, 변수와의 관계, 연구대상 · 분석방법 · 척도 등을 제시한다.

- 개념: 전공도서, 학술논문, 용어의 정의 등을 활용하여 연구자가 제시한 용어의 정의나 조작적 정의를 제시한다. 반드시 참고한 문헌의 페이지를 표기해야 한다.

- 구성요인: 선행도구를 참고하여 개념적 특성이나 척도 개발 또는 조사한 척도의 요인을 제시한다. 이는 학계에서 공인타당성을 인정한 요인, 공통요인을 추출하기 위한 것이다. 연구자별 요인을 표로 작성하여 제시하는 것이 일반적이다.
- 변수와의 관계: 논문에서 다루려고 하는 변수 간의 관계에 대한 기존 연구 결과를 제시하며, 주로 학술논문의 초록과 논의 부분을 참고하여 작성한다.
- 연구대상, 분석방법, 척도: 논문에서 다루는 연구대상, 분석방법, 척도 등에 대한 타당화 또는 차별화 근거를 제시하며, 주로 요약이나 연구방법을 참고하여 작성한다.

원칙 11. 연구결과는 연구 설계를 통해 조사한 내용을 객관적으로 기술하는 것이다.

연구결과는 연구방법에 따라 도출된 결과를 객관적으로 기술하는 것이다. 다시 말해, 연구자의 해석과 판단보다는 통계표나 면담 결과 등에 대해 객관적으로 기술하는 것이다.

원칙 12. 논의는 연구결과에 대한 타당화와 차별화를 제시하는 것이다.

논의는 연구결과에 대해 연구자가 밝히려고 했던 바를 선행연구에 근거하여 연구자의 해석과 판단을 기술하는 것이다. 이와 함께 자신의 연구결과에 대해 타당화와 차별화를 제시함으로 자신이 발견한 바에 대한 가치와 의의를 입증하는 것이다.

원칙 13. 결론은 연구결과와 논의에서 다룬 핵심 내용을 요약하고 연구의 한계점과 향후과제를 제시하는 것이다.

결론은 연구결과에 대한 논의를 바탕으로 밝히진 바를 간결하면서 명확하게 재확인해주는 역할을 한다. 다시 말해, 결론은 논문에서 제기한 연구결과와 그 논의의 핵심 내용을 간결하고 분명하게 요약하는 것이다. 또한 연구 수행 과정에서 고려되지 못한 한계점과 향후 연구 제언을 제시한다.

원칙 14. 참고문헌작성법에 따라 내주와 참고문헌 작성을 한다.

학술논문은 다양한 선행연구를 기초로 작성되므로 자신이 참고하여 작성한 글에 대한 정확한 출처를 밝혀야 한다. 학술논문의 글 속에 출처를 밝히는 것을 내주달기라고 하며, 논문 뒤편에 내주를 단 문헌들을 함께 묶어서 제시하는 것을 참고문헌이라고 한다. 내주와 참고문헌은 반드시 일치되어야 한다. 즉, 내주로 제시한 문헌들은 참고문헌에 다 제시되어야 하며, 반대로 참고문헌에 제시된 것들은 내주로 달려 있어야 한다. 내주와 참고문헌을 제시하는 방법은 학술논문별로 다를 수 있으니 반드시 요구사항에 따라 제시되어야 한다.

원칙 15. 논문 작성 과정에서 수시로 전체 논문에 대한 퇴고와 참고문헌을 검토한다.

퇴고는 논문이 완성된 다음에 재차 읽어 가면서 고치는 일련의 작업으로 작게는 단어 하나에서부터 크게는 글 전체의 흐름에 이르기까지 세심하게 검토 수정하는 작업을 말한다. 논문 작성 과정에서 수시로 퇴고를 실시하면 논문 전개의 일관성과 통일성은 물론 미비한 논리적 근거를 찾을 수 있어서 좋다. 아울러 누락된 참고문헌이나 인용도 검토할 수 있어서도 그러하다.

학위논문 작성 절차

〈학위논문〉

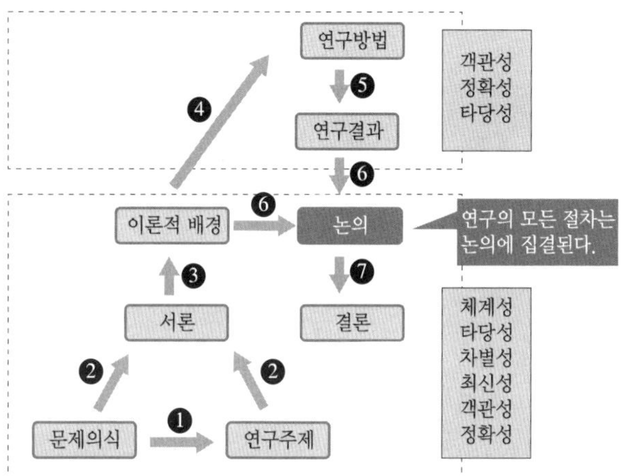

논문요인	
문제의식	연구자가 연구에 착수했던 아이디어와 추진배경
연구주제	논문의 창 역할, 변수관계, 방법, 대상 암시
서론	탐색할 연구주제와 문제를 밝혀야 할 이유와 근거 및 선행연구와의 차이점
이론적 배경	연구주제(변수)정의, 구성요인 및 속성, 척도, 기존연구 소개
연구방법	조사대상, 조사도구, 연구절차, 분석방법 제시(비교적 표준화 되어있음)
연구결과	조사·수집한 데이터나 문헌 분석을 통한 연구문제에 대한 해답 제시
논의	선행연구에 기초하여 연구결과의 정당화 및 참신성에 따라 시사점 제시
결론	연구결과 및 논의에 기초한 연구자의 최종주장

논문속성	
체계성	논리적이고 형식을 준수
타당성	선행연구에 기초한 적절한 논증과 인용
차별성	선행연구에서 다루지 않은 참신한 주제와 문제 또는 새로운 발견사항
최신성	최근 수행된 논문이나 사례 모형활용 방법
객관성	중립적으로 있는 그대로 기술, 설명, 해석
정확성	인용, 분석자료, 수치의 구체적이고 정확한 제시

〈연구계획서〉

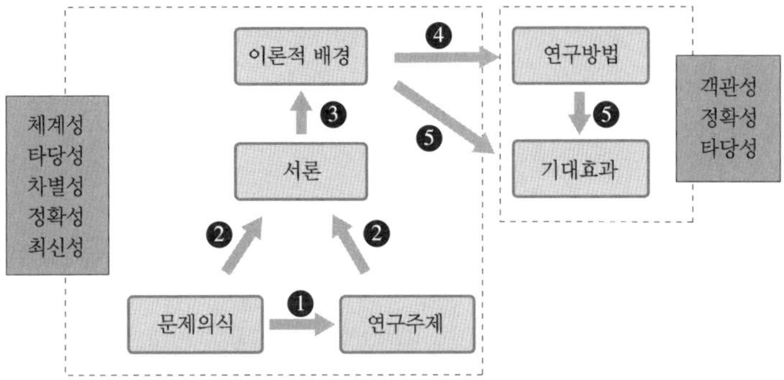

논문요인	
문제의식	연구자가 연구에 착수했던 아이디어와 추진배경
연구주제	논문의 창 역할, 변수관계, 방법, 대상 암시
서론	탐색할 연구주제와 문제를 밝혀야 할 이유와 근거 및 선행연구와의 차이점
이론적 배경	연구주제(변수)정의, 구성요인 및 속성, 척도, 기존연구 소개
연구방법	조사대상, 조사도구, 연구절차, 분석방법 제시(비교적 표준화 되어있음)
기대효과	선행연구를 바탕으로 연구주제,내용,방법에 대한 시사점 제시

논문속성	
체계성	논리적이고 형식을 준수
타당성	선행연구에 기초한 적절한 논증과 인용
차별성	선행연구에서 다루지 않은 참신한 주제와 문제 또는 새로운 발견사항
최신성	최근 수행된 논문이나 사례 모형활용 방법
객관성	중립적으로 있는 그대로 기술, 설명, 해석
정확성	인용, 분석자료, 수치의 구체적이고 정확한 제시

학위논문에 대한 검토 기준

가. 주제(제목)

① 연구주제가 변수관계, 연구대상 및 방법 등을 간명하게 제시하고 있는가?

② 연구주제는 선행연구에 비추어 타당하면서도 참신성을 지니고 있는가?

나. 서론

③ 연구의 필요성을 선행연구에 기초하여 타당하고 차별성 있게 제시하고 있는가?

④ 변수 관계가 드러나도록 연구문제를 구체적이고 명료하게 제시하고 있는가?

다. 이론적 배경

⑤ 연구변수별 개념, 구성요인, 기존연구결과, 척도 등을 체계적이고 논리적으로 제시하고 있는가?

⑥ 연구주제와 연구문제의 타당화와 차별화가 드러나도록 선행연구 분석을 하였는가?

라. 연구방법

⑦ 이론적 배경을 통해 탐색된 논리와 근거를 바탕으로 가설을 설정 제시하고 있는가?

⑧ 연구방법에서 제시할 연구대상(샘플링), 조사도구, 분석방법 등이 객관적 · 구체적으로 제시되어 있는가?

마. 연구결과

⑨ 연구결과가 연구문제(내용)별로 구체적이고 명확하게 기술되어 있는가?

⑩ 통계표는 전공(학과) 스타일에 맞도록 제시되어 있는가?

바. 논의 및 결론

⑪ 논의는 선행연구에 비추어 그 연구결과에 대한 타당성과 차별성이 드러나도록 제시되어 있는가?

⑫ 연구문제별로 간결하게 결론이 제시되어 있고, 그 한계와 제언이 있는가?

사. 종합

⑬ 연구문제(가설)에 따라서 연구 방법, 결과, 논의 및 결론이 일치한가?

⑭ 참고문헌 작성법에 따라 내주와 참고문헌을 정확하게 제시하고 있는가?

⑮ 논문의 형식과 체계, 맞춤법 등에 맞도록 잘 편집 · 교정되어 있는가?

〈학위논문에 활용되는 통계분석 방법〉

- 각 변수에 대한 분포 파악
  - 범주형 변수 : 빈도분석
  - 구간 비율척도 변수 : 기술통계분석
- 데이터의 타당성 및 신뢰성
  - 요인분석
  - 신뢰도 분석
- 두 변수의 관련성 분석
  - 두 변수의 연관성 척도
    - 두 개 모두 범주형 변수 : 교차분석
    - 두 개 모두 구간 · 비율척도 변수 : 상관분석
  - 집단간 평균비교
    - 독립변수 : 범주형변수(2개 범주)
종속변수 : 구간 · 비율척도 변수(1개) → t-검정
    - 독립변수 : 범주형변수(3개 이상 범주)
종속변수 : 구간 · 비율척도 변수(1개) → ANOVA
    - 독립변수 : 범주형변수(1개 이상)
종속변수 : 구간 · 비율척도 변수(2개 이상) → MANOVA
  - 독립변수가 종속변수에 영향을 주는지 파악
    - 독립변수 : 구간·비율척도 변수
종속변수 : 구간·비율척도 변수 → 단순회귀분석
- 한 개의 종속변수와 여러 개의 독립변수간의 관계
  - 독립변수 모두 : 범주형 변수
종속변수 : 구간 · 비율척도 변수 → 분산분석
  - 독립변수 모두 : 구간 · 비율척도 변수
종속변수 : 구간 · 비율척도 변수 → 다중회귀분석, 조절효과, 매개효과, 조절된 매개효과, 매개된 조절효과
  - 독립변수 모두 : 범주형, 구간 · 비율척도 변수
종속변수 : 0과 1 두값을 가지는 이분형 범주형 변수 → 로지스틱 회귀분석
- 변수간의 구조적 관계 → Amos를 활용한 구조방정식

각 변수에 대한 분포 파악	
범주형 변수	구간·비율척도 변수
빈도분석	기술 통계분석

- 빈도분석 : 명목이나 순서 척도 변수에 대해 빈도(Frequency)를 알아보는 분석
- 기술 통계분석 : 구간·비율척도변수(SPSS에서는 척도변수) 대해 요약통계량(평균, 표준편차 등)을 구하는 분석

데이터의 타당성 및 신뢰성	
여러 개의 순서척도(3점, 5점, 7점 척도) 변수	
요인분석	신뢰도분석

- 요인분석 : 많은 문항(변수)을 적은 수의 요인변수로 축소하는 데 사용하는 분석
  하나의 개념을 측정하기 위해 여러 개의 문항(변수)들을 사용했을 경우에 이 문항들이 한 개의 요인으로 묶여지는 것은 그 측정도구가 타당함을 나타내준다.
- 신뢰도분석 : 동일한 개념을 여러 문항(변수)으로 질문하였을 경우에, 응답들이 비슷하게 나타나는지를 측정하는 신뢰계수를 계산

두 변수의 관련성 분석

두 변수의 연관성 정도	
두 개 모두 범주형 변수	두 개 모두 구간·비율척도 변수
교차분석	상관분석

- 교차분석 : 명목이나 순서 척도 변수에 대해 이차원 혹은 삼차원 빈도로 작성
- 상관분석 : 두 개의 구간·비율척도변수들의 이변량 상관계수를 구한다.

두 변수의 관련성 분석

집단간 평균 비교

독립변수 : 범주형 변수 (2개 범주)
종속변수 : 구간·비율척도 변수(1개)
→ t-검정

독립변수 : 범주형 변수 (3개 이상 범주)
종속변수 : 구간·비율척도 변수(1개)
→ 일원배치분산분석(ANOVA)

독립변수 : 범주형 변수 (1개 이상)
종속변수 : 구간·비율척도 변수(2개 이상)
→ 다변량분산분석(MANOVA)

- t-검정 : 두 집단 간의 평균이 차이가 있는지 검정
- 일원배치분산분석 : 세 집단 이상에서 평균값에 차이가 있는지 검정

독립변수가 종속변수에 영향을 주는지 파악

독립변수 : 구간·비율척도 변수
종속변수 : 구간·비율척도 변수
→ 단순회귀분석

- 단순회귀분석 : 종속변수를 독립변수의 선형함수 형태로 표현하고자 할 때 사용하는 분석

한 개의 종속변수와 여러 개의 독립변수 간의 관계

독립변수 모두 : 범주형 변수
종속변수 : 구간·비율척도 변수
→ 분산분석

독립변수 : 구간·비율척도 변수
종속변수 : 구간·비율척도 변수
→ 다중회귀분석

- 분산분석 : 두 개 이상의 변수(범주형 변수)를 동시에 고려해서 집단을 나누는 경우 혹은 어떤 변수를 통제한 상황에서 평균의 차이가 있는지를 알아보는 분석
- 이원배치법 : 인자(2개 모두) : 범주형 변수, 종속변수 : 구간·비율척도 변수
- 다중회귀분석 : 여러 개의 독립변수(구간·비율척도 변수)들의 선형함수 형태로 종속변수에 대한 모형을 나타내고자 할 때 사용하는 분석

이분형(예, 아니오) 종속변수에 대하여 한 개 이상의 독립변수들을 가지고 회귀모형을 만들 때

독립변수 : 범주형 변수나 구간·비율척도 변수
종속변수 : 0과 1의 두 가지 값을 가지는 이분형 범주형 변수

로지스틱 회귀분석

•로지스틱 회귀분석 : 이분형(예, 아니오) 형태로 되어 있는 종속변수에 대하여 한 개 이상의 독립변수들을 가지고 이를 추측하기 위해 회귀분석을 하는 것
예) 연령, 자녀 수, 가계수입이 주택소유여부에 영향을 미치는가?

변수들 간의 인과관계 및 상관관계 분석

단편적인 인과관계 분석 단편적인 상관관계 분석	다수의 종속변수와 독립변수의 인과 및 상관관계 동시 분석
회귀분석, 상관분석, 요인분석	구조방정식 모형

•회귀분석, 요인분석, 상관분석: 1차원적인 통계분석 방법으로, 독립변수의 측정오차 및 잠재변수에 대한 고려 없이 분석
•구조방정식 모형: 다수의 변수들 간의 관계를 동시에 분석 가능한 방법으로, 측정오차를 포함하여 보다 정확하게 분석

독립변수와 종속변수 사이에 또 다른 변수 존재

독립변수와 종속변수 사이에 따른 변수가 존재한 인과관계	독립변수가 종속변수에 미치는 효과를 조절하는 변수가 존재
매개효과 분석	조절효과 분석

•매개효과 분석: 독립변수가 종속변수에 미치는 영향의 중간에 간접적으로 영향을 미치는 변수가 존재할 때
– 완전매개: 독립변수와 종속변수의 관계는 유의하지 않지만, 매개변수로 한 간접효과는 유의한 경우
– 부분매개: 독립변수와 종속변수가 모두 종속변수에 유의한 영향을 미치는 경우
•조절효과 분석: 독립변수가 종속변수에 미치는 효과에서 그 효과를 조절하는 변수가 존재할 때
– 유사 조절변수: 독립변수가 종속변수에 미치는 효과에 영향을 주기도 하며, 종속변수에도 유의한 영향을 주는 경우
– 순수 조절변수: 독립변수가 종속변수에 미치는 효과에 영향을 주지만, 종속변수에는 유의한 영향을 주지 않는 경우

매개효과 및 조절효과에 또 다른 변수 존재	
매개변수가 존재하는 모형에 효과를 조절하는 변수 존재	조절변수가 존재하는 모형에 효과를 매개하는 변수 존재
조절된 매개효과	매개된 조절효과

- 조절된 매개효과 분석: 독립변수와 종속변수 사이에 매개변수가 존재하는 관계 속에서 조절변수가 추가 투입되는 경우
  - 독립변수, 종속변수, 매개변수의 관계에서 조절 변수를 추가 투입함으로써 한 단계 발전된 연구모형에서 최근에 자주 사용되는 분석
- 매개된 조절효과 분석: 독립변수와 종속변수 사이에 조절변수가 존재하는 관계 속에서 매개변수가 추가 투입되는 경우
  - 독립변수, 종속변수, 조절변수의 관계에서 매개변수를 추가 투입함으로써 한 단계 발전된 연구모형에서 최근에 자주 사용되는 분석

학위논문 작성 시 고려사항

구분	작성 요령
전반사항	- 학위논문 체계대로 작성 여부 - 주제-연구문제-가설-방법-결과-논의-결론 등 일관성 있게 작성 - 표, 본문 내용에 부합되는 목차 제시 - 반복되고 비슷한 의미를 전달하는 용어 통일(예: 학생, 학습자 등) - 주어와 술어 관계, 명사 복수형 자제(예: 사람은 동물이다 ○) - 단어, 개념 등 영문 표기 시 꼭 필요한 경우 처음 한 번만 제시 - 가급적 세로표로 작성, 가급적 세로줄이 들어가지 않도록 작성 - 한 문장이 한 문단이 되지 않도록 간결한 단문으로 작성 - 문단과 문단의 연결이 체계적이도록 작성 - 장별 기술 방법 주의 작성(예: 연구결과에서는 "---로 나타났다. --의 경향을 보인다"로 한다면, 연구결론에서는 "--이었다, --보였다") - 본문에서 항목 나열 시 1), 2., ⑥ 등과 같이 숫자로 표시하지 않고 첫째, 둘째, 순으로 제시 - 접속어구(그러나, 따라서, 이와 같이, 마찬가지로 등등)는 필요한 경우만 문맥에 맞게 사용
제목(주제)	- 논문의 핵심내용과 방법을 유추할 수 있도록 설정 - 간결하면서도 전체적인 내용을 파악할 수 있도록 설정 - 연구자의 능력에 비추어 완수할 수 있도록 설정 - 학문분야에서의 중요한 주제 설정 - 참신하며 도전감을 불러일으키는 주제 설정 - 선행연구 분석이 가급적 가능한 주제 설정 - 연구문제와 연구방법 모두를 포괄하도록 주제 설정
Ⅰ. 서론	- 연구의 필요성이 구체적으로 드러나도록 제시 - 연구의 목적이 중간 중간 들어가지 않도록 작성 - 연구 주제에 적합한 연구문제 설정 - 연구의 제한점, 용어의 정의 등 필요한 사항의 적절한 제공 - 이론적/실제적으로 그 중요성이 드러나도록 구체적인 연구문제 설정

구분	작성 요령
Ⅱ. 이론적 배경	- 이론의 검토는 연구주제와 문제를 제기하고 해결하는 데 적절한 내용으로 구성 - 최신의 학술논문(2000년 이후)으로 작성. 단, 반드시 필요한 경우는 제외. 석박사 논문 최대한 자제 - 문헌 및 자료 분석의 준거가 타당하고 적절하게 작성 - 참고문헌 등 자료를 풍부하게 수집하여 타당하게 작성 - 이론적 배경의 목차 작성할 때 장(章)과 절(節)별 핵심 정보가 들어가도록 제시 (예: 책무성보다는 책무성 개념과 유형 등으로) - 연구모형 제시에 있어서 앞 절에서 제시한 이론적 근거를 종합적으로 밝히면서 모형의 타당성을 제시하고 그에 대한 가설도 구체적으로 작성
Ⅲ. 연구방법	- 연구대상의 표집방법과 특성을 분명하고 정확하게 기술 - 연구도구의 개발 혹은 선정 절차가 분명하고 타당하게 밝혀지도록 작성 - 척도의 구성 내용과 측정학적 요건(신뢰도, 타당도 등)을 분명하게 제시 - 일부 문항에 대해 무응답을 근거로 분석에서 제외하지 말고, 분석에서 제외할 경우 기준을 명확하게 제시 - 조사지(척도)는 타당도의 근거가 확보된 것으로 사용. 외국에서 개발된 조사지(척도)를 사용할 경우도 원칙적으로 타당화 과정을 거친 번역본을 사용 - 조사도구에서 척도명을 정확하게 기술 - 분석방법에서 적절한 통계 분석 방법 제시
Ⅳ. 연구결과	- 연구문제와 일치하도록 구성 작성 - 불필요한 테스트 자제. 큰 테스트에서 세부적 테스트로 - 표 제목은 표에서 제공하는 정보를 반영하도록 제시 - 표나 그림이 있을 경우 반드시 본문에서 언급 - t, F, χ^2 등의 계산 결과는 반드시 자유도와 함께 제시 (예: t(2)=2.71, F(1,8)=4.61, χ^2(3)=5.84) - 유의확률은 가급적 실제 계산된 값을 제시하며 이 경우 유의수준은 별도 제시[예: α=.05 수준에서 검증하였으며,... 유의하였다(t(2)=5.64, p=.000]
Ⅴ. 논의	- 연구결과에 대해 선행연구를 기초로 타당화와 차별화 제시 - 논의는 연구문제와 일치하도록 구성
Ⅵ. 요약 및 결론	- 결론은 연구문제와 일관되게 연구결과에 비추어 타당하게 제시 - 결론을 제시한 후 제한점, 시사점 및 후속연구를 구체적으로 제시
참고문헌(내주)	- 내주와 참고문헌 일치, 내주 표기오류 등 검토 - 본문에 인용된 문헌이 빠져있지 않은지 점검
초록	- 영어논문 제목과 본문 내용을 검토 - 연구목적, 방법, 결과, 결론 중심으로 간략 작성

저 자 서 문

매 학기마다 석사 및 박사 논문지도를 할 때면 대학원생들은 학위논문이 무엇이고, 어떤 연구주제가 적합하고, 연구의 필요성 및 목적은 어떻게 작성되어야 하고, 연구문제와 연구가설은 어떻게 다르고 그 작성을 어찌해야 하는지, 연구하려는 변수에 맞는 척도는 무엇이 타당하고 신뢰로우며, 설문조사 이후 그것을 어떻게 분석할 것인가에 대해 고민하고 애쓰고 있다. 이것을 볼 때마다 논문지도로서 필자는 어떻게 하면 학생들이 학위논문을 잘 이해하여 그것에 대해 수월하게 접근할 수 있도록 안내할 것인가를 고민해 왔다.

이것은 수도권이나 지방대학을 막론하고 논문지도 교수들의 공통적인 심정일 것이다. 무엇보다도 학생들 스스로 논문 주제를 찾고 그에 알맞은 연구방법을 파악하고 그에 알맞은 조사도구를 마련하여 통계분석을 하고 그 결과를 얻고 해석하는 능력을 갖추길 원할 것이다. 그러나 이러한 바람은 단지 바람일 뿐, 막상 논문지도에 들어가면 논문 입문 과정에 있는 학생들이라는 것을 망각한 채, 대학원생들이 어떻게 "논문에 '논'도 모른다"는 푸념도 불만도 많았던 것도 사실이다.

이에 저자는 지난 몇 년간 여름과 겨울방학에 '논문힐링캠프'를 개최하거나, 또는 학기 중 학위논문 작성 특강 등을 통해 학생들에게 학위논문이 무엇이고, 학술적 글쓰기는 어떻게 하는 것이며, 연구주제와 연구방법을 어떻게 제시하며, 그에 알맞은 통계분석은 무엇인가 등을 지도하였다. 그러나 이를 수강한 학생들은 "들을 때는 이해되는데... 자신감도 생기는데... 막상 혼자서 그것을 해보려니... 잘 모르겠다"는 반응이 일반적이었다. 또한 연구방법과 통계분석에 익숙하지 못하고, 마치 이상한 나라의 앨리스의 세계로 여기는 대학원생을 많이 보았다. 따라서 저자는 이들이 학위논문을 쉽게 이해하고 이를 스스로 헤쳐나갈 수 있도록 도울 길이 무엇인지 모색하였고, 그 과정에서 본서의 집필을 결심하였다.

그동안 방학 세미나, 대학원 강좌 및 특강 등에서 다루었던 원고들을 바탕으로 대학원생들이 꼭 알아야 하고, 또한 최근 학위논문에서 자주 활용되는 통계분석 방법이 무엇인가를 살피면서 본서의 틀과 내용을 구성하였다. 무엇보다도 본서는 학위논문을 처음 시작하는 대학원생이나 학부생들의 눈높이에 맞추려고 노력하였다. 학위논문이 학위취득을 목적으로 연구자가 주도적으로 수행하는 것임을 감안하여 자기주도적으로 논문을 수행하는 데 길잡이가 되도록 구성 집필하려고 노력하였다. 이를 위하여 전국 대학원의 학위논문을 샘플로 하여 연구문제, 연구가설, 논의 등에 대한 실제적 예시를 제시하였다.

또한 본서는 연구자 자신이 밝히려는 주제와 내용 및 방법을 고려하여 지도교수의 조언과 지도를 받아야 할 것인가를 제시하였다. 학위논문은 정해진 양식과 형식에 맞추어서 엄정하게 작성해야 하며, 최신의 연구 결과를 토대로 작성해야 한다는 점을 고려하여 학위논문 구성요소별로 그 작성 방법을 제시하였다. 즉, 연구의 필요성과 목적, 연구문제(내용), 이론적 배경, 연구방법, 연구결과, 논의 및 결론 등을 세분화하여 그 작성 스킬을 제시하였다. 이와 함께 효과적인 문헌 수집 및 분석은 어떻게 하는지, 연구에서 다룰 변인과 그 척도는 어떻게 선정할 것인가 등도 제시하였다. 끝으로, 통계분석을 위하여 조사한 척도를 코딩하여 데이터 클리닝하여 통계분석을 하는 절차를 자세하게 캡쳐하여 제공하였고, 통계 결과의 해석 방법도 제시하였다. 통계분석을 힘들어하는 대학원생들은 본 출판사의 홈페이지에서 통계분석 연습 파일을 다운받아서 본서를 따라 연습하기를 권한다.

본서는 네 가지 부분으로 구성되어 있다. 첫째 부분은 학위논문이 무엇인가, 학위논문 작성 15가지 원칙, 학위논문 작성 절차, 학위논문 검토 기준, 학위논문에 활용되는 통계분석 방법 등 본서에서 다루는 핵심 내용을 개관하고 있다. 둘째부터 넷째 부분은 본서의 각 부에 해당된다. 제1부는 학위논문과 글쓰기를 탐색하는데, 여기에는 제1장 학위논문의 이해, 제2장 학술적 글쓰기의 이해, 제3장 문헌 수집과 분석, 제4장 학위논문과 글쓰기 등을 다루고 있다. 제2부는 통계분석을 위한 기초를 제시하는데, 여기에는 제5장 척도 및 통계분석 개관, 제6장 샘플링(표본의 크기), 제7장 타당도 및 신뢰도를 다루고 있다. 제3부에는 통계분석과 학위논문 작성으로 최근 학위논문에서 주로 활용하는 통계분석 방법에 따른 논문 작성 샘플과 그것에 대한 통계분석 절차와 결과 해석을 다룬다. 여기에는 집단비교분석(t-검정, ANOVA, ANCOVA, MANOVA, 카이검증) 활용 논문, 회귀분석 활용 논문, 위계적 회귀분석을 활용한 조절효과 및 매개효과 분석 논문, 척도개발논문, AMOS를 활용한 구조방정식 논문 등을 다루고 있다.

학위논문 작성은 학습과 연습을 통해 논리적으로 글을 읽고 쓰는 방법을 습득하고 수행하는 것을 전제로 한다. 무엇보다도 학위논문 작성은 긍정적 태도와 효능감을 필요로 한다. 또한 학위논문은 정해진 양식과 틀 속에서 학술연구를 하는 전문가들을 대상으로 작성되는 것이다. 저자는 처음 논문을 준비하는 독자들이 본서를 통해서 자신의 연구주제와 방법에 맞는 장을 충분하게 숙지하고 이해하여 자기주도적인 논문을 작성할 수 있는 효능감을 배양하기를 기대한다. 하지만 본서는 논문의 입문자를 위한 안내서 역할을 할 뿐이므로 학술적 글쓰기, 통계분석 방법과 결과 해석 등에 대해서는 관련 전문서를 참고하여 심화 발전할 것을 권한다.

막상 집필을 마치고 나니 본서에서 다룬 내용과 예시 등에 대해서 보다 상세하고 다양하며 알찬 내용으로 구성하지 못하였다는 아쉬움이 들기도 한다. 이는 향후 계속 수정 보완해 나가야 할 의무라는 생각을 가지고 끊임없는 노력을 기울일 것을 필자들 스스로에게 그리고 독자들에게 약속을 드리며 아낌없는 조언과 지적을 부탁드린다. 끝으로 이 책이 출판되도록 허락해 주시고 여러 지원을 아끼지 않으신 양성원 강철원 사장님께 감사드리며, 출판 과정에서 졸고를 다듬어주신 편집부의 노고에도 감사드리는 바이다.

2016년 8월
성서 영암관에서
저자 일동

차 례

제2부 통계분석을 위한 기초 / 155

제3부 통계분석과 학위논문 작성 / 209

제1부

학위논문과 글쓰기

제1장 학위논문의 이해
제2장 학술적 글쓰기의 이해
제3장 문헌 수집과 분석
제4장 학위논문과 글쓰기

제1장

학위논문의 이해

1. 연구

논문은 연구논문이라도 한다. 따라서 논문을 이해하기 위해서는 연구에 대한 이해가 필요하다. 연구[1)]는 연구문제를 파악하고 연구문제와 관련된 기존 문헌을 조사하여 연구문제를 구체화시킨 연구가설을 설정하고 자료를 수집하여 분석하고 해석하는 일련의 과정이다. 이것은 관찰 및 실험을 통해 가설을 과학적이고 논리적으로 증명하며, 이를 바탕으로 새로운 설명과 관찰을 할 수 있는 가정들을 개발하는 과정이다. 또한 수정가능성과 반박가능성을 전제로 개방적인 공론의 장(학술대회, 학술지 등)에서 연구결과를 공유하고 객관적인 기준으로 평가된다. 그래서 연구는 경험적이고 비판적인 특성을 지니고 있다. 즉, 연구자 자신의 신념을 객관적으로 검증하고 자신의 연구결과와 다른 사람의 연구결과에 대해 비판하는 활동을 말한다. 연구의 목적은 기술하고, 설명하고, 예측하고, 통제하는 것이며, 그 구체적인 내용은 다음과 같다.

1) 연구에 대한 소개는 성태제, 시기자(2006); 송인섭 외(2008); 이군희(2012); Hoy와 Miskel(2013)의 저서를 참고로 하여 작성하였음.

- 기술(description): 어떤 사건이나 현상에 대하여 관찰한 사실들을 있는 그대로 기록하며, "What"(내용과 사실)에 초점을 둔다.
- 설명(explanation): 이미 발생한 특정한 사건의 인과분석이나 사실의 근거를 밝히는 것이며, "Why"(이유, 인과관계)에 초점을 둔다.
- 예측(prediction): 일반법칙과 사실에 관한 진술이 먼저 있고, 이것들로부터 특정한 사건이 발생하기에 앞서서 그 사건을 이끌어내는 것이다. 발견된 법칙을 이용하여 미래의 사상을 예측한다.
- 통제(control): 어떤 현상의 원인 또는 필수적인 조건을 조작함으로서 인간의 힘으로 그 현상을 일어나게도 하고 또는 일어나지 않게도 하는 것이다.

연구는 연구자료형태, 연구수집환경, 연구목적, 연구결과 등에 따라 그 유형이 구분된다.

우선, 연구자료 형태 수준에서는 질적연구와 양적연구로 구분할 수 있다. 질적연구는 연구자가 연구대상이나 현상을 이해하거나 사물에 대하여 어떻게 인식하고 있는지를 조사하여 주관적인 느낌을 글로 기술하거나 묘사하는 방법이다. 반면, 양적연구는 어떠한 현상을 측정하여 나타난 수치화된 자료를 분석하여 통계적 방법을 이용하여 연구결과를 얻는 방법이다.

둘째, 자료수집환경 수준에서는 실험연구와 현장연구로 구분할 수 있다. 실험연구는 연구에 관심 있는 변수 이외에 결과에 영향을 미칠 수 있는 모든 가능한 다른 변수들의 영향이 최소화되도록 연구자가 실험 환경을 통제한 후 실시한 방법이다. 현장연구는 실제 환경 또는 실제 환경과 가까운 상태에서 진행되는 연구가 상황이 허락하는 한도 내에서 한두 개 혹은 최소의 변수들을 변화시켜 이에 대한 결과를 분석하는 것이다.

셋째, 연구목적 수준에서는 탐색적 연구, 기술적 연구, 인과관계 연구, 예측 연구로 구분할 수 있다. 탐색적 연구(exploratory research)는 연구주제에 대한 선행연구나 사전 지식이 없는 상태에서, 연구문제에 대한 방향을 잡아보고, 연구주제에 대한 보다 넓은 시야를 얻고자 수행하는 것을 말한다(예: 이론 탐색, 연구동향). 기술적 연구(descriptive research)는 연구대상의 환경이나 특성을 묘사하는 연구를 의미한다. 특정 주제나 이슈에 대한 특성을 확인하거나 정보를 얻는 목적으로 진행되는 것(예: 리더십 특성, 행동 연구)을 말한다. 인과관계 연구(causal research)는 특정한 현상이 왜 나타났으며, 어떻게 나타났는지를 파악하는 것을 말한다. 예측 연구(predictive research)는 현재의 상황에 대한 원인을 파악하고 이를 미래에 적용시켜 앞으로 어떻게 될 것인지에 대한 가능성을 예측하는 것을 말한다.

마지막으로 연구결과 수준에서는 순수연구와 응용연구로 나눌 수 있다. 순수연구(basic research)는 개념적이고 이론적인 접근을 하며, 경험적 연구를 통해 이론의 타당성을 검증하는 데 초점을 둔다. 응용연구(applied research)는 어떠한 이론에 근거하지 않고 실생활의 문제점 해결에 초점이 맞추어진다.

연구 활동의 궁극적 목표는 이론을 수립하고 확장하는 것이다. 이론은 교육관련 현상과 행동규칙들을 체계적으로 기술, 설명, 예측하기 위한 개념, 가정, 일반화가 상호 연관되어 있는 것이다. 또한 준거의 틀(frame of reference)을 형성하며, 분석을 위한 모형을 제시하고, 의사결정을 위한 성찰 근거를 제공한다. 그리고 관찰 가능한 행동을 기술하고 예측하는 가설의 기본토대가 되며, 설명력이 풍부한 이론체계를 형성하여 현상 및 행위에 대해 일반화한다.

이러한 이론의 정의에서 시사하고 있는 세 가지를 제시하면 다음과 같다. 첫째, 한정되고 상호관련성이 있는 개념으로 이루어진 일련의 명제이다. 둘째, 여러 변인(개념) 간의 상호관련성을 명백히 하며, 그 변인들에 의하여 기술된 현상에 대한 체계적인 관점을 제시한다. 셋째, 어느 변인이 어느 변인과 관련이 있으며 또 어떻게 관련되어 있는가를 구체화시켜 현상을 설명하며, 그렇게 함으로써 어떤 변인으로부터 다른 변인을 예언할 수 있게 한다.

그래서 연구는 과학적 연구라고 불린다. 연구는 문제해결을 위한 체제적 접근을 통하여 이론을 검토하고, 가설을 검증하는 절차를 거치며, 통제가 가능하고 연구자의 가치중립이 유지되며 연구결과에 대하여 객관적이고 타당한 해석을 하는 과정이라는 점에서 그러하다. 또한 경험적 연구라고도 한다. 그것은 연구문제와 관련된 현상을 연구자가 직접 조사하여 어떠한 결과가 나오는지를 직접 관찰하는 연구이기 때문이다. 이러한 연구의 특징은 다음과 같다.

① 문제해결과 연관되어야 한다.
② 원리와 이론의 정립으로 현상과 사실을 예측해야 한다.
③ 실증적 증거에 기초하여야 한다.
④ 정확한 관찰력과 서술에 의한다.
⑤ 조직적이고 체계적이어야 한다.
⑥ 전문적 지식이나 경험을 보유해야 한다.
⑦ 객관성이나 논리성을 유지하여야 한다.
⑧ 문제지향적이어야 한다.
⑨ 지속적이어야 한다.
⑩ 연구결과가 왜곡되지 않아야 한다.

2. 학위논문

가. 일반적 의미

학위논문은 일반적인 의미로 어떤 문제에 대한 학술적 연구 결과를 체계적으로 제시한 글이다(표준국어대사전). 학위논문은 [그림 1]과 같이 6W2H 원칙으로 설명할 수 있다.

우선, 학위논문은 누가(Who) 어떠한 이유(Why)로 작성하는 것인가? 그것은 연구자가 석사 또는 박사학위를 취득하기 위하여 작성된다. 또한 연구자가 주도적이고 책임감 있게 수행해야 하는 작업이다. 많은 경우 연구자들은 최근 학문 및 전공의 연구동향과 이론들에 대해서 익숙하지 않아서 논문 주제, 내용 및 방법 등에 대해 지도교수의 지도나 조언을 지나치게 의존하는 경향이 많은 것도 사실이다. 이러한 문제를 해결하려면, 관련 학문 및 전공 학술지에 연구동향이나 이론 소개를 하는 선행연구를 읽어보거나, 관련 학술지나 학술대회 논문집의 최근 3년에서 5년간 목차나 초록을 살펴보거나, 관련 학술대회에 참여하여 관련 학자와 전공자들과의 교류하는 노력을 할 필요가 있다. 이러한 개인적 노력과 아울러 지도교수와의 지속적인 논문 상담과 스터디 등을 통해서 연구 관련 동향과 주제를 설정하고 관련 이론 및 선행논문을 수집 분석하는 등의 노력도 기울일 필요가 있다.

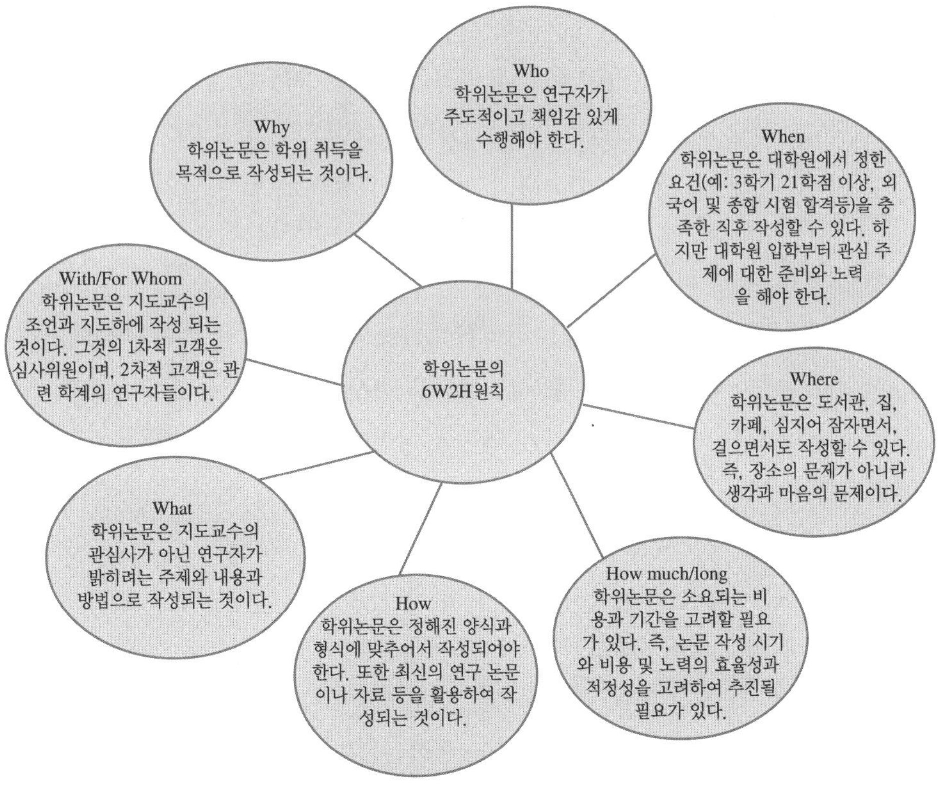

[그림 1] 학위논문의 일반적 의미와 원칙

둘째, 누구와 함께(with Whom), 누구를 위하여(for Whom) 작성하는 것인가? 학위논문은 학생 개인의 논문만이 아니다. 지도교수의 조언과 지도하에 작성되는 것이다. 그래서 학위논문은 학생과 지도교수의 공동 지적 산물이라고 볼 수 있다. 그래서 흔히들 "그 박사논문 누가 작성했나?"보다는 "누가 지도하였는가?"라는 말을 한다. 이럼에도 불구하고 학위논문은 지도교수에 의해서 주관되거나 작성되는 것이 아니다. 지도교수가 주제, 내용, 방법 등을 결정해 주는 것이 아니다. 그렇다고 지도교수가 이해되지 않거나 승인하지 못한 주제, 내용, 방법으로 접근하는 것은 신중해야 한다. 그 이유는 일반적으로 학위논문은 지도교수가 지속적으로 관심 있게 연구하고 있는 주제와 방법을 선택할 때 논문 조언이나 지도를 잘 할 수 있기 때문이다. 하지만 분명한 것은 학위논문은 전적으로 연구자의 주도권과 책임하에서 수행되는 것이다. 이런 의미에서 지도교수는 연구자가 주도적으로 학위논문을 진행하도록 연구 과정의 주요 단계마다 전문성 있는 조언과 지도를 해주는 책무를 수행해야 한다. 아울러 학위논문은 학술적인 글이어서 제한된 고객을 대상으로 한다. 그 일차적 고객은 심사위원이다. 학위논문은 심사위원의 심사 과정을 통해 승인 받아야 취득할 수 있으며, 그 이후 대외적으로 출판될 수 있기 때문이다. 출판된 이후 학위논문의 이차적 고객은 관련 전공 연구자들이라 할 수 있다.

셋째, 무엇을(What), 언제(When), 어디서(Where) 작성하는가? 학위논문은 지도교수의 학술적 관심이나 업적을 위해서가 아니라 연구자가 관심이 있거나 밝히기 원하는 주제와 내용 및 방법을 탐색하기 위하여 작성되는 것이다. 학위논문은 재학 중인 대학원(또는 소속 학과)에서 정한 요건(예: 3학기 21학점 이상, 외국어 및 종합시험 합격 등)을 충족한 후 제출할 수 있다. 그래서 대학원생들은 강의를 듣는 과정 중에는 학위논문 작성을 시도하지 않는다. 하지만 대학원 입학부터 전술한 바와 같은 학문 동향과 이론 등을 고려하면서 학위논문 주제나 연구문제 및 방법 등을 탐색해야 한다. 또한 보통 2학기에 지도교수를 선정하고 나서 관심 주제와 문제에 대해 지도교수의 조언과 상담을 통해 어느 정도 정하는 것이 좋다. 왜냐하면 연구자가 이수하는 과목들에서 그 주제와 연구문제에 해당되는 자료를 수집할 수도 있고, 정기

리포트나 보고서에서 그것에 대해 다루면서 그 아이디어를 확장할 수 있기 때문이다. 또한 학위논문은 도서관, 집, 카페, 심지어 잠자면서, 걸으면서도 작성할 수 있다. 즉, 장소의 문제가 아니라 생각과 마음의 문제이다. 뜻과 목표가 설정되면 어떠한 방식이든 메모하고 자료를 수집 분석할 수 있기 때문이다.

넷째, 어떻게, 어떤 조건에서 작성하는가? 학위논문은 정해진 양식과 형식에 맞추어서 작성되어야 한다. 또한 최신의 연구 논문이나 자료 등을 활용하여 작성되는 것이다. 학위논문은 소요되는 비용과 기간을 고려할 필요가 있다. 아무리 좋은 논문 주제와 문제 및 방법이라도 그 연구 수행에 있어서 연구자가 감당하기 어려운 연구 비용이 들거나 많은 시간을 들여야 한다면 그것은 비효율적인 것이다. 즉, 논문 작성 시기와 비용 및 노력의 효율성과 적정성을 고려하여 추진될 필요가 있다.

나. 학술적 의미

학자들도 앞에서 논의한 일반적 의미와 비슷하게 정의하고 있다. 정삼권(2013)은 논문을 "어떠한 주제에 대해서 자신의 학문적 연구결과나 의견 및 주장을 일정한 형식에 따라 논리적으로 전개한 글"로 정의하였다(p. 11). 서대진, 장형유, 김봉화(2011)는 "논문이란 어떤 주제에 관하여 조사·연구한 결과로 얻어진 여러 가지 사실과, 이러한 사실에 대한 연구자 자신의 비판이나 평가를 종합한 것을 일정한 양식에 따라 방증을 갖추고 적절한 체제에 맞추어 기술한 체계적이고 논리적인 글"이라 하였다(p. 3). 조인숙, 서은경, 최석두(2013)는 "논문은 연구의 시작인 주제선정으로부터 연구의 목적과 필요성, 연구방법, 데이터 수집과 분석, 그리고 분석에서 얻어지는 연구결과까지 전공 과정을 관심 있는 독자들이 이해할 수 있도록 문장, 수식, 그림 등 다양한 방법으로 표현하여 일정한 형식에 맞추어 체계적으로 쓴 글"이라고 하였다(p. 2). 이렇게 볼 때 논문의 특성은 ① 연구 주제나 대상에 관해서, ② 일정한 양식과 형식에 따라, ③ 조사나 문헌 분석의 증거와 결과를 가지고, ④ 독자들에게, ⑤ 논리적이고 비판적이며 체계적으로 작성한 글이라고 할 수 있다.

한편, 학위논문은 학위과정에 있는 학생들이 어떤 주제에 관하여 조사, 연구한 결과로 얻어진 여러 가지 증거와 이러한 증거에 대한 연구자 자신의 비판이나 평가를 종합한 것을 일정한 양식에 따라 적절한 체제에 맞추어 작성한 글이라고 할 수 있다(이형환, 이재훈, 2012). 김남석, 오동근, 방대욱, 김수경(2007, p. 4)은 학위논문을 "소정의 과정을 이수한 사람이 학위를 취득하기 위한 목적으로 특정주제에 대해서 연구하고 그 결과를 표현하는 글"이라고 하였다. 학위논문의 목적은 중요한 주제에 관한 지식의 축적에 독창적으로 기여할 수 있는 독립적인 연구를 수행할 수 있는 능력을 확인하는 것이다(Cone & Foster, 2004, p. 4). 즉, 그것은 연구자가 전문적인 연구자로서의 연구역량을 지니고 있음을 인정하는 논문이라고 할 수 있다. 학위논문이 학술논문과 다른 점은 학위수여를 위해서 작성된다는 점과 그 일차적 독자가 심사위원이라는 것을 들 수 있다.

학위논문은 영어로 thesis 또는 dissertation로 불리고 있다. 일반적으로 thesis는 석사학위논문, dissertation은 박사학위논문을 말한다(Cone & Foster, 2004). 이형환, 이재훈(2012, pp. 12-13)은 석사 및 박사학위논문을 다음과 같이 정의하고 구별하고 있다.

- 석사학위논문(thesis): 한 가지 중요한 주제에 관한 지식축적에 독창적으로 기여할 수 있고 독립적인 연구를 수행할 수 있는 학생의 능력을 확인하는 논문이다. 기존에 완성된 연구를 체계적으로 반복하기도 하고, 학문의 축적에 기여해야 한다.
- 박사학위논문(dissertation): 학생이 전문분야의 지식을 습득하고 연구자로서 독립적인 연구를 수행할 수 있는 능력이 있으며, 기존의 지식(이론)을 어떤 면에서 수정하거나 발전시킬 수 있는 결론을 낼 수 있는지를 밝히는 논문이다. 박사학위논문의 작성과정은 연구자로서 자율적인 역할을 할 능력이 있는지를 검증하는 것이다. 어떤 주제에 대한 체계적인 논의를 하며, thesis보다 광범위하게 논의하여야 한다.

다. 학위논문의 동기와 권고

Cone과 Foster(2004)는 학위논문을 쓰는 동기에 대해 학위취득, 경제적, 지식적, 정의적 동기로 구분하여 제시했다. 첫째, 대학원 과정에서 특정 학위를 취득하기 위해서 논문을 쓴다(학위취득 동기). 둘째, 박사학위논문은 보다 높은 수입, 대학교수나 연구기관 등의 직업세계로 들어가는 입장권이 된다(경제적 동기). 셋째, 연구를 통해 개념적, 방법론적, 실질적 문제들을 해결하고 이에 대해 생각하는 여러 가지 도전과 기회를 얻게 된다. 또한 관심 있는 분야의 여러 현상에 대해서 알 수 있다(지식적 동기). 넷째, 석·박사 논문을 완성함으로써 복잡하고 힘든 과업을 완수할 수 있다는 개인적 만족감 또는 효능감을 얻을 수 있으며, 어떤 과정을 지속적으로 수행할 수 있는 끈기를 갖게 한다(정의적 동기).

Gray와 Drew(2012)은 박사학위 및 그 작성과 취득에 대해서 다음과 같은 조언을 하였다.

① 박사학위는 가능한 한 빨리 취득하라. 대학원 과정 동안 이루어야 할 유일한 과업은 과정 자체를 잘 마무리하는 것이다. 박사학위를 취득하지 못하면 출퇴근 시간에 임시로 투입되는 통근버스들처럼 시간강사 자리를 전전하게 된다.

② 박사학위는 생존을 알리는 훈장이다. 박사학위는 오랫동안 수많은 고통스런 과정을 거쳐 학위를 취득했다는 증표에 불과하다. 모든 연구와 수업을 마치고도 아직 논문이 통과되지 않은 박사과정 수료자와 달리 박사학위는 학위논문이 출간되는 순간까지 고달픔 속에서 허우적거리다 생존하여 그 증서를 받는다.

③ 박사학위는 처음으로 수행한 연구능력을 검증받은 자격증이다. 박사학위는 질적인 연구를 해낼 수 있다는 증명서이다. 논문 심사위원들은 여러분이 계속해서 후속 연구를 수행해 낼 능력이 있다고 인정한 자격증이다.

④ 박사학위 취득자들에게는 학문적 재생산과 후학들의 지적 수준을 유지하라는 의무가 주어진다. 박사학위는 후학들을 배출할 수 있는 자격이 주어지는 막중한 자리이다. 만일 자질이 부족하거나 형편없는 논문에 학위를 주게 된다면 능

력도 안되는 사람에게 후학들을 배출할 수 있는 자격을 주게 되는 것이다. 형편없는 논문으로 박사학위를 통과한 사람은 형편없는 논문을 쓴 제자에게 박사학위를 수여하게 될 것이다.

⑤ 박사학위는 반드시 취득하라. 학계에서 성장하거나 교수로 임용되기 위해서 박사학위는 반드시 필요하다. 박사과정 수료에 그친 사람의 수는 상당하다. 그들은 꾸준함이 부족했거나 환경이 좋지 않았을 뿐, 박사학위 취득자보다 더 능력 있고 똑똑한 사람일수도 있다. 그러나 박사과정을 수료했다는 것만으로는 그 능력을 인정받을 수 없고, 학계에서 더 높은 단계로 나아갈 수 없다.

⑥ 박사논문을 작성하는 시기 결정은 가장 중요하다. 이를 위해서는 두 가지 전략을 알아둘 필요가 있다. 첫째는 대학원 과정 동안 친분이 있는 교수, 특히 지도교수와의 유대관계를 유지해야 한다. 지도교수와 자주 면담을 하는 것도 좋은 방법이다. 특별히 보고할 사항이 없을 때에도 면담을 하다보면 부담감이 생기고 자극제가 되기도 한다. 둘째, 동일한 처지에 있는 대학원생들과 정기적인 만남의 시간을 가지면서 서로의 진행 정도를 비교해 볼 필요가 있다.

3. 지도교수의 역할과 연구자의 자세

학위논문은 연구자 혼자 작성하는 것이 아니다. 학위논문 지도교수의 조언과 지도를 받아서 작성된다. 그래서 학위논문 과정에서 지도교수와 연구자의 역할에 대해서 살펴본 것은 중요하다. 흔히들 대학원생들은 "지도교수님이 논문 제목을 정해 주시지요?", "지도교수님이 관심있는 주제를 찾아야 잘 지도해 주시지 않을까요?", "지도교수님에게 자꾸 찾아가면 귀찮게 하는 것이 아닐까요?", "서투르고 엉성한 데가 많지만, 지도교수님이 고쳐주시지 않을까요?" 등의 생각을 하는 것 같다. 김혜숙 등(2013)은 이러한 질문에 대해서 다음과 같은 답변을 주었다. 그 답변을 요약하면 연구자가 논문주제와 논문진행을 주도적으로 선정하고 수행하는 것이며, 지도교수가 먼저 지도받으러 오라, 논문계획서 보내라, 지금 얼마나 진척되고 있는가 등 연락을 받기 전에 논문의 진행 단계나 중요한 사항에 대해 교수 연구실에서, 또는 이메일이나 영상통화 등을 통해 적극 지도를 받아야 한다는 것이다.

〈표 1〉 연구자와 지도교수의 역할에 대한 질문과 답변

질문	답변
지도교수님이 논문 제목을 정해 주시지요?	아니다. 논문주제도 연구자가 정하고 논문 진행도 연구자가 하는 것이다. 지도교수는 연구자가 연구를 제대로 진행하도록 말 그대로 지도해 주는 사람이다. 연구자가 관심 있는 분야에서 주제를 찾고, 그 주제를 가장 적합한 방법으로 진행할 수 있도록 조언해 주는 사람이 지도교수이다. 자기논문에 관한 한 연구자는 가장 전문가가 되어야 하며, 혼자서 논문의 전체 과정을 완수하여야 한다. 지도교수는 연구자가 스스로 주제를 정하고, 연구를 진행하고, 논문을 완성하는 과정에 필요한 논문주제 및 연구방법에 관련된 풍부한 배경 지식을 활용하여 코칭해 주는 것이지 절대 논문 진행을 대신해 주지 않는다.
지도교수님이 관심있는 주제를 찾아야 잘 지도해 주시지 않을까요?	아니다. 지도교수가 어느 연구주제에 관심이 있고 없고는 전혀 관계없다. 지도교수는 연구자가 관심 있는 주제를 찾고 적절한 연구방법을 적용하여 논문을 완성시키는 전 과정이 제대로 이루어지도록 조언하고 돕는다.
지도교수님에게 자꾸 찾아가면 귀찮게 하는 것이 아닐까요?	바쁜 지도교수 귀찮아할까봐 그냥 혼자 알아서 논문을 진행하려는 대학원생도 많다. 그러나 논문의 중요한 단계마다 조언과 지도를 하는 것은 지도교수의 역할이며, 그러한 지도와 승인 없이 논문을 진행하다 보면 한참 후에야 실수를 발견하게 되어 연구자의 노력이 헛수고가 되는 경우까지 생길 수 있다.
서투르고 엉성한 데가 많지만, 지도교수님이 고쳐 주시지 않을까요?	일하랴 대학원 수업을 들으랴 바쁜 생활 속에서 논문계획서나 논문심사본을 작성하다 보면 시간에 쫓기는 것이 보통이다. 또 논문이란 생소한 글 양식을 쓰다보면 서투르기 마련이다. 그럼에도 불구하고 지도교수들은 연구자가 지도받기 이전에 나름대로 최선을 다하기를 기대한다. 다시 말해 연구자가 자신이 쓴 글을 스스로 점검도 해 보지 않은 채 교수에게 보냈다는 느낌이 들만큼 무성의해 보여서는 곤란하다. 예컨대 지도교수가 친절하게 수정의 예를 구체적으로 들고 그처럼 다른 부분도 수정하라고 조언하였는데, 나중에 수정된 내용을 다시 보낸 것을 보니 지도교수가 예시해 준 것만 옮겨 적고 나머지는 그대로 두었다면 지도교수는 더 이상 세심하게 지도하고 싶은 마음이 사라진다.

〈계속〉

질문	답변
교수님, 이런 주제로 논문을 써도 될까요?	잠정적 연구주제를 한 줄짜리 제목으로 만들어서 지도교수에게 제시한 후에 "교수님, 이런 주제로 논문을 써도 될까요?"라고 물어보는 대학원생들이 있다. 선행연구를 찾고 연구 필요성을 쓰는 번거로움을 여러 번 반복하지 않고 한 번에 알맞은 주제를 선정하겠다는 마음에서인지 또는 논문의 모든 세세한 과정을 지도교수에게 허락받고 진행하겠다는 의도에서인지 의문이지만, 그럴 때 지도교수의 반응은 대체로 "일단 선행연구들을 탐색해 보세요"와 "연구 필요성을 설득해 보세요"다. 그 주제로 논문을 쓰면 좋겠다거나 아니라는 대답은 잘 주지 않는다. 지도교수가 'Yes/No'로 대답하지 않는 이유는 여러 가지지만, 가장 주된 이유는 논문은 연구자 스스로 주제 선정부터 모든 과정을 진행하는 것이라는 점이다. 선행연구들을 탐색하다 보면 연구자가 생각했던 주제를 이미 다른 사람이 연구해 놓은 경우들도 만나게 되고, 관련된 선행연구들을 읽어 보면서 그 주제에 대한 생각이 발전하기도 하고, 우수한 논문과 덜 그러한 논문에 대한 안목이 생기기 때문이기도 하다. 연구 필요성을 말이나 글로 설득하려고 애쓰다 보면 연구자의 생각도 정리되고, 설득력을 높이기 위해 어떤 근거를 찾아 제시해야 할지도 분명해지기 때문이기도 하다.

출처: 김혜숙, 공윤정, 여태철, 황매향(2013), pp. 26-32을 인용 재구성한 것임.

그렇다면, 논문 과정에서 지도교수의 역할은 무엇인가? 다시 말해, 연구자는 지도교수로부터 언제 무엇을 어떻게 지도받아야 하는가? 그것은 논문계획서 준비, 논문계획서 수정 및 연구진행 과정, 논문심사본 작성과 심사 후 수정과정 등 세 부분으로 구분될 수 있다(김혜숙, 공윤정, 여태철, 황매향, 2013, pp. 29-30).

① 논문계획서 준비: 논문계획서를 발표해야 하는 시점으로부터 적어도 1~2개월 이전부터는 지도교수에게 지도를 받기 시작해야 한다. 특히 논문계획서를 시작하는 단계에서는 연구자가 지도받을 구체적 내용을 아직 정하지 못해서 '좀 더 뭔가 잡히면 지도받겠다고 연락해야지'하면서 자꾸 미루게 되기 쉽다. 이럴 때는 오히려 일단 지도교수와 지도를 위한 만남 시간을 먼저 정하는 것이 효과적이다. 지도교수와 만날 시간을 정했으니 그냥 가서 '아직 준비 못 했어요' 할 수는 없으므로 지도받을 내용을 준비하게 되는 것이다. 그렇게 지도가 시작되고 계획서 발표 이전까지 적어도 서너 번의 지도 및 수정과정을 거쳐야 한다.

② 논문계획서 수정 및 연구진행 과정: 논문계획서 발표 후 피드백 내용을 연구자가 정리한 후 지도교수와 연구의 방향을 결정하고 연구를 진행하기로 하였다면, 이제 계획된 연구방법과 절차에 따라서 연구를 진행한다. 그 과정에서 중요한 결정이 이루어져야 할 때마다 연구자는 지도교수에게 상의하고 조언을 구함으로써, 연구가 적절한 방향으로 진행될 수 있도록 한다. 이 과정에서는 정기적인 지도를 받기보다는 연구의 성격과 상황에 따라서 지도받는 횟수를 조절하면 된다.

③ 논문심사본 작성과 심사 후 수정과정: 계획된 방법과 절차에 따라 자료를 수집하고 처리한 후에는 연구결과와 논의 부분을 작성하여 논문을 완성하게 된다. 논문계획서 작성 시에 지도교수를 자주 만나서 지도를 받은 것처럼, 이때도 집중적인 지도가 필요하므로 지도교수에게 연구자가 정기적인 지도를 요청하는 적극성을 가져야 한다. 논문심사본 작성 시뿐만 아니라 여러 번의 심사와 수정 과정에서도 마찬가지이다.

이러한 논문계획서 준비, 논문계획서 수정 및 연구진행 과정, 논문심사본 작성과 심사 후 수정과정에서 전문적이면서 꼼꼼한 조언과 지도를 받으려면 잊지 말아야 할 것은 지도교수의 선정을 신중하게 해야 한다. Gray와 Drew(2012)는 지도교수 선정에 있어서 다음과 같이 조언을 하였다.

> "내 성공을 돕고, 나를 지원해줄 수 있는 멘토를 찾아라. 나를 도와주는 일에서 기쁨을 느끼고, 스스로에게도 도움이 된다고 생각하는 멘토를 찾아라. 나를 활용하여 노벨상을 수상할 사람이라면 최적의 멘토이다(p. 28)."

> "제자들과 평생 친구가 될 수 있는 멘토를 찾아라. 시간과 노력을 들여 멘티들을 지도하는 멘토를 찾아라. 이론, 모델, 문헌조사, 분석 기술과 같은 학술적 조언뿐만 아니라, 학생들이 직면한 지적 장벽들을 극복하고 역량을 향상시킬 수 있는 실용적인 방안도 제시할 수 있는 의견을 나눌 수 있는 멘토를 찾아라. 학생들이 직면해 있

는 선택사항들을 스스로 생각하여 결정할 수 있도록 돕는 멘토를 찾아라. … '학생은 고객이다'라는 의식을 가지고 학생들에게 다가갈 수 있는 멘토를 찾아라(pp. 92-93, 112-113)."

지도교수는 논문계획서 작성부터 심사가 마무리될 때까지 자신의 논문에 대한 학술적 지도와 조언을 하기 때문에 그 선정에 있어서 신중을 기해야 한다. 무엇보다도 학위논문 전 과정을 지도함으로 지도교수가 어떤 분야의 연구실적을 보유하고 있는가, 그리고 최근 3년간 주저자로서 개인논문을 얼마나 게재하고 있는가를 살펴보아야 한다. 이것은 지도교수의 연구 역량을 고려하는 좋은 방법이다. 만일 공저로 작성된 논문이 많다면 재고해 볼 여지가 있다. 이것은 주저자로 주도적으로 연구를 수행하지 않고 있거나, 학위논문 제출을 위해 의무사항으로 작성되는 학술논문이거나 제자들의 석·박사 학위논문을 학술지에 제출하여 게재하는 경우가 많기 때문이다.

대학원 교육은 학부 교육과는 달리 교수와 학생이 협력적 학습공동체로서 공동의 연구나 프로젝트를 수행하는 경우가 많다. 따라서 연구나 프로젝트의 성격을 이해하고 한국연구재단 등 연구비 지원 기관에서 연구 프로젝트를 수주하여 학생들과 함께 수행해 본 경험이 있는 교수를 지도교수로 선정하는 것이 좋다. 대학원 과정에서는 향후 수행하게 될 연구비 수주 계획서 작성이나 공동 연구 및 프로젝트 수행 과정을 사전에 배우고 연습하는 기회의 장이기 때문이다.

대학원은 학부에서 배운 학문의 기초 이론 및 기술 등을 응용하고 종합하는 고도의 학술연구를 수행하는 곳이다. 대학원은 전술한 협력적 학습공동체뿐만 아니라 여러 변화하는 환경 속에서 융합적 연구를 요청하고 있다. 이를 위하여 대학원생을 후학 전문가로 양성하여 그들과 함께 집단지성을 발휘하는 전문가 동료공동체를 실현할 필요가 있다(신현석, 안선회, 엄준용, 2013). 또한 교수 개인 및 전공 중심의 학문 추구 경향에서 벗어나서 새로운 학문 영역과 전공 발굴에 심혈을 기울일 필요가 있다. 이것은 항아리를 땅에 묻기 위해서 항아리보다 더 크게 땅을 파야 한다는 것에 빗댈 수 있다. 즉, 개인 및 전공 연구는 다른 전공 및 영역의 깊이와 넓이를 섭렵할 때 가능하다는 것이다. 대학원생으로서 이러한 인재가 되고자 한다면, 미래사회에서 적합한 융합적 인재가 되고 싶다면, 많은 분야와 전공에 대한 독서와 연구를 수행하고 다양한 전문가들과 집단지성을 발휘하고 있는 지도교수를 선정하여 배움을 청하는 것이 필수적이다. 이러한 지도교수는 대학원 학생들과 함께 여러 전공이나 학문 분야에 대한 응용을 통해 새로운 영역 발굴에 심혈을 기울일 것이며, 이 과정에서 대학원생들은 협력적, 동료적 학문공동체의 일원으로 의미 있는 학문 추구를 할 수 있을 것이다.

4. 학위논문의 속성 및 체계

가. 학위논문의 속성

학위논문이 갖추어야 할 조건으로 김남석, 오동근, 방대욱, 김수경(2007)은 독창성, 치밀성, 정확성, 객관성, 검증성, 윤리성 등을 제시했다. 또한 서대진, 장형유, 김봉화(2011)는 내용적인 면과 기술적인 면으로 구분하면서, 내용적인 면은 독창성, 정확성, 객관성, 관계성으로, 기술적인 면은 평이성, 간결성, 논리성으로 구분했다. 본서에서는 이들이 제시한 내용을 종합·보완하여 학위논문의 조건을 타당성, 차별성, 논리적 체계성, 최신성, 객관성, 정확성, 윤리성으로 제시해보고자 한다. 윤리성은 별도로 제5절에서 다룬다.

- 타당성: 사실과 증거로 논증하도록 선행연구에 기초하여 적절한 증거 및 인용 제시와 합리적이고 적합한 연구 설계와 방법을 제시한다.
- 차별성: 독창성, 참신성으로 볼 수 있다. 이는 선행연구에서 다루지 않았거나, 선행연구에서 다룬 변수를 추가 및 삭제하였거나, 새로운 모형이나 방법을 이

용했거나, 선행연구와 상반된 결과가 나왔는가를 강조한다.

- 논리적 체계성: 논리적이고 형식을 준수하여 논문이 작성되었는가를 강조한다.
- 최신성: 최근의 연구 동향, 사례, 이론, 모형, 방법 등을 다루거나 인용해야 함을 강조한다.
- 객관성: 주관적인 해석이나 이론의 교조화 등을 버리고 중립적이면서도 있는 그대로 사실과 현상을 기술하고 설명하며 해석하는 것을 강조한다.
- 정확성: 인용 출처, 데이터 분석, 수치, 사례, 지명 등의 정보와 사실을 정확하고 구체적으로 제공함을 강조한다.

논문 작성 요건

연구자가 각각 연구한 학술적인 결과를 한편의 논문으로 완성시키려면 형식상 논문으로서의 요건을 갖추어야 하며 그 외에 정확성, 객관성 및 윤리성이 있어야 한다. 즉, 논문작성에 있어서 하나의 논문이 독창적이어야 한다는 것은 창의적인 아이디어로 새로운 연구주제를 발견하거나 적절한 방법에 의한 전개로 타당한 결과를 찾아내는 것으로써 중복연구에 대한 배제를 의미한다. 또 논문이 논리성을 갖추고 실제적인 데이터로 검증이 가능해야 하는 것은 연구주제에 대한 문제의 발견과 해결을 위해 다양한 통계 데이터를 사용하여 논리적으로 증명할 수 있어야 한다.

또한 논문은 학술정보로서의 가치를 가지고 있으므로 논문의 내용과 제시되는 모든 정보뿐만 아니라 참고문헌까지도 서지기술 양식에 맞도록 정확하게 기술되어야 하고, 논문의 내용과 전개는 객관성을 갖추어야 한다. 너무 편파적이거나 개인의 주관적인 견해에 불과한 내용 등은 학술적 가치가 낮다고 할 수 있다. 논문 작성에 있어 남의 논문을 참고할 경우 인용과 재인용 부분을 정확하게 밝히고 출처를 표시하는 것은 연구자가 가져야 할 기본적인 자세이다. 만약에 그러한 부분을 정확하게 하지 않으면 연구자의 도덕성 뿐만 아니라 연구내용에 대해서도 신뢰성을 잃게 되므로 연구의 윤리성은 매우 중요하다.

출처: 조인숙, 서은경, 최석두, 2013, pp. 3-4에서 인용

나. 학위논문의 요소 및 체계

1) 논문의 일반적 요소

학술적 논문은 일반적으로 [그림 1]과 같이 15가지 구성요인으로 구성되어 있다. 그것들은 주제, 필요성 및 목적, 연구내용(문제), 제한점, 용어의 정의, 이론적 배경, 가설, 연구방법, 연구결과, 논의, 요약, 결론, 한계, 제언 등으로 구분된다.

① 주제는 논문의 제목에 해당된다. 주제는 변수와의 관계(독립, 종속 및 조절 또는 매개변수), 연구방법 및 연구대상을 제시한다. 그래서 주제는 논문 전체의 창과 문의 역할을 하며, 독자들은 이를 통해 논문의 핵심 내용과 방법을 파악한다.

② 필요성은 연구가 수행되는 배경은 무엇이고, 왜 이 연구를 해야 하는가, 그리고 기존 연구와는 다른 점은 무엇인가를 밝히는 부분이다.

③ 목적은 연구자가 연구를 통해 밝히려고 하는 궁극적인 이유를 제시하는 것이다. 목적은 연구내용보다 다소 추상적이고 포괄적으로 제시한다.

④ 내용(문제)은 연구에서 구체적으로 밝히려는 질문이나 내용을 말하는 것으로 연구내용 또는 연구문제라고 한다. 이것들은 문장 표현 방식의 차이에서 비롯된다. 연구내용은 평서문으로, 연구문제는 물음표가 있는 의문문으로 작성된다. 예를 들면, 대학생의 핵심역량이 독서량에 따라 차이를 보이는가를 연구한다고 할 때, 연구내용은 “대학생의 독서량에 따른 핵심역량의 차이를 탐색한다”로, 연구문제는 “대학생의 독서량에 따라 핵심역량은 차이가 있는가?”로 기술한다.

⑤ 제한점(delimitation)은 연구의 범위를 설정하는 것이다. 이것은 연구의 내용이나 방법상 고려하지 못했던 것을 의미하는 한계점(limitation)과는 구별된다.

⑥ 용어의 정의는 연구자가 조사·측정하기 위하여 설정한 조작적 정의를 제시하거나 선행연구에서 한 주제어에 대한 여러 정의가 있을 경우 연구에서 활용할 용어를 제시한다.

⑦ 이론적 배경은 연구 주제어들에 대한 개념, 구성요인, 선행연구결과 등을 소개한다.

⑧ 가설은 연구에서 밝히려는 잠정적인 결론이다. 가설은 의문문으로 되어 있는 연구문제를 가정문 형식의 서술문으로 진술하는 것으로도 볼 수 있다.

⑨ 방법은 연구를 위한 샘플링 대상, 조사 척도 및 설문지, 조사절차와 방법, 조사결과 분석 방법 등을 제시한다.

⑩ 결과는 연구에서 밝히려는 연구문제에 대해 조사한 데이터나 문헌을 분석하여 그 결과를 제시한다.

⑪ 논의는 연구자가 선행연구를 토대로 연구결과에 대해 타당하고 논리적으로 해석하며, 또한 연구결과를 통해서 이론적이고 실천적으로 공헌할 수 있는 시사점을 제시한다.

⑫ 요약은 연구목적, 내용, 방법과 결과에 대해서 간결하면서도 구체적으로 제시한다.

⑬ 결론은 연구에서 밝히려는 연구문제 또는 연구가설에 대한 연구자의 최종적인 주장이나 입장을 제시한다.

⑭ 한계는 연구내용, 방법 및 조사 분석에 있어서 미처 고려하지 못하였거나 밝히지 못한 과제들을 제시하는 것이다.

⑮ 제언은 수행한 연구 결과에 따라 후속적으로 고려되어야 하거나, 이론적이고 실천적인 제안들을 제시하는 것이다.

이러한 구성요인은 학술논문의 성격에 따라, 분량의 제한에 따라, 연구방법의 차이에 따라, 학술지 양식 등에 따라 달라지는 경우가 많다. 그래서 연구자는 작성하려는 논문과 그것을 위해 요구되는 형식 등을 고려하여 작성할 필요가 있다.

15 제언: 향후 연구 과제와 방법 제안

14 한계: 연구에서 수행되지 못한 내용, 방법, 절차 등

13 결론: 연구에서 얻은 최종 발견/주장

12 요약: 연구목적, 내용, 방법, 결과, 논의 등에 핵심 제시

11 논의: 선행연구 기발 결과의 타당화, 차별화, 시사점

10 결과: 조사한 자료나 데이터 분석, 객관적 기술

9 방법: 조사대상, 샘플링, 조사방법, 분석방법

8 가설: 연구자가 규명하려는 잠정적 결론

7 이론적 배경: 변수(키워드)에 대한 선행연구 분석

6 용어의 정의: 연구자가 설정한 조작적 정의 제시

5 제한점: 연구의 범위 설정

4 내용: 연구목적을 달성하기 위한 구체적인 연구문제/내용

3 목적: 연구를 수행한 목적

2 필요성: 연구자의 문제인식-타당화, 차별화

1 주제(제목): 주제어(변수) 관계, 방법, 대상

2) 학위논문의 요소

학위논문도 마찬가지로 연구자의 전공이나 승인된 학위 양식과 형식에 따라 달라질 수 있다. 또한 연구자가 수행하는 연구설계나 방법에 따라서 그 구성요인의 차이를 보일 수 있다. 하지만 학위논문은 비교적 그 구성요인에 있어서 일반화되어 있는 경향이 있다. 일반적으로 학위논문은 서론, 이론적 배경, 연구방법, 연구결과, 논의,

요약 및 결론, 참고문헌, 부록, 초록 등으로 구성된다. 이 중에서 연구계획서는 서론, 이론적 배경, 연구방법, 참고문헌과 부록으로 구성된다.

I. 서론	필요성 및 목적, 연구문제, 제한점, 용어의 정의
II. 이론적 배경	핵심변수(키워드), 연구가설
III. 연구방법	연구대상, 샘플링, 조사도구, 분석방법
IV. 연구결과	조사한 데이터/자료 분석, 객관적 기술, 연구문제별 결과 제시
V. 논의	연구문제별 논의, 결과에 대한 선행연구 기반 타당화와 차별화, 연구문제별 논의
VI. 요약 및 결론	연구목적, 내용, 방법, 주요결과에 대한 요약연구의 최종결론(주장): 연구문제별로 제시 한계점 및 향후 연구과제/방법 제시
참고문헌	각 전공(학과)가 규정한 형식에 맞추어 정리
부록	조사도구 등 논문 관련 참고자료 제시
영문초록	
국문초록	

가) 서론

학위논문에서 서론은 연구자가 글을 쓰는 배경과 목적을 분명하고 간결하게 밝힘으로써 독자들이 글에 대한 흥미와 방향성을 설정하도록 돕는 것을 말한다. 또한 선행연구에 기초하여 글을 쓰는 배경과 목적을 제시하고 연구자의 문제의식을 논리적으로 타당하면서도 선행연구와의 다른 점을 밝히는 부분이다. 즉, 서론은 연구자가 수행하려는 연구의 타당성과 차별성을 기술하는 부분이다. 여기서 타당성은 선행연구에 기반하여 연구자의 문제의식, 목적, 내용, 방법 등에 대한 객관적, 논리적 증거를 제시하는 것을 말한다. 또한 차별성은 선행연구에서 다루지 않거나 시도하지 않은 주제와 내용, 새로운 변수 추가나 기존 변수의 삭제, 연구대상 및 설계의 변경 및 새로운 모델 등이 어떠한 이유 때문에 탐색될 필요가 있는지를 밝히는 것을 말한다.

서론은 너무 길게 쓰거나 논점과 관계없는 이야기를 쓰지 않고 가급적 짧고 간결하고 분명하게 논의할 문제의 초점을 제시해야 한다. 그리고 서론은 이론적 배경에서 다루어야 할 내용이나 교과서적 내용으로 구성되지 않아야 한다. 비록 논문의 성격이 변수와의 관계를 다루는 논문일지라도 말이다. 왜냐하면 서론은 연구자가 논문을 쓰는 배경이나 이유 및 목적을 간결하게 밝히면서 다른 논문의 타당성과 차별성을 제시하는 글이기 때문이다.

나) 이론적 배경

이론적 배경은 단순 관련 변수의 이론을 복사, 나열, 정리하는 것이 아니다. 그것은 선행연구에 기초하여 연구문제(내용), 변수의 개념과 구성요소, 변수 간의 관계, 방법 선정에 대한 입장과 논리적 근거를 체계적으로 제시하는 것이다. 하지만 강조할 점은 연구자들이 이론적 배경을 선행연구의 copy & paste 수준으로 생각하는 경향이 많다는 점이다. 그것은 단순히 인용하거나 베끼는 것이 아니라 선행연구에 기반하여 자신의 연구에서 활용하는 개념, 변인, 변수 간의 관계, 연구방법에 대한 이론적, 논리적 타당성 및 차별성을 체계적으로 제시하는 것이다.

일반적으로 이론적 배경 작성을 위해 다음과 같은 자료들을 활용할 수 있다. 우선, 특정 변수에 대한 개념적 정의는 전공도서, 학술논문 등 연구자가 제시한 용어의 정의나 조작적 정의를 인용하여 제시할 수 있다. 인용 시에는 반드시 인용한 페이지를 제시해야 하고, 인용한 개념이 세 줄 이상인 경우는 새로운 단락으로 구성하여 제시하여야 한다. 또한 참고한 선행연구에서 연구자가 다른 사람의 개념을 제시한 것을 자신의 논문에서 인용하는 것을 재인용이라고 하며 이 경우도 인용한 페이지를 언급해 주어야 한다. 둘째, 변수에 대한 구성요인을 설명하는 경우는 학술논문의 이론적 배경이나 개념적 특성이나 척도 개발 또는 조사한 척도의 요인을 제시할 수 있다. 이때 연구자별 요인을 표로 작성하여 종합적으로 제시하여 그 구성요인의 공통점과 차이점을 간명하게 제시하면서 그 연구동향을 보고할 수 있다. 셋째, 연구설계(연구대상, 분석방법, 척도 등)에 대해서는 학술논문의 연구방법을 활용하여 제시할 수 있다. 마지막으로 기존 연구를 제시할 때는 학술논문의 초록과 논의를 참고하여 작성할 수 있다.

다) 연구방법

연구방법은 연구자가 연구를 수행하는 설계를 제시하는 부분이다. 주로 연구대상, 연구도구, 연구절차, 분석방법 등을 소개한다. 연구대상에는 주로 샘플링 방법과 조사 대상의 특성을 보고한다. 연구도구는 연구를 위해 활용한 조사 척도와 설문지를 소개한다. 조사 척도와 설문지는 일반적으로 선행연구에서 주로 조사하였던 것을 활용하는 경우가 많다. 연구절차는 연구가 수행되는 과정과 방법에 대해서 기술하는 것을 말한다. 분석방법은 조사결과 분석을 위해 활용하는 분석 방법을 소개하는 것을 말하는데, 상관분석, 회귀분석, 차이분석 등을 실시했다고 보고하는 경우가 많다.

라) 논의 및 결론

논의는 선행연구를 기초로 하여 연구자가 얻은 연구결과를 바탕으로 타당성과 차별성을 제시하는 것이다. 또한 연구결과를 바탕으로 연구 대상 현상이나 실제에 대한 문제와 대안 등 시사점을 제시하는 것을 포함한다. 결론은 연구자가 설정한 가설에 대해 연구결과에 비추어 최종적으로 내리는 입장이라고 볼 수 있다. 즉, 결론은 연구결과에 대한 논의를 바탕으로 밝히진 바를 간결하면서 명확하게 재확인해주는 역할을 한다. 또한 결론에서는 연구 수행 과정에서 고려되지 못한 한계점과 향후 연구 제언을 제시한다. 결론은 앞에서 작성한 논문 내용을 토대로 작성됨으로 참고문헌을 제시하지 않는 것이 일반적이다.

마) 참고문헌, 부록 및 초록

참고문헌은 연구에서 참고하거나 인용했던 문헌을 정리한 부분이다. 학위논문에서는 본문 내용에서 제시한 인용 문헌과 참고문헌이 일치하는 것을 요구한다. 물론 학위를 수여하는 기관마다 참고한 모든 문헌을 제시하도록 요청하는 경우도 있다. 따라서 연구자가 속한 기관의 참고문헌 작성 요령을 잘 숙지하여 작성할 필요가 있다. 부록에서는 주로 조사한 설문지, 조사결과에서의 요인분석 내용, 통계분석표, 실험설계의 경우 실험결과 등을 소개한다. 초록은 영문, 국문으로 작성된 연구 요약문이며, 주로 연구목적, 내용, 방법, 주요결과와 후속 연구 제언 등이 포함된다.

5. 연구윤리

연구윤리[2)]는 연구자가 연구를 수행하면서 지켜야 할 원칙이나 행동 양식을 말한다. 연구윤리는 좁은 의미로 연구자가 연구를 신청하고, 수행하며, 그 결과를 보고하는 과정에 지켜야 할 행동양식이다. 연구윤리는 정보를 정직하게 전달하고 약속을 지키는 정직성, 연구결과를 정확하게 보고하고, 오차를 피하는 데 최선을 다하는 정확성, 자원을 현명하게 사용하고 낭비하지 않는 효율성, 사실을 명확하게 밝히고, 부당한 편견을 피하는 객관성으로 들 수 있다.

2) 여기서 소개되는 내용은 경제인문사회연구회(2014)의 '연구윤리란 무엇인가'에서 요약한 것임.

연구윤리는 연구부정행위와 연구부적절행위로 구분할 수 있다. 연구부정행위란 연구의 설계 수행 및 결과 발표 과정에서 등장할 수 있는 위조, 변조, 표절, 부당한 중복게재, 부당한 저자표시, 중복투고 등을 말한다. 위조란 존재하지 않는 데이터 또는 연구 결과 등을 허위로 만들거나 기록 또는 보고하는 행위이다. 예를 들면, 인터뷰를 하지 않았으면서도 가상의 주제에 대한 설문지를 완성하여 연구 결과를 허위로 제시하는 경우, 설문조사, 시험 및 관찰 등에서 나타나지 않은 데이터를 실재하는 것처럼 제시하는 경우, 실험 등을 통해 얻은 자료의 통계학적인 유효성을 추가하기 위해 허구의 자료를 첨가하는 경우, 연구계획서에 합치한다는 점을 보여주기 위해 연구기록을 허위로 삽입하는 행위 등을 들 수 있다.

변조란 연구재료, 기기, 연구과정(절차) 등을 인위적으로 조작하거나 데이터를 임의로 변형·삭제함으로써 연구 내용 또는 결과를 왜곡하는 행위이다. 예를 들면, 연구자료를 의도적으로 변경하여 자료들의 상이함을 수정하는 경우, 연구자료의 통계분석 결과 분명하지 않은 것을 고의 또는 중대한 과실로 그릇되게 설명하는 경우, 통계학적 근거 없이 연구자료들을 선택적으로 생략, 삭제, 은폐하는 경우, 연구자료를 과장, 축소 또는 변형함으로써 왜곡된 연구 결과를 도출하는 경우를 들 수 있다.

표절이란 해당 분야의 일반 지식이 아닌 타인의 저작물 또는 아이디어를 적절한 출처표시 없이 자기 것처럼 부당하게 사용하는 행위를 말한다. 예를 들면, 이미 발표(게재)된 타인의 독창적인 아이디어나 저작물을 활용하면서 출처를 표기하지 않은 경우, 타인의 저작물을 번역하여 활용하였으면서도 출처를 표기하지 않는 경우, 재인용 표시를 해야 함에도 그렇게 하지 않고 직접 원문을 본 것처럼 1차 문헌에 대한 출처를 표시한 경우, 출처표시를 제대로 했음에도 불구하고 인용된 양 또는 질이 정당한 범위를 넘어 피인용물과 인용물이 주종의 관계에 있는 경우, 타인(1인 또는 다사)의 저작물을 활용한 경우 그에 대해 모두 출처표시를 해야 하지만 어느 일부에만 하는 경우, 인용한 타인의 저작물 상당 부분을 참조했다고 표시했지만, 실은 그대로 가져다 쓴 경우이다.

부당한 저자 표시란 연구내용 또는 결과에 대하여 실질적으로 중요한 공헌 또는 기여를 한 사람에게 정당한 이유 없이 논문저자 자격을 부여하지 않거나, 실질적으로 중요한 공헌 또는 기여를 하지 않은 사람에게 논문저자 자격을 부여하는 행위이다. 예를 들면, 저자로서 정당한 자격을 갖춘 사람에게 저자 자격을 부여하지 않는 경우와 저자로서 정당한 자격을 갖추지 않은 사람에게 저자 자격을 부여하는 경우를 들 수 있다.

연구부적절행위란 연구의 독창성을 해할 정도의 자신의 이전 저작물을 이후 자신의 저작물에서 부적절하게 사용하는 중복게재를 말한다. 중복게재는 자신이 발표(게재)한 저작물의 일부를 적절하게 출처를 밝히지 않고 다시 활용하는 '자기표절'과 자신의 이전 저작물과 동일 또는 실질적으로 유사한 저작물을 선행 저작물의 존재 사실을 밝히지 않은 채 다시 발표(게재)하는 '이중게재'를 포함한다. 예를 들면, 출처 표시를 하지 않고 자신의 이전 저작물을 활용한 경우, 활용한 자신의 이전 저작물 중 일부에만 또는 정확하지 않게 출처를 표시한 경우, 출처를 표시했다 해도 해당 연구보고서에 인용된 내용이 양적으로나 질적으로 적당한 점위를 벗어난 경우이다.

그렇다면 올바른 출처・인용 표시 방법은 무엇인가? 원칙적으로 출처 표시는 문장 단위로 하며, 본문에 인용한 문헌은 반드시 침고문헌에 그 서지사항을 제시해야 한다. 출처표시의 대상은 아래와 같다.

① 인쇄자료: 책, 학술논문, 신문 등
② 전자자료: 데이터베이스, 웹사이트, SNS 등
③ 데이터: 설문조사에서 나온 데이터, 인구조사자료, 경제적 지표 등
④ 이미지: 차트, 그래프, 표, 설계도면, 사진 등
⑤ 기록물: 텔레비전 방송물, 대중 연설문 등
⑥ 구두자료: 인터뷰, 강의, 학술세미나 등에서 얻은 정보 등

논문을 쓰거나 자신의 연구 결과를 발표할 때 타인의 아이디어나 연구 성과를 활용하는 것이 허용되는데, 이는 정당한 활용일 때에 한해서이다. 학술적 글쓰기를 할 때 타인의 아이디어나 글을 정당하게 활용하는 것이 바로 인용이며, 그렇지 않은 것

이면 표절 의혹을 받게 된다. 인용방법은 자신의 것과 타인의 것이 명확히 구별될 수 있도록 신의성실의 원칙에 의해 합리적인 방식으로 인용하며, 3줄 이내로 짧게 인용할 경우에는 인용부호(" ")를, 길게 직접 인용할 경우에는 단락을 나누어 인용된 단락 표시(indentation)를 하고, 해당 페이지를 밝힌다.

말바꿔 쓰기, 요약 등의 방법으로 간접 인용할 때에도 출처를 표시한다. 간접 인용은 원문의 내용을 잘 소화하여 원문의 정확한 의미를 훼손하지 않고 자신의 언어로 풀어 쓴 것으로, 따옴표 등의 문장 부호를 사용하여 인용부분을 표시하지는 않는다. 그러나 '-의 견해에 따르면, -의 견해를 정리하면, 혹은 -는 이라고 말한다.'와 같이 원저자의 아이디어나 의견이 들어간 부분이 명확히 드러나도록 표시해 주어야 한다. 이때 원저자의 생각을 왜곡하여 표현하는 것에 주의해야 한다.

올바른 인용의 원칙은 다음과 같다. 첫째, 타인 저작물의 일정 부분을 그대로 쓰거나(verbatim, copy and past), 일부 단어를 말바꿔 쓰기를 하거나(paraphrasing), 일부 내용을 요약해서 사용할 때(summarizing), 또는 타인의 아이디어를 사용할 때는 타인의 기여에 인정하고(credit) 그 출처를 명확하게 표시해야 한다.

둘째, 타인 저작물의 일정 부분을 그대로 가져다 쓸 때는 해당 부분에 인용부호(" ")로 표시하고 출처를 명확하게 표시해야 한다.

셋째, 타인 저작물의 일정 부분을 말바꿔 쓰기를 할 때에는 그 내용을 완전히 이해하여 자신의 색깔이 담긴 언어로 표현되도록 하며 출처를 밝혀야 한다.

넷째, 연구자 자신이 생각하지 않았던 어떤 의견, 비판점이나 역사적 사실을 직접 인용하든 말바꿔 쓰기를 하든 반드시 출처를 밝혀야 한다.

다섯째, 기술하는 사실이나 아이디어가 일반적 지식인지 아닌지가 불확실할 경우에는 출처를 밝히는 것이 좋다.

여섯째, 웹상에서 가져온 자료나 정보에 대해서도 자신이나 타인의 논문이나 단행본에 있는 자료나 정보를 활용할 때처럼 반드시 출처를 밝혀야 한다.

일곱째, 통계 자료와 같이 연구를 통해 알게 된 사실적 정보(factual information)는 출처를 밝혀야 한다.

○ 논문 표절 검사 사이트 소개

1. 카피킬러를 통한 검사
   - copykiller 사이트에 회원가입 후 무료사이트 클릭
   - 표절검사를 위해서 문서등록에 파일을 업로드하고 표절검사를 클릭하면 표절률 제시

http://www.copykiller.org/

2. KCI 문서 유사도 검사
   - 한국연구재단(www.nrf.re.kr) 홈페이지 회원가입 후 로그인
   - 페이지 오른쪽 '한국학술지인용색인(KCI)' 클릭 후 이동
   - 상단 [논문 유사도 검사] 탭을 클릭 후 KCI문헌유사도검사서비스로 이동
   - 상단 [파일 업로드] 탭을 클릭
   - 검사명, 검사설정 등을 설정 후 하단 [파일첨부] 클릭하여 파일을 첨부함
   - [유사도 검사] 버튼 클릭
   - 상단 [유사도 검사] 탭을 클릭하여 종합결과 다운로드

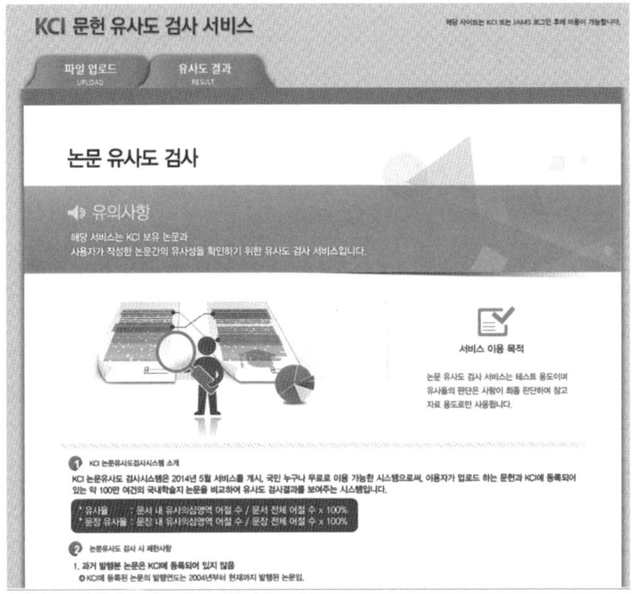

http://check.kci.go.kr/

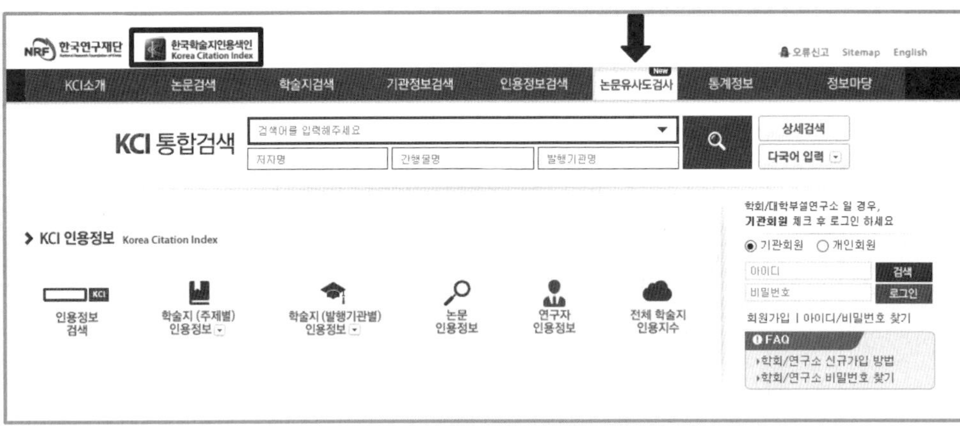

한국연구재단 홈페이지에서 [한국학술지인용색인]-[논문유사도검사]
https://www.kci.go.kr/kciportal/main.kci

6. 학위논문의 작성 절차

지금까지 내용을 요약하면 [그림 2, 3]과 같다. [그림 2]는 학위논문 요소와 속성을 고려한 작성 절차를, [그림 3]은 연구계획서의 요소와 속성에 따른 작성 절차를 제시한 것이다.

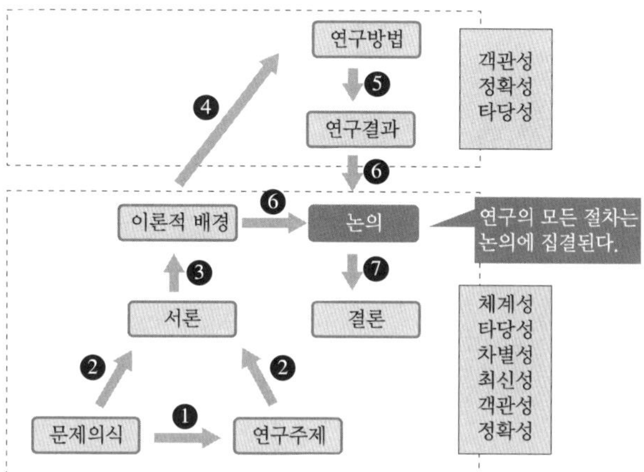

논문요인	
문제의식	연구자가 연구에 착수했던 아이디어와 추진배경
연구주제	논문의 창 역할, 변수관계, 방법, 대상 암시
서론	탐색할 연구주제와 문제를 밝혀야 할 이유와 근거 및 선행연구와의 차이점
이론적 배경	연구주제(변수)정의, 구성요인 및 속성, 척도, 기존연구 소개
연구방법	조사대상, 조사도구, 연구절차, 분석방법 제시(비교적 표준화 되어있음)
연구결과	조사·수집한 데이터나 문헌 분석을 통한 연구문제에 대한 해답 제시
논의	선행연구에 기초하여 연구결과의 정당화 및 참신성에 따라 시사점 제시
결론	연구결과 및 논의에 기초한 연구자의 최종주장

논문속성	
체계성	논리적이고 형식을 준수
타당성	선행연구에 기초한 적절한 논증과 인용
차별성	선행연구에서 다루지 않은 참신한 주제와 문제 또는 새로운 발견사항
최신성	최근 수행된 논문이나 사례 모형활용 방법
객관성	중립적으로 있는 그대로 기술, 설명, 해석
정확성	인용, 분석자료, 수치의 구체적이고 정확한 제시

[그림 2] 학위논문 요소와 속성을 고려한 작성 절차

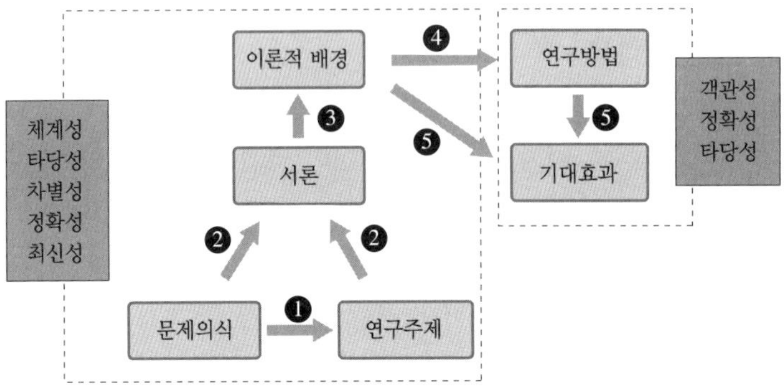

논문요인	
문제의식	연구자가 연구에 착수했던 아이디어와 추진배경
연구주제	논문의 창 역할, 변수관계, 방법, 대상 암시
서론	탐색할 연구주제와 문제를 밝혀야 할 이유와 근거 및 선행연구와의 차이점
이론적 배경	연구주제(변수)정의, 구성요인 및 속성, 척도, 기존연구 소개
연구방법	조사대상, 조사도구, 연구절차, 분석방법 제시(비교적 표준화 되어있음)
기대효과	선행연구를 바탕으로 연구주제, 내용, 방법에 대한 시사점 제시

논문속성	
체계성	논리적이고 형식을 준수
타당성	선행연구에 기초한 적절한 논증과 인용
차별성	선행연구에서 다루지 않은 참신한 주제와 문제 또는 새로운 발견사항
최신성	최근 수행된 논문이나 사례 모형활용 방법
객관성	중립적으로 있는 그대로 기술, 설명, 해석
정확성	인용, 분석자료, 수치의 구체적이고 정확한 제시

[그림 3] 연구계획서의 요소와 속성에 따른 작성 절차

제2장

학술적 글쓰기의 이해

학술적 글쓰기는 학습과 연습을 통해 논리적으로 글을 읽고 쓰는 방법을 습득하고 수행하는 것을 전제로 한다. 무엇보다도 학술적 글쓰기는 긍정적 태도와 효능감을 필요로 한다. 또한 학술적 논문의 목적과 독자에 부합해야 하며, 그 목적에 따른 내용과 형식 및 표현을 통해 예상 독자와의 의사소통을 하는 것이다. 아래에서는 학술적 글쓰기에 필요한 기본 원리와 방식을 소개한다.

1. 학술적 글쓰기의 원리

학술적 글쓰기는 단계성, 논리성, 통일성 및 응집성을 고려하여 작성되어야 한다. 첫째, 단계성 원리는 논문의 시작과 맺음 사이의 여러 단계로 구성된다는 것이다. 즉, 학위논문은 서론, 이론적 배경, 연구방법, 연구결과, 논의 및 결론 등으로 구성된다는 것이다.

둘째, 논리성 원리는 학술적인 글은 문단과 문장이 논리적인 순서에 따라 조직되어야 한다는 것이다. 즉, "구슬이 서말이라도 꿰어야 보배이다"라는 말처럼 학술적인 글도 문단과 문장의 논리적 체계를 통해서 조직되어야 한다는 것이다. 또한 논리성 원리는 논리적 전개에 있어서 중요한 것에서, 그리고 관계성 높은 것에서 그렇지 않은 것으로 제시한다는 것이다. 이는 논리 전개에 쓰일 수 있는 여러 논증이나 사례를 제시할 수 있지만 중요하거나 관계성이 있는 것들을 강조할 때 효과적인 논증을 할 수 있다는 것이다.

셋째, 통일성은 하나의 주제 또는 하나의 화제와 관련이 있는 것으로만 문단과 문장으로 조직되어야 한다는 것이다. 통일성을 갖춘 논문을 작성하려면 논문 주제와 밀접한 관련이 있거나 직접 뒷받침할 수 있는 문헌들을 제시해야 한다. 반면, 응집성은 문장과 문장, 문단과 문단이 긴밀하게 연결되어야 한다는 것이다. 문장과 문장이, 문단과 문단이 긴밀하게 연결되어 있지 않으면 독자들은 글의 논지가 분명하지 않으며 논리적인 비약이 일어났다고 생각하는 경우가 많다. 또한 글이 산만하게 구성되어 좋은 글이 아니라는 평가를 내리기도 한다. 그러므로 좋은 글은 지시어, 연결어 등을 표지로 사용하여 글의 응집성을 높인다. 좋은 글을 쓰기 위해서는 통일성과 응집성, 어느 것도 포기할 수 없다(이병환 등, 2013).

2. 문단과 문장의 이해

가. 문단의 이해

1) 문단의 의미

문단은 한 가지 중심주제(소주제)에 대하여 두 개 이상의 문장으로 구성되어 응집성, 결속성, 의미성을 가지고 있는 글의 단위이다. 문단은 2개 이상의 문장으로 구성되고, 결속장치로 결속되며, 의미의 응집성과 주제의 일관성을 갖추고 있어야 하고 누구든지 그 의미를 해석할 수 있어야 한다. 다음의 예들 중에서 어느 것이 문단으로 적합한지 판단해 볼 수 있다(박영순, 2004).

〈예시 1〉

겨울이 지나면 새봄이 온다. 봄에는 만물이 소생하고 아름다운 꽃이 핀다. 그리고(그런데) 미국은 이라크와의 전쟁을 선포하였다.

〈예시 2〉

겨울이 지나면 새봄이 온다. 봄이 되면 만물이 소생하고 꽃도 피며, 얼어붙었던 땅도 녹으면서 사람들의 마음도 훨씬 부드러워지고, 화합을 기대하게 한다. 그런데 미국은 이라크와의 전쟁을 선포하였다. 안타까운 일이다. 이 지구상에 진정한 봄이 올 날이 언제일까.

〈예시 1〉은 문장이 서로 결합되어 있으며, 결속장치인 접속어(그리고 또는 그런데)도 있고, 의미성도 있어 보이지만 문단으로 보기 어렵다. 그 이유는 세 문장 사이에 의미적인 결속성과 응집성이 없기 때문이다. 반면 〈예시 2〉는 다섯 개의 문장으로 결합되어 있으며, '그런데' 하나로 결속되어 있지만 '지구상에 진정한 의미의 봄이 올 날이 언제가 될지 알 수 없다'에 의미가 응집되어 있다. 이와 같이 문단은 최소한 두 개 이상의 문장이 결합되어 문단을 이루지만 그 문장이 결속되어 있고, 그 의미 해석이 가능해야 하며, 내용이 응집되어 있어야 한다.

결속장치(박영순, 2004) 결속장치(binder)는 문장과 문장, 문단과 문단을 이어주고 전체적인 응집성을 갖게 하며, 의미를 구성하게 하는 것으로 다음의 것들이 있음. - 문법적 결속장치: 접속어, 지시어, 대용어 - 논리적 결속장치: 논증, 인과, 조건과 비교 - 어휘적 결속장치: 주제어 반복, 핵심어 반복, 부사의 사용, 어휘의 대치 - 의미적 결속장치: 첨가 및 강조, 화제 바꿈, 요약 및 응집, 답변 - 인용 장치

2) 문단 구성 원리

문단은 다음의 원리를 통해 구성된다(김해식, 2011). 첫째, 문단은 반드시 한 가지 중심관념만을 포함하도록 작성해야 한다. 둘째, 문단은 통일성을 유지하면서 작성되어야 한다. 이것은 한 가지 중심관념을 중심으로 각 문단이 독립성을 지니도록 일관성 있는 문장들로 구성되어야 한다는 것을 의미한다. 셋째, 문단은 연결성을 지니도록 작성되어야 한다. 또한 문단 내에서도 문장 간의 논리적 연결로 구성되어야 한다. 넷째, 문단은 전개하려고 하는 내용을 충분히 제시할 수 있도록 작성되어야 한다.

3) 문단 구성 방법

문단은 다음과 같은 방법으로 구성된다(김해식, 2011). 첫째는 도입문단으로 주로 논의할 문제를 알려 주기 위해 문제제기를 하거나 논술의 목적, 의도와 관련된 정보, 문제의 상황에 대한 정보 등을 제시하여 독자들에게 논문의 방향과 흥미를 불러일으키는 문단을 말한다. 둘째는 개념 활용 문단으로 어떤 사물이나 현상에 대한 개념을 밝히면서 주장을 뒷받침하는 것을 말한다. 셋째는 예시 문단으로 주장하는 바에 대해 구체적인 실례나 사례를 제공하면서 주장을 뒷받침하는 것을 말한다. 넷째는 분석 문단으로 대상을 이루는 여러 가지 요소들을 하나하나 밝힘으로 주장을 뒷받침하는 것을 말한다. 다섯째는 비교·대조 문단으로 드러내고자 하는 대상의 특성을 주장하는 내용에 맞게 비교와 대조의 방법을 활용하여 주장을 뒷받침하는 것을 말한다. 여섯째는 반박 문단으로 상대 주장의 근거나 주장 과정에서 어떤 부분이 잘못되었는지 따져, 그것을 자신의 주장으로 활용하는 것을 말한다. 일곱째는 인과관계 문단으로 원인에 따른 결과를 보여주면서 자신의 주장을 뒷받침을 말한다. 여덟째는 문제 해결책 문단으로 문제점들에 대해 해결책을 제시하는 것을 말한다. 아홉째는 마무리 단락으로 앞의 내용과 같은 논리를 유지하면서 핵심 내용을 간결하고 명확하게 요약하면서 제안과 전망 등을 제시하는 것을 말한다.

나. 문장의 이해

1) 문장의 의미

문장은 생각이나 감정을 말과 글로 표현할 때 완결된 내용을 나타내는 최소의 단위를 말한다. 그것은 주어와 서술어를 갖추고 있는 것이 원칙이나 때로는 생략될 수도 있다. 문장의 끝에 '.', '?', '!' 따위의 문장부호를 사용하여 의미를 전달한다. 예를 들면, '철수는 몇 살이니?', '세 살.', '정말?' 등을 들 수 있다(표준국어대사전).

2) 문장의 원리

문장은 정확성, 간결성, 통일성, 평이성, 신중성 등을 고려하여 작성되어야 한다(김규태 등, 2013). 첫째, 정확성은 문장표현이 문법적으로 정확해야 하고 학술적 용어나 술어의 사용 역시 정확하고 적절해야 하며 논리적으로 정연한 문장으로 작성되어야 한다는 것이다. 둘째, 간결성은 자기의 주장이나 생각을 정확하고 이해하기 쉽게 전달하여 설득하는 데 있으므로 짧고 간결한 문장으로 작성되어야 한다는 것이다. 셋째, 통일성은 한 문장에 하나의 중심문제를 다루도록 작성(문단도 동일)하는 것을 강조한다. 논문 전체에 걸쳐 문체와 용어 등도 통일되도록 작성해야 한다는 것이다. 넷째, 평이성은 일반적인 말로 쉽게 표현할 수 있는 문구나 내용으로 작성되어야 한다는 것이다. 다섯째, 신중성은 극단적이거나 단정적인 표현은 삼가(예: 가장 올바른, 절대적으로 옳은, 이 주장은 터무니 없다, 이것은 명약관화하다 등)해야 하며, 또한 경어와 경칭을 쓰지 않고 3인칭 단어를 활용해야 한다는 것이다.

3) 좋은 문장을 쓰는 방법[1)]

① 주어와 서술어 관계가 분명하게 제시되어야 한다.

- 그의 생각은 나에게 감동이었다. → 그의 생각은 나에게 감동을 주었다.

---

1) 좋은 문장 쓰기는 김해식(2011), 송준호(2009), 조인숙, 서은경, 최석두(2013) 등을 참고로 하여 작성되었음을 밝히며, 여기서 제시된 15가지 원칙을 도출하고 그에 알맞은 문장을 인용할 수 있도록 좋은 예문들을 제시해주심에 대해 지면상으로 저자들께 감사드린다.

- 이 프로그램은 15세 미만의 어린이나 청소년이 시청하기에 부적절하므로 부모의 시청지도가 필요한 프로그램입니다. → 이 프로그램은 15세 미만의 어린이나 청소년에게 부적절하므로 부모의 시청지도가 필요한 프로그램입니다.
- 축구경기에서 포지션 이동이 자유로운 선수를 가리켜 리베로라고 하는데, 그 대표적인 선수였다. → 축구경기에서 포지션 이동이 자유로운 선수를 가리켜 리베로라고 하는데, 홍명보는 그 대표적인 선수였다.
- 중요한 것은 항상 책을 읽으며 생활하는 것이 반드시 필요하다. → 항상 책을 읽으며 생활하는 것이 반드시 필요하다.

좋은 문장을 쓰는 15가지 방법
① 주어와 서술어 관계가 분명하다. ② 반복되는 문장을 제거하여 명료하게 뜻을 전달한다. ③ 간결하고 명료하게 하나의 사실이나 생각을 전달한다. ④ 적절한 단어(어휘)를 사용한다. ⑤ 지시어를 적절하게 활용한다. ⑥ 부사어와 서술어의 호응 관계를 갖도록 쓴다. ⑦ 목적어를 분명하게 쓴다. ⑧ 단어, 어구, 어절을 잘 이어 쓴다. ⑨ 적절한 접속부사를 활용한다. ⑩ 꾸미는 말과 꾸밈을 받는 말의 배열을 잘한다. ⑪ 조사의 어미를 잘 활용한다. ⑫ 영어식 표현(피동태)을 피하고 능동적 표현을 쓴다. ⑬ 원인과 결과를 나타낼 때 비약적인 표현은 피한다. ⑭ 띄어쓰기를 잘 한다. ⑮ 문장부호를 잘 활용한다.

② 반복되는 문장을 제거하여 명료하게 뜻을 전달한다.

- 운동의 기능 중 가장 중요한 기능은 건강증진 기능이다. → 건강증진은 운동의 가장 중요한 기능이다. 또는 운동의 가장 중요한 기능은 건강증진이다.
- 믿어 의심치 않고 확신한다. → 확실히 믿는다.

- 타고난 선천적 재능 → 타고난 재능 또는 선천적 재능
- 차갑고 냉담한 반응 → 냉담한 반응
- 미리 예약하다. → 예약하다.

③ 한 문장에 간결하고 명료하게 하나의 사실이나 생각을 전달한다.

- 나는 지난주 토요일에 현정이하고 바닷가에 가기로 했는데 아버지께서 갑자기 교통사고를 당하시는 바람에 하는 수 없이 약속을 못 지킬 것 같다고 현정이에게 급히 문자를 보냈다. → 나는 지난주 토요일에 현정이하고 바닷가에 가기로 했다. 그런데 아버지께서 갑자기 교통사고를 당하셨다. 나는 하는 수 없이 약속을 못 지킬 것 같다고 현정이에게 급히 문자를 보냈다.

④ 적절한 단어(어휘)를 사용한다.

- 정답을 맞추신/맞히신 분께 → 정답을 맞히신 분께
  cf. 계산/시간을 맞추다, 예방주사를 맞히다.
- 네 생각과 내 생각은 틀리다 (↔ 옳다) → 네 생각과 내 생각은 다르다 (↔ 같다)
- 돈이 작다 → 돈이 적다 (↔ 많다) 집이 적다 → 집이 작다 (↔ 크다)
- 빈대떡을 붙이다. → 빈대떡을 부치다. cf. 회의에 부치는 안건, 책상을 벽에 붙이다.
- 선생님은 학생을 가리키다. → 선생님은 학생을 가르친다.
- 목표를 지양하다. → 목표를 지향하다.

⑤ 지시어를 적절하게 활용하거나 모양이 같은 단어나 구절 등을 '이', '그', '이처럼', '그처럼' 등 활용하여 간결하게 쓴다.

- 철수는 공부를 잘한다. 철수는 얼굴도 잘 생겼다. → 철수는 공부를 잘한다. 그는 얼굴도 잘 생겼다.
- 혜미는 영화를 보았다. 윤석이도 영화를 보았다. → 혜미는 영화를 보았다. 윤석이도 그랬다.
- 축구는 축구를 좋아하는 사람들에게는 종교와 같다. → 축구는 이를 좋아하

는 사람들에게는 종교와 같다.

⑥ 부사어와 서술어의 호응 관계를 갖도록 쓴다.

- 왜냐하면 ~ 때문이다.
- 여간, 별로 ~ 아니다, 없다, 않다. (부정)
- 결코, 절대로, 전혀, 그렇다고 해서 ~ 아니하다, 못하다, 아니다. (부정)
- 오로지, 오직, 다만, 단지 ~ 뿐이다.
- 오죽 답답하면 그렇게 했으랴, 했을까, 냐?, 랴?
- 아무리 ~더라도, ~다손 치더라도 ~ 아니다 ~ 없다.
- 어쩌면(추측) ~ 모른다.
- 모름지기 ~ 해야 한다.
- 하물며 ~는가, ~으랴, ~하랴, ~하겠는가
- 차마 ~ 할 수 없었다.
- 비록 ~ 일지라도, ~만, ~하더라도
- 별로 ~ 하지 않았다, ~할 수 없었다.
- 마땅히 ~ 해야 한다.
- 아마 ~거야, ~일거야
- 자칫 ~할지도 모르겠다.
- 아무쪼록 ~했으면 좋겠다.
- 마치 ~처럼 보인다, ~같다.
- 당연히 ~해야 한다.
- 다만(오로지, 단지) ~할 뿐이다, ~하면 그만이다.

⑦ 목적어를 분명하게 쓰며, 그것에 맞는 서술어를 쓴다.

- 나는 읽어서 알았다. → 나는 책을 읽어서 새로운 사실을 알았다.
- 어릴 적부터 학원과 과외수업에 익숙해졌기 때문에 요즘 대학생들은 잃어가고 있다. → 어릴 적부터 학원과 과외수업에 익숙해졌기 때문에 요즘 대학생들은 스스로 학습할 수 있는 능력을 잃어가고 있다.

- 청소년들은 원대한 꿈을 갖고 이루기 위해서 부단히 노력해야 한다. → 청소년들은 원대한 꿈을 갖고 이를/그것을 이루기 위해서 부단히 노력해야 한다.
- 부모들은 자식이 건강하게 자라는 모습에서 많은 기쁨을 생긴다. → 부모들은 자식이 건강하게 자라는 모습에서 많은 기쁨을 얻는다.
- 우리대학과 한국대학은 자매결연을 체결되었다. → 우리대학과 한국대학은 자매결연을 체결했다.

⑧ 단어, 어구, 어절을 잘 이어 쓴다. 이것은 문장에서 단어, 어구, 어절을 이어 쓸 때 주어와 서술어가 내용상 호응을 이루는지, 서로의 관계가 대등한지, 종속적인지도 검토해야 한다는 것을 말한다.

- 그는 골프, 등산, 수영, 레저스포츠에 관심이 많다. → 그는 골프, 등산, 수영과 같은 레저스포츠에 관심이 많다.
- 편지를 쓰고 받았다. → 편지를 주고받았다.
- 문자메시지를 보내고 읽었다. → 문자메시지를 주고받았다.
- 아이들의 나약함과 자신감을 키워주어야 한다. → 아이들이 나약하지 않도록 자신감을 키워주어야 한다.
- 지속적인 노력과 실력을 연마해 주시기 바랍니다. → 지속적으로 노력해서 실력을 키워주시기 바랍니다.
- 신입사원의 업무능력 향상과 구조개혁을 지속적으로 추진해야 한다. → 신입사원의 업무능력을 향상시키고 구조개혁을 지속적으로 추진해야 한다.

⑨ 적절한 접속부사를 활용한다. 즉, 그리고, 그러므로, 그러나, 하지만, 또한, 그래서, 따라서, 그런데 등 접속부사를 잘 활용한다.

- 나는 너를 사랑하지 않아. 하지만 헤어지는 거야. → 나는 너를 사랑하지 않아. 그래서 헤어지는 거야.
- 지금까지는 아는 것이 힘이었다. 미래 사회에서는 단순히 아는 것만으로는 큰 힘을 발휘할 수 없다. 그러므로 창조적 역량이 필요하다는 것이다. → 지금까지는 아는 것이 힘이었다. 그런데 미래 사회에서는 단순히 아는 것만으

로는 큰 힘을 발휘할 수 없다. 즉, 창조적 역량이 필요하다는 것이다.

⑩ 꾸미는 말과 꾸밈을 받는 말의 배열을 잘한다. 일반적으로 꾸미는 말은 꾸밈을 받는 말 앞에서 쓴다.

- 김연아는 제일 우리나라에서 피겨 스케이팅을 잘 한다. → 김연아는 우리나라에서 피겨 스케이팅을 제일 잘 한다.
- 취직을 하려면 완벽한 전공분야의 실무능력을 갖추어야 하지 않을까.
  → 취직을 하려면 전공분야의 완벽한 실무능력을 갖추어야 하지 않을까.
  → 취직을 하려면 전공분야의 실무능력을 완벽하게 갖추어야 하지 않을까.
- 경영자는 반드시 합리적으로 조직을 이끌어가는 능력을 터득해야 한다.
  → 경영자는 조직을 합리적으로 이끌어가는 능력을 반드시 터득해야 한다.

⑪ 조사의 어미를 잘 활용한다.

- 현경이는 진수를 사랑한다. vs. 현경이는 진수만 사랑한다.
- 시청 광장에 열린 촛불문화제 → 시청 광장에서 열린 촛불문화제
- 휴대전화가 삶을 윤택하게 만든 것이 아니다. → 휴대전화가 삶을 윤택하게 만든 것만은 아니다.
- 우리나라의 선수들의 신체의 특성 → 우리나라 선수들의 신체 특성

⑫ 영어식 표현(피동태)을 피하고 능동적 표현을 쓴다.

- 나는 자연을 사랑한다. vs. 자연은 나에게 사랑을 받는다.
- 홍보활동이 계속되어야 한다. → 홍보활동을 계속해야 한다.
- 그동안 아무 생각 없이 살아져 왔다. → 그동안 아무 생각 없이 살아왔다.
- 물의 부족으로 인해서 → 물의 부족으로
- 오늘도 화창한 날씨가 계속되겠다. → 오늘도 날씨가 화창하겠다.

⑬ 원인과 결과를 나타낼 때 비약적인 표현은 피한다.

- 일기를 꾸준히 쓰면 (원인) 문장력이 좋아진다. (결과)
- 우리나라 대학생들이 학업을 소홀히 하는 것은 대학생 각자의 잘못이 아니라 교육환경에 문제가 있기 때문이다. (어떤 사람은 교육환경이 열악해도 열

심히 하는 경우도 있으니까) → 우리나라 대학생들이 학업을 소홀히 하는 것은 대학생 각자의 잘못도 있지만 근본적으로는 교육환경에도 문제가 있기 때문이다.

- 방학 중 보충수업은 일부 학생들의 성적 향상에 도움을 줄 수 있으므로 모든 학생들을 이에 참여시켜야 한다. → 방학 중 보충수업은 일부 학생들의 성적 향상에 도움을 줄 수 있으므로 모든 학생들을 이에 참가시키는 것은 바람직하지 않다.

⑭ 띄어쓰기를 잘 한다. 즉, 띄어쓰기에 따라 의미가 달라질 수 있기 때문이다.

- 한민족 vs 한 민족
- 나보다 더 덜렁거린다. (비교를 뜻하는 보다는 붙여 쓴다)
  cf. 나 보다(나를 보다)
- 의존명사, 단위를 나타내는 명사는 띄어 쓴다.
  - 나도 할 수 있다. 뜻한 바를 알다. 신발 두 켤레, 집 한 채, 차 한 대
    cf. 제1과, 102동 1303호
- 의존명사 중 합성어는 붙여 쓴다.
  - 이것, 저것, 별것, 옛것, 이쪽, 위쪽, 아래쪽, 오른쪽, 이번, 저번, 이편, 저편, 요즈음
- "데" 가는데 (철수는 대학 가는데 너는 안가냐), 가는 데 (장소인 경우 띄어 쓴다)
- "지" 가지마라 vs. 떠난 지도 오래다 (시간의 경과를 나타낼 때는 띄어 쓴다)
- "간" 가는지 말든지 간에, 대전 통영 간 고속도로
  cf. 몇일간, 십일간, 남녀간, 좌우간 등 하나의 단어로 굳어진 말은 붙여 쓴다
- "만" 형만한 아우 없다(비교할 경우 붙여 쓴다), 사흘 만에 왔다 (시간을 의미할 때는 띄어 쓴다)
- "없다" 아무도 없다, 돈이 없다 vs. 한없다, 맥없다, 덧없다(무엇인가 결여되어 있는 경우는 붙여 쓴다)

• 두 말을 이어 주거나 열거할 때에 쓰이는 말들은 띄어 쓴다.

- 국장 겸 과장, 한국 대 일본, 연필, 볼펜, 샤프 등등

⑮ 문장부호를 잘 활용한다.

• 마침표(. 온점이라고도 함): 서술, 명령, 청유 등을 나타내는 문장의 끝에서 쓴다. 그러나 표제어나 표어에는 쓰지 않는다. 아리비아 숫자만으로 연연월을 표시하거나 준말을 나타낼 때 쓴다.

- 복합어는 여러 형태를 취한다.

- 2001. 1. 1.

※ 참고: 1. 서론 2. 본론 cf. ① 서론, 2) 본론 (3) 결론

• 쉼표(, 반점이라고도 함)

- 자격이 같은 어구를 쓸 때: 공부를 할 때는 책, 연필, 노트가 필요하다.

c.f. 그러나 조사 연결 경우 붙이지 않는다. 공부를 할 때는 책과 연필과 노트가 필요하다.

- 단어나 어구가 짝지어 구별할 때: 전주와 광주, 대구와 부산은 호남과 영남을 대표하는 도시이다.

- 다음 말을 꾸미지 않을 때

나는 어제 내가 좋아하는 현주의 동생 명주를 만났다. (이때는 현주를 좋아한다)

나는 어제 내가 좋아하는, 현주의 동생 명주를 만났다. (이때는 명주를 좋아한다)

- 대등하거나 종속적인 절이 이어질 때

감독관은 일정을 지시하였고, 피실험자들은 충실하게 따랐다.

- 문장 중간에 끼어들 때: 피험자는, 고등학생으로 구성된, 실험 A에 참여하였다.

- 문장 첫머리의 접속이나 연결을 나타내는 말 다음에. 다만 그러나, 그러므

로, 그런데, 그리고 뒤에는 쓰지 않는다.

둘째, 두 개의 요인은 서로 영향을 미치는 것으로 나타났다. 한편, 다음 실험 결과는

그러나 똑같은 결과가 산출되지 못했다.

- 특별히 강조할 때: 정직, 이것은 자기발전의 원동력이다.

• 가운데점(·)

- 여러 단위가 대등하거나 밀접한 관계가 있을 때: 사회·역사적 관점, 조사·연구
- 특정한 의미 있는 날의 월일: 3·1 운동
- 쉼표로 열거한 어구를 여러 단위로 나눌 때: 민수는 축구·농구·배구와 같은 스포츠를 좋아하고, 정희는 영화·미술·예술 분야를 좋아한다.

• 작은 따옴표(‘ ’): 문장에서 중요한 부분을 두드러지게 할 때, 영화, 음악, 미술, 문학 작품을 제시할 때

- 지금 필요한 것은 ‘지식’이 아니라 ‘실천’이다.

• 큰 따옴표(“ ”): 단어나 구가 새롭게 만들어진 표현이거나 강조되어 소개되는 경우, 논문을 쓸 경우 남의 말을 인용할 경우, 작품이 실린 책이나 전시된 작품의 전시회 이름을 쓸 경우

- 피관찰자의 행동은 “정상적인” 행동으로 간주되기 어렵다.
- “도서관은 성장하는 유기체이다”라는 의미를 새로 해석하면,

• 쌍점(:): 표제어 다음에 해당 항목을 들거나 설명을 붙일 때 쓰거나, 희곡 따위에서 대화 내용을 제시할 때, 시(時)와 분(分), 장(章)과 절(節) 따위를 구별할 때, 의존 명사 대(對)가 쓰일 자리에 쓰인다.

- 내포되는 종류를 들 적에 쓴다(문장 부호: 마침표, 쉼표, 따옴표, 묶음표 등. 문방사우: 붓, 먹, 벼루, 종이)
- 소표제 뒤에 간단한 설명이 붙을 때에 쓴다(일시: 1984년 10월 15일 10시.

마침표: 문장이 끝남을 나타낸다.)

- 저자명 다음에 저서명을 적을 때에 쓴다(정약용: 목민심서, 경세유표)
- 시(時)와 분(分), 장(章)과 절(節) 따위를 구별할 때나, 둘 이상을 대비할 때에 쓴다[오전 10:20 (오전 10시 20분) 요한 3:16 (요한복음 3장 16절) 대비 65:60 (65 대 60].

• 쌍반점(;): 이미 쉼표들을 포함하고 있는 어구를 열거할 때, 문장을 일단 끊었다가 이어서 설명을 더 계속할 경우에 쓴다. 주로 예를 들어 설명하거나 설명을 추가하여 덧붙이는 경우에 쓴다.

- (김규태, 최경민, 2015; 조인숙, 정송림, 2006)

• 소괄호 (( )): 원어, 연대 등을 넣을 때, 본문에서 간접 인용한 참고문헌을 표기할 때, 주석, 설명, 약어 등을 넣을 때

- 워싱턴시(Washington D. C.)에서는
- 자유도(degree of freedom)를 계산하자면
- Organization for Economic Cooperation and Development(OECD)

• 줄표 (—): 문장 중간에 앞의 내용을 보충하거나 부연하는 말이 끼어들 때

- 마지막 두 개의 표는 — 표 12와 표 13 — 실제 이용자의 요구 사항을 정리한 것이다.

제3장

문헌 수집과 분석

1. 문헌 검색

가. 국내 논문 검색

학위논문, 국내학술지 논문은 한국교육학술정보원이 제공하는 학술연구정보서비스(RISS)를 통해 검색, 활용할 수 있다. 그 검색 과정은 아래의 그림들과 같다.

① RISS 홈페이지에 접속하여 학위논문 또는 국내학술지논문을 클릭(협약 대학도서관인 경우는 소속 대학도서관의 홈페이지에서 로그인하면 무료로 검색 논문 다운로드 가능)

② 국내 논문 상세 검색을 클릭하여 발행연도나 등재여부 등을 체크하고, "결과 내 재검색" 체크 후 키워드 추가하여 찾고자 하는 논문을 탐색한다. 학위논문은 공신력 있는 논문을 통해 최신의 연구 동향을 소개하는 것이 중요한 기능 중 하나임으로 최근(예: 2001년 이후 논문이나 자료)에 게재된 등재후보지 이상을 검색 활용할 것을 권한다.

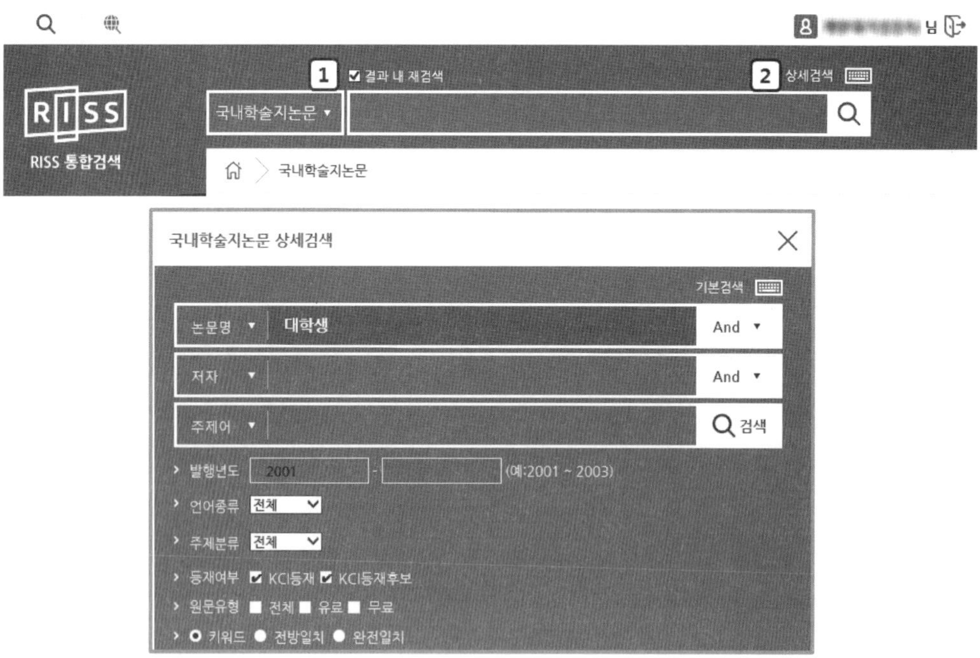

③ 검색을 완료하고 나면 KCI 등재지 및 등재후보지 논문인지를 확인한다.

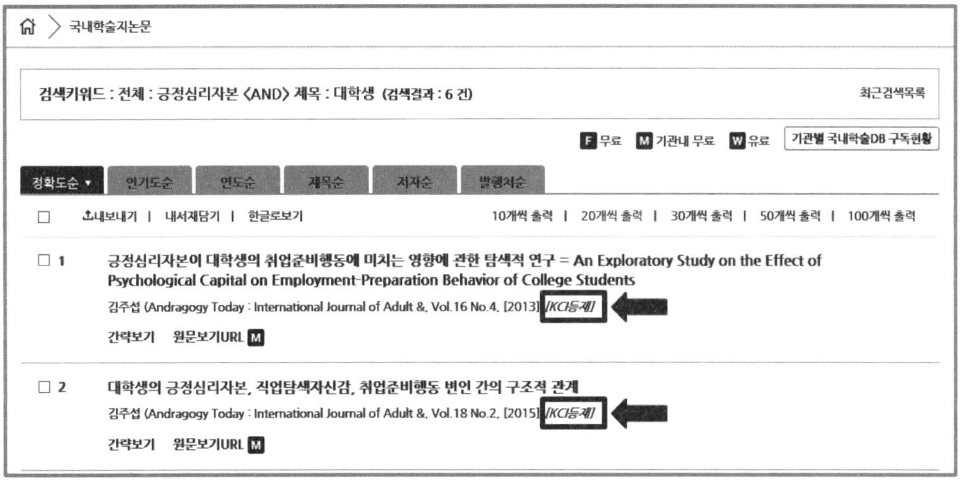

나. 국내 논문 검색(네이버 전문정보 메뉴 이용 시)

국내 논문 검색은 네이버 전문정보를 통해서도 검색이 가능하다. 그 검색 방법은 아래와 같다.

네이버 전문정보를 통해 RISS 접속 시, **별도의 로그인 없이** 국내학위논문 및 국내학술지 논문의 무료 원문서비스를 이용할 수 있게 되어 안내드리니 이용에 참고하시기 바랍니다.

1. 대상: 네이버 전문정보에서 제공되는 국내학위논문 원문서비스
2. 서비스 변경 내역: 네이버 전문정보를 통해 RISS 접속 시 네이버(직접접속) 계정으로 자동 로그인되어 국내학위논문 및 국내학술지논문의 무료 원문서비스 이용 가능

예) 네이버 전문정보(http://academic.naver.com/) 검색결과에서 학위논문 제목 클릭 후 상세정보에서, 원문 다운로드 > 무료 다운로드 > 한국교육학술정보원 클릭 시, 네이버(직접접속) 계정으로 자동 로그인되어 RISS 접속

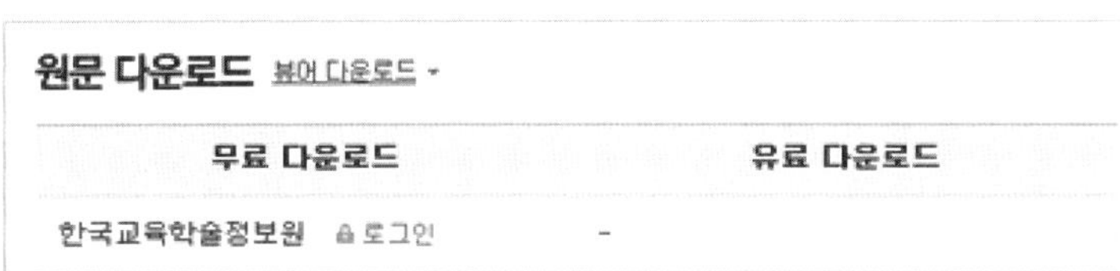

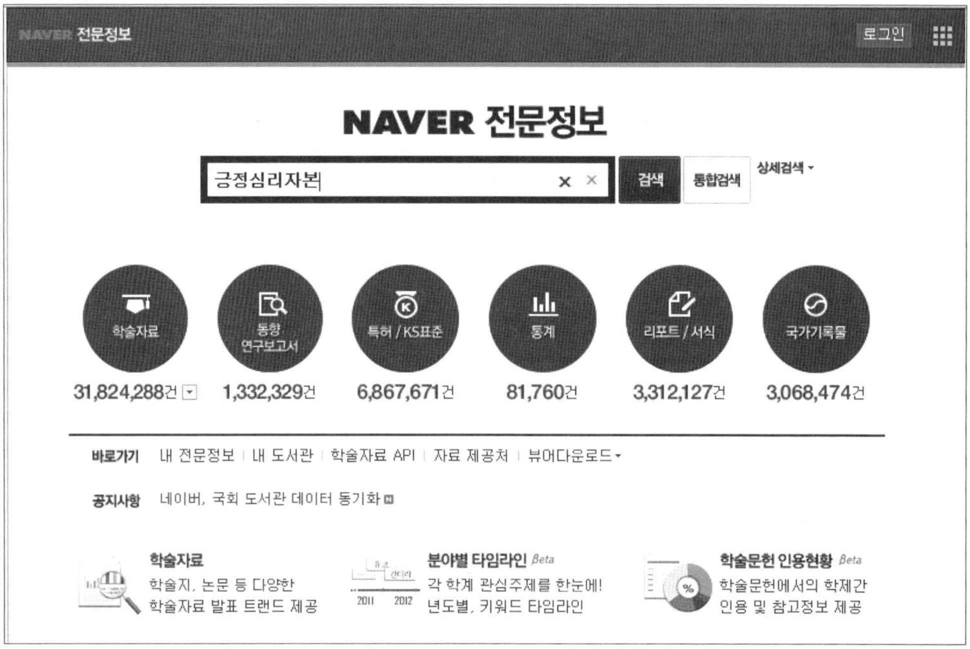

다. 국외 논문 검색

국외 논문 검색을 위한 도구들은 소속 대학도서관 홈페이지를 통해 활용할 수 있으므로 그 이용교육을 통해 사용법을 숙지 활용할 필요가 있다. 여기서는 구글스칼라 검색 방법을 소개하고자 한다. 접속 방법은 대학도서관 홈페이지에서 구글스칼라 검색엔진을 클릭하여 접속하거나, 홈페이지 주소창에서 scholar.google.co.kr을 입력하면 바로 접속된다. 찾고자 하는 영어 키워드나 단어를 입력하고 클릭하면 관련 학술논문을 검색할 수 있다. 또한 검색어를 추가하거나 검색기간을 최근 연도 이후로 설정하여 검색하면 원하는 정보를 검색할 수 있다. 또한 인용을 클릭하면 원하는 참고문헌을 인용하는 여러 방식(예: APA)이 제시되며, 이를 활용하면 효율적인 참고문헌 정리가 가능하다. 대학도서관은 구글스칼라를 비롯하여 여러 외국문헌 검색 서비스 업체와 협약을 맺고 있어서 대학도서관 홈페이지를 통해 검색하면 많은 자료를 무료로 다운로드 받을 수 있다.

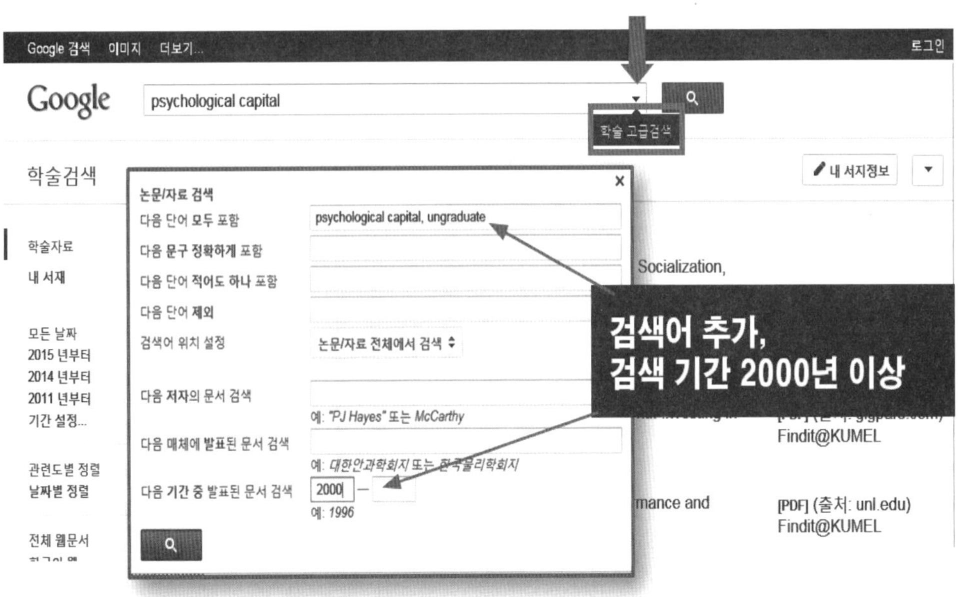

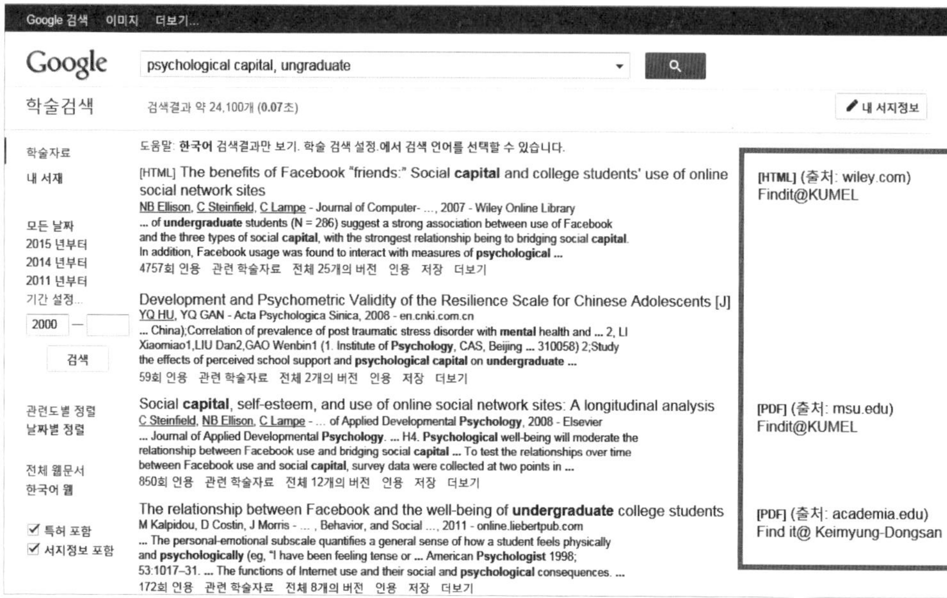
Google 검색 이미지 더보기...
Google
psychological capital, ungraduate
학술검색
검색결과 약 24,100개 (0.07초)
내 서지정보
학술자료
내 서재
모든 날짜
2015 년부터
2014 년부터
2011 년부터
기간 설정...
검색
관련도별 정렬
날짜별 정렬
전체 웹문서
한국어 웹
특허 포함
서지정보 포함
도움말: 한국어 검색결과만 보기. 학술 검색 설정.에서 검색 언어를 선택할 수 있습니다.
[HTML] The benefits of Facebook "friends:" Social capital and college students' use of online social network sites
NB Ellison, C Steinfield, C Lampe - Journal of Computer- ..., 2007 - Wiley Online Library
... of undergraduate students (N = 286) suggest a strong association between use of Facebook and the three types of social capital, with the strongest relationship being to bridging social capital. In addition, Facebook usage was found to interact with measures of psychological ...
4757회 인용 관련 학술자료 전체 25개의 버전 인용 저장 더보기
Development and Psychometric Validity of the Resilience Scale for Chinese Adolescents [J]
YQ HU, YQ GAN - Acta Psychologica Sinica, 2008 - en.cnki.com.cn
... China);Correlation of prevalence of post traumatic stress disorder with mental health and ... 2, LI Xiaomiao1,LIU Dan2,GAO Wenbin1 (1. Institute of Psychology, CAS, Beijing ... 310058) 2;Study the effects of perceived school support and psychological capital on undergraduate ...
59회 인용 관련 학술자료 전체 2개의 버전 인용 저장 더보기
Social capital, self-esteem, and use of online social network sites: A longitudinal analysis
C Steinfield, NB Ellison, C Lampe - ... of Applied Developmental Psychology, 2008 - Elsevier
... Journal of Applied Developmental Psychology. ... H4. Psychological well-being will moderate the relationship between Facebook use and bridging social capital ... To test the relationships over time between Facebook use and social capital, survey data were collected at two points in ...
850회 인용 관련 학술자료 전체 12개의 버전 인용 저장 더보기
The relationship between Facebook and the well-being of undergraduate college students
M Kalpidou, D Costin, J Morris - ..., Behavior, and Social ..., 2011 - online.liebertpub.com
... The personal-emotional subscale quantifies a general sense of how a student feels physically and psychologically (eg, "I have been feeling tense or ... American Psychologist 1998; 53:1017–31. ... The functions of Internet use and their social and psychological consequences. ...
172회 인용 관련 학술자료 전체 8개의 버전 인용 저장 더보기
[HTML] (출처: wiley.com)
Findit@KUMEL
[PDF] (출처: msu.edu)
Findit@KUMEL
[PDF] (출처: academia.edu)
Find it@ Keimyung-Dongsan

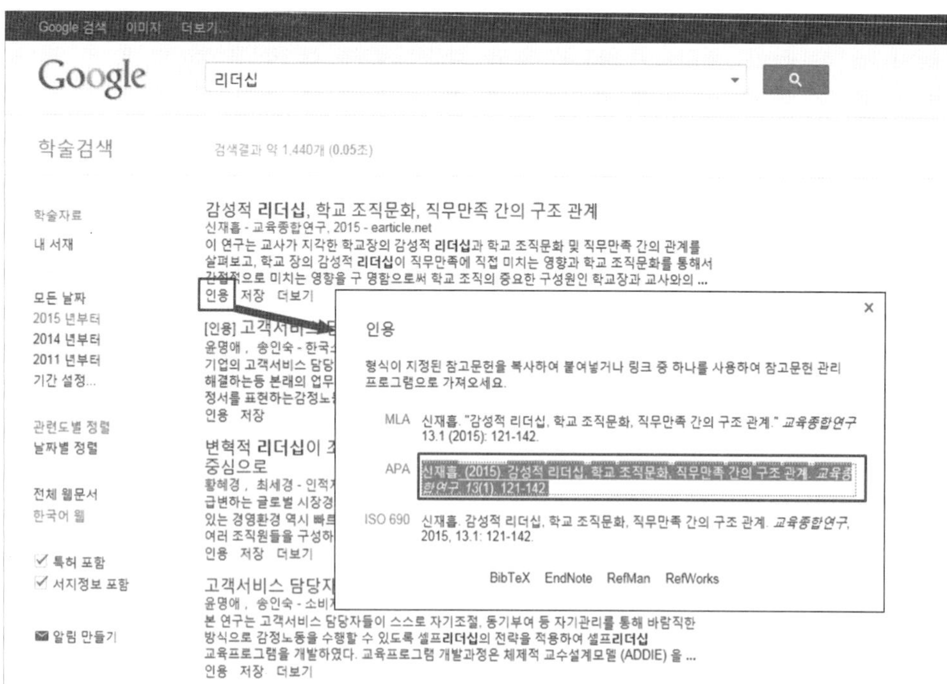
Google 검색 이미지 더보기...
Google
리더십
학술검색
검색결과 약 1,440개 (0.05초)
학술자료
내 서재
모든 날짜
2015 년부터
2014 년부터
2011 년부터
기간 설정...
관련도별 정렬
날짜별 정렬
전체 웹문서
한국어 웹
특허 포함
서지정보 포함
알림 만들기
감성적 리더십, 학교 조직문화, 직무만족 간의 구조 관계
신재흡 - 교육종합연구, 2015 - earticle.net
이 연구는 교사가 지각한 학교장의 감성적 리더십과 학교 조직문화 및 직무만족 간의 관계를 살펴보고, 학교 장의 감성적 리더십이 직무만족에 직접 미치는 영향과 학교 조직문화를 통해서 간접적으로 미치는 영향을 구 명함으로써 학교 조직의 중요한 구성원인 학교장과 교사와의 ...
인용 저장 더보기
고객서비스 담당자들의 감정노동 ...
윤명애, 송인숙 - 소비자 ...
본 연구는 고객서비스 담당자들이 스스로 자기조절, 동기부여 등 자기관리를 통해 바람직한 방식으로 감정노동을 수행할 수 있도록 셀프리더십의 전략을 적용하여 셀프리더십 교육프로그램을 개발하였다. 교육프로그램 개발과정은 체제적 교수설계모델 (ADDIE) 을 ...
인용 저장 더보기
인용
형식이 지정된 참고문헌을 복사하여 붙여넣거나 링크 중 하나를 사용하여 참고문헌 관리 프로그램으로 가져오세요.
MLA 신재흡. "감성적 리더십, 학교 조직문화, 직무만족 간의 구조 관계." 교육종합연구 13.1 (2015): 121-142.
APA 신재흡. (2015). 감성적 리더십, 학교 조직문화, 직무만족 간의 구조 관계. 교육종합연구, 13(1), 121-142.
ISO 690 신재흡. 감성적 리더십, 학교 조직문화, 직무만족 간의 구조 관계. 교육종합연구, 2015, 13.1: 121-142.
BibTeX EndNote RefMan RefWorks

라. 외국 논문 번역 활용

외국 논문이나 책을 인용하거나 분석해야 하는데 영어에 자신이 없는 경우나 지도교수나 심사위원이 참고문헌에 영문 문헌이 없다고 지적하는 상황에 직면하고 있다면 아래에서 소개하는 번역 사이트를 활용해 보는 것을 권장한다.

- http://asp.notii.co.kr/newAspNotii/index.jsp 학술정보번역 웹사이트 번역, 학술정보번역 가능

▸ https://translate.google.co.kr/?hl=ko

▸ http://translate.naver.com/#/ko/en

마. 논문 검색 이유

논문을 검색하는 이유는 우선, 자신이 관심 있는 연구주제, 문제, 방법, 모형, 예상되는 결과 등에 대한 타당성 확보를 위해서이다. 이것은 "해 아래 새 것이 없다"라는 말과 같이 자신의 논문과 비슷한 연구들이 이미 수행되었을 수 있기 때문이다.

이와 함께 자신의 연구가 주관적 주장과 편견이 아니라 객관적으로 검증된 이론이나 결과에 근거한다는 것을 입증하기 위해서 자료를 수집한다.

둘째, 타당성 확보와 함께 자신의 문제의식을 정교화하거나 확장하여 기존 연구와의 차별성을 확보하기 위해서 자료를 검색해야 한다. 연구논문은 관련 주제에 대한 문제와 방법에 대한 반복가능성보다는 새로운 변수와 방법을 통한 기존 발견과는 다른 점을 제시하는 반박가능성(종전 연구에 대한 비판), 즉 참신성 및 창의성을 강조한다. 반박가능성을 높임으로써 관련 학문의 발전을 도모함과 동시에 자신의 연구 주제와 방법 등을 확장할 수 있다.

셋째, 학위논문은 학문으로의 입문 과정에서 자신만의 연구를 위한 준비 작업이라고 할 수 있다. 즉, 학문 도제 과정에 있다고 할 것이다. 도제(徒弟)들이 장인(匠人)의 작업을 따라하며 장인이 되어가듯 학위논문을 작성하는 연구자도 지도교수나 학자들이 수행했던 이론, 모형, 연구방법 등을 창조적 모방을 통해 자신만의 연구 노하우를 갖출 필요가 있다. 즉, 학문적 도제는 선행연구를 검색하여 자신의 연구 관심사와 부합되는 논문을 탐색하여 그것을 활용하여 논문을 작성하면서 후속 학자가 되는 것이다.

바. 검색 논문 선택

RISS나 Google 스칼라를 통해 검색하는 논문이 자신의 학위논문과 부합되는가를 확인할 필요가 있다. 모든 돌이 다 건축 재료로 쓰이지 않듯이 모든 관련 논문이 다 그런 것은 아니기 때문이다. 검색한 논문은 자신이 수행하려고 하는 학위논문과 적합한가를 고려하여 선별할 필요가 있다. 그 선별기준은 제목, 최근의 자료, 인용횟수, 변수와의 관계를 잘 설명할 수 있는가, 연구문제와 부합되고, 예상되는 연구결과(가설 검증)와 부합되는가, 연구결과를 해석하는 데 유용할 것인가(논의에서 활용 가능한가) 등을 살펴볼 필요가 있다. 이를 위해서는 검색된 논문 전체를 읽어보아야 하지만, 논문 검색 시 논문 간략보기나 초록을 통해서 그 적절성을 짐작할 수 있다.

간략보기 또는 논문 초록에는 저자, 학술지명, 출판연도와 권호, 논문주제, 초록 등을 제시하고 있다. 이렇게 개괄적으로 자신의 학위논문의 부합되는 정도를 살펴보면서 그 적합도가 매우 높은 논문은 전체를 출력해서 정독할 필요가 있다. 그것은 다음의 절에서 제시할 선행연구 분석 기준에 따라 정독할 필요가 있다.

2. 선행연구 분석 기준

선행연구 분석 기준은 연구자가 수행하려는 학위논문과 가장 부합된다고 판단되는 논문을 정독하는 데 활용할 수 있는 질문들에 해당된다. 이를 통해서 논문의 구조와 요소 — 연구 주제, 문제, 변수관계, 가설, 모형, 연구설계, 연구결과, 논의 및 결론 등 — 는 어떻게 작성하고, 관련 주제와 관련된 이론과 기존 결과는 무엇인가를 파악하는 데 도움을 준다. 아래에서는 주제, 서론, 이론적 배경, 연구방법, 연구결과, 논의 및 결론 등에 대한 분석 기준을 제시한다.

가. 주제(제목)

① 연구주제가 변수관계, 연구대상 및 방법 등을 간명하게 진술하고 있는가?
② 연구주제는 선행연구에 비추어 타당하면서도 참신성을 지니고 있는가?

나. 서론

③ 연구자의 문제의식(필요성)에 대한 타당성과 차별성이 드러나도록 진술되어 있는가? 있다면 어떠한 논리적 구성과 전개를 하였는가?
④ 연구문제는 변수관계, 연구대상 등이 드러나도록 구체적이고 분명하게 제시하

고 있는가?

⑤ 연구문제는 변수관계를 고려하여 어떠한 순서로 제시되고 있는가?

※ 타당화 : 기존 선행연구에 기반하여 연구자의 문제의식, 목적, 내용, 방법 등에 대한 객관적, 논리적 증거 제시
※ 차별화 : 선형연구에서 다루지 않거나, 그동안 선행연구에서 시도하지 않은 내용, 방법, 절차를 다루거나, 새로운 변수 추가나 삭제하여 연구를 설계하는 등 다른 연구와 다른 점을 제시

다. 이론적 배경

⑥ 연구문제를 규명하도록 충분하고 적절한 문헌과 증거를 제시하고 있는가?

⑦ 연구주제와 연구문제의 타당화와 차별화를 드러나도록 선행연구 분석을 하였는가?

⑧ 변수의 개념, 구성요인, 개념 간 비교 등을 제시하기 위한 표나 그림은 어떠한가?

라. 연구방법

⑨ 이론적 배경을 통해 탐색된 가설이 타당하고 객관적으로 진술되어 있는가?

⑩ 연구가설에서의 가설 순서는 변수관계에 따라 어떻게 제시되어 있는가?

⑪ 연구가설을 검증하기 위한 모형은 이해하기 쉽도록 효과적으로 제시하고 있는가?

⑫ 연구방법에서 제시할 연구대상(샘플링), 조사도구, 분석방법 등이 객관적·구체적으로 제시되어 있는가?

⑬ 변수 관계를 고려한 분석방법은 제대로 설정되어 있는가?

마. 연구결과

⑭ 연구결과는 연구문제(내용)별로 구체적이고 명확하게 기술되어 있는가?

⑮ 통계표는 APA 양식에 맞도록 제시되고 있는가?

바. 논의 및 결론

⑯ 선행연구에 비추어 그 연구결과에 대한 타당성과 차별성, 그리고 시사점이 드러나도록 논의가 되어 있는가?
⑰ 변수 관계를 고려할 때 논의의 전개 순서는 어떻게 전개되고 있는가?
⑱ 연구문제별로 간결하게 결론이 제시되어 있고, 그 한계와 제언이 있는가?

사. 종합

⑲ 연구문제(가설)에 따라서 연구 방법, 결과, 논의 및 결론이 일치하는가?
⑳ 논문의 형식(내주와 참고문헌)과 체계(목차 등), 문장 표현, 맞춤법 등이 적절한가?

3. 선행연구 분석을 위한 추천 스킬

가. 논문 요약해 보기

요약문은 논문의 주제와 논의에 맞는 인용 자료에 대해 필자의 의도를 왜곡하지 않으면서 자신의 언어와 관점에서 재구성하는 글이다. 또한 요약문은 인용하는 자료에서 사용하는 단어와 표현을 활용하면서 핵심 메시지를 짧고 간결하게 작성하는 글이다. 즉, 인용 자료의 핵심 주장과 사상을 명확하게 제시하기 위하여 최대한 추상적이고 장황하며 모호한 표현은 피하고 구체적이고 간결하게 작성한다.

나. 핵심 요약을 다시 써보기

설명문은 자료를 읽고 정보를 파악한 후, 그 의미를 자신이 이해한 대로 설명하는 문장이다. 선행 논문에서 제시되고 있는 둘 이상의 용어나 특성 간의 관련성(상관관계, 인과관계), 공통점, 유사점, 차이점을 제시하거나, 표나 그림 등에 제시된 내용과 의미를 해석, 전달하는 문장 등으로 다시 써본다.

다. 핵심 개념과 요인을 표나 그림 형태로 요약하기

핵심 개념이나 요인을 표나 그림 형태로 나타내면 간결하고 효과적으로 분석 제시할 수 있다. 그래서 선행논문들에 나타난 연구자의 핵심 개념과 요인들을 표나 그림 형태로 요약해 본다. 그 예를 들어보면 다음과 같다.

〈표 1〉 대학생이 인식하는 핵심역량 탐색 결과

	영역	김연희 등 (2010)	박소연·송영수 (2008)	채창균 (2012)	한국직업능력개발원 (2012)
직업 기초역량	전문지식	√		현장실습	인턴
	직무직업소양	√		IT 교육, 자격증	자격증
	전공활용능력		√	학점 취득	학점
	문제해결	√			
	국제감각/세계화	√	√	외국어학원수강	영어능력, 어학연수
소양적 역량	대인관계/협동	√			
	예절 및 태도	√	√		
	자기주도	√			
	창의성	√			
	책임감, 융통성		√		
인문학적 역량	사고력	√			
	의사소통	√			
	자기성찰				

출처: 권영주(2013). 한국 대학생의 경력역량에 대한 선행연구 분석과 시사점. 취업진로연구, 3(2), 21-39.

〈표 2〉 국내 심리적 자본, 팀워크 역량, 조직창의성 관련 선행연구 분류

학자(인도)	독립변인	매개(조절) 변인	종속변인
장소영, 서영준(2004)	과업동기부여, 조직환경		조직창의성
김경재, 정범구(2008)	사회적 자본	심리적 자본(조)	혁신행동
김동철(2010)	진성리더십	심리적 자본 조직유형(조)	심리적 주인의식
김주엽, 김명수(2011)	긍정심리자본	긍정적 정서 부정적 정서 생애만족	직무만족 정서적 몰입
류형성, 하주현, 이병임(2012)	의사결정능력 대인관계능력		집단창의성
박권홍(2011)	변혁적 리더십 리더 유머사용	긍정심리자본	혁신성향 직무만족 조직시민행동
안병진(2013)	거래적 리더십 변혁적 리더십 서번트 리더십	긍정심리자본 팀워크	조직유효성 직무성과
안화용(2013)	진실한 리더십	긍정심리자본 혁신후원인식(조)	직무만족 혁신행동
유인하(2010)	개인특성 업무환경	임파워먼트	창의성(개인, 조직)
윤정현(2001)	팀워크	-	조직몰입
이동섭, 최용득(2010)	변혁적 리더십 리더 유머 사용	긍정심리자본	지각적 성과
이종락(2012)	업무환경	동기부여	팀 창의성
이준호(2008)	집단의 다양성, 응집성	규범, 리더십(조)	팀 창의성
이혜림, 백윤정, 김은실(2013)	긍정심리자본	정서와 인지	개인창의성
최성수, 권용주(2012)	감성지능	창의성, 리더신뢰 집단응집력	조직유형성 혁신행동
최인규(2013)	사회자본	조직창의성	직무성과
함규정, 윤위석(2008)	감성지능	정서적 갈등, 응집성	창의성

출처: 이청아, 홍아정(2014). 긍정심리자본이 조직창의성에 미치는 영향과 팀워크역량의 매개효과. 기업교육연구, 16(2), 119-144.

〈표 3〉 조직문화의 유형과 분류기준에 대한 선행연구

연구자	조직문화의 유형	분류의 기준
Harrison(1972)	권력지향형 문화, 역할지향형 문화, 과업지향형 문화, 인간지향형 문화	이념적 지향
Handy(1978)	클럽문화, 역할문화, 과업문화, 보존문화	
Graves(1986)	권력문화, 역할문화, 과업문화, 인간문화	공식화의 직권화
Quchi(1980)	시장문화, 관료문화, 클랜문화	거래비용 관점
Jones(1983)	생산적 문화, 관료적 문화, 전문적 문화	
Quinn 등(1985)	관계지향 문화, 혁신지향 문화, 위계지향 문화, 과업지향 문화	환경과 현실에 대한 인식과 반응
Lunderburg (1984)	정태적 단일문화, 변화적 단일문화, 정태적 이질문화, 변화적 이질문화	
Earnes(1985)	상호작용 문화, 통합적 문화, 체계적 문화, 기업가적 문화	
Deal 등(1982)	남성적 문화, 과업여가병존 문화, 투기적 문화, 과정적 문화	위험수용도 및 피드백 속도
Wallach(1983)	혁신적 문화, 지원적 문화, 관료적 문화	개인의 동기 유발요인
Kets de Vries 등(1986)	과대망상적 문화, 회피적 문화, 관료적 문화, 정치적 문화, 카리스마적 문화	최고경영자의 심리적 성향

출처: 정용근, 위오기(2012). 조직문화, 셀프리더십 및 조직유효성의 상호관계에 관한 연구. 경영컨설팅리뷰, 3(2), 53-77.

라. 주제 설정 및 분석을 위한 논문 트리 활용하기

“천릿길도 첫걸음부터”라는 말처럼 학위논문에 있어서 가장 중요한 것은 연구주제를 설정하는 것이다. 이를 위하여 제시된 논문 트리를 활용하는 것을 권장한다. 이는 연구자가 관심 있는 주제어(변수) 관계를 고려해 보면서 연구 주제를 설정 및 분석하는 데 활용하는 논리적 개념도라고 할 수 있다. 여기서 주제어는 연구자가 관심 있는 분야에서 최근 또는 주요 분석되고 있는 개념이나 변수이다. 핵심 주제어는 연구자가 가장 밝히고 싶어 하는 주제어(변수)이며 일반적으로 종속변수를 말한다. 관련 주제어는 핵심 주제어와의 상관, 인과관계를 가지는 주제어(변수)이며, 독립변수 또는 조절 및 매개변수를 말한다.

1) 연구 주제 설정을 위한 논리적 개념

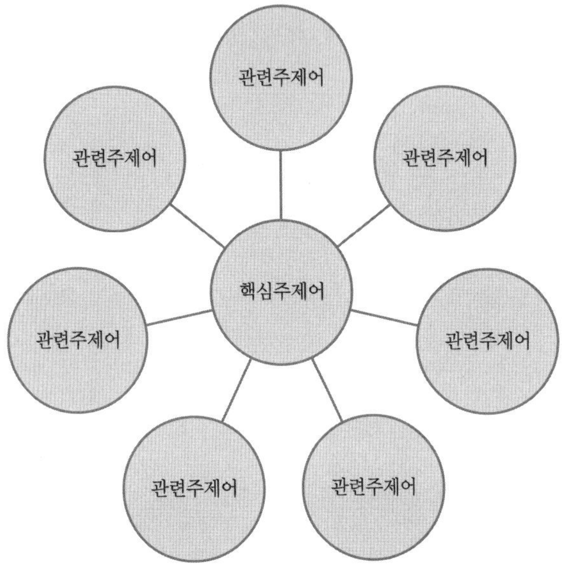

[그림 1] 연구 주제 간의 관계 설정을 위한 논리적 개념도

2) 두 개 변수 간 관계

두 개 변수 간의 관계는 상관관계와 인과관계로 설정된다. 상관관계는 일반적으로 두 가지 가운데 한쪽이 변화하면 다른 한쪽도 따라서 변화하는 관계를 말한다. 즉, 통계적으로는 한쪽이 증가하면 다른 한쪽도 증가하거나 반대로 감소하는 경향을 인정하는 두 변량(變量) 사이의 관계를 말한다. 반면, 인과관계는 한 현상은 다른 현상의 원인이 되는 관계, 즉 후행변수는 선행변수의 결과가 되는 관계이다.

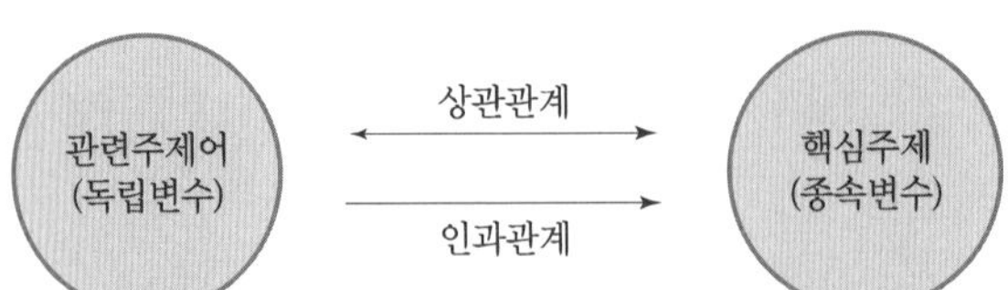

[그림 2] 상관관계와 인과관계

〈예시〉

사고개발 제8권 제1호
2012. 6. pp. 77~95

학습 스타일의 개인차와 창의적 성격특성의 상관적 분석

정혜인 · 김판희*
나사렛대학교 · 계명대학교

창의적 '인지과정'에는 지식의 학습과 지식의 활용이라는 두 가지의 대조적인 사고 양식이 있다. 본 연구는 이와 유사한 차원에서 창의적인 '사람'에 학습스타일과 창의적 성격의 두 가지를 대입하여 이들은 어떤 관계를 가지는지를 음미해 보았다. 그리고 학습스타일의 개인차에 따라 창의적 성격의 하위요소들은 어떻게 결합되어 있는지를 분석하였다. 이를 위하여 초중고등 학생들을 대상으로 학습스타일 검사(LSDI)와 창의적 성격검사(SAM)를 실시하였다. 그리고 얻은 결론들은 몇 가지로 정리할 수 있었다: 첫째, 학습스타일과 창의적 성격은 비교적 독립적인 성격기제로서 창의적 활동을 이루고 있는 양극의 대조적인 성격 차원이라 말할 수 있다. 둘째, 심상적 스타일의 사람은 대조적인 집단인 언어적 스타일의 사람보다 '진취성', '지성' 및 '예술성' 등의 하위요인에서 보다 더 우수하였다. 분석적 스타일은 전체적 스타일 보다 '환경적 민감성'에서, 그리고 개인적 스타일은 집단적 스타일 보다 '개성'에서 더 우수하였다. 마지막으로, 학습스타일을 의도적으로 개발하면 창의적 성격과 창의적 수행에 긍정적으로 기여할 것으로 생각하였다. 대조적인 성격 특성들을 조합하거나 과제의 요구에 따라 쉽게 이동할 수 있는 능력은 학습스타일의 개발을 통하여 향상될 수 있기 때문이다. 그리고 이러한 결론에 대한 제한과 함의들을 같이 논의해 보았다.

주제어: 학습 스타일, 창의적 성격, 창의적인 사람

3) 두 개 이상 주제어(변인)와 핵심 주제어(변인)와의 인과관계

[그림 1]은 핵심 주제어(변인)와 두 개 이상의 주제어와의 관계 또는 핵심 변수에 대한 영향(설명력)을 탐색하는 연구를 고려할 때 활용한다. 이것은 주로 회귀분석에서 활용된다. 예를 들면, 긍정심리자본, 직무스트레스와 직무몰입과의 관계/긍정심리자본과 직무스트레스가 직무몰입에 미치는 영향을 들 수 있다. 이때 긍정심리자본과 직무스트레스 하위변수들 중에서 어떤 변수가 직무몰입에 영향을 미치는지, 또는 직무몰입을 높게 설명하는 변수인가를 탐색한다.

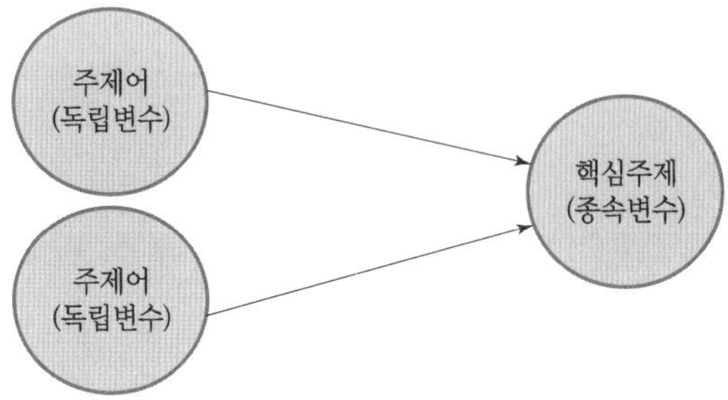

〈예시〉

교육공학연구 제23권 제4호 (2007.12.30):pp.55~77

예비교사들의 학습스타일과 협력적 개념도 작성이 문제해결에 미치는 영향*

정 선 영† (국민대학교)

<요 약>

본 연구는 협력적 문제해결 시 협력적 개념도 작성이 상호설명에 부가적으로 사용되었을 때 학습내용이해와 문제해결에 미치는 영향, 그리고 개별 학습자의 학습선호도에 따라 개념도의 활용이 학습결과에 미치는 차이를 조사하는데 그 목적이 있었다. 본 연구에는 72명의 예비교사들이 사전검사, 웹자료를 기반으로 한 개별학습, 개별학습 내용을 바탕으로 한 협력적 성찰학습, 협력적 문제해결, 그리고 사후검사에 참여했다. 개념도 작성과 상호 설명이 협력적 성찰과정에 함께 사용되었을 때의 효과를 알아보기 위해 처치집단과 통제집단의 협력적 문제해결과 학습내용이해에 대한 사후검사 결과를 비교하였다. 처치 집단에서는 두 명이 한 조가 되어 구성주의에 관한 웹기반 학습내용에 대해 주어진 질문에 상호설명을 주고받은 후 집단의 개념도를 함께 작성하도록 하였으며, 통제 집단에서는 상호개념도를 작성하지 않고 주어진 질문에 대한 상호설명만을 주고받도록 했다. 또한, 개별 학습자의 학습스타일 선호도와 학습전략의 상호작용 효과를 알아보기 위해 시각적, 청각적, 그리고 조작적 특성에 입각한 개별 학습스타일 선호도를 측정했다. 연구결과에 따르면, 개념도 작성과 상호설명을 동시에 사용한 처치집단이 상호설명만을 사용한 통제집단보다 주어진 시나리오 문제를 더 잘 해결하였다. 본 연구는 개념도 작성이 상호 설명과 함께 동시에 사용되었을 때, 협력적 문제해결에 더 효과적임을 제안하며, 특히 개념도를 직접 작성하게 하는 전략은 청각이나 시각보다는 조작적 학습스타일의 선호도가 높은 학습자에게 더 효과적일 수 있음을 제안한다.

주요어 : 개념도 작성, 상호설명, 협력적 문제해결, 학습스타일선호도, 지식공유

4) 세 개 이상의 변수 간의 구조적, 논리적 인과관계

세 개 이상 변수 간의 구조적, 논리적 인과관계는 독립변수와 종속변수와 함께 조절변수와 매개변수가 고려되는 경우가 많다. 조절변수는 독립변수와 종속변수 간의 관계를 변화시키는 독립변수와의 상호작용 변수이다. 예를 들면, 학습스타일과 긍정심리자본 관계에서 성별과 전공별 차이를 알아보고자 할 때 성별, 전공별 변수가 조절변수라고 할 수 있다.

〈예시〉

한국심리학회지: 산업 및 조직
Korean Journal of Industrial and Organizational Psychology
2013. Vol. 26, No. 1, 1-25

긍정심리자본, 학습목표지향성, 리더의 비전제시가 정서적 조직변화몰입에 미치는 영향: 변화 이점, 조직냉소주의 조절효과

장 지 선 탁 진 국†

광운대학교 산업심리학과

본 연구의 목적은 긍정심리자본, 학습목표지향성, 리더의 비전제시가 정서적 조직변화몰입에 미치는 과정과 선행변인과 정서적 조직변화몰입 간의 관계에서 변화이점과 조직냉소주의의 조절효과를 검증하는 것이다. 본 연구를 위해 국내의 기업 종사자 중 변화를 겪었거나 겪고 있고, 상사와의 근속기간이 3개월 이상인 직장인 320명 대상으로 설문조사를 실시하였다. 그 중 불성실 응답을 제외하고 297명의 데이터를 사용하여 분석하였다. 주 효과 및 조절검증을 위해 위계적 회귀분석을 실시한 결과, 긍정심리자본이 정서적 조직변화몰입에 정적인 영향을 미치고 이 관계는 변화이점과 조직냉소주의에 의해 조절되는 것으로 나타났다. 학습목표지향성은 정서적 조직변화몰입에 정적인 영향을 미치고 이 관계는 변화이점, 조직냉소주의가 조절작용을 하는 것으로 나타났으나 가설과 다르게 변화이점이 낮은 집단과 조직냉소주의가 높은 집단에서 학습목표지향성과 정서적 조직변화몰입의 관계가 더 강하게 나타났다. 리더의 비전 제시는 정서적 조직변화몰입에 부적 영향을 미치는 것으로 나타났다. 마지막으로 연구결과를 토대로 본 연구의 학문적 의의 및 실무적 시사점, 그리고 제한점과 추후 연구과제에 대하여 논의하였다.

주요어 : 긍정심리자본, 학습목표지향성, 비전제시, 조직변화몰입, 변화이점, 조직냉소주의

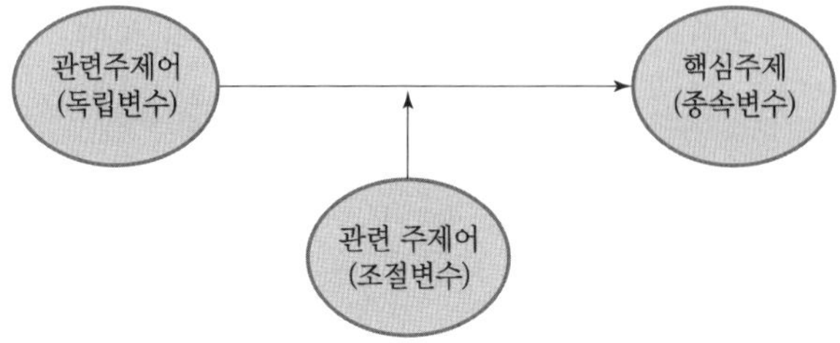

매개변수는 독립변수와 동일하게 종속변수에 영향을 미치는 변수이지만, 순서상으로 독립변수와 종속변수 사이에 있는 변수이다. 즉, 독립변수에 영향을 받으면서 종속변수에 영향을 미치는 변수이다. 예를 들면, 학습스타일과 긍정심리자본 관계에서 성취목표지향성의 매개효과를 구할 때 성취목표지향성은 매개변수이다.

〈매개효과 예시〉

초등교사의 긍정심리자본과 학생 핵심역량 관계에서
학교조직몰입의 매개효과(김규태, 최경민, 2014)

본 연구는 초등학생의 핵심역량 강화라는 조직목표를 효과적으로 달성하기 위해서는 교사의 높은 긍정심리자본과 조직몰입이 필요하며, 조직몰입은 긍정심리자본에 의해 높아질 수 있는지를 탐색하였다. 이를 위하여 초등교사와 학생, 각각 300명을 대상으로 초등교사의 긍정심리자본(자기효능감, 희망, 회복력, 낙관성)과 조직몰입, 초등학생의 핵심역량 함양 정도에 대한 설문조사를 실시하였다. 분석 결과 다음과 같은 결론을 도출하였다. 첫째, 초등교사의 긍정심리자본은 조직몰입에 있어서 정(+)적으로 유의한 영향을 미쳤다. 둘째, 초등교사의 긍정심리자본은 학생의 핵심역량 강화에 있어서 정(+)적으로 유의한 영향을 미쳤다. 셋째, 초등교사의 긍정심리자본과 학생의 핵심역량 강화에 있어서 초등교사의 조직몰입은 유의미 정(+)적인 매개역할을 하였다.

제4장

학위논문과 글쓰기

1. 학위논문

학위논문은 일정한 형식과 양식에 따라 객관적이고 체계적으로 작성되는 학술적인 글이다. 학위논문은 전공이나 학문계열, 소속 대학원에 따라 별도의 형식과 양식, 참고문헌 제시 방법 등에 차이가 있어서 일반화하기 어렵다. 하지만 일반적으로 연구주제, 서론, 이론적 배경, 연구방법, 연구결과, 논의, 결론 등으로 구성된다. 본서에서도 이들 요소를 중심으로 그 작성법을 제시할 것이다.

연구주제(제목)
Ⅰ. 서론
  1. 연구의 필요성 및 목적
  2. 연구내용(연구문제)
  3. 연구범위
  4. 용어의 정의
Ⅱ. 이론적 배경
  1. 주제(변수)별 정의, 구성요인, 선행연구 결과 등

2. 연구모형 및 가설
Ⅲ. 연구방법
1. 조사대상 및 표집
2. 조사도구
3. 조사절차
4. 자료수집 및 분석방법
Ⅳ. 연구결과
Ⅴ. 논의
Ⅵ. 결론
※ 논의 및 결론은 함께 제목으로 설정할 수 있음.
참고문헌
부록(조사도구 등)
초록

2. 연구계획서

연구계획서(research proposal)는 진행할 연구과정을 서술한 학술적 제안서이다. 연구계획서를 작성하는 목적은 연구에 대한 조직적, 체계적 사고를 하고, 연구에 필요한 자료, 문헌 수집과 진행절차를 분명하게 함으로써 연구활동 전반에 대한 조망능력을 기르며, 타인의 비평과 조언을 받을 기회를 제공하여 생산적이고 경제적인 연구를 수행함으로써 연구에 대한 사전 승인을 얻기 위해 작성된다.

연구계획서 없이 연구를 진행하는 것은 이동경로를 설정하지 않고 여행을 떠나거나, 작전 계획 없이 경기를 치르는 것에 비유될 수 있다. 따라서 연구계획서는 진행할 연구에 대해 서술한 계획서로서 연구에 대한 조직적·체계적 사고를 갖도록 필요한 자료 수집과 연구 절차를 명확히 효율적으로 연구수행에 필요한 조언을 받기 위해 작성한다.

연구계획서의 체계

연구주제

Ⅰ. 서론

1. 연구의 필요성 및 목적
2. 연구내용(연구문제)
3. 연구범위
4. 용어의 정의

Ⅱ. 이론적 배경

1. 주제(변수)별 정의, 구성요인, 선행연구 결과 등
2. 연구모형 및 가설

Ⅲ. 연구방법

1. 조사대상 및 표집
2. 조사도구
3. 조사절차
4. 자료수집 및 분석방법

Ⅳ. 기대효과

참고문헌

부록

연구계획서의 일차적 독자는 심사위원들이다. 연구계획서의 심사위원들은 연구의 가치와 질, 전공분야와의 관련성, 연구수행의 가능성, 연구결과에 대한 응답 획득 가능성, 학문 분야에 대한 공헌도 등을 확인한다. 또한 연구자가 연구 진행 과정에서 직면할 수 있는 문제들을 가능한 한 많이 지적하고 해결책을 마련하는 데 도움을 준다. 심사위원들이 주로 고려하는 연구계획서의 심사 기준은 아래와 같다. 이는 연구자가 작성한 연구계획서에 대한 자가진단 체크리스트로 활용할 수 있다.

연구계획서 평가 기준

1. 연구제목은 간결하면서 연구내용을 파악하기에 적절한가?
2. 가치 있고 참신한 연구 주제를 설정하였는가?
3. 연구자의 능력에 비추어 충분히 완성할 수 있는 주제인가?
4. 연구자의 문제의식과 필요성이 선행연구에 비추어 타당하게 제시되어 있는가?
5. 연구문제와 내용이 분명하게 진술되어 있는가?
6. 연구에서 사용된 주요 용어가 정의되었는가?
7. 고찰할 이론적 배경의 타당한 항목이 밝혀져 있는가?
8. 선행연구와 본 연구의 연구문제 간에 관련성이 있는가?
9. 관련 문헌은 체계적이면서 최신의 자료로 분석되어 있는가?
10. 조사 대상 및 표집에 대해 분명하게 제시되어 있는가?
11. 연구도구의 구성에 대한 내용에 대해 구체적인가?
12. 자료분석을 위한 적절한 분석 방법이 선정되어 있는가?
13. 연구계획서의 체제와 양식에 맞게 작성되었는가?

3. 학위논문 체제 요소별 작성

가. 연구주제

연구주제는 학위논문의 창(窓)이다. 또한 학위논문의 간명한 한 줄 요약이라 할 수 있다. 독자들은 그 한 줄의 주제를 보고 학위논문의 인용 가치와 그것의 전체 내용을 판단한다. 왜냐하면 연구주제는 연구의 핵심 키워드(변수)와 그 관계, 연구대상과 방법 등을 직·간접적으로 제시하고 있기 때문이다.

연구주제의 범위는 무엇인가? 권재술, 손천택, 이성흠(2011)은 연구자가 수행하려는 주제의 범위를 네 가지로 제시했다. 첫째, 새로운 현상과 사실을 발견한다. 둘째,

어떤 현상과 사실에 대한 새로운 해석이나 설명 이론을 발명함으로써 새로운 이해를 제시할 수 있다. 셋째, 기존의 여러 가지 현상이나 사실, 해석이나 설명이론 등을 서로 연관시켜 종합함으로써 새로운 이론을 제시한다. 넷째, 기존의 연구에 대하여 비판을 하거나 재해석한다.

좋은 연구주제는 무엇인가? 그것은 연구자의 자신의 관심분야, 학문적 가치, 주제와 관련된 자료의 입수 가능성, 연구자의 분석 능력, 글쓰기의 목적 일치성 등을 고려할 수 있다(권재술, 손천택, 이성흠, 2011). 첫째, 연구자가 평소에 관심과 호기심을 가지고 있는 주제이다. 둘째, 연구논문의 주제선정은 학문적 가치를 고려하여야 한다. 즉, 기존 연구를 되풀이하거나 핵심에서 벗어난 주변 문제를 다루는 것이 아니라 더 큰 범위의 문제 해결에 도움이 되거나 새로운 문제를 제시할 수 있는 핵심주제를 다루는 것이 좋다. 셋째, 연구를 수행하기 위한 연구주제에 적절한 자료의 수집가능성이다. 즉, 자신의 경제적 능력, 시간적 여유, 지리적 한계 등을 고려해야 한다. 넷째, 연구자가 해결할 수 있는 주제이어야 한다. 즉, 연구자의 언어 능력이나 통계분석 능력 등을 고려하야 설정되어야 한다. 다섯째, 글쓰기를 위한 연구주제의 목적 부합성이다.

좋은 연구주제란?

① 연구의 결과가 해당 전공 이론 및 실제에 도움이 되는 주제
② 전공 분야에서 발생하는 새로운 현상을 탐색하는 주제
③ 선행연구에서 다루어지지 않았던 주제
④ 기존의 연구결과를 확장하거나 명료화하는 주제
⑤ 주어진 연구기간 내에 수행할 수 있는 주제

출처: 김혜숙, 공윤정, 여태철, 황매향(2013), p. 37.

연구주제 선정을 위해서 권재술, 손천택, 이성흠(2011)은 다음과 같이 충고한다. "지도교수와 상담하는 것을 두려워하지 말고, 선행연구를 수집・분석하는 것을 철저

히 하면서 주제 범위를 좁히는 가운데 연구주제는 선정된다(p. 150).” 이러한 권고의 취지는 다음과 같다.

첫째, 지도교수 또는 전공 관련 교수가 연구하고 있는 연구의 일부를 맡아서 진행하거나, 전공분야 교수, 또는 학자와 긴밀한 접촉을 통하여 그가 연구하고 있는 영역이 무엇인지를 알아서 이것을 상세하게 체계화하는 것이다. 둘째, 주제 선정과 관련하여 교수에게 자문을 구하는 것이다. 이때 주의할 것은 자신이 연구하고자 하는 몇 가지 주제를 작성하여 찾아가야 한다. 셋째, 가장 최신의 논문이나 전공서적을 읽고 이 저술에 적용되는 방법, 기술 또는 원리를 새로운 문제 해결에 적용하는 것도 중요한 연구주제가 될 수 있다.

> 기존의 연구방법을 새로운 주제와 대상에 적용하는 것 자체가 독창성 있는 작업인 것이다. 연구주제를 찾는 과정에서 선행연구의 결함이나 미비한 점을 보완하는 것도 연구주제로서 손색이 없다. 이러한 주제를 선택하려면, 기존에 이루어진 연구에서 연구주제로서 연구주제의 선정이나 그 내용에 많은 장점을 가진 연구라고 판단되지만, 연구방법이나 표집 혹은 측정방법 등에 치명적인 결점이나 미비한 점이 있는가를 주의 깊게 살펴보아야 한다. 위와 같은 경우 외에도 주제를 찾는 방법에는 연구보고서의 논의나 결론 부분에 제시된 해당 연구의 한계점 및 새로운 연구 제안이나 앞으로 연구과제를 주의 깊게 읽고 평가한다. 또한, 학계에서 최근 논쟁이 되고 있는 주제를 선택하는 것도 좋은 방법이다. 논쟁이 일고 있다는 것은 기존 연구가 도전받거나 연구가 미비함을 뜻한다. 이러한 주제를 선택하였을 때에는 논쟁에 참여한다는 의미를 갖는다. 따라서 양측의 이론과 주장을 명확하게 이해할 필요가 있다. 논쟁하는 진영의 어느 한 쪽에 참여할 수도 있으며, 여러 입장을 종합하여 새로운 주장을 내놓는 것도 가능하다. … 주제어를 통해서 찾는 방법도 있다. 최근에 상대적으로 연구가 많이 이루어진 주제를 선택하는 것이 유리하다. 최근에 연구가 이루어졌다는 것은 길잡이가 갖추어져 있을 뿐만 아니라 아직도 학술적 관심이 많다는 것을 뜻한다.
>
> 출처: 권재술, 손천택, 이성흠(2011), pp. 151-152.

연구주제는 어떻게 진술해야 하는가? 그것은 구체적인 주제로, 과학적인 용어를 사용하여 간결하게, 변수 관계를 명확하게, 연구설계에 적합하도록 진술하는 것이다.

첫째, 연구주제는 거창한 제목을 피하고 구체적인 주제로 진술한다.

부적절한 예: 학업성취도와 인생성공과의 관계에 관한 연구

적절한 예: 지능, 사회경제적 지위, 성취동기, 학업성취도와의 관계성 연구

둘째, 과학적인 용어를 사용하여 간결하게 표현한다.

부적절한 예: 유치원 원아와 초등학교 1학년 아동의 혼합반 협동학습프로그램이 원아와 아동의 자기주도적 학습력 증진에 미치는 영향에 관한 연구

적절한 예: 유치원-초등학교 협동학습 프로그램이 자기주도적 학습력에 미치는 영향

셋째, 독립변인-종속변인의 관계로, 의미 있는 변인들로 명확하게 표현한다.

부적절한 예: 학습습관 변화에 미치는 학습태도 프로그램의 효과에 관한 연구

적절한 예: 학습태도 프로그램이 학습습관의 변화에 미치는 효과

넷째, 연구의 내용 혹은 연구 설계에 적합하도록 "관계", "영향", "효과" 등의 용어를 사용한다. 실험연구나 인과관계가 뚜렷한 연구에서 "영향" 혹은 "효과" 등의 용어를 사용한다. 변인들 간의 관련성 정도만을 밝히는 연구의 경우 "관계" 등의 용어를 사용한다.

다섯째, 연구 제목(주제)에 "연구"라는 단어를 가급적 포함하지 않는다.

나. 서론 작성

서론은 연구의 필요성 및 목적, 연구문제(내용), 연구의 제한점, 용어의 정의 등으로 구성된다.

1) 연구의 필요성 및 목적

연구의 필요성은 연구자가 가진 문제의식과 배경은 무엇이고, 연구주제에 대해서 왜 연구가 필요한가를 작성한다. 그것은 선행연구에 비추어 그 문제의식과 주제가 타당하다는 것을 입증할 필요가 있다. 또한 연구의 필요성은 선행연구에서 다루지 않았거나 불충분하게 다룬 사항, 선행연구의 연구방법이나 절차의 오류나 문제, 교육현장 또는 실천에의 개선 여부 등 선행연구와 차별화되는 점들을 제시한다. 그리고 연구목적은 연구자가 연구를 통해 밝히려고 하는 궁극적인 이유를 제시하는 것이다. 목적은 연구내용보다 다소 추상적이고 포괄적으로 제시한다. 다시 말해서, 연구의 필요성 및 목적은 자신의 문제의식과 연구주제에 대해 객관화와 타당화 근거를 제시하고, 연구주제에 대해서 선행연구들이 잘 되어 있지 않다 혹은 결여되어 있다는 사실을 증명하고, 선행연구들이 너무 오래 되어서 현 시점에서 다시 수행되어야 함을 서술하며, 미비한 선행연구를 발견하고 그 문제점을 해결하기 위해서 작성된다.

연구의 필요성과 목적을 작성하는 방식은 다음과 같이 연구의 배경과 문제의식으로 시작해서 변수와의 관계와 그 의의를 밝히면서 개괄적, 추상적인 것에서 구체적인 것으로 좁혀나가는 일명 "깔때기"와 같이 전개해나가야 한다.

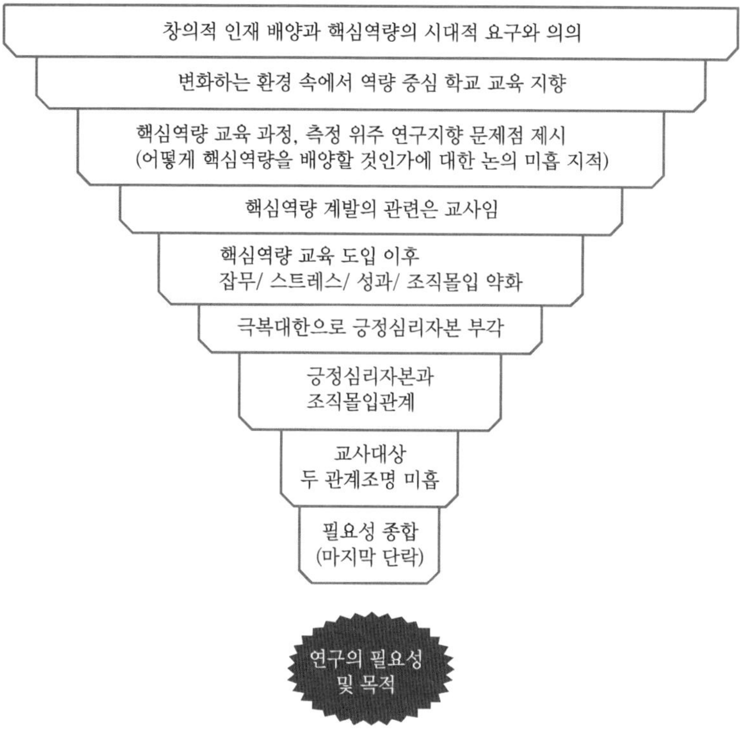

출처: 김규태, 최경민(2014)의 서론을 분석한 것임.

초등교사의 긍정심리자본과 학생 핵심역량 관계에서
학교조직몰입의 매개효과
(김규태, 최경민, 2014)

Ⅰ. 서 론

현대는 지식정보사회를 넘어 창조경제사회로 진입을 하였다. 이로 인하여 창의적 인재양성은 경제적 가치 창출과 경쟁력의 핵심요소가 되었다. 즉, 창의적 인재가 창출하는 가치가 21세기 국가경쟁력에 가장 결정적인 요소가 되고 있다(Michaels, Helen, & Beth, 2001). 우리나라도 창조경제 구현이 새 정부의 주요 국정 방향으로 설정되었다. 이로 인하여 최상덕 외(2013)는 창조경제 시대에 요구되는 인재가 갖추어야 할 역량이 무엇이고, 그것을 어떻게 배양해야 하는지가 주요 정책 과제가 되고 있다고 하였다.

역량이라는 개념은 McClellan(1973)에 의해 처음으로 논의되었으며, 역량을 예측하는 방법을 제시하였다. 이후 Boyatzis(1982)가 관리자의 효과적인 역량개념에 대한 연구 결과를 발표하게 되면서 다른 분야로까지 역량이라는 단어가 확대되었다. 이에 경제협력개발기구(이하 OECD)에서는 1997년부터 7년간 DeSeCo프로젝트를 진행하였다. 이는 '성공적인 삶과 올바로 기능하는 사회를 위해 필요한 핵심 역량은 무엇인가'라는 물음에서 출발하였다(조윤동, 윤용식, 2014). OECD(2005)는 미래의 성공적인 삶과 지속적인 사회발전을 위해 인간은 지식을 창조·활용하는 고차원적인 능력을 갖춰야 하며, 이를 위해 필요한 능력으로 보았다.

이처럼 급속하게 변화하는 사회적 환경과 사회구성원들에게 요구되는 새로운 역할들을 고려하여 학교교육에 있어서도 기존의 교육목표, 내용과 방법에서는 담아내지 못했던 새로운 가치에 주목하고, 교육목표와 운영체계를 새롭게 수립할 필요가 생겨나게 되었다(이지연, 2013). 이에 선진국에서는 사회적 변화요구에 대응하기 위하여 교육과정, 교수학습방법, 평가방법 등 교육시스템 전반에 걸친 교육 혁신에 적극적인 투자가 이루어지게 되었다(최상덕 외, 2013). 예를 들어 2009년부터 국제학력평가를 역량중심의 평가로 전환하기 위하여 '21세기 역량 평가 및 교육'이라는 글로벌 프로젝트가 추진되었다. 미국, 호주, 핀란드, 싱가포르 등 6개국이 참가를 하여 3년 동안 진행이 된 이 프로젝트를 통해 21세기에 요구되는 역량이 무엇인지 도출되었으며, 역량 교육의 중요성이 밝혀졌다(Griffin, McGaw, Care, 2012). OECD도 이 결과에 관심을 가지게 되었으며, 이로 인하여 2015년도부터 시행되는 PISA에서는 '협력적 문제해결력'영역이 새롭게 포함이 될 예정이다(최상덕 외, 2013). 또한 영국, 독일, 대만, 미국 등 해외 여러 나라에서는 역량 기반의 교육과정 개혁이 이루어지고 있다(이광우, 최유현, 신종호, 2009).

이처럼 최근 학교 교육에서 가장 주목 받고 있는 것이 바로 핵심역량이다(이광우, 최유현, 신종호, 2009). 우리나라에서도 한국의 교육과정 및 사회적 특성을 고려하여 21세기 핵심역량과 관련된 다양한 연구 및 교육과정 설계 방안이 추진되고 있는 실정이다. 생애능력 관련 연구(유현숙 외, 2004)에서는 학습자의 발달단계의 관점에서 핵심역량을 성공적인 삶을 이루기 위한 가장 기본적인 능력으로 규정하였다. 허희옥 외(2011)는 21세기 우리 학생들의 핵심역량을 국제기구들이 규정한 핵심역량을 바탕으로 한국사회 특성을 고려하여 규명하였다. 강명희 외(2013)는 21세기 초등학생이 갖추어야 할 핵심역량을 규명하고 이를 측정하기 위한 도구를 개발하였다. 하지만 그동안의 학생들의 핵심역량과 관련된 연구를 살펴보면 핵심역량이란 무엇인지 규명을 하거나 이를 측정하는 도구를 개발하는 것에 그쳤다. 다만 이광우, 최유현, 신종호(2009)는 뉴질랜드, 독일 등 세계 여러 나라들의 교육과정 재편에 따라 우리나라에 적합한 핵심역량 기반의 교육과정을 개발·제안하였다. 그러나 이 또한 교육과정 재편에 대한 방안만을 제시하고 있으며, 어떻게 핵심역량을 길러줄 것인가에 대한 언급은 없었다.

이에 본 연구에서는 학생들의 21세기 핵심역량을 어떻게 길러줄 수 있는지를 알아보고자 한다. 학교교육 또는 교육정책 성패는 교사가 학교조직에 얼마나 몰입하여 적극적으로 참여하는지에 달려있다(김종백, 2012). 왜냐하면 교사는 학생들의 성장과 발달에 막대한 영향을 주는 중요한 존재이기 때문이다(이경민, 최윤정, 이경애, 2012). 그러나 정작 학생들의 핵심역량을 기르기 위한 다양한 교육 정책들은 교사의 역할을 무시한 채 탁상공론식으로 쏟아져 나오고 있다. 예를 들면, 학급내 교육과정 운영과 교과별 평가 시행은 교사의 고유한 역할임에도 불구하고, 이를 무시한 채 핵심역량 중심의 교육과정 개선과 평가방법 개선(곽영순, 2014)에 대한 정책이 시행되고 있다.

교사들의 역할에 대한 아무런 논의 없이 오직 정책만을 급격하게 학교 현장에 투입함으로써 오히려 현장의 교사들은 기존에 계획되어 있던 교육과정과 평가방법을 핵심역량 중심으로 개선하기 위하여 업무가 늘어나게 되었다. 고장완·정인순(2013)은 지금까지 교육부와 시도교육청 차원에서 교원의 업무 경감 방안이 제시되어 왔지만 교사들은 여전히 업무 과다로 인하여 교육 본연의 업무에 매진하는 데 큰 어려움을 느끼고 있다고 한다. 결국 이러한 업무 과다는 업무 스트레스로 이어지며, 상태가 심각해지면 심리적 소진 양상을 보이게 된다(차선경, 권동택, 2013).즉, 핵심역량 강화라는 교육정책을 추진함에 있어서 가장 중요한 역할을 해야 하는 존재가 교사임에도 불구하고, 늘어나는 업무로 인하여 교육정책 추진에 대한 조직몰입도가 낮아지게 되었다(이일권, 2003).

이러한 교직의 스트레스와 낮은 몰입수준 등을 극복할 방안으로 긍정조직행동(positive organizational behavior, POB)이 대안으로 부상하고 있다. POB는 보통 수준의 조직구성원들의 긍정적인 심리상태와 강점을 개발함으로써 조직구성원들의 긍정적 동기부여로 높은 조직몰입을 이끌어 낼 수 있다는 점에 초점을 두고 있다(김주엽, 김명수, 2011). 그리고 POB 관련 다양한 연구(Avery et al., 2008; Larson & Luthans, 2006;

Luthans et al., 2007; Luthans et al., 2005)들은 자기효능감, 희망, 낙관주의, 회복력과 같은 긍정적 심리상태들이 구성원들의 조직몰입을 높일 수 있는 긍정적인 동기를 제공하는 데 있어 유의한 영향을 미친다고 주장한다. 긍정조직학자들은 자기효능감, 희망, 낙관주의, 회복력과 같은 긍정 심리상태를 긍정심리자본이라고 한다(김은실 · 백윤정, 2014).

구성원의 높은 긍정심리자본은 업무에 대한 긍정적 인지상태와 동기부여를 촉진함으로써 구성원의 조직몰입을 높여서 조직성과에 기여한다(Walumbwa, Avolio, & Hartnell, 2010). 그리고 긍정심리자본은 개인의 조직에 대한 긍정성을 향상시키고 부정성을 감소시키며(박권홍, 2012), 조직몰입에 정(+)적인 유의한 영향을 미친다(김주엽, 김명수, 2011; Larson & Luthans, 2006, Youssef & Luthans, 2007). 이를 통하여 긍정심리자본 수준이 높은 사람은 직장에서 자신이 추진하는 일에 대한 몰입도가 높을 것이라고 예상을 할 수 있다.

학술연구정보서비스(RISS) 검색 결과 긍정심리자본과 조직몰입에 대한 연구는 일반 기업사회를 대상으로 한 연구들이 대부분이었으며, 교사를 대상으로 실시한 연구는 미비하였다. 이에 본 연구를 통해 초등학생들의 핵심역량강화 정책을 효과적으로 실현하기 위해서는 초등교사의 높은 긍정심리자본과 조직몰입이 필요하며, 교사의 조직몰입은 긍정심리자본을 통하여 높일 수 있는지를 탐색할 필요가 있다. 따라서 본 연구에서는 초등학교 구성원인 초등교사의 긍정심리자본이 조직몰입과 학생들의 핵심역량에 어떠한 영향을 미치는지 확인하고, 긍정심리자본과 조직몰입이 핵심역량강화라는 조직성과에 어떠한 유효한 효과를 주는가를 탐색해보고자 한다. 본 연구의 목적을 달성하기 위한 연구문제는 다음과 같다.

첫째, 초등교사의 긍정심리자본(효능감, 희망, 낙관성, 회복력)은 학생의 핵심역량 강화에 어떠한 영향을 미치는가?

둘째, 초등교사의 긍정심리자본(효능감, 희망, 낙관성, 회복력)은 조직몰입에 어떠한 영향을 미치는가?

셋째, 초등교사의 긍정심리자본이 학생의 핵심역량 강화에 미치는 영향에서 조직몰입의 매개효과는 있는가?

2) 연구문제

연구문제[1]는 과학적 탐구를 위한 변인들 간의 관계를 명시한 의문문 형태의 질문이다. 연구문제는 연구내용이라고도 불린다. 하지만 이것들은 서술 방식에 따라 구분된다. 연구문제는 의문문 형태로, 연구내용은 서술문 형태로 제시된다. 예를 들면, 연구문제는 "각기 다른 형태의 유인자극이 학생들의 성적에 어떤 영향을 미치는가?"로, 연구내용은 "학생들에게 제공되는 유인자극과 성적과의 관계를 탐색한다."로 제시한다.

연구문제는 연구절차와 연구방법을 결정함과 동시에 전체 연구과정의 방향을 결정한다. 즉, 연구문제는 항해하는 배의 조타(操舵) 역할을 한다. 이를 위하여 연구문제는 일반적, 넓은 것보다는 구체적이고 명확하게 제시해야 하며, 연구문제는 문헌연구를 통하여 도출하며 그 타당성과 객관성을 확보해야 한다. 또한 연구주제와 관련된 학술지, 논문, 서적 등 참고하여 선행연구에서 해결하지 못한 제한점, 후속연구 제언 등을 참고하여 연구문제를 선정할 필요가 있다.

연구문제의 선정 기준 선행연구에 비추어 참신한가? 선행연구에 비추어 타당한가? 시의 적절한가? 자료수집이나 연구시간 및 비용 등이 효율적이며 실현가능한가? 연구의 윤리적 기준을 충족하는가?

연구문제의 선정 절차(그림으로 제시) 관심주제의 결정 → 관련 이론과 선행연구 고찰 → 연구가능한 연구문제의 도출 → 연구문제의 선정

1) 송인섭 등(2008)에서 발췌 요약한 것임.

연구문제는 연구하고자 하는 둘 또는 그 이상의 변인들 사이의 관계를 제시하고, 의문문 형식으로 서술하며, 연구문제에 진술된 각 변인은 측정가능하도록 진술하며, 의문문 형태로 진술된 연구문제를 서술문으로 바꾸면 연구가설이 될 수 있는 경우가 "가장 잘 진술된 연구문제"이다. 하지만 연구문제는 연구내용과 방법에 따라 그 진술방식이 다르다. 즉, 집단비교 연구, 인과관계 및 상호관계, 모형개발과 타당화 연구 등에 따라 달리 진술된다. 이에 대해 살펴보면 아래와 같다.

① 집단비교 연구

어떠한 처치를 가한 집단과 다른 처치를 가한 집단 또는 어떤 처치를 가하지 않은 집단 간의 차이를 통해 처치효과를 확인하는 연구이다. 이때 진술되는 연구문제의 예를 들면 다음과 같다.

〈예시〉

진로설계 프로그램을 실시한 집단의 진로성숙도와 진로설계 프로그램을 실시하지 않는 집단의 진로성숙도 간에는 유의한 차이가 있는가?
자기조절학습능력은 학년과 학업성취 수준에 따라 차이가 있는가?

② 인과관계 및 상호관계

인과관계 연구는 독립변인이 종속변인에 미치는 영향에 대한 연구로 연구자가 변인을 조작하고 통제한 후 두 변인 간의 관계를 파악하고자 하는 연구이다. 반면, 상호관계 연구는 인과관계 규명이 아닌 두 변인 간의 상관분석을 통해 상호관련성을 밝히고자 하는 연구이다. 연구문제의 예시를 들면 다음과 같다.

〈예시〉

성취목표지향성과 자기조절학습능력은 어떠한 관련이 있는가?(상호관계)
성취목표지향성과 자기조절학습능력은 학업성취와 어떠한 관계가 있는가?(인과관계)

③ 모형개발과 타당화 연구

모형개발과 타당화 연구는 연구자의 관심 영역에 대한 현상을 설명하기 위해 어떤 모형을 개발하고 검증하는 연구이다. 이들 연구는 심리적 구인의 구조모형에 대한 연구, 심리적 구인을 측정하는 검사를 개발하고 타당화한 연구, 관련 변인들 간의 관련성을 설명하는 모형을 설정하고 검증하는 연구 등으로 구분되며, 이들 연구문제의 예는 다음과 같다.

〈예시〉

심리적 구인의 구조모형에 대한 연구
→ 지능의 구조 모형 중 내재요인 모형이 가장 적합한 모형인가를 확인한다.
심리적 구인을 측정하는 검사를 개발하고 타당화한 연구
→ 감성적 지능을 측정하는 감성적 리더십 도구를 개발하고 타당화한다.
관련 변인들 간의 관련성을 설명하는 모형을 설정하고 검증하는 연구
→ 학년별로 학업성취에 영향을 미치는 자기조절학습능력의 구성요인은 무엇이며, 어떠한 경로를 통해 이루어지는가?

다. 이론적 배경

1) 의미와 중요성

모든 연구는 기존의 이론의 바탕 위에서 이루어진다. 이론적 배경은 연구주제와 관련된 중요한 이론을 검토하는 것이다. 그래서 그것은 기존 이론의 연장이거나 확장 또는 수정에 관련된다. 여기서 '배경'이란 연구주제나 연구문제의 '뿌리'를 의미한다. 즉, 연구주제나 연구문제 또는 가설 등이 기존의 이론적 바탕 위에서 도출된 것이라야 한다.

이론적 배경은 조사나 실험의 구체적인 내용을 안내하는 역할을 할 수 있도록 정리되어야 한다. 또한 자신의 연구 결과를 해석하는 데 참고할 수 있는 아이디어를 얻고, 기존의 이론과 자신의 연구결과를 비교하면서 논의를 전개하기 위한 정보를

얻는 작업이다.

이론적 배경은 문헌고찰 또는 선행연구 분석을 통해서 이루어진다. 문헌고찰은 특정 연구 주제와 관련하여 이미 출판되거나 발표된 연구논문이나 서적 등의 자료를 모으고, 체계적으로 정리·분석하고 종합하는 과정을 말한다. 문헌고찰을 하는 목적은 다음과 같다.

첫째, 연구주제를 선정하고 그 주제를 명료화하기 위해서 수행한다.

둘째, 연구주제를 설정하고 난 후, 연구방향 설정 및 연구문제의 구체화, 방법론적 측면의 시사점을 얻는 등 실제 논문을 작성하기 위하여 수행한다.

셋째, 가설 검증을 위한 연구 설계 과정에서 문헌연구를 통해 연구자가 세운 연구문제에 대한 근거를 탐색하기 위하여 수행한다.

넷째, 자신의 연구와 관련된 선행연구에서 수행한 연구 절차와 방법론을 검토하여 자신의 연구에 타당한 연구모형 설계와 방법을 도출하기 위하여 수행한다.

다섯째, 자신의 연구 결과를 지지 또는 반박하는 논의를 하기 위하여 수행한다.

요컨대, 이론적 배경은 연구문제를 명료하게 드러내고, 연구가설을 뒷받침하며, 연구에서 사용할 방법이나 기본 가정의 근거를 제시한다. 이것은 선행연구 등을 종합하여 개념, 구성요인, 기존연구결과, 척도 등을 정리하며, 이를 통해 연구자가 밝히려고 하는 문제의식과 연구가설에 대해서, 그리고 연구자가 밝힌 연구결과에 대한 타당성과 차별성을 확보하기 위해 수행된다.

2) 이론적 배경 작성을 위한 추천 스킬

이론적 배경은 밝히려고 하는 연구주제나 연구문제에서 제시한 변수들에 대한 개념, 개념의 비교, 구성요인, 기존 연구결과, 변수관련 척도 등을 제시한다. 아래에서는 이론적 배경을 위해 활용할 수 있는 스킬들을 추천하고자 한다.

가) 개념 분석

이론적 배경에서 가장 많이 접하는 것이 변수에 대한 개념 정의와 분석일 것이다. 아래에서는 여러 매트릭스나 그림을 활용하여 개념의 의미 소개와 그 특성을 분석하는 스킬들을 소개한다.

첫째는 하나의 개념에 대해 연구자들이 정의한 개념을 소개하는 방식이다. 〈표 1〉은 교사 임파워먼트에 대한 연구자들의 정의를 제시한 것이다. 연구자들이 제시한 정의를 제시하는 방법은 연구자와 연도를 분류 기준으로 하여 국내와 국외 연구자 순으로 먼저 구분하고, 그 다음으로 연도 순으로 제시한다.

〈표 1〉 교사 임파워먼트에 대한 연구자들의 정의

연구자(연도)	교사 임파워먼트 정의
박내희(1997)	지각된 자아효능감 정도
김민환(2001), 안관영 외(2002)	의사결정에 참여할 수 있는 권한 부여, 동기를 유발로 자발적인 행동 촉진 정도
박원우(2003)	교사 파워의 증대나 확산을 추구하는 개념으로 개인 수준, 조직 수준, 집단 수준으로 구분
강경석, 강경수(2007)	자율성과 창의성으로 전문성 계발과 조직성과 증진을 위해 역량을 최대한 발휘하는 정도
신재흡(2007)	동기 부여하여 교사 스스로 능력을 계발하여 교직헌신이나 조직효과성에 기여하는 정도
김지은(2010)	학생교육에 교사들의 참여를 촉진하고, 자신감을 갖고 교육활동에 임하는 정도
권순호(2012)	교사의 자기 계발에 대한 동기를 부여하고, 역량을 키워 최대한 영향력을 발휘하는 과정
Lightfoot(1986)	자율성, 책임감, 선택과 권한을 가질 기회
Melenyzer(1990)	교사가 생각에 따라 행동하고 수행하는 정도
Short & Rinehart(1992)	교사들이 책임을 지고, 수업과 행정적인 측면 모두에서 의사결정에 참여하는 정도

출처: 강희경(2011), p.51-52의 표를 참고하여 재구성

둘째, 하나의 변수 개념을 정의한 후 그 변수의 하위요소들에 대한 정의를 제시하고, 그것에 대한 정의를 여러 연구자들이 제시하고자 하는 경우의 스킬이다. 〈표 2〉는 수퍼 리더십의 하위요인에 대한 정의를 제시하는 예시이고, 〈표 3〉은 대학생의 팀웍 요인별 정의와 그것을 제시한 연구자를 소개하는 예시이다.

〈표 2〉 수퍼 리더십 구인화와 각 하위영역별 개념

영역	하위영역	개념의 정의
행동촉진 (driving action)	신뢰형성 (building trust)	모든 사람은 변화, 발전할 수 있다는 믿음을 전제로 상대방의 잠재력을 믿고 존중하며 지속적으로 상호 이익을 위해 노력하고 헌신함으로써 상대방에게 '믿고 의지할 수 있다'는 신념을 제공하는 능력
	커뮤니케이션 (communication)	타인의 생각이나 감정을 이해하고 이를 바탕으로 자신의 생각이나 주장을 효과적으로 전달하는 능력, 나아가 공동의 목표를 위하여 타인의 행동변화를 유도하기 위한 설득과 독려의 능력
	대인관계 (interpersonal relations)	타인의 이해와 욕구, 기대에 대한 이해를 바탕으로 자신의 목표와 행동을 균형있게 상호 조정할 수 있는 능력으로 이 과정에서 타인지향, 대인감수성, 갈등관리 등의 역량을 효과적으로 발휘하게 됨
	동기부여 (encouraging the heart)	현재에 안주하지 않고 자신을 끊임없이 개발·성장시켜 스스로 탁월한 셀프 리더의 모범이 되면서, 상대방의 가능성을 인정하고 목표달성의 의지를 높이며 긍정적인 에너지를 부여할 수 있는 능력
도전 고취 (Inspiring challenge)	탁월성 추구 (pursuing excellence)	상대방이 목표를 잃지 않도록 목표와 그 필요성, 가치 등을 지속적으로 상기시켜주고, 나아가 보다 높은 목표 수준을 수립하고 달성할 수 있도록 지지·독려하는 능력. 일을 잘 하려는 관심, 최고의 기준에 도전하고자 하는 의욕을 불어넣는 능력
	행동유도 (enabling to act)	상대방이 목표를 설정하고 추진하는 데에 있어서 자발성과 책임감을 갖고 주도적으로 실행할 수 있도록 이끌어 가는 능력, 상대방이 자연스럽게 진행상황을 공유할 수 있도록 유도하고 상대방의 시도와 도전을 격려함으로써 실행력을 자극, 촉구하는 능력
	통찰력(insight)	자기 분야의 전문성과 함께 다른 분야에 대한 관심과 탐구를 바탕으로 융복합적인 문제 해결 방안을 구상할 수 있는 능력. 타인에 대한 영향력 발휘에 있어서도 상대방의 특성과 맥락(context)을 종합적으로 이해하여 효과적인 문제해결의 방향과 도움을 제시할 수 있는 능력

출처: 노윤신, 정철영(2014). 대학생의 리더십 구인 도출 및 진단도구의 개발. 농업교육과 인적자원개발, 46(3), 125-157.

〈표 3〉 대학생 팀웍역량의 개념적 틀

영역	하위영역	정의	연구자
과제수행 역량	목표실행 능력	팀 내에서 자신에게 요구되는 과업의 목표를 적절히 설정하고 이를 계획한 일정과 절차에 따라 수행해내는 능력	Mento, Steel & Karren (1987) Weingart (1992)
	과업조정 능력	자신에게 주어진 과업의 진행과정을 평가하고 목표에 맞게 과업진행을 조절하는 능력	Gaddy & Wachtel (1992) Goodman & Dean (1982) Weingart (1992)
대인관계 역량	의사소통 능력	청취, 반응, 존중의 과정을 통해 수집한 정보를 정확하고 명확하게 교환하는 능력	Cannon-Bowers et al. (1995) Hughes (2003) Kinlaw(1991; 1995)
	리더십	팀에 방향을 제시하고, 팀원들을 동기부여하며, 팀원 간의 갈등을 관리하는 능력 및 팀 성과를 계획·평가할 수 있는 능력	Cannon-Bowers et al. (1995) Gladstein (1984) Goodman, Raviln, & Arogate (1986) Levin & Moreland (1990) Mohrman, Cohen, & Mohrman (1998)
의사결정 역량		의사결정을 위한 과정을 논리에 맞게 사고하는 능력, 문제를 발견하고 문제의 내용 및 수준을 명확하게 정의할 수 있는 능력, 문제에 대한 해결책을 제시하고 검토하여 가장 적절한 대안을 선택하여 문제를 해결하는 능력	Cannon-Bowers et al. (1995) Alexander & Cooperland (1965) Morgan et al. (1986) O'Neil, Chung, & Brown (1997) Prince et al. (1997)

최윤미(2011). 대학생 팀웍역량 검사의 개발 및 타당화 연구. 직업교육연구, 30(2), 173-196.

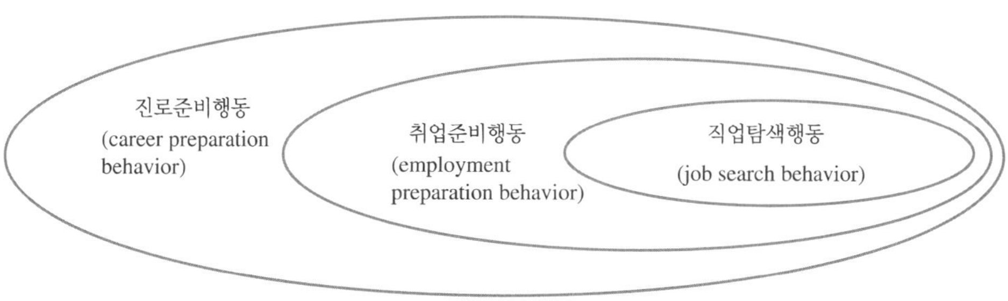

[그림 1] 취업준비행동 관련 개념간 비교(이제경, 2004)

출처: 김주섭(2013). 긍정심리자본이 대학생의 취업준비행동에 미치는 영향에 관한 탐색적 연구. Andragogy Today, 16(4), 31-59.

셋째, 연구하는 변수와 관련된 개념들 간의 관계를 제시하고자 할 때 활용할 수 있는 스킬이다. [그림 1]은 취업준비행동의 진로준비행동과 직업탐색행동 관계를 제시하는 예시이다.

나) 구성요인 분석

선행연구에서 제시된 연구하려는 변수를 구성하는 하위요인은 일목요연하게 분류하여 효과적으로 제시될 수 있다. 〈표 4〉와 〈표 5〉는 선행연구에서 제시한 여러 하위 요소를 체크하여 그 빈도를 통해 주요 하위요인을 선정하는 데 활용할 수 있는 예시이다. 또한 구성요인 분석은 그림 형태로 제시하여 다이내믹하고 시각적 효과를 보여줄 수 있는데 [그림 2]가 그 예시이다.

〈표 4〉 선행 연구에 따른 교육만족도 구성요인

연구자	교육내용 및 수업	학생지도	교육환경	학생지원	대학생활	학교 이미지	행정 서비스
Astin(1993)	○	○	○	○	○	○	○
Yu 등(2008)	○	○	○				○
Deshields 등(2005)	○	○					
Letcher 등(2010)	○	○	○	○	○		
Gruber 등(2010)	○		○	○	○	○	○
Moro-Edgio 등(2010)	○		○				
Petruzzellis 등(2006)	○	○	○	○			○
Douglas 등(2006)	○	○					
Brown 등(2009)	○				○	○	○
권대봉 등(2002)	○	○			○	○	
정기수(2011)	○	○	○				○
한은숙(2003)	○	○	○	○	○		

출처: 신소영, 권성연(2013). 대학 교육만족도 측정도구 개발 및 타당화 연구. 교육과학연구, 44(3), 107-132.

〈표 5〉 대학생 자아탄력성 구성요인 비교표

<table>
<tr><th colspan="2">연구자</th><th>박현진
(1996)</th><th>안도희,
김지아(2007)</th><th>최바울
(2006)</th><th>Oshio 외
(2002)</th><th>Klohnen
(1996)</th><th>Singh,
Yu(2010)</th></tr>
<tr><td rowspan="3">긍정적
태도</td><td>자신감</td><td>○</td><td></td><td></td><td></td><td rowspan="2">자신감
있는</td><td></td></tr>
<tr><td>낙관성</td><td>○</td><td></td><td></td><td></td><td>○</td></tr>
<tr><td>미래지향성</td><td></td><td></td><td>○</td><td></td><td></td><td></td></tr>
<tr><td rowspan="6">목표
지향성</td><td>목표달성추구</td><td></td><td>○</td><td></td><td></td><td></td><td></td></tr>
<tr><td>목표</td><td></td><td></td><td></td><td></td><td></td><td>○</td></tr>
<tr><td>긍정적인 미래지향성</td><td></td><td></td><td></td><td>○</td><td></td><td></td></tr>
<tr><td>생산적이고
자율적인 활동</td><td></td><td></td><td></td><td></td><td>○</td><td></td></tr>
<tr><td>기술습득에 대한 적극성</td><td></td><td></td><td>○</td><td></td><td></td><td></td></tr>
<tr><td>독립성/위기대처능력</td><td></td><td></td><td>○</td><td></td><td></td><td></td></tr>
<tr><td rowspan="4">정서
조절</td><td>분노조절</td><td>○</td><td></td><td></td><td></td><td></td><td></td></tr>
<tr><td>감성조절</td><td></td><td>○</td><td></td><td>○</td><td></td><td></td></tr>
<tr><td>충동조절</td><td></td><td>○</td><td></td><td></td><td></td><td></td></tr>
<tr><td>인내</td><td></td><td></td><td></td><td></td><td></td><td>○</td></tr>
<tr><td rowspan="3">대인
기술</td><td>공감</td><td rowspan="3">대인
관계
효능감</td><td>○</td><td></td><td></td><td></td><td></td></tr>
<tr><td>대인간 온정 및 통찰</td><td></td><td></td><td></td><td>○</td><td></td></tr>
<tr><td>숙련된 표현력</td><td></td><td></td><td></td><td>○</td><td></td></tr>
<tr><td colspan="2">자기효능감</td><td></td><td>○</td><td></td><td></td><td></td><td></td></tr>
<tr><td colspan="2">흥미와 관심의 다양성</td><td></td><td></td><td></td><td>○</td><td></td><td></td></tr>
<tr><td colspan="2">풍부한 자원</td><td></td><td></td><td></td><td></td><td></td><td>○</td></tr>
<tr><td colspan="2">인과관계분석</td><td></td><td>○</td><td></td><td></td><td></td><td></td></tr>
</table>

출처: 이은석, 김성회(2012). 대학생 자아탄력성 척도 개발 및 타당화. 상담학연구, 13(6), 3077-3094.

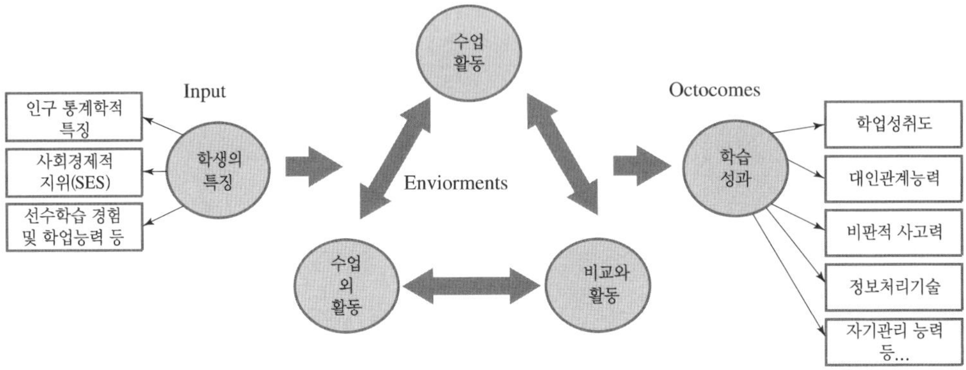

[그림 2] 학습과정의 구성요소

출처: 신현석, 변수연, 박해경(2012). 대학생 학습 과정 조사도구의 비교·분석 연구. 교육방법연구, 24(1), 229-256.

다) 변수 관계

이론적 배경에서는 연구하려는 개별 변수의 개념이나 구성요인을 소개할 뿐만 아니라 변수 간의 관계를 탐색하는 것도 일반적이다. 〈표 6〉은 학습성과라는 종속변수를 설명하는 독립변수과의 관계를 분석한 선행연구를 제시하는 예시이다. 〈표 7〉은 리더십 유형에 따른 개념 간의 공통점과 차이점을 비교하기 위한 예시이다.

〈표 6〉 학습성과와 관련 예언변인 간의 관계에 대한 선행연구

예언변인	학습성과	선행 연구
학업적 자기효능감	만족도	김종숙(2007)*, 조일현, 임규연(2002)* Bandura(1997), Bandura & Schunk(1991), Betz & Hackett(1981), Bong(2002), Pajares & Miller(1994), Pajares, Miller & Johnson(1999), Pintrich & Schnuk(1996), Zimmerman, Bandura, & Martinez-Ponz(1992)
	성취도	김종숙(2007)*, 이인숙(2003)*, Joo, Bong, & Choi(2000)*, Puzziferro(2008)*, Wang & Newlin(2002)*
자기조절 학습능력	만족도	박혜정, 최명숙(2008)*, 송인섭, 박성윤(2000), 이규녀, 최완식(2007)*, 이인숙(2003)*, 한건우, 이영준(2005)*

예언변인	학습성과	선행 연구
자기조절 학습능력	만족도	Bong(2002), Joo, Bong, & Choi(2000)*, Pajares & Miller(1994), Pajares, Miller & Johnson(1999), Pintrich & De Groot(1990), Zimmerman, Bandura & Martinez-Pons(1992), Zimmerman(1990), Zimmerman & Bandura(1994), Zimmerman & Martinez-Pons(1990)
	성취도	박혜정, 최명숙(2008)*, Feather(1988)*, Fincharm and Caim(1986)*, King, Harmer & Brown(2000)*, Paris and Oka(1986)*, Pintrich and Schrauben(1992)*, Pokay and Blumenfeld(1990)*, Puzziferro(2008)*, Shih & Gamon(2001)*, Shih et al. (1988)*, Schunk(1982, 1983, 1984, 1989), Yukselturk & Bulut(2007)*
온라인 과제가치	만족도	Bong(2001)*, Eccles & Harold(1991), Feather(1988), Wigfield & Eccles(1992)
	성취도	Yukseltu가 & Bulut(2007)*

* 사이버교육에서의 연구
출처: 주영주, 김나영, 조현국(2008). 사이버대학생의 학업적 자기효능감, 자기조절학습능력 및 온라인과제가치와 만족도 및 성취도간의 관계 분석. 교육정보미디어연구, 14(3), 115-135.

〈표 7〉 진실한 리더십과 변혁적 리더십과 윤리적 리더십과의 차별성

이론적 구성	진실한 리더십	변혁적 리더십	윤리적 리더십
• 진실한 리더십			
-리더 자기인식	◎	◎	
-관계적 투명성	◎	○	
-내면화된 도덕적 관점	◎	◎	◎
-균형있는 절차	◎	○	
• 윤리적 리더십			
-도덕적인 사람	◎	◎	◎
-도덕적인 관리자	○	○	◎
• 변혁적 리더십 -이상적 영향 -영감적 동기부여 -지적 자극 -개별적 배려	○	◎ ◎ ◎	◎ ○

출처: 안화용, 한인수(2013). 진실한 리더십과 긍정심리자본의 관계에 대한 고찰. 경영경제연구, 35(2), 97-118.

라) 선행연구 검토

이론적 배경에는 주요 변수에 대한 기존 연구의 결과를 정리하여 제시할 수 있다. 다음의 표들은 성과관리에 대한 선행연구에서 글로서 나열한 것보다는 핵심 정보를 제공하면서 그 세부적인 연구 주제, 연구내용 및 연구결과에 대한 핵심 정보를 제공하여 지면의 효율성을 극대화하는 예시라고 할 수 있다.

〈표 8〉 선행연구 검토

구분	연구자	연구분야	주요내용
성과관리 도입 및 개선 방안	이성재(2010)	BSC 도입	• 대학조직에서 BSC 도입에 영향을 미치는 요인들(조직특성, 관리특성, 구성원인식 특성)이 BSC 관점별로 조직성과에 미치는 영향 검증
	이영찬 · 오세희(2010)	성과관리 제도 개선 방안	• 대학행정조직의 성과평가과정 사례 분석
			• 대학행정조직의 성과평가(성과관리) 개선방안 탐색
	전용선(2009)	BSC 도입	• BSC를 도입한 국내외 대학 사례 연구 • 대학조직에서 BSC구축시 고려되어야 할 요인 분석
	정복자(2008)	성과평가 모델	• 대학구성원들의 분배공정성과 절차공정성 지각수준 파악 • 공정성이 태도에 미치는 영향 및 그 과정에서의 제거요인과 추가요인 분석
	정영균(2007)	BSC 도입	• 국립대학 행정의 BSC 적용가능성(도입 방안) 모색
성과지표 및 가중치 개발	이상훈(2007)	성과지표	• BSC 4가지 관점별 대학의 성과지표 개발 • 대학 특성에 맞는 성과측정지표 개발 필요성 제시
	이채일(2010)	성과지표 가중치	• 10개 거점국립대학을 대상으로 BSC 관점별, 성과지표별 상대적 중요도와 가장 중요하게 고려되어야 할 항목을 분석
	최경삼(2008)	성과지표	• 대학에서의 관점별 핵심성과지표를 도출
성과관리 수용성	안재호(2007)	성과관리 도입에 대한 인식	• 수용성 요인으로 조직요인과 개인요인으로 구분 • 개인 요인이 수용성에 영향을 미침
	남창우 · 이명숙	BSC 수용성에	• 수용성 요인으로 환경적 측면, 개인적 측면, 구성적

구분	연구자	연구분야	주요내용
성과관리 수용성	(2008)	미치는 영향요인	측면으로 구분 • 수용성을 높이기 위해서는 조직 내무환경조성, 장기적인 교육, 지표의 신뢰성이 확보되어야 함
	이석환 · 조주연 (2010)	수용성 영향요인	• 수용성 요인으로 평가체계요인과 내부 동기요인으로 구분 • 성과평가결과에 대한 공정성과 실용성에 대한 인식이 수용성을 높이는 요인으로 작용함

출처: 배재완, 윤광재, 전기우(2012). 우리나라 대학 행정조직의 효율적인 성과관리제도 구축방안: 대학유형별 비교분석을 중심으로. 사회과학연구, 36(2), 51-90.

〈표 9〉 확산적 사고력과 창의적 성격에서의 문화적 차이에 대한 연구들

연구자(년도)	주요내용	연구결과
Rudowicz & Yue(2002)	창의적인 성격특성과 중국인의 성격특성과의 상관	창의적 성격은 중국인의 성격과 유의한 상관이 없거나 매우 낮음
Runco & Johnson(2003)	미국와 인도의 부모와 교사에게 형용사 체크리스트 실시	미국의 부모와 교사가 인도보다 낮은 창의적 성격을 바람직한 성격으로 평가함
Dunn, Zhang & Ripple(1988)	동서양인의 창의적 사고력 비교	확산적 사고력은 서양인이 우세, 수렴적 사고력은 중국인이 우세

출처: 성은현, 한윤영(2011). 한국과 미국 대학생들의 창의성 발현 및 저해 요인에 관한 암묵적 생각. 교육심리연구, 25(4), 927-944.

라. 연구가설[2)]

연구가설(hypothesis)은 둘 혹은 그 이상의 변인 간의 (일반적 ~ 특수적) 관계에 대한 추측 진술이다. 연구가설은 둘 이상의 변인 간의 관계로 표현하며, 주로 독립변인과 종속변인 관계로 진술하며, 그 진술된 관계를 경험적으로 검증 가능함을 함의하고 있다. 또한 연구가설은 변수와 변수 관계를 말하는 데, 이때 변수의 개념은

2) 송인섭 외(2008, pp. 89-105)에서 발췌 요약한 것임.

연구자가 설정하거나 선행연구에서 인용한 조작적 정의를 제시한다. 조작적 정의는 주어진 개념이나 변인을 측정하는 데 필요한 활동이나 조작을 상술함으로서 그것에 의미를 부여하는 정의를 말한다. 예를 들면, 창의성은 문제해결을 위해 기발한 질문을 하는 것으로 정의하는 것을 말하고, 이는 수업 장면에서 학생이 문제해결을 위해 기발한 질문을 할 때 측정되는 경우를 설정하고 있다.

연구가설 체크리스트

점검사항	예	아니요
1. 가설에는 둘 또는 그 이상의 변인들 간의 관계가 제시되어 있는가?		
2. 가설에는 이들 관계의 특성이 구체적으로 나타나 있는가?		
3. 가설에는 관계를 연구하기 위해 사용할 연구설계가 함축되어 있는가?		
4. 가설에는 연구할 모집단이 나타나 있는가?		
5. 구체적 측정도구를 언급하고 있지는 않는가?		
6. 구체적 통계 검증방법을 언급하고 있지는 않은가?		
7. 불필요한 방법론적 세부사항은 빠져 있는가?		
8. 가설의 수는 연구자가 다룰 수 있는 정도인가?		

* 연구문제의 체크리스트로도 활용 가능
출처: Cone & Foster(2004), p. 50.

연구가설에서 제시되는 변인의 유형은 독립변인, 종속변인, 매개(중개)변인, 조절변인으로 구분할 수 있다. 독립변인은 종속변인에 변화 또는 영향을 미치는 변인이며, 종속변인은 하나 또는 그 이상의 독립변인들의 영향의 결과로서 변화가 일어나는 변인을 말한다. 매개(중개)변인은 독립변인과 종속변인 사이에 매개하여 종속변인에 영향을 미치는 변인을 말한다. 또한, 스스로 영향을 주지 못하고 독립변인의 영향을 받아 종속변인에 영향을 미치는 변인을 말한다. 조절변인은 독립변인과 상호작용하여 종속변인에 효과를 미치는 변인을 말한다.

독립변인과 매개변인은 차이가 있는데 다음의 가설로서 그것을 구분해 보자.

가설1) 부모의 교육 정도에 따른 주택소유 여부는 자녀의 학업성취에 미칠 것이다.

가설2) 교육연수는 성별 연소득에 영향을 줄 것이다.

가설1에서 주택소유 여부는 독립변인이고 소득은 종속변수이며, 부모의 교육정도별은 매개변수가 된다. 가설2에서 교육연수는 독립변인이고, 연소득은 종속변수이며 성별이 매개변수가 된다.

연구가설의 진술 방식은 '만일 - 한다면, - 일 것이다', '어떤 변인 Y는 어떤 변인 X와 관련된다.' 등으로 제시된다. 연구가설은 명확성, 구체성, 검증가능성이 드러나도록 진술되어야 한다. 가설의 명확성은 가설을 구성하는 모든 변수를 명확히 제시하는 것을, 가설의 구체성은 현상 간 관계의 방향 및 현상 간의 관계 성립 조건을 구체적으로 제시하는 것을, 가설의 검증가능성은 진위 검증이 가능하도록 제시하는 것을 말한다. 이러한 조건들이 반영된 가설의 예를 들면 아래와 같다.

〈표 10〉 연구문제와 연구가설 예시

구분		연구제목	연구문제(내용)	연구가설
영향/ 변수탐색	엄미리 (2010)	e-포트폴리오 성찰일지 작성활동의 학습효과에 영향을 미치는 학습자 관련 변인에 관한 연구	e-포트폴리오 성찰일지 작성활동의 학습효과 중 학습참여도(학업성취도, 반성적 사고, 학습만족도)에 영향을 미치는 학습자 관련 변인은 무엇인가?	자기조절전략(학습동기, 학습스타일 등)은 e-포트폴리오 성찰일지 작성활동의 학습효과 중 학습참여도(학업성취도, 반성적 사고, 학습만족도)에 영향을 미칠 것이다.
	김지현 (2014)	청소년의 휴대전화 의존에 영향을 미치는 요인에 관한 연구	-청소년의 개인요인, 친구요인, 가족요인, 학교요인은 휴대전화의존에 영향을 미치는가? -청소년의 휴대전화 의존에 영향을 미치는 변인들의 상대적 영향력은 어떠한가?	-청소년의 개인요인, 친구요인, 가족요인, 학교요인은 휴대전화의존에 영향을 미칠 것이다. -청소년의 휴대전화 의존에 영향을 미치는 변인들의 영향력은 다를 것이다.

〈계속〉

구분		연구제목	연구문제(내용)	연구가설
조절효과	이진 (2015)	항공서비스 교육훈련의 학습전이에 대한 영향요인 연구	교육주체, 교육방법, 교육콘텐츠와 학습전이의 관계에서 개인특성(자기효능감)은 조절효과를 나타낼 것이다.	-교육주체, 교육방법, 교육콘텐츠와 학습전이의 관계에서 개인특성(자기효능감)은 조절효과를 나타낼 것이다. -자기효능감은 교육주체와 학습전이의 관계에서 조절효과를 나타낼 것이다. -자기효능감은 교육방법과 학습전이의 관계에서 조절효과를 나타낼 것이다. -자기효능감은 교육콘텐츠와 학습전이의 관계에서 조절효과를 나타낼 것이다.
	한현지 (2015)	대학생 스마트폰 중독이 정신건강 및 신체건강에 미치는 영향: 자기효능감, 부모-자녀관계, 친구관계의 조절효과	대학생 스마트폰 중독이 신체/정신건강에 미치는 영향에 대해 자기효능감, 부모-자녀관계, 친구관계가 조절효과를 가질 것인가?	-대학생 스마트폰 중독이 신체/정신건강에 미치는 영향에 대해 자기효능감의 조절효과가 있을 것이다. -대학생 스마트폰 중독이 신체/정신건강에 미치는 영향에 대해 부모-자녀관계의 조절효과가 있을 것이다. -대학생 스마트폰 중독이 신체/정신건강에 미치는 영향에 대해 친구관계의 조절효과가 있을 것이다.
매개효과	여인주 (2014)	사회적 지지와 정서조절이 호텔조직구성원의 고객지향성에 미치는 영향: 긍정심리자본의 매개효과	긍정심리자본은 사회적 지지(정서조절)와 고객지향성의 관계에서 매개역할을 하는지에 대하여 살펴본다.	-긍정심리자본은 사회적 지지(정서조절)와 고객지향성의 관계에 매개효과를 가질 것이다. -긍정심리자본 중 자기효능감은 사회적 지지가 고객지향성에 미치는 영향에 매개할 것이다. -긍정심리자본 중 낙천성은 사회적 지지가 고객지향성에 미치는 영향에 매개할 것이다. -긍정심리자본 중 희망은 사회적 지지가 고객지향성에 미치는 영향에 매개할 것이다. -긍정심리자본 중 탄력성은 사회적 지지가 고객지향성에 미치는 영향에 매개할 것이다.
	심명순 (2015)	학교장의 리더십과 조직성과와의 관계: 교사의 자기효능감의 매개효과를 중심으로	학교장의 변혁적 리더십, 고팅리더십과 조직성과와의 관계에서 교사의 자기효능감의 매개효과를 검증한다.	학교장리더십과 조직성과의 관계에서 자기효능감은 매개역할을 할 것이다. -변혁적(코칭) 리더십과 직무만족의 관계에서 자기효능감은 매개역할을 할 것이다. -변혁적(코칭) 리더십과 조직몰입의 관계에서 자기효능감은 매개역할을 할 것이다.

가설은 주로 통계분석에 의해 실시되는 양적연구에서 설정된다. 가설은 통계분석에 따라 달리 제시되고 있다. 여기서는 성태제, 시기자(2006)가 제시한 통계분석 방법에 따른 가설을 정리하여 제시하면 아래와 같다.

〈표 11〉 통계분석 방법에 따른 가설 설정

통계 분석 방법	가설
단일표본 t-검정	우리나라 중학교 2학년 학생들의 과학성취도의 평균은 470점일 것이다.
독립표본 t-검정	남녀 고등학교 2학년 학생들의 외국어 능력에는 차이가 없을 것이다.
종속표본 t-검정	프로그램 투입 전과 투입 후의 학생들의 기초 체력에는 차이가 없다.
일원분산분석	강의식, 멀티미디어방법, 조별토론식 교수법에 따라 외국어성취도는 차이가 없을 것이다.
이원분산분석 (실험연구)	강의식, 멀티미디어방법, 조별토론식 교수법에 따라 외국어에 대한 학습태도에 차이가 없을 것이다. 피드백 여부에 따라 외국어 대한 학습태도에 차이가 없을 것이다. 교수법과 피드백 여부의 상호작용 효과는 없을 것이다.
이원분산분석 (조사연구)	각 인종 내에서 성별에 따라 빈곤퇴치운동에 대한 선호도에 차이가 없을 것이다.
공분산분석	교수법에 따른 사후과학 성취도 검사의 교정 평균은 차이가 없을 것이다.
다변량분산분석	학생들의 사회성 지위에 따라 수줍음, 외로움, 우울, 불안, 자존감의 조합으로 구성된 사회부적응성은 차이가 없을 것이다.
카이검증	학생배정 방식에 대한 교사들의 인식은 학교급별에 따라 차이가 없을 것이다.
상관분석	학생부, 논술, 수능성적 간의 상관은 0일 것이다.
회귀분석	(모형에 대한 통계적 유의성) 결정계수는 0이다. (독립변수들에 대한 통계적 유의성) 상품의 질, 제품의 가격, 서비스, 회사인지도 등 모든 독립변수들의 회귀변수는 0이다.

주: 가설은 영가설로 제시하고 있음.

마. 연구방법

연구방법은 연구자의 연구설계를 제시한 부분이라 할 수 있다. 연구설계(research design)는 연구문제에 대한 해답을 얻기 위하여 고안된 연구 계획 및 구조이며, 연구변인간의 관계성에 대한 구조를 개념화하기 위한 계획이고, 연구의 변인 및 관계성에 살을 붙이는 뼈대라고 할 수 있다. 연구방법에 제시되는 내용은 ① 조사대상 및 표본, ② 조사도구, ③ 연구절차 및 일정, ④ 분석 방법 등으로 제시된다. 연구방법에 있어서 중요한 것은 측정도구의 선정이라고 할 수 있다. 측정도구는 연구자의 연구문제에 적합한 기존의 표준화된 측정도구를 선택해야 한다. 또한 연구자의 문제에 맞게 수정 보완할 수 있지만, 그 수정 도구에 대한 측정학적 특성의 검증(주로 타당도 및 신뢰도 검증임)을 필요로 한다. 연구방법은 거의 표준화되어 있는 내용들이므로 연구자 주제와 방법에 부합되는 선행연구를 참고하여 작성할 것을 권한다.

연구대상의 설정을 위해서는 표집방법을 알아야 한다. 표집방법은 확률적 표집과 비확률적 표집으로 구분될 수 있으며, 그 구체적인 방법과 특징은 아래의 표와 같다.

〈표 12〉 표집 방법

구분	표집유형	설명 및 표집절차
확률적 표집	단순무선표집 (simple random sampling)	모집단 내의 모든 사람들이 동등하고 독립적인 선발기회를 갖는다. 표본은 우연적으로, 즉 난수표나 컴퓨터를 통해 생성된 난수를 활용하여 추출된다.
	체계적 표집 (systematic sampling)	표본의 수에 따라, 모집단 내의 n번째 사람을 표본으로 선정한다. 이 방법은 무선적으로 나열된 모집단 목록이 있을 때만 활용가능하다.
	층화표집 (stratified sampling)	모집단 내의 하위집단을 알 수 있을 때 사용된다. 선발은 일반적으로 각 층 내에서 무선적으로 이루어진다.
	군집표집 (cluster sampling)	모집단 내에 있는 기존의 집단이 표집단위로 선정된 경우를 지칭한다. 집단이 선발단위이기 때문에 비교적 많은 집단이 선발되어야 한다.

〈계속〉

구분	표집유형	설명 및 표집절차
	층화군집표집 (stratified cluster sampling)	층화표집방법과 군집표집방법을 통합한 것으로서 성별이나 학교유형 등으로 계층을 구분한 다음 학교 혹은 사람을 무선으로 표집하는 방식이다.
	비율표집 (proportional sampling)	표본 내의 각 하위집단별 비율이 모집단 내의 하위집단별 비율과 동일한 경우다.
	비비율표집 (nonproportional sampling)	모집단 내의 비율에 상관없이, 표본에 각 하위집단별로 동수의 사람들이 포함된 경우다. 결과는 모집단 전체보다는 하위모집단에 일반화될 수 있다. 이 표집전략은 소수집단의 비율이 단순무선표집을 적용할 경우 대표적 표본을 얻을 수 있을 정도로 충분히 크지 않을 때 활용된다.
비확률적 표집	목적표집 (purposive sampling)	무선표집 대신에 구체적인 연구문제/연구목적 그리고 사람/집단에 대한 가용정보에 기초하여 선발하는 방법이다.
	편의표집 (convenience sampling)	연구목표/연구문제에 대한 적합성보다는 자료수집의 가용성과 용이성에 기초하여 표집이 이루어지는 방법이다. 이 표집에는 전속표본(학급 내의 학생처럼 연구자가 쉽게 접근가능한 표본), 지원자표본, 우연적 표본 등도 포함된다.
	할당표집 또는 층화 비무선표집 (quata sampling or stratified nonrandom sampling)	층화표집과 유사하지만, 비무선적이면서도 의도적인 편의표집의 방식을 취한다. 모집단의 하위집단별로 비무선적인 방법을 사용하여 표본(자원자, 가용한 사람)이 선정된다. 사회학 연구에서는 이 방법을 할당표집이라고 한다.
	스노우볼 표집 또는 연쇄표집 (snowball or chain sampling)	선발된 표본의 구성원이나 개개인으로부터 획득한 정보에 기초하여 각 개인을 선발해 가는 방법이다. 새로 선발된 각 개인이 다른 하나 이상의 사례에 대한 정보를 제공하는 잠재력을 갖고 있기 때문에, 연구가 진행됨에 따라 표본도 계속 커진다.

출처: 성태제, 시기자(2006), pp. 98, 102 인용.

또한 연구방법은 양적연구와 질적연구 및 혼합연구로 구분할 수 있다[3]. 우선, 양적연구와 질적연구의 차이를 살펴보자.

양적연구는 실재가 존재하기 때문에 객관적인 연구가 가능하다고 보는 반면, 질

3) 성태제, 시기자(2006)의 '연구방법론' pp. 30-38 내용을 요약 인용한 것임.

적연구는 일반화시킬 수 있는 본질은 없으므로 총체적 연구를 해야 한다고 주장한다. 현상들 간의 인과관계에 있어서도 양적연구에서는 결과에 시간적으로 선행하거나 동시에 일어나는 원인이 실재한다고 보는 반면, 질적연구에서는 원인과 결과의 구분이 불가능하다고 본다. 양적연구에서는 변수들 간의 인과관계나 상관관계에 대한 분석을 통해 일반적 원리와 법칙을 발견하는 데에 연구의 목적이 있는 반면, 질적연구에서는 특정 현상에 대한 해석이나 의미의 차이를 이해하는 데 연구의 목적이 있다. 양적연구에서는 대표성을 갖는 많은 수의 표본을 필요로 하며 확률적 표집방법을 주로 사용하는 반면, 질적연구에서는 적은 수의 표본을 심층적으로 연구하며 비확률적 표집방법을 주로 사용한다.

연구자와 연구대상과의 관계에 있어 양적연구는 연구자와 연구대상이 거리를 유지할 때 객관적 자료 수집이 가능하다고 보는 반면, 질적연구는 연구대상과 밀접한 관계를 유지해야만 연구의 타당성을 높일 수 있다고 본다. 즉, 양적연구는 가치중립적이지만, 질적연구는 가치개입적이라고 할 수 있다. 양적연구에서는 다양한 측정도구를 활용하여 객관적 방법과 객관적 절차를 통해 구조화된 양적인 자료를 수집하며, 자료분석에 있어서도 기술통계 혹은 추리통계 방법을 활용한다. 양적연구의 예로는 설문지를 활용한 조사연구, 실험설계에 의한 실험연구, 점검표를 활용한 관찰연구 등이 있다. 반면, 질적 연구에서는 연구자가 중요한 연구도구가 되며, 연구절차나 방법이 연구자의 주관에 의해 결정되므로 주로 비구조화된 질적 자료가 수집된다. 따라서 자료분석에 있어서도 내용분석을 포함한 질적인 분석을 하거나 간단한 기술통계 분석 방법을 활용한다. 질적연구의 예로는 관찰이나 면접법을 활용한 사례연구, 문화기술적 연구 등을 들 수 있다. 양적연구는 일반적 원리와 법칙의 발견을 목적으로 하므로 연구결과의 일반화에 관심이 있지만, 특정현상에 대한 이해를 목적으로 하는 질적연구는 그 상황에서만 적용되며 다른 상황에까지 일반화하여 적용시킬 수 없다는 특성이 있다.

〈표 13〉 양적연구와 질적연구의 비교

구분	양적연구	질적연구
실재의 본질	객관적 실재를 형성하는 인간의 특성과 본질이 존재한다고 가정 따라서 복잡한 paradigm에 관계된 변인들에 대한 연구가 가능	객관적 실재라고 일반화시킬 수 있는 인간의 속성과 본성은 없다고 가정 따라서 단편적인 연구가 아닌 총체적인 연구의 필요성을 주장
인과관계	결과에 시간적으로 선행하거나 동시에 일어나는 원인이 실재	원인과 결과의 구분이 불가능
연구목적	일반적 원리와 법칙 발견 인과관계 혹은 상관관계 보완	특정 현상에 대한 이해 특정 현상에 대한 해석이나 의미의 차이 이해
연구대상	대표성을 갖는 많은 수의 표본, 확률적 표집방법 주로 사용	적은 수의 표본, 비확률적 표집방법 주로 사용
연구자와 연구대상과의 관계	연구자와 연구대상의 관계가 밀접하게 되면 연구자료가 왜곡될 수 있어 거리 유지: 가치중립적	연구자의 연구대상은 서로 밀접한 관계를 유지: 가치개입적
자료수집	다양한 측정도구 사용 구조화된 양적자료 수집	연구자가 중요한 연구도구 비구조화된 질적 자료 수집
자료분석	통계적 분석 (기술통계, 추리통계 방법 활용)	질적분석(내용분석) 혹은 기술통계 분석
연구방법의 예	설문지를 활용한 조사연구, 실험설계에 의한 실험연구, 점검표를 활용한 관찰연구 등	관찰법, 면접법을 활용한 사례연구, 문화기술적 연구 등
일반화	일반화 가능	연구 자체가 독특하므로 일반화시킬 수 없음

출처: 성태제, 시기자(2006), p. 33 인용

최근 양적연구와 질적연구를 통합한 연구방법론도 활용되고 있다. 통합연구방법은 통합방법연구와 통합모형연구로 구별된다. 통합방법연구는 자료수집 단계와 같은 연구방법 단계에서 질적인 접근과 양적인 접근을 결합시키는 것을 의미하며, 통합모형연구는 연구의 여러 국면, 즉 연구문제 설정, 자료수집, 자료분석 및 추론 등 연구의 여러 단계에서 두 가지 접근방법의 통합을 시도하는 것을 의미한다. 이 중

통합방법연구를 위한 설계는 다음과 같이 분류될 수 있다.

- 순차적 통합방법: 질적 연구를 먼저 수행하고, 그 다음에 양적 연구를 수행하거나 또는 그 반대의 순서를 따르는 설계이다.
- 병렬적/동시적 통합방법: 질적 · 양적 자료를 동시에 수집하고 상호보완적인 방식으로 분석하는 설계이다.
- 등위 통합방법: 연구 중인 현상을 이해하기 위하여 질적 · 양적 접근을 대등하게 수행하는 설계이다.
- 주(主) - 부(副) 패러다임 혼합: 하나의 패러다임과 방법이 지배적이지만 일부분에 대안적인 방법을 적용시킨 설계이다.
- 다층접근방법을 사용한 설계: 학생 수준에서는 자료를 양적으로 분석하고, 학급 수준에서는 질적으로 분석하며, 학교 수준에서는 양적으로 분석하는 등 전체 자료에 대하여 수준별로 상이한 유형의 방법을 사용한 설계이다.

바. 연구결과

연구결과는 통계 결과표를 분석하는 것에 해당된다. 통계분석 방법별로 선행연구를 참고하여 분석결과 해석을 참고하여 작성하면 된다. 이때 고려해야 할 사항을 제시하면 아래와 같다.

1) 통계 결과표를 작성할 때, 통계치(예: t, χ, F, M, SD)는 모두 이탤릭체로 작성한다.
2) t, F, χ^2 등의 계산 결과는 반드시 자유도와 함께 제시한다.
   예: $t(2) = 2.71$, $F(1,\ 8) = 4.61$, $\chi^2(3) = 5.84$
3) 유의확률은 가급적 실제 계산된 값을 제시하며 이 경우 유의수준은 별도 제시
   예: a=.05 수준에서 검증하였으며,... 유의하였다[$t(2) = 5.64$, $p = .000$]
4) 주는 일반적인 정보(출처나 약자 등), 특정한 정보(예: n), 확률 정보(예: p)의

순으로 제시한다.

예: 주. CI = confidence interval

[a]n = 25 (등호(=) 다음 한 칸 띄우기)

*p < .05 (부등호 다음 한 칸 띄우기)

사. 논의 및 결론

논의(discussion)는 연구결과에 대한 근거나 이유를 밝히는 일종의 설명이다. 연구의 결과는 기대한 대로 나올 수도 그렇지 않을 수도 있다. 많은 경우 연구자들은 연구결과가 통계적으로 유의해야 한다는 강박관념을 가지고 있다. 하지만 연구자는 수행한 연구결과에 대하여 기존의 이론과 선행연구, 연구자의 추론, 가정, 통찰력 등을 동원하여 다각도로 검토하고 분석 기술할 필요가 있다. 다시 말해, 다음과 같은 질문에 대해 선행연구에 기초하여 답해야 한다.

첫째, 왜 이와 같은 연구결과가 나타났는가?

둘째, 연구결과 중에서 가설의 수용이나 기각 혹은 연구문제에 대한 해답이 기존의 이론이나 연구결과와 일치하지 않는 이유는 무엇인가?

셋째, 연구결과의 특정 내용은 이론적으로 어떤 가치를 지니는가?

넷째, 특정 연구결과는 현장 혹은 현실적인 문제 해결에 어떻게 관련되며, 문제해결을 위한 시사점이나 가치는 무엇인가?

연구자는 연구를 통하여 나타난 결과에 충실하게 연구문제 혹은 연구내용에 대한 결론을 내려야 한다. 결론은 연구문제에 대한 답 혹은 가설검정 결과에 대한 진술이다. 그것은 연구문제에 대한 해답 중심으로 진술한다. 또한 연구문제나 가설과 관련 없는 일반적인 진술, 특히 연구와 관계없는 진술은 하지 않는다. 결론에는 향후 연구를 안내하는 내용, 연구의 제한점 극복 방안 등이 제시되는 경우가 많다.

[그림 3]은 논의 및 결론 작성내용을 예시를 제시한 것이다. 우선, 연구문제별 주요 결과 요약을 한다. 둘째, 연구문제별 연구결과에 대해 선행연구에 기초하여 그

타당성과 차별성을 제시한다. 셋째, 연구결과에 따른 시사점과 제언을 제시한다. 넷째, 연구결과와 논의에 기초하여 연구문제에 대한 최종 주장인 결론을 제시한다. 다섯째, 연구의 한계점이나 후속연구를 제언한다.

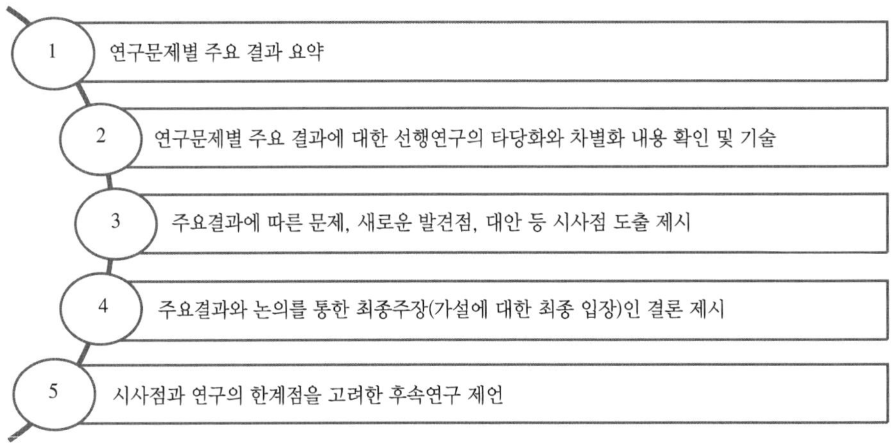

[그림 3] 논의 및 결론 작성내용

아. 학위논문 시제(時制)4)

학위논문 작성에 있어서 시제는 현재형과 과거를 주로 사용한다. 단, 미래형은 가설의 진술에만 사용한다. 과거형 시제는 다른 특정 연구결과를 인용할 때, 연구의 방법, 연구의 결과, 요약을 기술할 때 사용한다. 예를 들면, "성별로 남학생은 학습자아개념에서, 여학생은 가정적 자아개념에서 각각 높게 나타났다.", "이 연구의 대상은 우리나라의 초등학교 4, 5, 6학년을 모집단으로 하였다." 반면, 현재형은 용어의 정의, 어떤 이론의 일반적인 진술의 인용, 연구의 목적이나 가설의 진술, 논의에서 연구자의 의견 삽입 등에 사용한다. 예를 들면, "정의적 행동이란 … 개인의 자아개념이나 흥미, 태도 등을 포함하는 인성의 복합체이다.", "정의적 행동은 학업성취

4) 서대진, 장형유, 김봉화(2011, pp. 39-40), 양병곤(2009, pp. 44-46)의 내용을 발췌 요약한 것임.

도 변량의 25%를 결정한다.", "흥미, 태도, 자아개념, 학업성취도의 관계를 구명한다.", "따라서 삶과 교과에 대한 긍정적인 태도를 형성할 수 있는 방안 마련이 필요하다."

학위논문에서의 시제

- 서론의 목적이나 연구문제 등은 현재형으로 쓴다.
- 용어의 정의는 현재형으로 쓴다.
- 이론적 배경이나 선행연구에 대한 내용은 과거형으로 쓴다. 그러나 완료형으로는 쓰지 않는다.
- 일반적인 이론을 소개하거나 연구에 대해서 저자의 의견을 넣을 때는 현재형으로 쓴다.
- 연구방법에서 실험내용이나 설문조사 등은 과거형으로 쓴다.
- 연구결과는 자료처리 결과로 나타난 것임으로 과거형으로 쓴다.
- 표나 그림에 대한 설명은 현재형으로 쓴다.
- 논의에서는 통합적인 서술로 이전 연구결과에 대해서는 과거형으로 나타내지만, 자신의 생각을 밝힐 때는 현재형으로 쓴다.
- 요약 및 결론 부분에서 요약과 결과 부분은 과거형으로 쓴다. 결과에 대한 저자의 논평은 현재형으로 쓴다.
- 결론부분은 선언적으로 현재형으로 쓴다.
- 제언부분은 현재형이나 미래형으로 쓴다.

출처: 양병곤(2009)의 pp. 44-46에서 발췌 요약

자. 영어 표기

저자의 이름, 지명의 이름, 고유명사, 척도명은 단어의 첫 글자를 대문자로 한다. 본문에서 일상적인 용어를 설명할 때는 괄호를 하고 소문자를 사용한다.

4. 학위논문 평가[5)]

학위논문이 작성된 이후에는 그것이 적절하고 타당하게 작성되었는지를 검토하고 수정보완이 필요하다. 아래에서는 실험/통계분석 연구와 문헌분석 연구로 나누어 작성한 학위논문을 평가할 수 있는 기준을 제시한다.

학위논문 평가기준 예시(실험, 통계분석연구)

연구제목

1) 연구주제가 학문분야에 얼마나 중요한가?
2) 연구주제는 논문의 전체적인 내용을 간명하게 표현하고 있는가?
3) 연구주제는 참신하며 도전감을 불러일으키는가?

연구문제 혹은 내용

4) 연구주제에 적합한 연구문제를 설정하였는가?
5) 연구문제는 이론적으로 실제적으로 중요한가?
6) 연구문제는 분명하게 진술되었는가?

이론적 배경

7) 이론의 검토는 연구주제와 문제를 해결하는 데 적절한 것으로 이루어졌는가?
8) 참고문헌 등 자료를 풍부하게 수집하여 자료 분석에 타당하게 활용되었는가?

연구방법

9) 연구대상 표집 방법과 특성이 분명하게 기술되었는가?

---

5) 서대진, 장형유, 김봉화(2011), pp. 56-59; Cone & Foster(2004), pp. 120-123을 참고로 하여 작성하였음.

10) 연구도구의 개발 혹은 선정 절차가 분명하고 타당하게 밝혀졌으며, 구성내용, 측정학적 요건이 잘 밝혀졌는가?
11) 자료수집과 자료의 통계적 분석방법이 적절한가?

논문의 체제

12) 학위논문이 요구하는 체제를 갖추었는가?
13) 주제－연구문제－가설－방법－결과－결론 등은 일관성이 있는가?
14) 결론은 연구문제와 일관되게, 연구결과에 기초하여 타당하게 내렸는가?
15) 자료수집과 자료의 통계적 분석방법이 적절한가?

논문 작성의 적절성

16) 연구의 필요성과 목적이 분명하게 진술되었는가?
17) 글을 단문으로 분명하게 작성하였는가?
18) 연구의 제한점, 용어의 정의 등이 필요한 것들로 기술되었는가?

학위논문 평가 기준 예시(문헌연구)

연구제목

1) 연구주제가 학문분야에 얼마나 중요한가?
2) 연구주제는 논문의 전체적인 내용을 간명하게 표현하고 있는가?
3) 연구주제는 참신하며 도전감을 불러일으키는가?

연구문제 혹은 내용

4) 연구주제에 적합한 연구문제를 설정하였는가?
5) 연구문제는 이론적으로 실제적으로 중요한가?
6) 연구문제는 분명하게 진술되었는가?

연구방법

7) 참고문헌 등 자료를 풍부하게 수집하여 자료 분석에 타당하게 활용되었는가?
8) 문헌 및 자료 분석의 준거가 타당하고 적절한가?
9) 연구방법론에 기여할 수 있는 창의적인 연구방법이 적용되었는가?

논문의 체제

10) 학위논문이 요구하는 체제를 갖추었는가?
11) 주제를 다루는 데 적합한 논문체제를 갖추었는가?

논문 작성의 적절성

12) 연구의 필요성과 목적이 분명하게 진술되었는가?
13) 글을 단문으로 분명하게 작성하였는가?
14) 연구의 제한점, 용어의 정의 등이 필요한 것들로 기술되었는가?
15) 결론은 연구내용과 일관되게, 연구결과에 기초하여 타당하게 내려졌는가?

5. 논문 퇴고

퇴고는 논문의 초고가 완성된 다음에 재차 읽어 가면서 고치는 일련의 작업으로 작게는 단어 하나에서부터 크게는 글 전체의 흐름에 이르기까지 세심하게 해야 한다. 퇴고는 첨부한 논문의 평가 기준에 비추어서, 그리고 아래의 내용을 참고하여 할 수 있다.

첫째, 주제의 전개가 제대로 되어 있는지 확인
- 주제가 올바르게 부각되어 있는가?

- 글의 구성이 주제와 긴밀한 관계를 유지하고 있는가?
- 세부적인 목차에 맞추어 주제의 전개방식이 논리적인 일관성을 지니고 있는가?

둘째, 글의 전개나 논의의 흐름에는 문제가 없는지 확인
- 글이 명확하고 조리 있는가?
- 첨삭하거나 표현을 바꾸고, 중복된 부분을 단순화하며, 말의 순서를 바꾸어야 할 부분은 없는가?
- 서술이 논리적 일관성을 유지하고 있는가?
- 논리의 비약이 없고, 문단과 문단 사이가 매끄럽게 연결되었는가? 특히 접속사 연결이 알맞게 쓰여졌는가?
- 강조하고 싶었던 점과 상술하고 싶었던 점이 애초의 의도대로 잘 되어 있는가?
- 효과를 높이기 위해 더 나은 문체로 바꿀 곳이 없는가?

셋째, 세부적인 사항들을 확인
- 문장들이 문법적으로 정확한가?
- 부적절한 단어가 사용된 곳은 없는가?
- 오자, 탈자, 틀린 맞춤법, 잘못된 구두점은 없는가?

작성된 문장들의 오류나 부적절한 단어 및 표현이 있다면 가독성이 뒤떨어짐으로 이를 최소화하는 노력을 기울여야 한다. 이때 아래에 소개된 맞춤법/문법 검사기 등을 활용하면 효과적으로 글을 검토할 수 있다.

http://speller.cs.pusan.ac.kr/PnuSpellerISAPI_201504/Default.htm

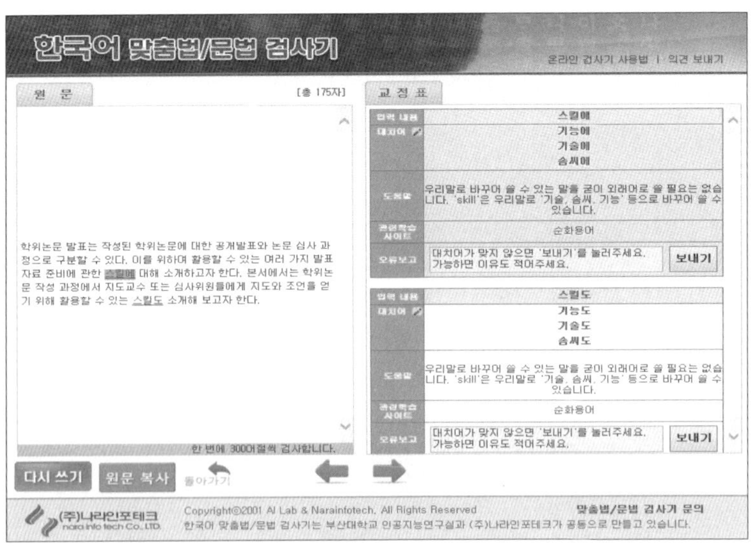

6. 학위논문 발표

학위논문 발표는 작성된 학위논문에 대한 공개발표와 논문 심사 과정으로 구분할 수 있다. 이를 위하여 활용할 수 있는 여러 가지 발표 자료 준비에 관한 스킬에 대해 소개하고자 한다. 본서에서는 학위논문 작성 과정에서 지도교수 또는 심사위원들에게 지도와 조언을 얻기 위해 활용할 수 있는 스킬도 소개해 보고자 한다.

학위논문을 작성하고 제출하고 난 후 해야 할 일이 바로 공개발표를 준비하는 것이다. 공개발표가 끝나면 본심사 과정으로 들어간다. 이때 어떤 내용으로 어떻게 발표할 것인가? 필자나 학생들의 발표 경험에 비추어 볼 때 연구계획서든지 심사논문이든지 간에 주요 내용을 요약하여 서론부터 결론에 이르기까지 병렬 나열식으로 발표하는 경향이 많다. 하지만 심사위원은 "핵심만 발표하라", "구체적으로 설명하라" 등의 요청을 하는 것도 일반적이다. 왜 이러한 요청을 받을까? 그것은 발표자료가 독자를 고려하지 못한 것에 기인한다. 전술한 것처럼 학위논문의 일차적 독자는 심사위원이다. 그렇다면 심사위원에게 필요한 정보는 무엇일까? 즉, 어떻게 학위논문계획서나 본논문을 구성하여 핵심 정보를 제공할까? 어떻게 간결하면서도 구체적인 내용으로 제시할까? 이러한 질문이 학위논문 발표에 있어서 핵심사항이라고 볼 수 있다. 그렇다면 학위논문 계획서나 본논문 발표에 있어서 핵심 정보는 무엇인가? 이를 제시하면 아래와 같다.

가. 학위논문 발표에서의 핵심정보

1) 학위논문계획서

가) 주제(제목)

① 연구주제가 변수관계, 연구대상 및 방법 등을 간명하게 제시하고 있는가?

② 연구주제는 선행연구에 비추어 타당하면서도 참신성을 지니고 있는가?

나) 서론

③ 연구의 필요성을 선행연구에 기초하여 타당하고 차별성 있게 제시하고 있는가?
④ 변수 관계가 드러나도록 연구문제를 구체적이고 명료하게 제시하고 있는가?

다) 이론적 배경

⑤ 연구변수별 개념, 구성요인, 기존연구결과, 척도 등을 체계적이고 논리적으로 제시하고 있는가?
⑥ 연구주제와 연구문제의 타당화와 차별화를 드러나도록 선행연구 분석을 하였는가?

라) 연구방법

⑦ 이론적 배경을 통해 탐색된 논리와 근거를 바탕으로 가설을 설정·제시하고 있는가?
⑧ 연구방법에서 제시할 연구대상(샘플링), 조사도구, 분석방법 등이 객관적·구체적으로 제시되어 있는가?

마) 종합

⑨ 참고문헌 작성법에 따라 내주와 참고문헌을 정확하게 제시하고 있는가?
⑩ 논문의 형식과 체계, 맞춤법 등이 맞도록 잘 편집·교정되었는가?

2) 학위논문 심사본

가) 주제(제목)

① 연구주제가 변수관계, 연구대상 및 방법 등을 간명하게 제시하고 있는가?
② 연구주제는 선행연구에 비추어 타당하면서도 참신성을 지니고 있는가?

나) 서론

③ 연구의 필요성을 선행연구에 기초하여 타당하고 차별성 있게 제시하고 있는가?
④ 변수 관계가 드러나도록 연구문제를 구체적이고 명료하게 제시하고 있는가?

다) 이론적 배경

⑤ 연구변수별 개념, 구성요인, 기존연구결과, 척도 등을 체계적이고 논리적으로 제시하고 있는가?
⑥ 연구주제와 연구문제의 타당화와 차별화를 드러나도록 선행연구 분석을 하였는가?

라) 연구방법

⑦ 이론적 배경을 통해 탐색된 논리와 근거를 바탕으로 가설을 설정・제시하고 있는가?
⑧ 연구방법에서 제시할 연구대상(샘플링), 조사도구, 분석방법 등이 객관적・구체적으로 제시되어 있는가?

마) 연구결과

⑨ 연구결과가 연구문제(내용)별로 구체적이고 명확하게 기술되어 있는가?
⑩ 통계표는 APA 양식에 맞도록 제시되고 있는가?

바) 논의 및 결론

⑪ 논의는 선행연구에 비추어 그 연구결과에 대한 타당성과 차별성이 드러나도록 제시되어 있는가?
⑫ 연구문제별로 간결하게 결론이 제시되어 있고, 그 한계와 제언이 있는가?

사) 종합

⑬ 연구문제(가설)에 따라서 연구 방법, 결과, 논의 및 결론이 일치한가?

⑭ 참고문헌 작성법에 따라 내주와 참고문헌을 정확하게 제시하고 있는가?

⑮ 논문의 형식과 체계, 맞춤법 등이 맞도록 잘 편집·교정되었는가?

나. 핵심정보 발표를 위한 스킬

아래에서는 학위논문 발표에 있어서 담겨할 핵심정보를 어떻게 구조화하여 효과적이고 체계적으로 발표하는 스킬들을 소개할 것이다. 그것들은 요약서, 발표자료 및 수정조치표 등에 해당된다.

1) One-paper 요약서

One-paper 요약서는 자신의 연구계획이나 추진 내용을 지도교수나 심사위원들에게 설명하고 조언을 받는 자료로 활용할 수 있다. 이것은 아래의 예시들과 같이 계획서 과정과 논문심사 과정으로 구분하여 제시될 수 있다.

우선, 연구계획서는 연구주제, 연구의 필요성 및 목적, 연구문제(가설), 연구방법과 기대효과에 대한 핵심 정보를 제공할 필요가 있다. 요약서는 말 그대로 참고하여 구두로 설명할 수 있도록 핵심 키워드를 제시하거나 간결한 문장으로 진술하는 수준에서 작성할 것을 추천한다. 가운데 개념 관계는 이론적 배경을 통해 규명된 변수에 대한 정의, 구성요인을 제시하고, 연구배경 및 목적은 서론의 핵심 내용을 키워드 중심으로 제시하고, 연구가설(문제)도 핵심가설(조절효과 분석이면 조절효과 관련 가설 1~2개 정도만 제시해도 충분)을 제시하고, 연구방법은 연구대상, 샘플링, 주요 분석방법 정도만 제시하며, 기대효과는 본 연구의 시사점 등을 제시한다.

〈예시 1〉 연구계획서 과정에서 활용할 수 있는 One-page 요약서(조절, 매개효과 분석)

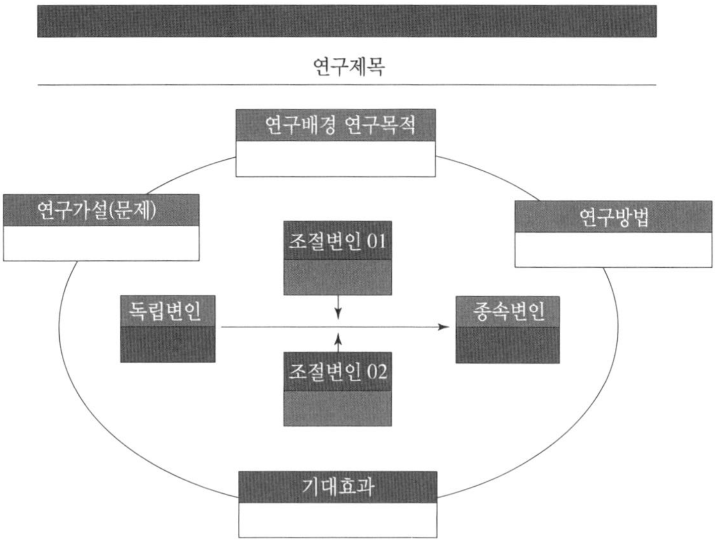

〈예시 2〉

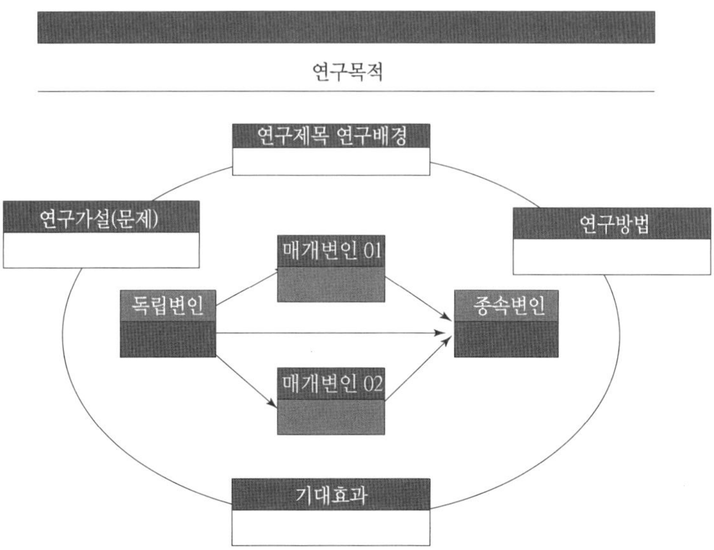

다음으로, 심사본(본논문) 과정에서는 다음과 같이 작성할 수 있다. 핵심 정보는 계획서에서 이미 연구배경 및 목적, 연구문제와 가설, 연구방법 등을 소개했음으로 이것은 핵심만 제공하는 수준에서 제시하고, 주요 연구결과, 논의 및 시사점 및 결론 중심으로 제시하는 것을 추천한다.

〈예시 3〉 본논문에서 활용할 수 있는 One-page 요약서(매개효과 분석)

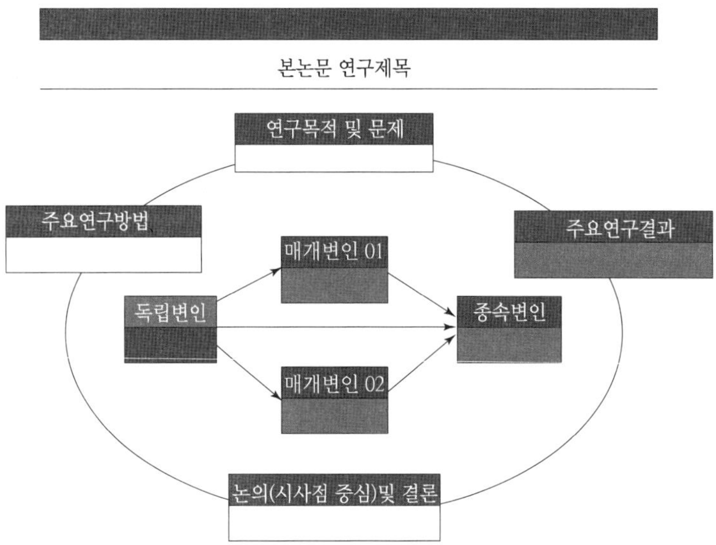

2) 3페이지 요약서

3페이지 요약서는 본 논문 심사 과정에서 활용할 수 있다. 연구계획서는 2페이지까지만 활용할 수 있다. 2페이지는 선행연구를 근거로 한 본 연구의 개념, 구성요인을 제시하고, 변수 관계에 대한 선행연구 주요 결과를 제시하며, 연구방법을 간략하게 작성한다. 그리고 3페이지는 변수 과계별 주요 연구결과와 논의 및 결론을 작성한다.

(1페이지) One-page 요약서

(2페이지) 변수 관계 분석 및 연구방법(연구계획서는 2페이지까지)

<table>
<tr><th colspan="3">구분</th><th>독립변수(A)</th><th>조절/매개변수(B)</th><th>종속변수(C)</th></tr>
<tr><td rowspan="9">이론적 배경</td><td colspan="2">개념</td><td></td><td></td><td></td></tr>
<tr><td colspan="2">구성요인</td><td></td><td></td><td></td></tr>
<tr><td colspan="5">주요 선행연구 결과</td></tr>
<tr><td rowspan="6">관계</td><td>A→C
(독립→종속)</td><td></td><td></td><td></td></tr>
<tr><td>A*B(조절)</td><td></td><td></td><td></td></tr>
<tr><td>A→B(매개)</td><td></td><td></td><td></td></tr>
<tr><td>B→C(매개)</td><td></td><td></td><td></td></tr>
<tr><td>A*B→C</td><td></td><td></td><td></td></tr>
<tr><td>A→B→C</td><td></td><td></td><td></td></tr>
<tr><td colspan="3" rowspan="3">연구방법</td><td>조사대상</td><td colspan="2"></td></tr>
<tr><td>조사도구</td><td colspan="2"></td></tr>
<tr><td>분석방법</td><td colspan="2"></td></tr>
</table>

(3페이지) 변수 관계별 주요 연구결과 및 결론

<table>
<tr><th colspan="3">변수 관계별 주요 연구결과</th></tr>
<tr><td rowspan="4">연구결과,
논의 및 결론</td><td>연구결과</td><td></td></tr>
<tr><td>논 의</td><td></td></tr>
<tr><td>결 론</td><td></td></tr>
<tr><td>제 언</td><td></td></tr>
</table>

3) 논문 심사 과정에서의 수정대치표

석사나 박사논문 심사 과정은 대략 3심에서 5심 정도로 실시된다. 이 과정에서 심사위원들은 다양한 의견과 수정사항을 제시한다. 연구자는 수정요구사항을 잘 기록하고, 그것에 대한 성실한 수정보완을 하고, 그것을 아래의 표와 같이 간략하게 제시하여 심사위원에게 제출하면 좋다.

심사위원	지적사항	수정보완사항(페이지)	미수정 이유

4) 학위논문 발표자료 제작

학위논문 발표자료는 주로 파워포인트으로 발표하는 경우가 많다. 파워포인트는 발표자가 전달하려는 핵심 포인트만을 제시하는 목적으로 만들어진 소프트웨어임을 고려하여 앞에서 작성한 요약문을 토대로 작성할 것을 추천한다. 공개발표나 심사과정은 자신의 논문에 대해 전문가들의 의견을 듣고 수정보완할 사항을 찾는 것이 목적임으로, 최대한 짧은 시간에 간결하고 핵심적인 내용으로 자신의 논문의 골자를 집약하여 전달하는 것이 효과적이다. 그래서 발표자료 제작 순서를 추천해 보고자 한다. 물론 이것은 지도교수와의 상의를 통해 주제와 전공에 맞게 재구성해야 할 것이다.

〈연구계획서 발표 순서〉

① 연구주제가 무엇이고, 그 주제에 해당되는 변수에 대한 정의는 무엇인가?
② 연구주제를 설정한 이유(배경과 필요성 등)와 연구주제에 제시한 변수 관계를 설정한 이유는 어떠한가?
③ 연구모형 또는 연구문제(가설)은 무엇이며, 변수 간의 관계는 어떠한가?
④ 변수 간의 관계에 대한 선행연구는 어떠한가(타당성 확보 차원)?
⑤ 본 연구와 선행연구와의 차이는 무엇인가(차별성/참신성 확보 차원)?
⑥ 본 연구의 방법은 무엇인가?

⑦ 본 연구의 기대효과는 무엇인가?

〈학위논문 발표 순서〉

① 본 연구의 주제는 무엇이고, 연구주제를 설정한 이유(배경과 필요성 등)는 무엇이며, 연구주제에 제시한 변수 관계를 설정한 이유는 어떠한가?
② 연구모형과 변수와의 관계에 대한 이론적 타당성은 어떠한가?
③ 본 연구와 선행연구와의 차별성/참신성은 어떠한가?
④ 연구가설 및 연구방법은 무엇인가?
⑤ 주요 연구결과와 시사점은 무엇인가?
⑥ 본 연구결과와 기존 연구와의 차별성은 무엇인가?
⑦ 본 연구의 결론 및 한계점과 제언은 무엇인가?

7. 참고문헌 작성

참고문헌 표시법은 APA, MLA, Chicago, Turabian 스타일 등이 있으며, 여기서는 APA 스타일을 소개할 것이다. 미국심리학회(American Psychological Association, APA)의 규정 지침으로 1929년 논문 원고 작성에 필요한 양식을 제안하여, 2009년에 6판 개정되었다. 주로 사회과학과 간호학 등의 논문에 준용되는 참고문헌 작성 양식이다(미국심리학회편, 2013). 대학 또는 학과마다 APA 스타일 표기에 있어서 다를 수 있으므로 주의해야 한다. 반드시 대학에서 규정한 참고문헌 작성법에 따라야 한다. 아래에서는 주요 APA 스타일을 활용하는 필자가 소속한 학과의 참고문헌작성법을 소개함을 밝힌다.

가. 본문에서의 인용 제시

1) 1인 저자일 경우, 저자와 연도사이에 간격(공백)을 두지 않고 바로 제시한다. 예를 들면, 오동근(2001)은, Avram(1975)은, … 을 강조하여 개발한 시스템이 있다(오동근, 2001), … 을 주장하고 있다(Avram, 1975) 등으로 제시한다.
2) 2인 저자일 경우, 제시방법은 국문의 경우 저자 명 사이에 콤마(,)를 사용한다. 그리고 영문의 경우에는 내주인용일 때 '와(혹은 과)'를 사용하고, 내주일 때는 &을 사용하여 제시한다. 예를 들면, 최의소, 조광명(1979)은 …, Kim과 Kolen (2007)은 …, … 라고 주장하고 있다(최의소, 조광명, 1979, p. 45), … 라고 주장하고 있다(Kim & Kolen, 2007) 등으로 제시한다.
3) 3인 이상의 저자일 경우, 첫 번째 인용 시에는 저자 수가 5명일 때까지는 모두 제시한다. 제시방법은 국문의 경우 저자명 사이에 ','를 사용한다. 영문의 경우, 저자명(family names; 성) 사이에 ','를 사용하되, 마지막 저자 앞에 내주인용일 때는 '와(과)'를 첨부하고, 내주일 때는 ', &'를 사용한다(& 앞의 콤마 주의할 것). 저자의 수가 6명 이상일 경우에는 첫 번째 인용 시에도 제1저자명만 쓰고 '등'(저자명이 국문인 경우, 그리고 영문인 경우라도 내주인용일 때) 혹은 'et al.'(저자명이 영문이고 내주일 때)을 첨부한다.

   예를 들면, 김철수, 박길홍, 서만식(2001)은 …, … 라고 주장하는 연구도 있다(김철수, 박길홍, 서만식, 2001), 염종훈 등(1999)이 지적한 … [6인(이상) 저자의 경우], 즉 '염종훈, 전종헌, 박청, 김경헌, 이동호, 김교상(1999)은 …'으로 쓰지 않는다. 또한 Lee, Brennan과 Park(2000)은 …, … 라는 주장이 있다(Lee, Brennan, & Park, 2000), Kosslyn 등(1996)에 의하면 … [6인(이상) 저자의 경우], 즉, 'Kosslyn, Koenig, Barrett, Cave, Tang과 Gabrieli(1996)에 의하면 … '으로 쓰지 않는다.

   두 번째 이하 인용에서는 제일 앞의 저자명만 쓰고 '등'(저자명이 국문인 경우, 그리고 영문인 경우라도 내주인용일 때) 혹은 'et al.'(저자명이 영문이고 내주일 때)을 첨부한다.

제일 앞 저자명의 표기만으로 다른 참고문헌과 구별할 수 없을 경우에는 구별이 가능할 때까지 다른 공동 저자명을 제시하고 그 다음 '등'을 첨부한다. 영문 내주의 경우 구별이 가능할 때까지 저자명을 제시하고, (그 구별되는 저자가 두 번째 저자라 할지라도) 콤마(,)와 함께 'et al.'을 첨부한다.

4) 번역서를 인용한 경우, 본문에서는 원서의 출판연도와 번역서의 출판연도를 함께 제시한다. 참고문헌목록에서는 영문 참고문헌목록에 원저자의 이름을 제시하고 번역서 출판연도, 번역서 명과 역자, 출판사, 원서 발행연도를 제시한다. 역자가 여러 명일 경우 역자들을 콤마(,)로 구분한다. 번역서임을 명시하기 위해 (마지막) 역자 다음에 한 칸의 공백을 두어 '역'을 첨가한다. 예를 들면, 내주는 Rutvan(1973/1988)은 … 라고 주장하고 있다, … 라는 주장이 있다 (Rutvan, 1973/1988)로 한다.

나. 참고문헌 작성

1) 일반사항

① 참고문헌은 국문, 영문, 기타 외국어 순으로 제시한다. 국문은 가나다 순으로, 영문은 알파벳 순으로 제시한다.

② 동일저자에 의한 동일 년도 문헌은 다음과 같이 제시한다.

〈예시〉

홍길동(2010a). **교육학개론**. 서울: 학지사. 홍길동(2010b). **21세기 교육학의 방향**. 경기 파주: 길동출판사.

③ 동일저자에 의한 문헌 연도가 다른 경우는 연도순으로 제시한다.

〈예시〉

홍길동(2006). **21세기 교육학의 성찰.** 경북 경주: 김유신출판사.
홍길동(2008). **21세기 교육학의 방향.** 경기 파주: 홍길동출판사.
홍길동(2010). **교육학개론.** 서울: 학지사.

④ 동일저자가 주저자이고 두 번째 공동저자부터 다른 경우는 다음과 같이 제시한다.

〈예시〉

홍길동, 강감찬, 김유신, 이순신(2010). **교육학개론.** 서울: 학지사.
홍길동, 이순신, 최영, 허균(2008). **21세기 교육학의 방향.** 경기 파주: 길동출판사.
홍길동, 허균(2006). **21세기 교육학의 성찰.** 경북 경주: 유신출판사.

⑤ 저서, 논문 등 제목이 물음표(?)로 끝나는 경우는 마침표(.)를 찍지 않는다.

〈예시〉

Meyer, H. D. (2002). From "loose coupling" to "tight management"? Making sense of the changing landscape in management and organization theory. *Journal of Educational Administration, 40*(6), 515-520.

⑥ 영문 참고문헌은 저자와 연도 사이에 공백을 두지만 국문의 경우 공백을 두지 않는다.

〈예시〉

Author, A. A. (2014)....
홍길동(2014)....

2) 저서 참고문헌 제시

가) 저자가 1인인 경우

〈예시〉

정성계(1970). **고전압화학**. 서울: 문운당.
정필모(1993). **목록조직론** (개정증보판). 서울: 구미무역출판사.
Cohen, J. (1988). *Statistical power analysis for the behavioral sciences* (2nd ed.). Hillsdale, NJ: Erlbaum.
Evans, R. (1976). *The making of psychology*. New York: Knopf

나) 저자가 2인 이상인 경우

〈예시〉

최의소, 조광명(1979). **환경공학**. 서울: 청문각.
Mitchell, T. R., & Larson, J. R., Jr. (1987). *People in organizations: An introduction to organizational behavior* (3rd ed.). New York: McGraw-Hill.

주의: 마지막 영문 저자명 앞에 콤마(,)와 &를 반드시 삽입함(2인 저자일 경우에도 반드시 그렇게 함)

다) 편저의 경우

개정판 편저, 백과사전 등 두 권 이상으로 구성된 자료를 출처로 한 경우 저서명 다음에 (Vol. 4, pp. 283-290) 또는 (2nd ed., pp. 283-290) 형식으로 작성한다.

김태완(2011). 한국의 사회적 과제와 창의적인 글로벌 인재 양성. 한국교육개발원 미래기획위원회(편), **한국교육 미래비전**(pp. 1-13). 서울: 학지사.
Reyes, P., Wagstaff, L. H., & Fusarelli, L. D. (1999). Delta forces: The changing fabric of American society and education. In J. Murphy & K. S. Louis. (Eds.), *Handbook of research on educational adminstration* (2nd ed., pp. 183-202). San Francisco, CA: Jossey-Bass.

※ 참고: 편저자가 복수일 경우 Eds.를, 단독일 경우 Ed.을 사용; 1판, 2판의 판은 ed.로 표기

라) 번역서의 경우

참고문헌목록에서는 영문 참고문헌목록에 원저자의 이름을 제시하고 번역서 출판연도, 번역서 명과 역자, 출판사, 원서 발행연도를 제시한다. 역자가 1명인 경우는 '역'으로 하고, 2명 이상인 경우는 '공역'으로 제시한다.

〈예시〉

Rutvan, K. K. (1988). **페미니스트 문학비평** (김경수 역). 서울: 문학과 비평사. (원서 1973년 발행)

3) 학술연구지 참고문헌 제시

〈설명〉

저자, (연도), 논문 제목, 학술지, 권(호), 페이지 범위 순으로 제시한다. 국문 자료의 경우 저자명과 (연도) 사이에 공백을 두지 않는 반면에 영문 자료의 경우 저자명과 (연도) 사이에 마침표(이니셜로 끝날 경우 중복 금지)와 공백을 둔다. 국문 학술지 명은 굵은 글씨체로 하고, 영문 학술지 명은 주요 단어의 첫 글자를 대문자로 하되 이탤릭체로 한다. 통권의 경우(즉, 페이지 번호가 각 호마다 새로 시작되지 않고 여러 호에 걸쳐 연속되는 경우), (호)를 일반적으로 밝히지 않는다.

〈예시〉

조태진(1996). 절리암반의 역학적 특성 분석을 위한 역해석 모델 개발. **한국암반공학회지: 터널과 지하공간,** 6(1), 19-29. ← '권과 (호)를 모두 밝힌 경우'

이정모, 이건효, 김종문, 이철수(1996). 멀티미디어도서관 설치를 위한 한 가지 방안. **도서관 문화, 37**, 388-397.

Saywitz, K. J., Mannarino, A. P., Berliner, L., & Cohen, J. A. (2000). Treatment for sexually abused children and adolescents. *American Psychologist*, 55, 1040-1049.

Klimoski, R., & Palmer, S. (1993). The ADA and the hiring process in organizations. *Consulting Psychology Journal: Practice and Research, 45*(2), 10-36. ← '권과(호)를 모두 밝힌 경우'

4) 학회발표논문의 경우

〈설명〉

국문 학회발표논문의 인용 시, 공식발표논문집의 경우에는 이를 굵은 글씨체(영문의 경우 이탤릭체)로 하고, 공식논문발표집이 아닌 경우에는 논문 명을 굵은 글씨체로 표기한다.

〈예시〉

류창하, 선우춘, 신희순, 정소걸, 최병희(1994). 구조물 및 시설물이 인접한 구릉지 암반굴착 발파설계. **한국암반역학회 학술발표집, 14**, 81-88.

류창하, 선우춘, 신희순, 정소걸, 최병희(1994). **구조물 및 시설물이 인접한 구릉지 암반굴착 발파설계**. 한국암반역학회 하계학술대회 발표논문.

Furness, T. A., & Kocian, D. F. (1986). Putting humans into virtual space. In *Proceedings of the 16th Conference on Aerospace Simulation* (pp. 48-52). San Diego, CA.

5) 학위논문의 경우

미출간 논문의 경우, 영문 학위논문에는 지역명을 제시하되 국문 학위논문에는 제시하지 않는다.

〈예시〉

김기원(1992). **관여도에 따른 광고에 대한 태도변인의 타당도 검증**. 석사학위논문, 계명대학교.
Jackson, J. B. (1984). *Discovering the vernacular landscape* (Unpublished doctoral dissertation). University of Missouri, Columbia, MO.

6) 신문 기사

일간이나 주간신문은 참고문헌의 면수표시를 p. 혹은 pp.으로 기재하고, 발행연도는 (연. 월. 일.)의 형식으로 기재한다. 영어형식의 발행연도는 '(연도, 월 일)'로 기재한다. 연도와 월(예, 1월)만 나타낼 경우, '(연, 1월)' 혹은 '(연, January)'로 기재한다.

〈예시〉

김철수(1995. 10. 3.). 교수급여의 현실과 개선방향. **교수신문**, pp. 1, 4-5.
박종필(2001. 9. 22.). 겉치레 축사는 국력낭비 [독자투고]. **주간조선신문,** p. 7.
중국의 실리콘밸리 '中關村'(2001. 9. 29.). **조선일보**, p. A16.
Markovitz, M. C. (1993, May). Inpatient vs. outpatient [Letter to the editor]. *APA Monitor*, p. 3.
New drug appears to sharply cut risk of death from heart failure. (1993, July 15). *The Washington Post*, pp. A12, A15.
Schwartz, J. (1993, September 30). Obesity affects economics, social status. *The Washington Post*, pp. A1, A4-5.

7) 법률 및 판례

판례를 내주로 인용하고 참고문헌으로 제시할 경우는 다음과 같이 제시한다.

가) 내주: 헌법재판소 판결(선고 2010헌라4, 2011. 8. 30.)에 의하면... 또는 ...라고 판시하였다(헌법재판소 선고 2010헌라4, 2011. 8. 30.)

나) 참고문헌: 법원명(예: 헌법재판소, 대법원 등) 선고번호(선고일)로 작성한다. 예를 들면 대법원 선고 2009추206(2013. 6. 27).로 작성한다.

8) 보도자료

1) 내주: 서울특별시교육청(2012. 9. 30.)은 … 라고 발표했다. 또는 서울시 교육감은 … 라고 하였다(서울특별시교육청, 2012. 9. 30.).
2) 참고문헌: 거의 모든 정부(공공)기관의 보도자료가 홈페이지 탑재되어 있는 점을 감안하여 다음과 같이 제시한다.

〈예시〉

서울특별시교육청(2012. 9. 30.). **서울특별시 교권보호와 교육활동지원에 관한 조례 공포**. 2013년 9월 25일 검색: http://www.sen.go.kr

9) 웹 문서

〈예시〉

보건복지부(연도미상). **의약분업 실시에 따른 영향분석 설명자료**. 2000년 6월 25일 검색: http://www.mohw.go.kr

Nielsen, M. E. (n.d.). *Notable people in psychology of religion*. Retrieved August 3, 2001, from http://www.psywww.com/psyrelig/psyrelpr.htm

Degelman, D., & Harris, M. L. (2000). *APA style essentials*. Retrieved May 18, 2000, from Vanguard University, Department of Psychology Web site: http://www.vanguard.edu/faculty /ddegelman/index.cfm? doc_id=796

다. 표나 그림에 대한 출처 달기

1) 책에서 인용

출처: **존 볼비와 애착이론** (p. 189), Holmes 저, 1993/2005, 서울: 학지사.
출처: *Psychological aspects of depression: Toward a cognitive-interpersonal integration* (p. 247), by I. H. Gotlib and C. L. Hammen, 1992, New York: John Wiley & Sons.

2) 학술지, 학위논문에서 인용

출처: "학교 효과성 증진을 위한 학교장의 역할," 김규태 저, 1997, **교육문제연구**, 12, p. 284.
출처: "볼노브의 만남에 대한 철학적 해석," 홍길동 저, 1997, 석사학위논문, 계명대학교,. p. 284.
출처: "The benefits of frequent positive affect: Does happiness lead to success?" by S. Lyubomirsky, L. A. King and E. Diener, 2005, *Psychological Bulletin, 131*, p. 805.

3) 편저에서 인용

출처: Happiness (p. 152) by E. Diener, P. Kesebir, and W. Tov, 2009, In M. R. Leary & R. H. Hoyle, (Eds.), *Handbook of individual differences in social behavior*, New York: The Guilford Press.

4) 웹 검색의 경우

출처: *A brief overview of adult attachment theory and research*, by R. C. Fraley, 2010, 2013년 10월 1일 검색:
http://internal.psychology.illinois.edu/~rcfraley/attachment.htm

제2부

통계분석을 위한 기초

제5장

척도 및 통계분석 개관

1. 척도의 개념과 유형

사물을 구분하기 위해 이름을 부여하거나 사물이 속성을 구체화하기 위해 수를 부여하는 절차를 측정이라고 하며, 이때 사용되어지는 측정의 단위가 척도이다. 척도의 종류에는 명명척도, 서열척도, 등간척도, 비율척도, 절대척도가 있다.

가. 명명척도

명명척도는 사물을 구분하기 위해 이름을 부여하는 척도이다. 예를 들어 성별, 색깔 등이 있으며, 사물을 구분 짓는다는 차원에서 척도에 포함이 된다.

나. 서열척도

서열척도는 사물에 등위를 표시하기 위하여 성적 혹은 능력을 사용하여 서열을 매기는 척도이다. 서열척도는 증가 혹은 감소를 나타내는 것으로 등간성이 존재하지 않는다. 예를 들어 학생들의 점수를 등수로 변환을 하는 것이 서열척도로, 1등과 2

등의 점수 차와 2등과 3등의 점수 차는 동일하지 않다.

다. 등간척도

등간척도는 똑같은 간격에 단위를 부여하는 것으로 등간성을 가지고 있으며, 임의영점과 임의단위를 지니고 있다. 임의영점과 임의단위를 가지고 있기 때문에 덧셈 법칙은 성립하지만 곱셈 법칙은 성립하지 않는다. 예를 들어 온도가 등간척도에 속한다. 온도의 경우 5도와 10도, 15도와 20도의 온도 차는 서로 동일하지만, 10도의 온도가 5도의 온도보다 2배 더 덥다는 것을 의미하지는 않는다. 그리고 0도라고 하는 것은 온도가 전혀 없다는 의미가 아니라 임의적으로 0도라고 합의한 것이며, 온도에 대한 1도라는 단위도 임의단위라고 할 수 있다.

또 다른 예로 학업 성취도 점수가 있다. 80점을 받은 학생은 40점을 받은 학생보다 40점이 높다는 의미이며, 80점을 받은 학생이 40점을 받은 학생보다 2배의 학업 능력이 있다는 것을 의미하지 않으며, 0점을 받았다고 하여 학업 능력이 전혀 없다는 것을 의미하지도 않는다.

라. 비율척도

비율척도는 등간척도와 동일하게 등간성을 가지고 있으며, 절대 영점과 임의단위를 지니고 있으며 덧셈 법칙과 곱셈 법칙이 모두 적용이 된다. 비율 척도의 예로는 물체의 무게 혹은 길이를 들 수 있다. 무게의 경우 10 kg은 5 kg보다 5 kg이 무거우며, 5 kg보다 2배 무거운 물체이다. 그리고 무게에서의 0 kg이라는 것은 무게가 전혀없다는 절대적인 의미를 가지고 있다.

마. 절대척도

절대척도는 절대영점과 절대단위를 가지고 있는 척도로써 덧셈 법칙과 곱셈 법칙이 모두 적용이 된다. 예를 들면 물체 혹은 사람의 수를 들 수 있다. 물체의 수가 0이라는 것은 물체가 없다는 것을 의미한다.

2. 척도 소개 방법

논문에서 척도를 소개하는 방법은 다음과 같이 분류하여 제시할 수 있다.

① 외국 측정도구를 표준화한 도구 소개

> 예비유아교사의 자아존중감을 측정하기 위하여 Coopersmith(1967)이 제작한 Self-esteem Inventory를 강종구(1986)가 한국판으로 표준화한 도구를 사용하였다.

출처: 박유미, 조상일(2012), 교육실습지도교사의 직무만족도와 예비유아교사의 자아존중감 및 갈등 간의 관계. 지역 발전도구, 12(1), 37-56.

② 기존의 선행연구를 토대로 연구 주제에 맞게 수정·보완하여 사용하는 도구 소개

> 교사의 서번트 리더십에 관한 척도는 선행연구(최동주, 2008; Barbuto & Wheeler, 2006)를 토대로 학교상황과 교사의 역할에 부합할 수 있도록 재구성하여 사용하였다. 이 과정에서 연구자의 주관적인 오류를 보완하기 위하여 리더십과 통계관련 박사 3인에게 내용타당도를 검증받았다.

출처: 김경아(2012), 교사의 서번트 리더십이 청소년의 예절수행에 미치는 영향. 미래청소년학회, 9(3), 57-76.

> 이 질문지는 Russel과 Stone(2002)이 제시한 아홉 가지의 실용적 요인과 열한 가지의 부가적 요인들을 바탕으로 다양한 선행연구들을 토대로 구성된 것을 국내의 최은용이 무용지도자의 서번트 리더십과 무용 효과성 연구의 서번트 리더십 측정에 사용된 도구로서 이 연구의 목적과 대상에 부합하도록 수정·보완하여 구성하였다. 문항수는 비전제시 5문항, 공동체의식 4문항, 성장지원 2문항, 헌신 및 서비스 4문항으로 구성되었다.

출처: 최소빈, 서미선(2012), 예술고등학교 무용교사의 서번트 리더십이 무용전공 고등학생의 전공몰입 및 공연성과에 미치는 영향. 한국콘테츠학회논문지, 12(3), 149-160.

③ 기존의 외국 척도지를 번안하여 그대로 사용을 하는 경우

> 교사 효능감을 측정하기 위해 Tschannen-Moran과 Woolfolk-Hoy가 개발한 Ohio주 교사효능감 척도(Ohio state teacher efficacy scale, OSTES)를 사용하였다. 본 척도는 총 3개의 하위 요인들로 구성되어 있으며 전체 문항에 대한 반응 양식은 리커트(Likert)식 9점 척도로 '전혀 못한다'의 1점에서부터 '매우 잘한다'의 9점까지 반응하도록 되어있다.

> 교사의 직무환경을 측정하기 위해 Johnson, Kraft와 Papay(2012)가 개발한 매사추세츠 교수 학습 개발 설문지(Massachusetts Teaching, Learning and Leading Survey: MassTeLLS)를 사용하였다. 본 설문지는 총 8개의 하위 요인들로 구성되어 있으며 전체 문항에 대한 반응 양식은 리커트(Likert)식 5점 척도로 '전혀 그렇지 않다'의 1점에서부터 '매우 그렇다'의 5점까지 반응하도록 되어있다

출처: 안도희, 김누리(2014), 초등학교 교사의 직무환경이 교사효능감에 미치는 영향: 교사역량의 매개효과와 직급 간 다집단 분석. 한국교원교육연구, 31(4), 251-274.

④ 기존 척도지 중 연구 주제에 맞는 요인만 추출하여 사용하는 경우

> 교사의 성격강점 '절제'를 측정하기 위하여, VIA Institute on Character(www.viastrengths.org에서 무료로 제공)와 권석만(2008)이 제시하는 성격 강점 측정도구 중에서 절제(temperance) 영역을 적용하였다. 이 척도는 자신의 강점을 스스로 지각할 수 있도록 총 24개의 강점을 제공하고 있지만, 본 연구에서는 이론적, 현실적 측면에서 교사효능감과 직무만족도에 절제의 개념이 연관성이 높을 것으로 가정하면서 이를 적용하였다.

출처: 김인옥, 김은성(2013), 유아 및 초등교사의 성격감정 '절제'와 교사효능감 및 직무만족도와 인과적 관계. 한국웰니스학회지, 8(3), 152-163.

⑤ 기존 국내 측정도구를 연구 주제에 맞게 수정 보완하여 사용하는 경우

> 전문성 인식 척도는 어린이집 교사의 전문성 인식을 살펴본 김지연(1997)의 연구에서 사용된 척도를 수정하여 사용하였다. 이 척도는 사회적 필요성, 사회· 경제적 지위, 사회 봉사성, 자율성, 직업윤리, 공정성, 전문적 지식과 기술, 전문직 단체의 8개 하위요인과 총 27개의 문항으로 구성하였다.

> 교사의 임파워먼트 척도는 유치원 교사를 대상으로 임파워먼트를 연구한 김정희(2007)의 척도를 장애전담어린이집 보육교사에 맞도록 수정하여 사용하였다. 이 척도는 총 36문항으로 의사결정참여, 자아효능감, 전문성 신장, 지위, 영향력, 자율성의 여섯 가지 영역으로 구성되어 있다.

출처: 김정은, 박병도(2012), 장애전담 어린이집 보육교사의 전문성과 조직문화 인식이 임파워먼트에 미치는 영향. 발달장애연구, 16(4), 149-169.

⑥ 기존 외국 측정도구를 번역하여 사용되는 도구를 사용하는 경우

자기주도 학습능력을 측정하기 위하여 Gugliemino(1977)의 자기주도 학습 준비도 검사척도를 사용하였다. 이 척도는 우리나라에서 김지자 등(1996)에 의해서 SDLRS-K-97 척도로 번역되어 널리 사용되고 있다. 조사 도구는 총 58개 문항으로 Likert 척도로 구성되어 있다.

출처: 최성우, 이경희(2012), 중등교사의 자기주도 학습능력과 교사효능감의 관련성 연구. 한국과학연구, 6(1), 24-44.

3. 척도별 통계 분석 방법

가. 척도의 구성

① Thurstone의 유사동간법

Thurstone의 유사동간법은 주어진 진술문을 판단하는 평정자가 진술문 간의 동간성을 판단할 수 있다는 전제 하에 만들 수 있다. Thurstone은 개인의 태도를 부정과 긍정 사이에 놓여있는 심리적 연속체로 보고, 이들 연속체의 길이를 척도화시켜 측정하려 하였다. 유사동간법에 대한 척도구성은 특정 문제에 대한 의견을 가능한 많이 수집해야 하고, 평정 경험이 있는 평정자 그룹을 선정(대학원생, 교수, 연구원들로 구성되며 30~50명 정도)하고, 객관적 입장에 서서 진술문이 11단계(부정－긍정) 중 어느 단계에 해당하는지 판단한다. 그리고 척도값으로 중앙값과 사분위편차를 계산하고, 최종 진술문을 선택하게 된다. Thurstone의 유사동간법은 개인의 태도 점수는 심리적 연속상에서의 위치에 따라 긍정적인지, 중립적인지, 부정적인지에 대한 절대적 해석을 제공하게 된다.

② Likert의 총합평정법

Likert의 총합평정법은 태도의 연속선상에서 개인의 태도가 어느 위치에 있는지를

파악하기 위한 것으로, 측정하려는 정의적 특징을 여러 단계로 분류하여 척도를 구성하며 주로 5점 척도가 많이 사용된다. Likert 척도에서는 문항을 합하거나 평균을 계산하여 분석에 사용할 수 있으며, 역채점 문항의 경우에는 점수를 역산하여 활용을 해야 한다.

척도 구성 시 집단 간 비교를 실시하고자 할 경우에는 5점 척도로 충분하지만, 문항별, 응답자별 측정결과를 이용하여 더 자세한 분석이 이루어져야 한다면 범주의 수가 더 많은 것이 좋다. 그리고 구분이 어려운 정의적 행동특성이나 나이가 매우 어린 집단이라면 단계의 수가 적은 것이 좋음, 전문가 집단이나 특성의 구분이 세부적으로 가능한 경우에는 단계의 수가 많은 것이 좋다. 척도에 따른 표현의 예는 아래의 〈표 1〉과 같다.

〈표 1〉 척도에 따른 표현의 예

척도	표 현
2단계	예/아니요, 찬성/반대
3단계	찬성/중립/반대
4단계	매우 찬성/찬성/반대/매우 반대 항상/자주/거의/전혀
5단계	매우 찬성/찬성/중립/반대/매우 반대 항상/자주/가끔/거의/전혀
6단계	매우 찬성/찬성/약간찬성/약간반대/반대/매우 반대
7단계	매우 찬성/찬성/약간찬성/중립/약간반대/반대/매우 반대

자료: 성태제, 시기자(2006), p. 129

중립적인 태도를 나타내는 응답자가 거의 없을 것으로 예상되거나 특정 정책에 대한 의사결정을 위해서는 중간 단계가 없는 4단계, 6단계 등이 짝수 척도를 활용하기도 한다. 그리고 부정문항을 포함하여 응답의 편파성을 방지하도록 한다.

③ Guttman의 척도분석법

Guttman의 척도분석법은 척도에 포함된 개별 문항들을 서열화하여 누적하는 것을 의미한다. Guttman의 척도에서는 개별 문항 자체에 미리 서열성이 부여되었다는 것을 전제로 하여, 문항을 배열할 때도 어떤 질문에 우호적으로 응답한 사람은 그 질문에 대하여 비우호적으로 응답한 사람보다 등위가 높도록 배열한다.

Guttman의 척도분석법은 몇 문항에 응답을 했는지, 몇 점인지를 알게 되면 어느 정도 긍정적으로 생각하고 있는지를 파악할 수 있는 장점이 있지만, 이러한 문항들을 찾기 어렵기 때문에 실제로는 자주 적용되지 않는다.

④ Osgood의 의미분석법

Osgood의 의미분석법은 사물, 인간, 시간 등에 대한 개념이나 느낌을 양극의 뜻을 갖는 대비되는 형용사군으로 만들어서 의미를 측정하는 방법이다. 이 방법은 태도나 특성 파악, 제품의 비교 연구, 특정 회사나 개인에 대한 평판 조사에서 두루 사용된다. 대상들 간의 차이점이나 유사성을 파악하는 목적으로 유용하게 사용되며, 평균값을 비교한다는 측면에서 등간척도로 간주될 수 있으나, 서열척도의 측면을 가지고 있다.

나. 척도의 종류에 따른 분석방법

척도에 따라 사용하는 통계방법은 달라지며, 변수가 등간척도나 비율척도 등 구간 및 비율척도인 경우에는 모수 통계기법을 적용하고, 변수가 명목척도나 서열척도 등 범주형 변수인 경우에는 비모수통계기법을 적용한다.

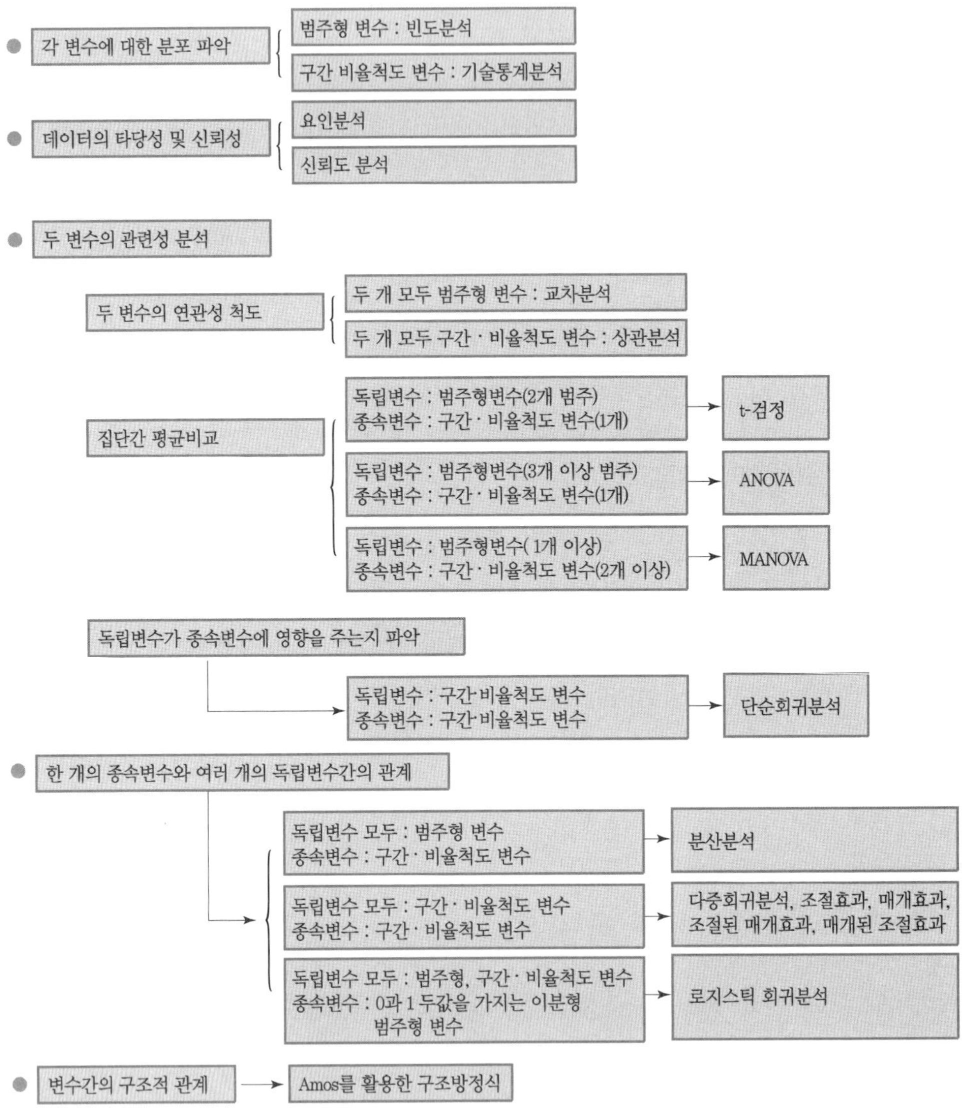

[그림 1] 학위논문에 활용되는 통계분석 방법

위의 그림에서도 알 수 있듯이 최초 논문을 설계할 때부터 연구목적을 달성하는 데 가장 적합한 통계분석 방법을 미리 계획하고 있어야 한다. 통계분석 방법을 결정하는 데 가장 중요한 조건은 변수의 척도이다. 척도의 형태에 따라 분석방법은 달라지며, 연구에 적합한 측정도구를 선정하고 분석방법을 미리 계획해야 한다(송지준, 2014).

그리고 측정도구를 분석하기에 앞서 연구자는 데이터 코딩과 빈도분석을 실시해야 한다. 측정도구에 대한 설문을 마치고 회수를 하고 나면 가장 먼저 하는 작업이 데이터 코딩이다. 흔히들 무성의하게 응답한 설문지나 결측치가 많은 설문지를 제거하는 데 이 경우에는 제거하는 분명한 기준과 이유가 있어야 한다.

잘못 응답한 자료가 많지 않고, 잘못 응답한 비율이 상대적으로 낮으며 해당 문항이 연구에서 중요하지 않을 경우에 결측값으로 처리할 수 있다. 그리고 표본의 수가 낮고, 잘못 응답한 응답자의 수가 10% 이내이며, 많은 문항에서 잘못된 응답을 하였거나 중요한 문항에 대해 제대로 응답을 하지 않을 경우 제거시키는 것이 신뢰성과 타당성을 높일 수 있다. 이때 주의할 점은 잘못 응답한 응답자의 특성이 다른 응답자의 특성과 크게 다르지 않다고 판단될 때에 제거해야 한다. 불충분한 응답이라고 무조건 제거하면 왜곡된 결과를 초래할 수 있으므로, 잘못 응답한 응답자의 자료를 제거할 경우에는 제거한 응답자의 수와 이유를 논문에서 반드시 보고를 해야 한다.

1) 빈도분석

빈도분석은 가장 기초적인 분석방법으로 변수의 분포도를 구할 때 주로 사용한다. 명목척도, 서열척도, 등간척도, 비율척도 모두에서 이용이 가능하며, 등간, 비율 척도로 구성되어 있는 경우에는 평균, 표준편차, 최빈값, 최대값, 최소값 등을 나타낼 수 있다.

논문에서는 주로 인구통계적 특성을 제시할 때 이용을 하며, 측정할 변수들의 유효한 데이터 수와 결측치(missing)를 보여준다. 만약 연구자가 데이터를 코딩하는 가운데 실수로 다른 값(1~5점 척도 입력 시 0, 6, 11 등과 같이 입력한 것을 의미)을 입력하였는가를 파악하는 데 용이하여 데이터 cleaning 과정을 위해 활용되기도 한다.

2) 타당도 및 신뢰도 분석

측정도구에 대한 분석을 실시하기 전에 하는 분석이 요인분석이라고 불리는 타당도 분석과 신뢰도 분석이다. 요인분석은 측정하고자 하는 변수들을 상관관계가 높은 것끼리 묶어서 변수를 단순화 시키는 데 사용하는 분석방법으로 등간척도나 비율척도로 구성된 설문지에서 활용한다. 요인분석은 같은 개념을 측정하는 변수들이 동일한 요인으로 묶이는지를 확인하는 것으로, 측정도구의 타당성을 판정하는 것이기 때문에 타당성 검정이라고도 한다.

신뢰도 분석은 요인분석으로 추출된 요인들이 동질한 변수로 구성되어 있는지 파악할 때 활용하는 분석방법이다. 따라서 요인분석 후에는 신뢰도 분석을 실시해야 한다. 신뢰도 분석은 등간척도가 비율척도로 구성된 설문지에서 활용되며, 분석결과 신뢰도를 저해하는 항목이 나타난다면 이를 제거해야 한다.

요인분석을 통해 잘못 적재된 변수를 제거하고, 신뢰도 분석을 통해 신뢰도를 저해하는 항목을 제거하고 나면, 남은 변수를 가지고 변수계산을 해주게 된다. 변수계산을 통해 새로운 변수로 저장한 후 분석에 활용하게 된다. 변수계산은 평균, 총점으로 사용되기도 하고, 요인분석을 통해 생성되는 회귀변수를 사용하기도 한다.

3) 집단비교를 위한 통계방법

통계방법은 크게 집단비교와 관계분석으로 구분할 수 있다. 집단비교는 집단 간의 차이가 유의미한지 분석을 하는 것으로 모집단의 분포가 정규분포일 때는 모수통계, 비정규분포일 때는 비모수통계를 사용하게 된다. 종속변수가 단일 속성을 지닌 변수일 경우는 단변량분석을, 다양한 변수들이 섞인 복합변수일 때는 다변량분석을 사용한다. 또한 종속변수가 양적변수 일 때는 Z검정, t-검정, F검정을 실시한다. 그리고 종속변수가 질적 변수 또는 범주 변수일 때는 χ^2검정을 실시한다. 이와 함께 집단을 특성에 기초하여 몇 개의 군집으로 분류하는 군집분석도 있다. 이들 집단비교를 통한 통계방법을 개괄하면 다음과 같다.

① Z검정

Z검정은 종속변수가 양적변수이고, 종속변수의 모집단 분포가 정규분포일 때, 두 집단의 비교일 경우 두 모집단의 분산이 동일할 때, 모집단의 분산을 알고 있을 때 활용하는 분석방법이다. 흔히 모집단의 분산을 모르는 경우가 대부분이지만, 국가 단위의 조사나 인구센서스와 같은 전수조사를 통해 수집된 자료가 있을 경우에는 모집단의 분산을 알기 때문에 Z검정을 활용할 수 있지만, 대부분의 경험과학 연구에서는 사용하는 경우가 많지 않다.

Z검정은 단일표본 Z검정, 두 종속표본 Z검정, 두 독립표본 Z검정으로 구분된다. 단일표본 Z검정은 학업성취도나 널리 알려진 인간의 속성에 대한 연구를 실시할 경우에 사용이 되지만, 거의 사용이 되지 않는다. 예를 들어 전국 고등학생의 어휘력에 대한 평균과 표준편차를 알고 있을 때 특정학교 학생의 어휘력을 검증하는 경우에 사용이 가능하다. 두 종속표본 Z검정은 모집단에서 쌍으로 추출된 표본들이 종속적일 때 사용이 가능하며, 쌍둥이를 표집하여 연구를 실시할 경우에 사용이 가능하다. 두 독립표본 Z검정은 두 모집단에서 추출된 표본들이 상호독립적이고 두 모집단의 분산을 알고 있는 경우에 사용이 가능하며, 남녀 초등학교 학생들의 키에 대한 비교나 널리 알려진 인지능력에 있어서 성별의 차이를 분석할 때 사용이 가능하다.

② t-검정

t-검정은 종속변수가 양적변수이며, 종속변수의 모집단 분포가 정규분포이고 두 집단의 비교의 경우 두 모집단의 분산이 동일할 때 사용이 가능하다. t-검정은 Z검정과 달리 모집단의 분산을 알지 못하는 경우에도 사용이 가능하여 자주 사용되며, 단일표본 t-검정, 두 종속표본 t-검정, 두 독립표본 t-검정의 세 종류가 있다.

단일표본 t-검정은 단일표본 Z검정과 동일한 목적을 가지지만 모집단의 분산을 모를 경우에도 사용이 가능하다. 예를 들어, 새로운 교수법의 효과성을 검증하기 위하여 새로운 교수법에 의해 학습한 학생들의 성취 평균이 어떤 특정 수치와 같은지 검증할 때 사용된다.

두 종속표본 t-검정은 종속변수가 양적변수이고 두 집단이 독립적이지 않을 경우, 두 집단의 종속변수 평균에 대한 차이를 검증할 때 사용하는 분석방법이다. 예를 들어 남녀 비교의 경우 남매 집단, 혹은 부부 모집단에서 추출하여 두 집단의 평균을 비교하는 경우를 들 수 있다. 또한 한 집단 내에서 처치 전의 사전 검사와 처치 후의 사후 검사를 비교할 경우에도 사용이 된다.

두 독립표본 t-검정은 두 표본이 추출된 모집단이 서로 독립적일 때, 두 집단의 평균이 같은지를 비교하기 위한 분석방법이다. 예를 들어 국립 교사와 사립 교사를 비교하는 연구, 남녀 고등학생의 학업 성취정도를 비교하는 연구가 여기에 속한다.

연구에서 사용되는 조사나 검사 문항이 서열척도라도 서열척도 문항들이 합계나 평균이 종속변수라면 양적변수로 간주되어 두 독립표본 t-검정을 사용할 수 있다.

③ 분산분석

분산분석은 세 집단 이상의 집단 간에 차이가 있는지를 검증하는 통계적 방법으로, 종속변수가 양적변수이고, 각 모집단의 분포가 정규분포를 따르고 모집단의 분산이 동일할 때 사용이 가능하다. 단, 분산분석의 경우에는 유의미한 차이가 있다고 하여도 어느 집단 간에 차이가 있는지 확인이 어렵기 때문에 사후검증을 실시해야 한다.

분산분석은 독립변수의 수에 따라서 일원분산분석과 이원분산분석으로 구분된다. 일원분산분석은 독립변수가 하나로서, 세 개의 교수법 중 어느 학습이 가장 효과적인지 비교하는 연구가 그 예가 될 수 있다. 이원분산분석은 독립변수가 두 개일 경우로서, 앞의 세 가지 교수법에 대한 학습 효과 비교 분석에서 피드백을 주는 경우와 주지 않는 경우를 포함하는 경우가 여기에 속하게 된다.

④ 다변량 분산분석

다변량 분산분석은 두 개 이상의 종속변수에 대해 집단 간의 차이가 있는지를 검증하는 분석방법이다. 두 개 이상의 종속변수들의 관계가 있으며, 종속변수들이 합성되어 하나의 상위개념을 설명할 때 독립변수의 영향에 따른 집단 간의 차이가 있는지를 검증하게 된다. 예를 들어 세가지 교수법에 대한 어휘발달에 차이가 있는지를 검증하는 경우, 어휘발달은 문자해독능력, 말하는 빈도 수, 어휘 수준 등 다중 변수를 가지고 있으므로 다변량 분산분석을 실시한다.

⑤ χ^2검정

교차분석은 주로 명목척도와 서열척도로 구성된 변수들을 대상으로 실시한다. 변수들 간의 분포와 백분율을 나타내는 교차표를 작성하고, 변수 간의 독립성과 관련성(카이제곱 검정)을 분석하는 데 활용한다.

⑥ 군집분석

군집분석은 시장세분화를 위해서 사용이 되는 방법으로, 집단을 특성에 기초하여 몇 개의 군집으로 분류하는 분석기법이다. 군집분석은 군집들의 인구 통계적 변수 등과의 연관성을 보기 위한 카이스퀘어 검정을 실시한 후, 차이검정을 통해 군집별로 분석을 실시한다. 군집분석의 설문지는 등간척도와 비율척도로 구성되어야 한다.

4) 관계분석을 위한 통계방법

양적연구에서 집단비교 연구와 더불어 연구가설 검정에 중요한 역할을 하는 연구가 상관관계를 분석하는 연구이다. 관계 분석은 상관관계 분석을 기초로 하며, 그것을 토대로 회귀분석, 경로분석, 구조방정식 모형 등을 수행할 수 있다. 관계분석을 위한 통계방법을 살펴보면 다음과 같다.

① 상관분석

상관관계분석은 논문에서 설정한 가설을 검정하기에 앞서 모든 연구가설에 사용되는 측정변수들 간의 관계의 강도를 제시함으로써 변수들 간의 관련성을 분석하는 것이다. 비록 논문의 가설을 설정하지 않은 연구라고 하더라도, 변수들 간의 인과관계를 증명하는 논문이라면 상관관계분석 결과를 제시하는 것이 바람직하다. 등간척도와 비율척도의 경우에는 피어슨 상관관계분석을 실시하고, 서열척도의 경우에는 스피어만 상관관계분석을 사용한다.

② 회귀분석

회귀분석은 하나의 종속변수에 영향을 주는 변수가 무엇이고 그 변수 중 가장 큰 영향을 미치는 변수가 무엇인지 또 종속변수를 설명해 줄 수 있는 가장 적합한 모형이 무엇인지를 밝혀주는 통계방법이다. 회귀분석은 종속변수가 양적변수이고, 독립변수는 양적 혹은 질적변수일 때 사용이 가능하다. 독립변수가 하나이면 단순회귀분석, 다수일 경우에는 중다회귀분석이라고 한다. 중다회귀분석의 경우에는 알지 못하는 사회현상을 설명하는 데 널리 사용된다. 예를 들어 엄마의 육아태도 중 유아에 영향을 많이 주는 변수를 파악하기 위해서는 중다회귀분석을 실시해야 한다.

회귀분석의 경우에는 요인분석을 통해 추출된 변수들에 대한 변수정제 과정을 거친 후 회귀변수계산을 통해 새롭게 생성된 변수를 가지고 분석을 한다. 회귀분석은 독립변수와 종속변수 모두 등간척도와 비율척도로 구성된 설문지에서 활용한다.

위계적 회귀분석은 회귀분석의 일종으로 많은 독립변수 중에서 종속변수에 상대적으로 큰 영향을 주는 독립변수를 파악할 때 사용하는 분석 방법이다. 즉, 종속변수에 영향을 미치는 독립변수들을 크게 영향을 주는 순으로 순서를 알아볼 때 사용을 한다. 독립변수와 종속변수 모두 등간척도와 비율척도로 구성된 설문지에서 활용한다.

더미변수를 이용한 회귀분석은 회귀분석의 일종으로, 독립변수가 명목척도 혹은 서열척도, 종속변수가 등간척도나 비율척도로 구성되었을 때 이용한다. 명목척도 또는 서열척도로 구성된 독립변수는 더미변수로 전환한 후 회귀분석을 실시한다.

로지스틱 회귀분석은 종속변수가 이분변수일 때 사용을 하는 회귀분석이다. 예를 들어 합격 여부를 어떤 변수들이 얼마만큼 설명하고 있는지를 확인할 때는 종속변수가 합격과 불합격의 두 가지의 경우를 가지는 변수이므로 로지스틱 회귀분석을 실시한다.

회귀분석을 통해 조절효과 분석과 매개효과 분석을 실시할 수 있다. 하지만 측정오차를 추정할 수 없으며, 각각 3개의 단계를 거쳐서 검증이 이루어지기 때문에 구조방정식 모형을 통해 분석을 하는 경우가 많다.

③ 경로분석

경로분석은 변수가 세 개 이상일 때 변수들 간이 인과관계를 밝혀 영향을 주고받는 경로를 찾아내고자 하는 통계방법이다. 경로분석은 변수들 간의 상관계수에 근거하여 원인과 결과를 찾아냄으로써 어떤 현상을 설명하려는 데 목적이 있다.

④ 구조 방정식 모형

구조 방정식 모델은 회귀분석과 달리 측정오차까지 추정할 수 있고, 상호종속관계에서 동시 추정이 가능하며, 간접효과까지 측정이 가능한 강점을 가지고 있기 때문에 요즘 논문 작성에 많이 사용되어지고 있는 분석방법이다. 주로 Amos 프로그램을 통해 분석을 실시하며, 등간척도와 비율척도로 구성된 설문지를 사용한다.

구조방정식모형은 기존의 경로분석보다 발전된 형태의 통계적 방법이라고 할 수 있다. 매개변수 및 조절변수의 사용이 가능하며, 측정의 오차를 통제할 수 있다.

매개변수란 독립변수와 동일하게 종속변수에 영향을 미치는 변수이지만, 순서상으로 독립변수와 종속변수 사이에 있는 변수이다. 즉, 독립변수에 영향을 받으면서 종속변수에 영향을 미치는 변수로써, 등간척도와 비율척도로 구성된 변수들을 분석하는 데 사용한다. 매개효과 분석은 회귀분석을 통해서도 가능하지만, 주로 구조방정식 모형으로 분석을 실시한다.

조절변수란 독립변수와 종속변수 사이의 관계를 체계적으로 변화시키는 독립변수라고 할 수 있다. 예를 들어 독립변수가 종속변수에 미치는 영향에서 성별에 따른 차이점을 알아보는 경우 성별이 조절변수가 될 수 있다. 조절변수는 명목척도, 서열척도, 등간척도, 비율척도 모두 가능하다. 조절효과 분석은 회귀분석을 통해서도 가능하지만, 주로 구조방정식 모형으로 분석을 실시한다.

제6장

샘플링(표본의 크기)

조사연구에서 표본 설계를 할 때 표본의 크기를 얼마로 결정하는 것은 조사를 시작하는 시점에서 매우 중요한 문제들 중의 하나이다. 표본은 모집단의 대표성을 보장하는 동시에 관심모수 추정량의 표본오차가 조사목적에 합당한 수준이내가 되도록 크기가 결정되어야 한다. 표본의 크기는 비확률표본 추출과 확률표본 추출로 구분되어 크기를 결정할 수 있다.

1. 비확률표본 추출

비확률표본 추출에서의 표본 크기는 연구자가 사용 가능한 예산과 시간에 따라 판단하여 결정을 하게 된다. 이로 인하여 특별한 결정 방법이 존재하지 않는다.

2. 확률표본 추출

가. 표본 크기 결정 기준

확률표본 추출에서의 표본 크기는 모집단의 조사대상 변수 값의 분산, 신뢰수준, 그리고 허용오차 등에 따라 결정이 된다.

① 조사하고자 하는 변수의 분산이 클수록 표본의 크기는 커진다.

② 추정치에 대해 높은 신뢰수준을 원할수록 표본의 크기는 커진다.

③ 허용오차가 작을수록 표본의 크기는 커진다.

나. 평균추정에 필요한 표본 크기 결정

$$n = Z^2 \frac{\sigma^2}{d^2}$$ (평균추정에 필요한 표본 크기 결정 공식)

- Z는 신뢰수준과 관련된 Z값으로 특정 유의수준에서의 임계치
σ는 모집단 분산 추정치(사전정보 혹은 경험을 토대로 추정하거나 사전조사로 추정)
d는 허용 오차로 평균값의 단위같은 단위로 나타냄
신뢰수준은 보통 90%, 95%, 99% 중의 하나로 선택함
공식에 의하여, Z값(신뢰수준)이 클수록, σ(분산)이 클수록, d(허용오차)가 작을수록 n(표본 크기)이 커지게 됨

1) 모집단의 규모가 유한적이고, 그 규모를 아는 경우

- 유한모집단 수정계수(finite orrection factor: fcf)를 적용

$$nf = n \times fcf, \quad fcf = \sqrt{\frac{N-n}{N-1}}$$

(사례) 위의 공식에 따라서 아래의 사례에 대한 필요한 표본의 크기를 산정할 수 있다.

2014학년도 00대학생들의 핵심역량 성취수준을 알기 위하여, 조사업체에 조사를 의뢰하였다. 조사담당자는 00대학교의 담당자와 협의하여 표준편차를 12점으로 추정하고, 95% 신뢰수준에서 허용오차를 ±1.2로 결정하였다.

이때 필요한 표본의 크기는 다음과 같이 산출할 수 있다.

① $n = Z^2 \frac{\sigma^2}{d^2}$ = $(1.96)^2 \frac{(12)^2}{(1.2)^2}$ = 384.16

따라서 이 경우 385명 이상의 표본이 필요하다고 할 수 있다.

② 만약 99%의 신뢰구간을 정한다면 다음과 같이 계산할 수 있다.

$$n = Z^2 \frac{\sigma^2}{d^2} = (2.575)^2 \frac{(12)^2}{(1.2)^2} = 663.06$$

따라서 이 경우에는 664명 이상의 표본이 필요하다고 할 수 있다.

그런데, 00대학생의 전체 학생 수, 즉 전체의 모집단의 규모가 유한이며, 모든 학생들의 수가 12,000명이라고 한다면?

③ $nf = n \times fcf$ = 385 × $\sqrt{\frac{12000-385}{12000-1}}$ = 378.78

따라서 이 경우에는 표본의 크기가 379명 이상이 되어야 한다.

다. 비율추정에 필요한 표본 크기 결정

$$n = Z^2 \left(\frac{\hat{p} \times \hat{q}}{d^2}\right)$$ (비율추정에 필요한 표본 크기 결정 공식)

- Z는 신뢰수준과 관련된 Z값으로 특정 유의수준에서의 임계치 p는 조사특성 값을 가질 비율의 추정치(사전 정보가 경험을 토대로 추정하거나 사전조사를 통해 추정함) q는 1−p d는 허용 오차로 평균값의 단위와 같은 단위로 나타냄 신뢰수준은 보통 90%, 95%, 99% 중의 하나로 선택함

2014학년도 학교 내 강좌가 00대학생들의 핵심역량 향상에 긍정적인 도움을 주었는지에 대한 학생들의 인식을 알고자 한다. 본 대학교는 편의표본 200명을 추출하여 조사를 한 결과, 응답자의 70%가 긍정적이었다는 답변을 얻었다. 이때 본 대학교의 담당자는 99%의 신뢰수준에서 허용오차 5%로 하여 조사를 하고자 한다. 이때 필요한 표본은 얼마일까?

$$n = Z^2\left(\frac{\hat{p}\times\hat{q}}{d^2}\right) = (2.575)^2\left(\frac{\widehat{0.7}\times\widehat{0.3}}{0.05^2}\right) = 1352.64$$

따라서 이 경우 1,353명 이상의 표본이 필요하다. 이때 모집단의 수가 12,000명이라고 한다면 1,274명 이상의 표본이 필요하다.

$$nf = n\times fcf = 1352 \times \sqrt{\frac{12000-1353}{12000-1}} = 1273.55$$

3. 리커트 척도로 구성된 설문지의 경우 적정한 표본의 크기

가. 표본의 크기

위에서 언급한 방법을 사용하기 위해서는 관심변수의 모분산에 대한 사전정보가 필요하며, 직접적으로 표본크기를 계산하는 일은 쉬운 일이 아니다. 또한 선거여론조사를 제외한 일반적인 사회조사에서는 모비율이 관심모수인 경우가 거의 없고, 리커트 척도를 사용하는 여러 개의 문항으로 설문지를 구성한 후 여러 개 문항들을 결합하여 만든 새로운 척도가 관심모수일 경우가 많다. 이에 따라 여러 국외 학자들은 관측변수에 따른 적정한 표본의 크기를 제시하고 있으며, 다음의 표와 같다.

〈표 1〉 적정한 표본의 크기

학 자	표본의 크기	예시
Joreskog & Sorborn (1989)	q[1] < 12: 200개 q > 12: 1.5×q×(1+q)	본 예시자료의 핵심역량 관련 관측변수는 28개이므로, 1,218개 필요(1.5×28×29)
Mitchell (1993)	관측변수당 10~20배	본 예시자료의 핵심역량 관련 관측변수는 28개이므로, 280~560개 필요
Stevens (1996)	관측변수당 15배	본 예시자료의 핵심역량 관련 관측변수는 28개이므로, 420개 필요

다양한 학자들의 의견을 종합해보면, 200개에서 400개 정도면 바람직하다고 할 수 있다. 이 수치는 최대우도법에도 적합한 표본크기이며, 200여 개의 표본크기는 임계치로 많이 사용되고 있기 때문이다.

나. Hair이 제시하는 표본의 크기

Hair(2006)은 기존의 연구와 달리 표본의 크기에 영향을 주는 5가지 요인을 제시하면서 구체적으로 표본의 크기를 제시하였다.

1) 다변량 정규분포성

데이터가 다변량 정규분포성을 벗어날 경우, 모수의 수에 15배 정도의 표본크기 필요하다.

2) 추정기법

가장 일반적인 추정법은 최대우도법으로, 표본크기는 150~400 정도가 적당하며, 일반적으로 200이 가장 적절한 표본크기이다.

1) q는 관측변수를 의미

3) 모델의 복잡성

모델이 복잡할수록 표본의 크기가 커져야 한다.

4) 결측치의 양

결측치가 많을 경우에는 표본을 크게 수집해야 한다.

5) 커뮤널리티

커뮤널리티는 관측변수가 구성개념에 의해 설명되어지는 분산으로 구성개념의 관측변수들의 표준화된 요인부하량의 제곱의 합을 관측변수로 나눈 것이다. 커뮤널리티에 따른 표본의 크기는 아래의 표와 같다.

〈표 2〉

표본의 크기 결정 조건	커뮤널리티	표본 크기
커뮤널리티가 높고 구성개념이 5개 이하 관측변수 3개 이상	.6이상	100~150
커뮤널리티가 중간 구성개념이 3개 미만의 관측변수를 가짐	.45~.55	200이상
커뮤널리티가 낮거나 구성개념이 3개 미만의 관측변수를 가짐	.45미만	300이상
커뮤널리티가 낮고, 구성개념이 6개 이상 관측변수 3개 미만	.45미만	500이상

제7장

타당도 및 신뢰도

1. 데이터 코딩 및 데이터 크리닝

가. 데이터 코딩

코딩이란 SPSS에 데이터를 입력하는 것을 의미한다. 데이터 코딩은 SPSS상에 직접 입력하는 방법과 엑셀을 이용하여 입력하는 방법이 있다. 두 가지 방법 중 연구자가 편한 방법을 선택하면 된다.

1) SPSS상에 직접 입력하기

SPSS상에 직접 코딩하기 위해서는 데이터 보기와 변수 보기 기능만 알고 있으면 된다.

데이터 보기 기능을 활용하여 데이터를 입력한다.

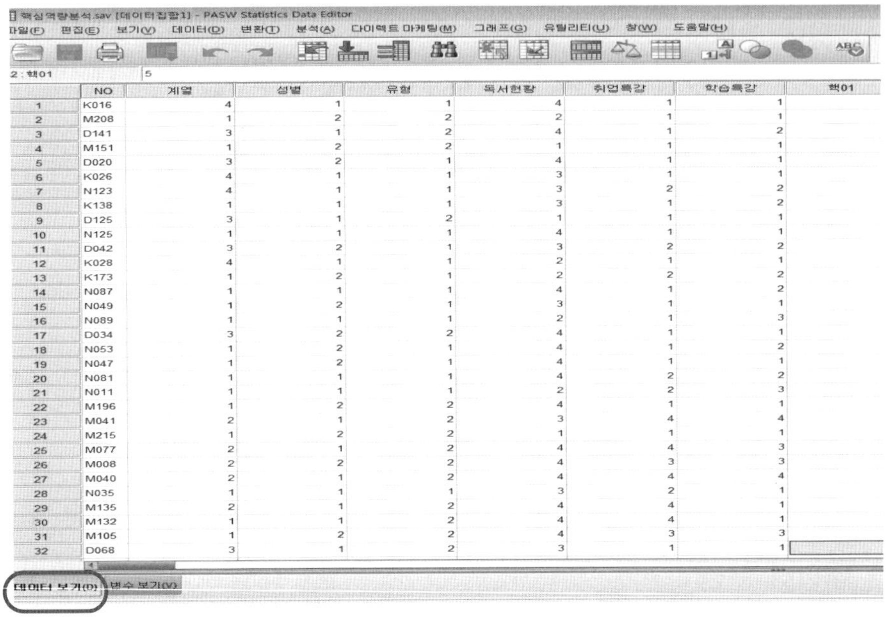

변수 보기 기능을 활용하여 변수를 정의한다(변수이름, 유형, 설명, 값 등).

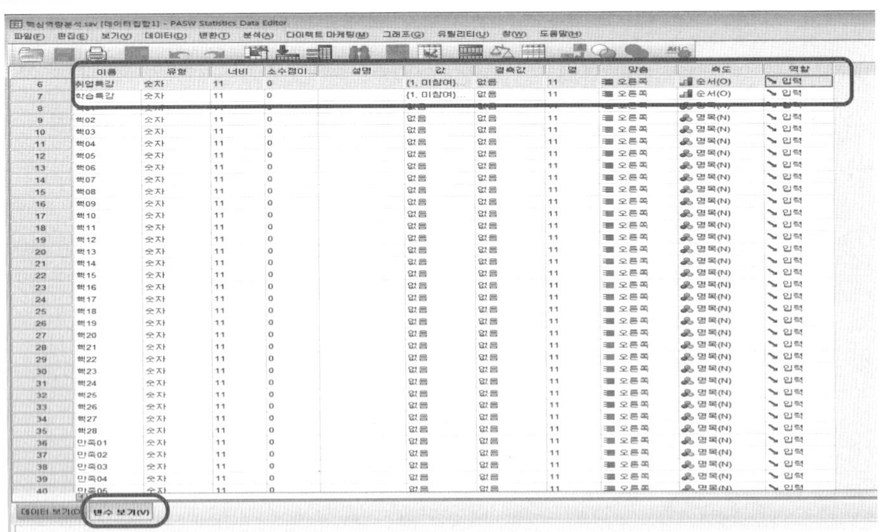

변수 값 설명을 이용하여 자료를 입력한다.

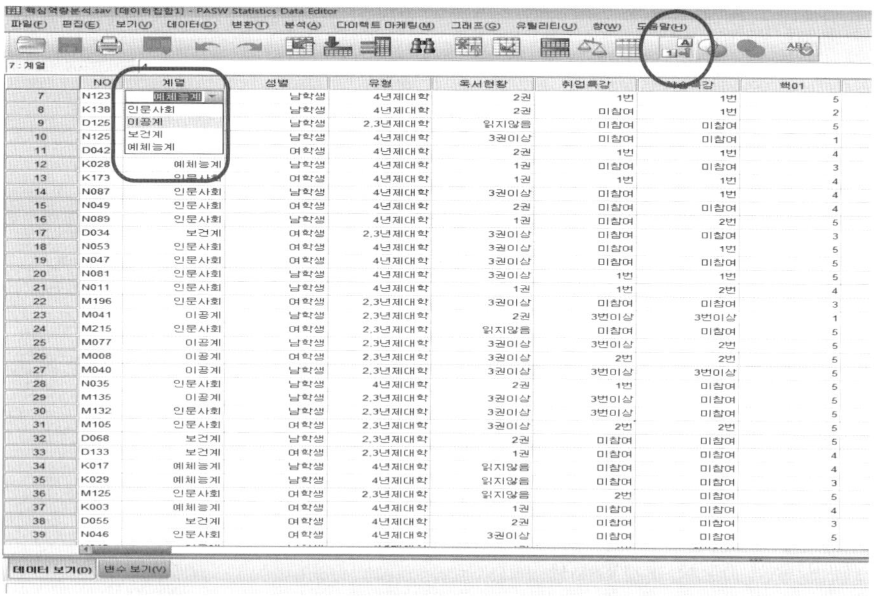

도구모음에서  를 선택하면 변수 이름으로 내용이 변경이 되며, 셀 입력창을 더블클릭하면 오른쪽에 화살표가 생성되면서 변수 이름 확인 및 입력이 가능해짐

2) 엑셀파일로 입력하기

엑셀파일에 입력할 경우 주의할 점은 첫 행에는 변수의 이름을 넣어야 한다는 것이다. SPSS에서 엑셀파일을 불러올 경우 첫 행에 있는 변수의 이름을 그대로 활용하여 SPSS에서 변수로 설정을 하여 주기 때문이다.

다음과 같은 과정으로 엑셀파일을 불러오면 된다.

탑 메뉴〉 → 파일 → 열기 → 데이터 → 모든 파일 → 엑셀파일 선택

나. 데이터 크리닝 (결측치와 이상치)

1) 결측치 종류

① 무시결측치: 질문에 없다라고 응답을 하여 그 다음 문항에 응답을 할 필요가 없는 경우

② 완전무작위결측치: 다른 항목과 어떠한 관계없이 임의적으로 응답하지 않은 경우

③ 무작위결측치: 우연성이 떨어지는 결측

④ 비무시결측치: 가장 문제가 되는 형태로 비무작위 뿐 아니라 다른 방법으로 대체하기도 힘든 경우로, 의도적으로 응답하지 않거나 질문 내용을 제대로 이해하지 못한 경우에 발생

2) SPSS에서 결측치 해결법

① listwise 제거법

이는 설문지에서 한 항목이라도 응답을 하지 않을 경우 전체 항목을 삭제하는 방법이다. 소수의 결측치로 인해 전체 응답이 삭제되어 표본의 크기가 줄어든다는 단점을 가지고 있다. 방법은 아래의 그림과 같다.

탑 메뉴〉 → 분석 → 상관분석 → 이변량 상관계수

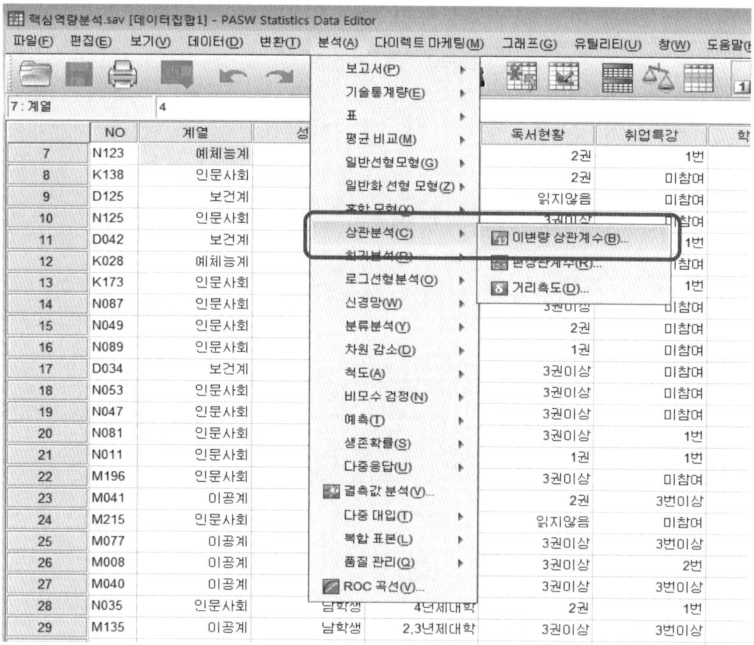

분석하고자 하는 변수를 변수로 이동 → 옵션 → 목록별 결측값 제외 선택 → 확인

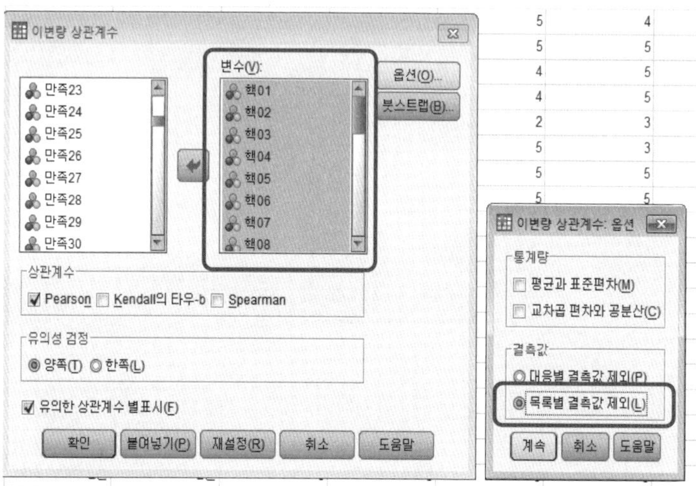

② pairwise 제거법

이는 응답하지 않은 항목만 분석에서 제외시키고, 나머지 항목은 그대로 분석을 진행하는 방법으로, SPSS에서는 기본으로 지정되어 있다. 방법 및 앞의 방법과의 결과 차이는 아래의 그림과 같다.

탑 메뉴〉 → 분석 → 상관분석 → 이변량 상관계수

분석하고자 하는 변수를 변수로 이동 → 옵션 → 대응별 결측값 제외 선택 → 확인

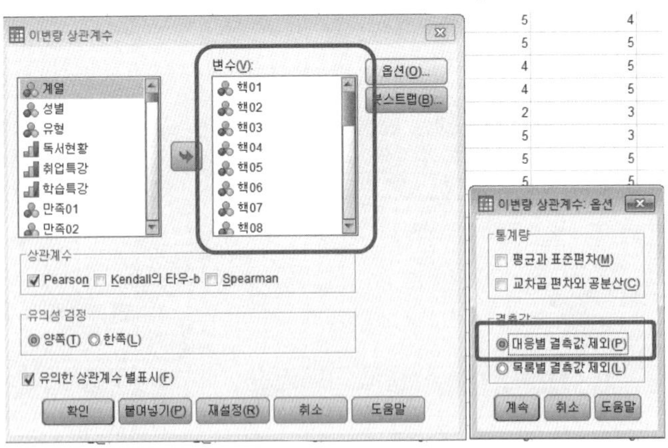

③ 평균대체법

표본을 삭제하는 대신 결측치를 평균값을 대체하는 방법이다. 표본의 크기가 줄지 않는 장점이 있지만, 결측치가 많아 삭제가 요구되는 경우에도 그대로 분석에 사용되는 단점이 있다. 방법은 아래의 그림과 같다.

탑 메뉴〉 → 변환 → 결측값 대체

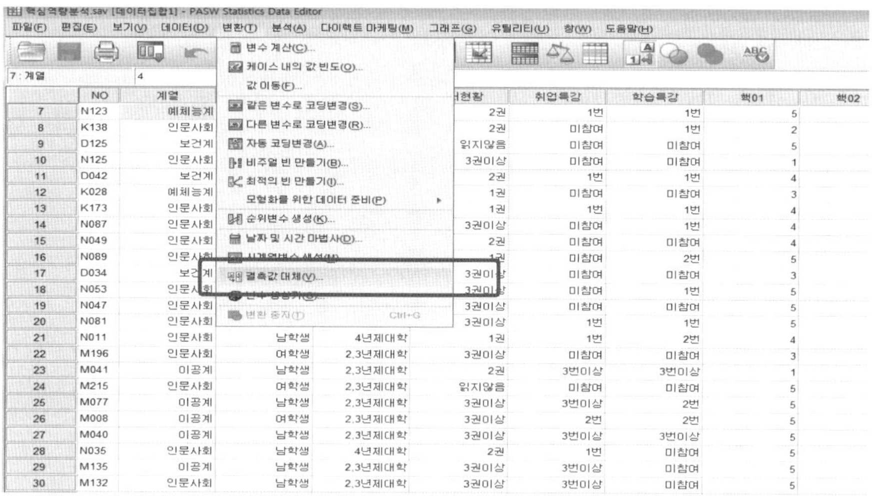

방법: 계열평균 선택 → 분석하고자 하는 변수를 새 변수로 이동 → 확인

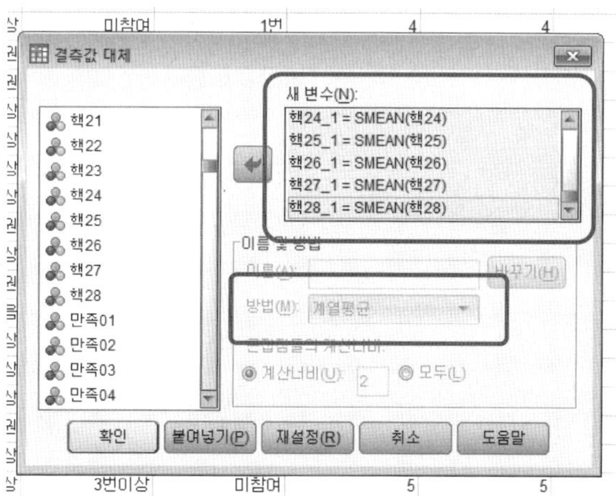

* 이 방법을 실행하고 나면 데이터 파일의 맨 마지막 부분에 평균값으로 대체된 결측치들에 대한 기존의 변수명에 '_1'이 붙은 새로운 이름의 변수가 생성된다.

④ EM법

이는 첫 번째 E단계에서 결측치에 대한 최상의 추정치를 만들고, 두 번째 E단계에서 도출된 추정치로 모수(평균, 표준편차, 상관계수)를 대체하는 방법이다. 방법은 아래의 그림과 같다.

탑 메뉴〉 → 분석 → 결측값 분석 → 변수를 양적변수로 이동 → EM 선택 → 확인

대체: EM... 선택 → 완전한 데이터 저장 선택 → 데이터 파일 이름 새로 지정

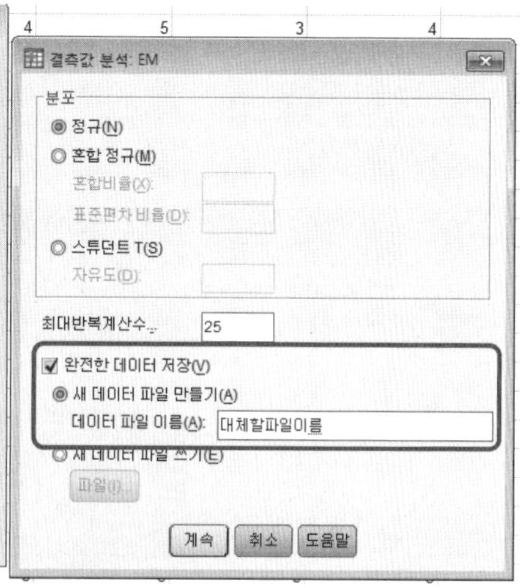

결측치가 있는 데이터

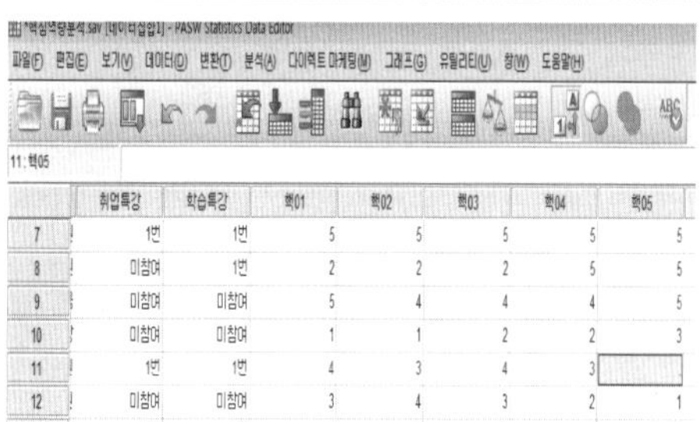

EM법으로 결측치가 대체된 데이터

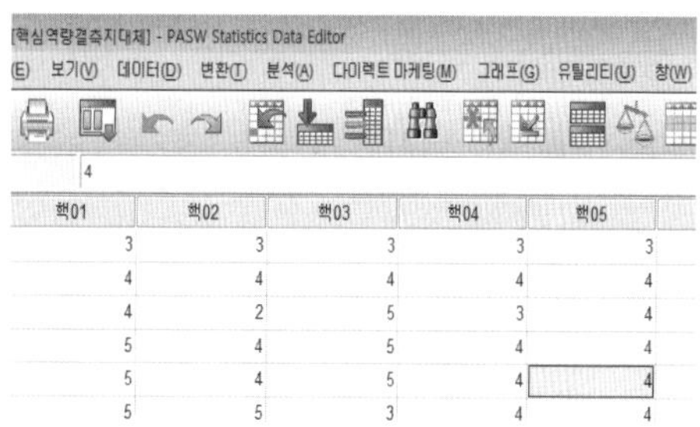

⑤ 회귀대체법

이는 회귀모델을 통해 얻어진 예측지로 결측치를 대체하는 방법이다. 방법은 아래의 그림과 같다.

탑 메뉴〉 → 분석 → 결측값 분석 → 변수를 양적변수로 이동 → 회귀분석 선택 → 확인

대체: 회귀.. 선택 → 완전한 데이터 저장 선택 → 데이터파일이름 새로 지정

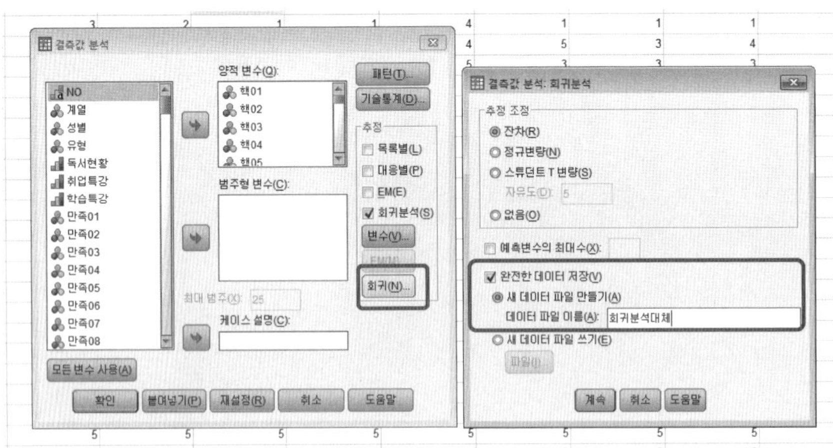

3) 이상치

이상치란 데이터에서 측정치의 수치가 나머지의 측정치들과 다른 것을 의미한다.

4) SPSS에서 이상치 해결법

탑 메뉴〉 → 분석 → 기술통계량 → 기술통계

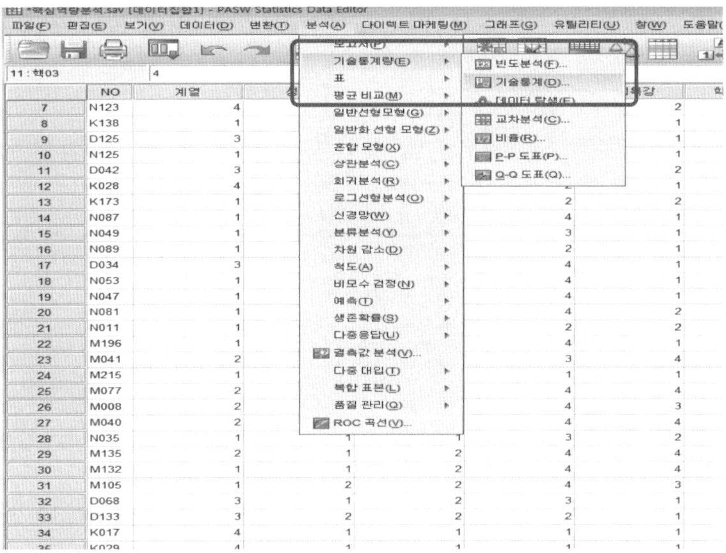

분석하고자 하는 변수를 변수로 이동 → 표준화 값을 변수로 저장 선택 → 확인

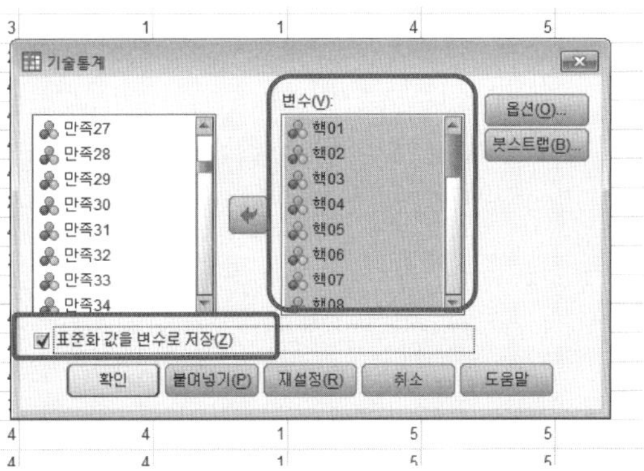

Z-value를 제공하는 변수 생성되며, ±3이상이면 보통 이상치로 간주함

	족도	Z핵01	Z핵02	Z핵03	Z핵04	Z핵05	Z핵06	Z핵07	Z핵08
7	4.07	1.58376	1.80235	1.53779	1.91607	1.77997	.40199	1.38863	1.73842
8	1.99	-2.84673	-2.74181	-2.66244	1.91607	1.77997	.40199	.02606	-.72056
9	3.52	1.58376	.28763	.13771	.57262	1.77997	1.78348	1.38863	-.72056
10	4.41	-4.32357	-4.25653	-2.66244	-2.11429	-1.13488	-.97950	-1.33651	-.72056
11	3.00	.10693	-1.22709	.13771	-.77083	.32254	-.97950	1.38863	1.73842
12	3.56	-1.36990	.28763	-1.26236	-2.11429	-4.04973	-3.74248	.02606	-3.17955
13	3.75	.10693	.28763	1.53779	.57262	.32254	.40199	.02606	1.73842
14	4.37	.10693	.28763	1.53779	1.91607	.32254	1.78348	1.38863	-.72056
15	2.15	.10693	1.80235	.13771	1.91607	1.77997	1.78348	1.38863	1.73842
16	4.13	1.58376	1.80235	.13771	1.91607	.32254	1.78348	1.38863	1.73842
17	3.09	-1.36990	.28763	-2.66244	-.77083	-1.13488	1.78348	1.38863	-.72056
18	3.82	1.58376	1.80235	1.53779	-.77083	.32254	.40199	1.38863	1.73842
19	4.03	1.58376	1.80235	1.53779	1.91607	1.77997	1.78348	1.38863	1.73842
20	4.17	1.58376	1.80235	1.53779	1.91607	1.77997	1.78348	1.38863	1.73842
21	3.63	.10693	-1.22709	.13771	-.77083	-1.13488	-2.36099	.02606	-.72056
22	3.82	-1.36990	.28763	-1.26236	.57262	.32254	.40199	.02606	[illegible]
23	1.00	-4.32357	-4.25653	-4.06252	-3.45774	-4.04973	-3.74248	-4.06164	-3.17955
24	4.29	1.58376	1.80235	1.53779	1.91607	1.77997	1.78348	1.38863	1.73842
25	2.94	1.58376	1.80235	.13771	1.91607	1.77997	1.78348	1.38863	1.73842
26	4.07	1.58376	.28763	.13771	.57262	-1.13488	.40199	.02606	1.73842
27	4.74	1.58376	1.80235	1.53779	1.91607	1.77997	1.78348	1.38863	1.73842

5) 정규성

다변량 분석의 기본 가정은 정규분포이며, 일변량 정규성과 다변량 정규성으로 나뉜다. 정규성 검토에서 중요한 것은 왜도와 첨도이다. 왜도는 분포곡선의 대칭성을 의미하는 것으로 0이라면 정규분포를 의미한다. 첨도는 분포곡선이 중심으로 집중된 정도를 의미하는 것으로, 0이라면 정규분포를 의미한다.

SPSS에서의 일변량 정규성 검토의 방법은 다음의 그림과 같다.

탑 메뉴〉 → 분석 → 기술통계량 → 빈도분석 → 변수 이동 → 통계량 → 평균, 중위수, 최빈값, 왜도, 첨도 등 선택 → 계속 → 확인

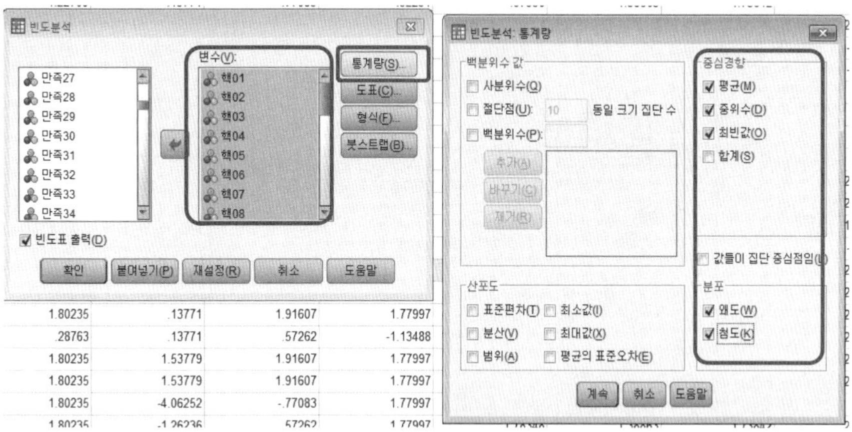

히스토그램 보고 싶을 경우: 그래프 → 레거시 대화상자 → 히스토그램 → 변수에 보고 싶은 변수 이동 → 정규곡선 출력 선택 → 확인

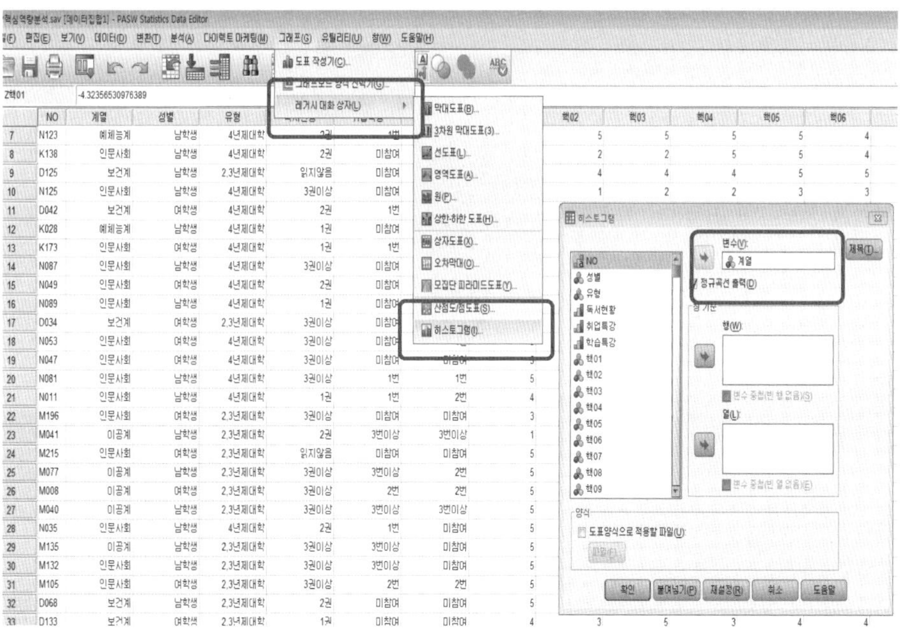

히스토그램 결과
- 계열의 경우 왜도가 .310으로 양의 왜도임
- 그래서 왼쪽으로 약간 몰린, 왼쪽 꼬리 형태를 보이고 있음

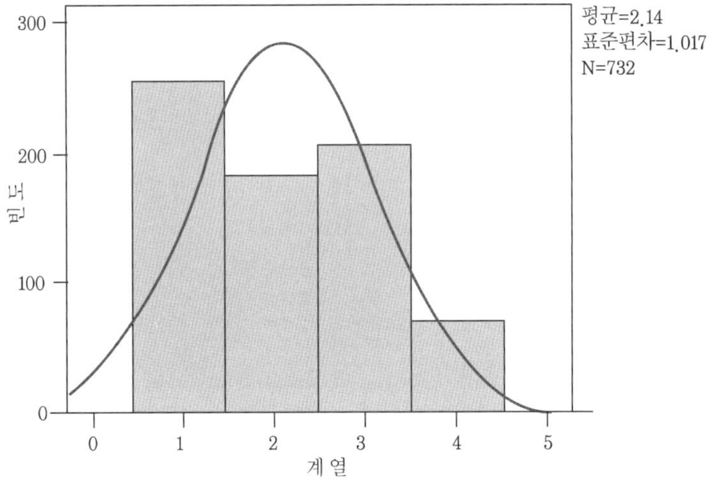

2. 빈도 분석

인구통계적 특성을 조사하기 위한 빈도분석은 반드시 제시되어야 한다.

가. 빈도 분석 방법

탑 메뉴〉 → 분석 → 기술통계량 → 빈도분석 → 변수 선택하여 변수로 이동

도표... → 막대도표, 원도표, 히스토그램

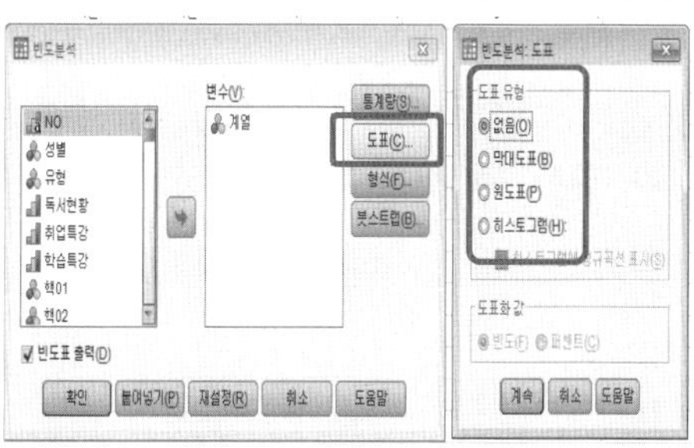

형식... → 출력순서, 출력 범주 선정 가능

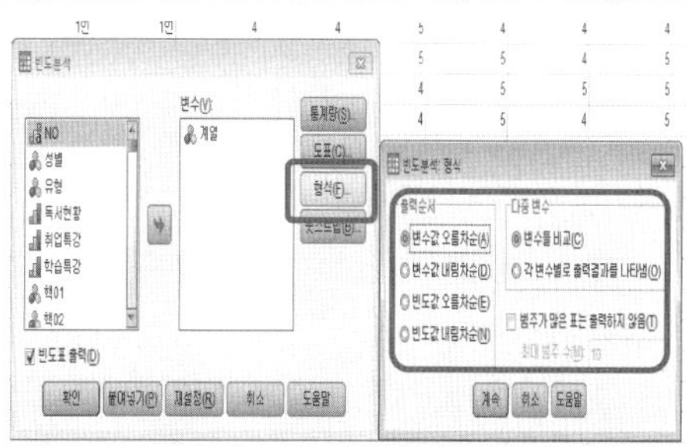

* 연속형 변수의 경우 빈도분석보다는 중심경향값이나 분산도를 분석하여 자료의 특성을 파악하는 것이 일반적이다. 이 경우에는 통계량에서 필요한 분석 종류를 선택하여 분석을 실시하면 된다.

3. 타당도 (요인분석)

요인분석은 타당도를 확인하는 하나의 방법이라고 할 수 있다. 요인분석은 많은 측정변수를 공통적인 요인으로 묶어 자료의 복잡성을 줄이고 측정된 변수들이 동일한 구성 개념을 측정하고 있는지를 파악하기 위한 방법이다. 흔히 사용되는 요인분석은 탐색적 요인분석과 확인적 요인분석이 있으며 이 둘은 사용하는 목적과 방법에 있어서 차이점을 가지고 있다.

탐색적 요인분석은 주로 SPSS나 SAS프로그램 등에 의해 분석되는 기법이다. 이는 변수들 간의 구조를 조사하고 통계적 효율성을 높이기 위해서 변수의 수를 줄이기 위하여 사용이 되며, 이론상으로 체계화되어 있지 않거나 논리적으로 정립되지 않은 상태에서 이용이 된다. 이로 인하여 탐색적 요인분석은 사전 정보가 충분하지 않은 조사에 대해 데이터를 분석하기 전에 요인의 수를 확인하고, 어떻게 요인을 구성할지 확인하기 위한 기법이다. 그리고 탐색적 요인분석은 요인추출방법으로 주성분분석과 공통요인분석을 제공하며, 요인회전 방법으로는 직각요인회전, 사각요인회전을 제공하고 있다.

반면에 확인적 요인분석은 주로 잠재변수와 관측변수 간의 관계 및 잠재변수 간의 관계에 집중하는 것으로, 탐색적 요인분석과 달리 분석 전에 요인의 수와 요인에 대한 항목들이 이미 충분한 정보를 통해 지정이 된 상태에서 분석을 하게 된다. 즉, 확인적 요인분석은 다양한 선행연구를 통해 이론적 배경이나 논리적 근거가 충분하며, 이러한 근거가 정확한지 알아보는 이론 검증 과정이라고 수 있다. 이로 인해 확인적 요인분석은 집중타당성이나 판별타당성과 같은 측정도구의 타당성 검증에 이용되며, 모델의 평가가 χ^2 또는 다른 모델의 적합도(GFI, AGFI, CFI, RMR) 등에 의해 이루어지기도 한다.

가. 탐색적 요인분석과 확인적 요인분석

요인분석은 탐색적 요인분석과 확인적 요인분석으로 나뉘며, 서로 상이한 특성을 가지고 있다. 차이점은 아래의 표와 같다.

〈표 1〉 탐색적 요인분석과 확인적 요인분석의 비교

	탐색적 요인분석	확인적 요인분석
사용 프로그램	SPSS	Amos
영문 약자	EFA	CFA
분석 방법	탐색적, 경험적 방법	확인적, 검증적 방법
이론 과정	이론 생성 과정	이론 검증 과정
선행연구 여부	선행연구나 이론적 배경이 없는 경우	선행연구나 이론적 배경이 충분한 경우
지향성	데이터 지향적	이론 지향적
요인의 수	요인의 수는 분석 전까지 알 수 없음	요인들이 분석 전에 이미 지정되어 있음
요인의 항목	어떤 요인에 어떤 항목이 묶이는지 분석 전까지는 알 수 없음	구성개념에 대한 측정항목들이 분석 전에 이미 정해져 있음

나. 탐색적 요인분석

탐색적 요인분석은 선행연구를 통한 이론적 배경이나 논리적 근거 대신 데이터가 보여주는 결과 자체를 그대로 받아들이게 되는 방법으로, '이론 생성 과정'에 가깝다고 할 수 있다. 즉, 탐색적 요인분석은 분석을 하기 전까지는 요인의 수와 요인의 구성 항목에 대해서 알 수 없다. 추출된 요인에 의해 명명하고 분석 결과에 새로운 의미를 부여하고 해석하게 된다. 하지만, 논리적이거나 이론적 배경이 없는 상태에서는 결과에 의한 데이터 지향적인 성격을 가진다는 점과 간혹 연관성이 없는 항목들이 묶여 요인 해석에 어색하거나 복잡해지게 만들기도 한다는 단점을 가지고 있다.

탐색적 요인분석은 요인추출방법으로 주성분분석과 공통요인분석을 제공하며, 요인회전으로는 직각요인회전과 사각요인회적을 제공하고 있다.

탐색적 요인분석은 등간척도나 비율척도로 이루어진 대상을 분석한다. 여러 변수들 간의 공분산과 상관관계 등을 이용하여 변수들 간의 상호관계를 분석하고, 그 결과를 토대로 문항과 변수들 간의 상관성 및 구조를 파악하여 여러 변수들이 지닌 정보를 적은 수의 요인으로 묶어서 나타내는 분석방법이다. 즉, 요인분석을 실시하면 몇 개의 핵심 내재 요인으로 간추릴 수 있다.

탐색적 요인 분석은 R타입과 Q타입으로 구분이 되어지며, 변인들을 기준으로 요인을 구분하는 R타입을 대부분 사용한다. Q타입은 개별 응답자에 대해 케이스별로 상이한 특성을 가지는 개인을 상호 동질적인 집단을 구분하는 것인데, 이 방법은 계산이 어려워 군집분석을 대안으로 사용한다.

1) 부정확하지만 일반적으로 많이 쓰이는 방법

탑 메뉴〉 → 분석 → 차원 감소 → 요인분석 → 분석할 변수를 변수로 옮기기

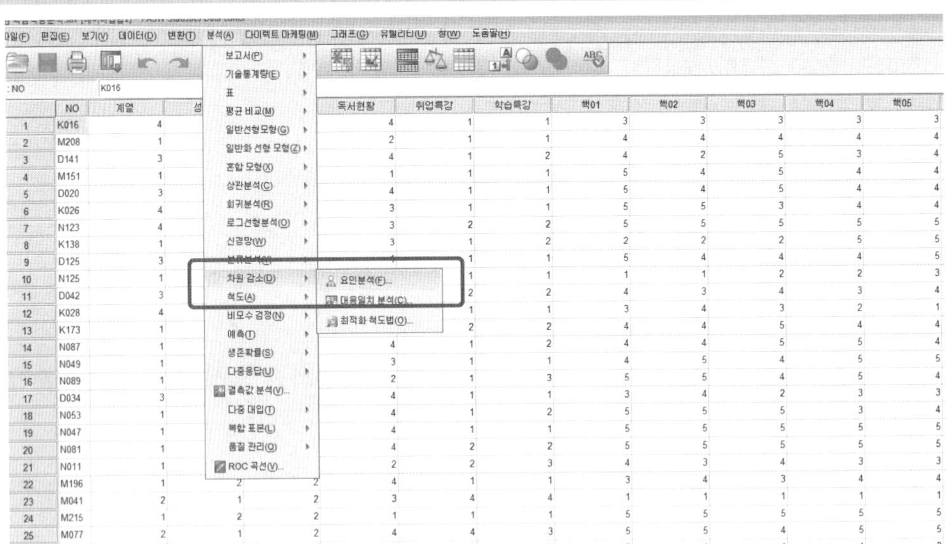

기술통계 → 일변량기술통계, 초기 해법 모두 설정, KMO와 Bartlett의 구형성 검정 선정

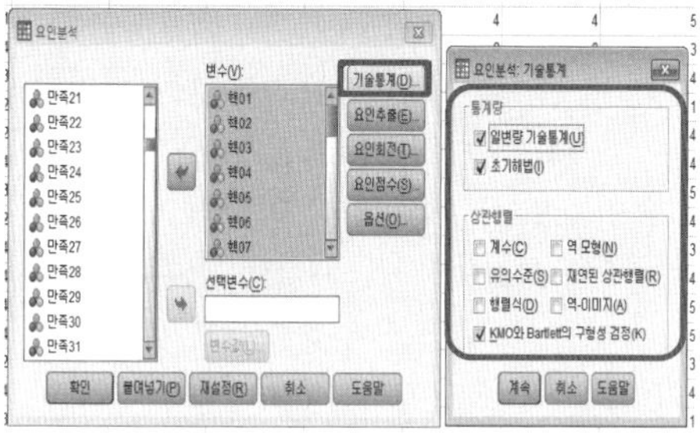

* KMO: 변수들 간의 편상관을 확인하는 것. 변수의 숫자와 케이스의 숫자의 적절성을 나타내는 표본 적합도를 의미함. 높을수록 좋으나 일반적으로 .5이상이면 적절하다고 판단. 표본의 수와 변수의 수가 적절한지 판단해주는 것. 다른 교재에서는 .8이상이면 적절하다고 판단한다고도 되어 있음.
* Bartlett: 요인분석은 상관계수의 행렬이 대각행렬(변수간의 상관관계가 없음을 의미함)이면 부적절함. 대각행렬은 변수 간의 상관관계가 없음을 의미함. Bartlett값이 $p<.05$이면 대각행렬이 아니므로 요인분석이 적절하다는 뜻임.

요인회전 → 베리맥스, 회전해법, 적재값도표 선택

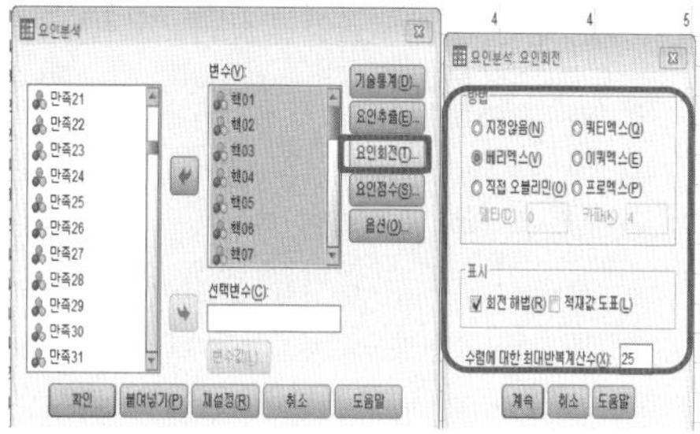

* 보통은 사각회전인 직접 오블리민을 선택하며, 여기서는 비교를 위해 우선 베리맥스를 선택함.
* 회전해법: 회전된 적재값(변수와 요인들간의 상관계수를 의미함. 0.3이상이면 유의, .5이상이면 매우 유의하다고 해석함)을 확인.
* 적재값도표: 적재값을 표시하기 위해 선택.

요인추출 → 주성분, 회전하지 않은 요인 해법과 스크리 도표 선택, 고유값 기준 다음 값보다 큰 고유값에 "1"을 입력. 고유값은 요인의 설명력이라고 해석하면 될 듯(1개 이상의 분산을 설명해야만 요인으로서 역할을 하게 됨).

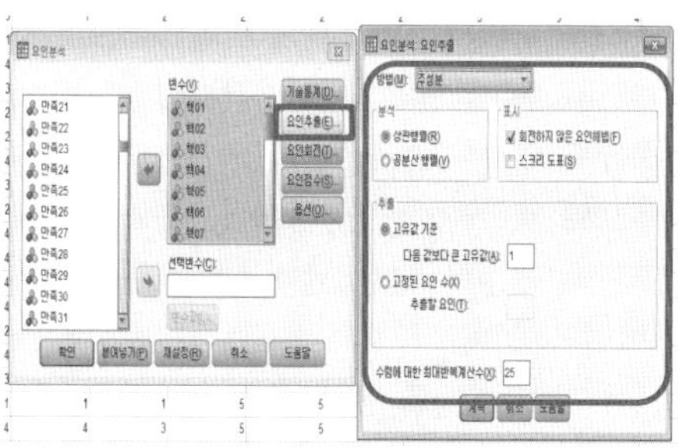

* 요인분석 후 원하는 요인 개수가 나오지 않을 경우 ⇒ 고정된 요인 수 ⇒ 추출할 요인에 원하는 요인의 개수를 적으면 해결됨.

요인점수 → 변수로 저장, 회귀분석 선택

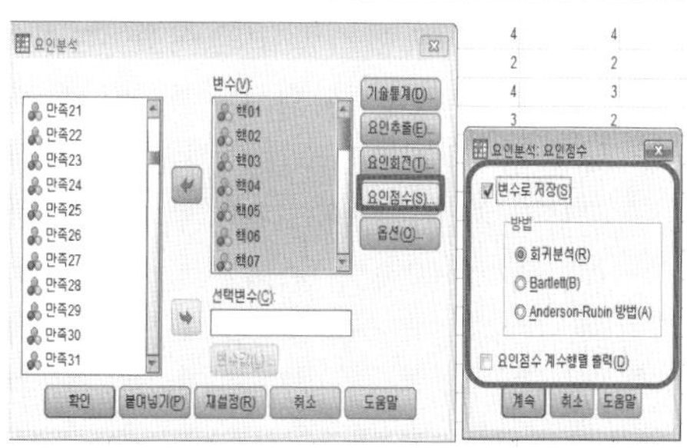

* 회귀분석 후에는 FAC라고 적힌 회귀계수가 새로운 변수로 생성이 됨. 새로 생성된 변수는 상관분석에서 활용이 됨.

1. 기술통계량
2. 상관행렬: 각 문항 간의 상관관계를 알려주는 표
3. KMO와 Bartlett: 요인분석의 적절성 판단 기준(kmo>.5, bartlett<.05)
4. 공통성: 추출된 요인들에 의해 설명되는 변수의 분산. 각 요인이 공통요인을 설명하는 정도(예: 1번 문항은 공통요인을 설명하는 데 .901(90.1%)의 설명력을 가짐)
5. 설명된 총분산: ⑤에서 고유값 1 이상(추출된 요인의 고유값을 의미, 일반적으로 고유값의 크기가 1 이상이 요인을 기준으로 설명, 요인적재값의 제곱의 합이 클수록 추출된 요인이 변수들의 분산을 잘 설명하고 있다는 것을 의미함)을 추출한다고 했으므로, 1이상인 요인을 추출한 비율을 나타냄. 누적의 제일 아래 칸에 있는 비율을 확인하면 됨(예: 설정대로 추출된 요인들 5개가 전체 입력변수의 79.103%을 설명하고 있음).
   ※ 추출된 요인의 고유값을 의미, 일반적으로 고유값의 크기가 1 이상이 요인을 기준으로 설명, 요인적재값의 제곱의 합이 클수록 추출된 요인이 변수들의 분산을 잘 설명하고 있다는 것을 의미함.
6. 스크리 도표: 설명된 총분산에서 확인할 수 있는 성분들의 고유값을 큰 값에서 작은 값 순으로 그래프로 보여줌.
   *요인추출 창에서 고유값이 1 이상인 요인을 추출하겠다고 설정을 하였다. 이를 통해 총 5개의 성분을 요인으로 추출하는 것이 적절함을 그래프로 확인할 수 있다. 고유값이 1보다 크면 하나의 요인이 변수 1개 이상의 분산을 설명한다는 의미이며, 1보다 작으면 요인으로서의 의미가 없다는 뜻이기 때문에 '1'로 설정한다.
7. 성분행렬: 5가지 성분이 추출되었음을 확인
8. 회전된 성분행렬: 굵은 글씨로 표시된 값이 각각의 요인적재 값이다. 베리맥스 방식을 선택했으므로 베리맥스 회전으로 얻은 값이다.
   - 굵은 글씨에 해당하는 문항이 각 요인에 어울리는 문항이라는 의미임.
9. 성분변환행렬: 값들을 요인회전 할 때 사용한 행렬 값을 의미
   ※ 성분행렬표는 회전전의 요인적재량, 패턴행렬표는 회전후의 요인적재량
10. 회전 공간의 성분 도표: 성분의 좌표 공간에서 원래 변수들의 위치를 표시
11. 성분점수 계수행렬: 여러 변수가 5개의 요인으로 축소가 된 상태이다. 축소된 각 요인에 대한 응답 결과를 계수화하여 각 요인의 표준화 값을 곱한 후 이를 모두 더함. 이렇게 더한 각 요인들에 대한 응답 행렬을 의미
12. 공분산행렬: 베리맥스 회전을 실행하였기 때문에 자기 자신을 뺀 모든 값이 0으로 출력이 된다. 베리맥스는 각 요인들이 서로 독립접이라는 가정에 바탕을 두기 때문

2) 정확한 방법

1)의 방법은 각 요인들이 독립적이라는 가정 하에 얻은 결과이기 때문에 공분산이 0이 된다. 그렇기 때문에 성분점수 공분산행렬에 대한 의미를 간과하게 된다. 그리고 모든 표를 확인해야 한다는 점에서 최대우도 방법과 사각회전 방법으로 실시한다.

정확한 방법은 1)의 방법과 과정은 거의 동일하지만, 요인추출과 요인회전에서 조금의 차이점을 가지고 있다.

요인추출 → 최대우도, 회전하지 않은 요인해법과 스크리 도표 선택

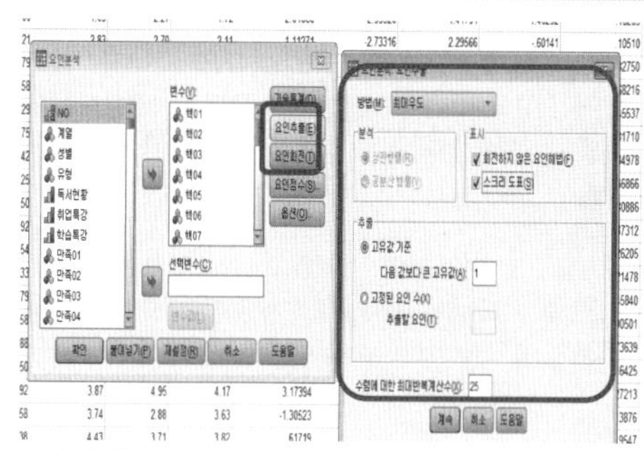

* 회전하지 않은 요인해법: 회전하기 전 요인적재값을 확인하기 위함
* 요인적재값이란? 변수들과 요인간의 상관계수를 의미.(.3이상이면 유의, .5이상이면 매우 유의)
* 스크리 도표: 그래프로 요인들의 고유값 분포를 확인하기 위해

요인회전 → 직접오블리민, 회전 해법, 적재값 도표 선택

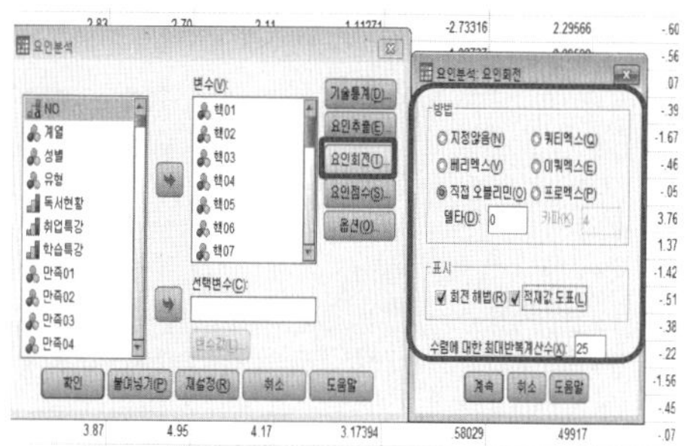

* 요인회전을 하는 이유: 요인 적재값으로는 변수간 상하관계를 확인하는 데 한계가 있다. 요인회전을 통해 적재값이 큰 경우에는 확대하여 1에 가깝게 만들고, 작은 경우에는 ∅에 가깝게 하여 변수를 명확히 구분한다. 직각회전은 요인간 독립성을 유지하여 회전하며 상관관계가 없다. 간단한 결과라서 해석하기 쉽다. 사각회전은 연관관계를 유지하여 회전을 한다. 상관관계가 전혀 없다고 가정하지 않으며, 결과가 복잡하여 해석하기가 어렵다.

3) 요인분석 결과

본 예시는 대학생을 대상으로 실시한 핵심역량 관련 조사 결과를 바탕으로 요인분석을 실시한 결과이다. 핵심역량 척도는 김연희, 정재삼, 이종경, 이유진(2010)의 대학생 대상 핵심역량 척도이며, 총 28문항, 7개의 요인으로 구성되어 있다.

요인분석 후 결과에 따라 요인적재량이 0.4이하일 때는 문항을 제거하고 요인분석을 다시 실시한다. 요인분석 결과에 따라 기존 측정도구의 구성요인 이름에 의거하여 구성요인별 이름을 지정해주면 된다.

요인분석 결과 (1)

요인행렬[a]

요인					
1	2	3	4	5	6
.757	.104	.183	.005	-.035	.167
.622	.199	.158	.097	.091	.149
.723	.028	.060	-.073	.007	.123
.601	.189	.203	.360	.103	-.144
.543	.234	.344	.233	.014	.052
.642	.236	.182	.346	.008	.051
.719	.158	.099	.050	.034	.058
.372	.430	.014	.447	.117	.135
.150	.227	.231	.694	.114	.100
.065	.122	.204	.673	.144	.248
.087	.199	.334	.614	.108	.280
.189	.124	.652	.360	.087	.080
.235	.122	.660	.330	.033	.094
.241	.711	.275	.096	.056	.048
.077	.772	.082	.237	.076	.064
.235	.697	.183	.059	.060	.134
.073	.604	.181	.231	.111	.259
.287	.589	.183	.091	.064	.250
.167	.205	.119	.396	.082	.630
.041	.098	.088	.350	.195	.620
.268	.309	.309	-.171	.076	.582
.205	.292	.272	.284	.099	.580
-.047	.100	.146	.132	.823	.059
.151	.093	.071	-.008	.854	.058
-.021	.071	.220	.316	.624	.254
.167	.133	.689	.205	.307	.141
.179	.325	.683	.100	.168	.197
.252	.275	.663	.021	.083	.176

요인추출 방법: 최대 우도.
a. 추출된 6 요인 19의 반복계산이 요구됩니다.

요인분석 결과 (2)

– 요인분석 결과 구성요인의 개수(7개)가 6개의 요인으로 분석이 되어 고정된 요인수를 7개로 지정하여 다시 실시함.

요인행렬[a]

요인						
1	2	3	4	5	6	7
.759	.113	-.011	-.030	.115	.174	.145
.623	.184	.123	.090	.167	.135	.047
.725	.077	-.159	.016	-.102	.169	.195
.605	.196	.333	.112	.026	-.121	.244
.546	.221	.253	.021	.259	.040	.218
.643	.201	.392	.007	.182	.031	.061
.719	.121	.110	.028	.186	.028	-.061
.372	.377	.524	.109	.124	.102	-.125
.152	.202	.712	.121	.126	.099	.188
.066	.118	.655	.154	.057	.265	.228
.089	.179	.631	.117	.229	.273	.239
.197	.181	.261	.117	.229	.127	.698
.244	.197	.200	.067	.180	.158	.765
.248	.724	.093	.065	.184	.048	.195
.083	.788	.221	.082	.007	.078	.100
.240	.710	.056	.065	.132	.134	.121
.077	.601	.246	.115	.161	.251	.090
.289	.570	.137	.064	.239	.223	.012
.166	.197	.399	.085	.121	.627	.059
.042	.145	.259	.207	-.080	.667	.224
.268	.295	-.124	.077	.402	.541	.043
.204	.265	.330	.101	.319	.550	.069
-.043	.103	.125	.828	.083	.060	.094
.154	.091	-.002	.854	.074	.052	-.008
-.019	.071	.308	.631	.134	.256	.159
.173	.130	.215	.325	.497	.124	.463
.182	.266	.219	.173	.724	.118	.221
.254	.208	.155	.085	.747	.089	.171

요인추출 방법: 최대 우도.
a. 추출된 6 요인 19의 반복계산이 요구됩니다.

*요인분석결과 기존 척도와 동일한 구성요인을 추출하게 됨.

4. 신뢰도

요인분석은 그 자체로는 연구모형에 대한 방향을 제시가 불가능하다. 그래서 수집한 자료가 타당하다면 신뢰할 만한지를 확인하여야 한다. 즉, 측정한 자료가 정확하게 측정되었는지 확인하게 된다. 신뢰도는 측정하려는 것을 어느 정도 일관성 있고 정확하게 재고 있는냐와 관련된 것으로 정확성을 의미하게 된다. 신뢰도 분석과 함께 제시를 하는 것이 보편적인 논문 작성 방법이다. 보통 신뢰도 판단은 검사를 구성하고 있는 문항 간 일관성을 측정하는 문항내적일관성신뢰도(Cronbach's α) 값을 제시한다. 신뢰도 분석 방법은 아래와 같다.

탑 메뉴〉 → 분석 → 척도 → 신뢰도 분석

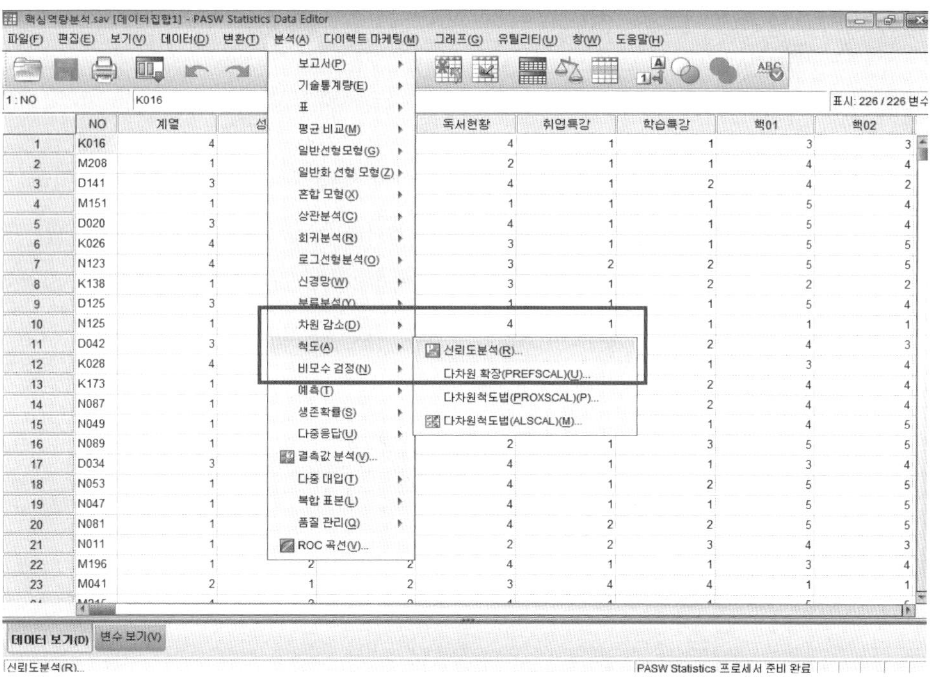

요인분석에 따라 요인별로 신뢰도 분석	통계량... → 항목, 척도, 제거시 척도 선택

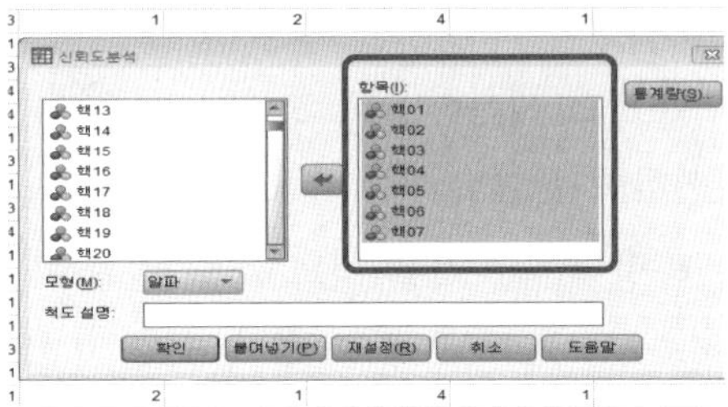

* 예시그림은 앞의 요인분석에 따라 요인1(문항 1~7번)에 대한 분석임

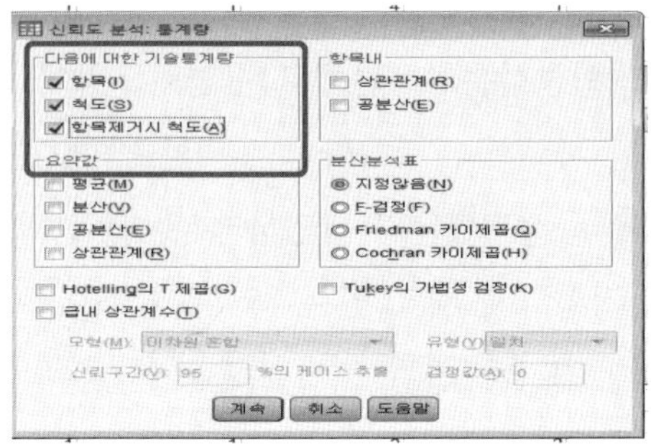

* 신뢰도 분석은 재측정한 결과가 얼마나 동일한지에 대하여 알아보는 과정으로써, 요인별로 나누어서 위의 과정에 따라서 분석을 실시해야 한다.

5. 변수 계산

요인분석과 신뢰도분석을 통해 변수를 제거하게 되었다. 그리고 나서 분석을 실시하기 전에 알아야할 기능이 변수계산이다. 가끔 SPSS를 활용하여 분석을 할 때, 혹은 AMOS를 활용하여 구조방정식 분석을 실시할 경우 요인별로 평균값을 사용하기도 한다. 이때 평균값을 SPSS에서 쉽게 구해서 새로운 변수로 추가가 되는 기능이 있다. 평균 뿐 아니라 수식을 활용하여 변수들의 값을 변화시킬 수 있다. 방법은 아래와 같으며, 여기서는 요인1(의사소통능력)에 속하는 변수들의 평균값을 구하는 방법을 예로 들어 설명한다.

탑 메뉴〉 → 변환 → 변수계산

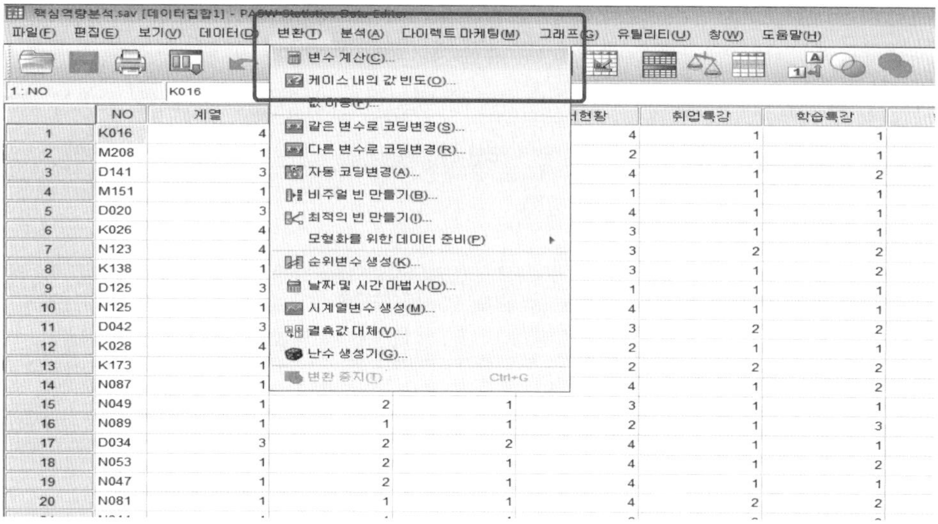

변수 계산하기

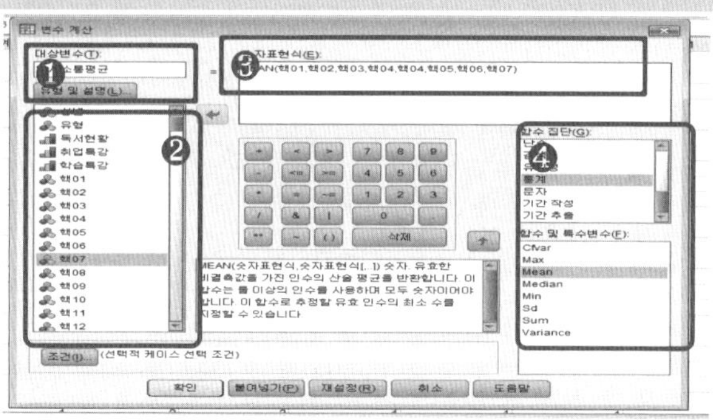

결과 → 새 변수 생성

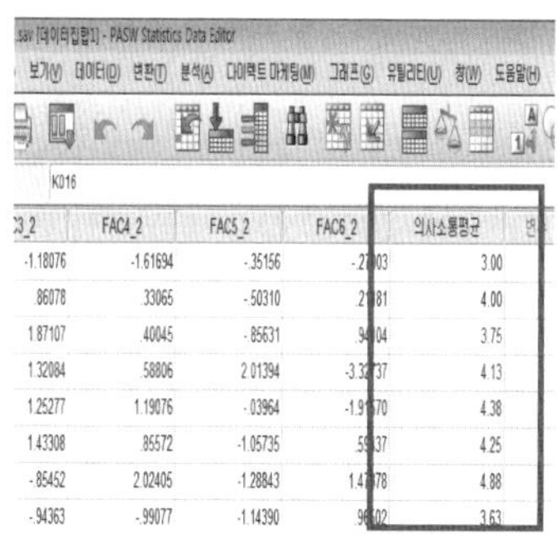

❶ 새로운 변수 이름을 정해서 입력 함

❷ 계산을 할 변수를 더블 클릭하면 ❸에 자동 입력 됨

❸ 원하는 변수 계산식을 계산기를 활용하여 입력 함

❹ 엑셀처럼 필요한 함수를 찾아서 입력하는 것도 가능함

6. 상관관계분석

상관관계는 변수들 간의 관계를 말하는 것으로, 두 개 이상의 변수에 있어서 한 변수가 변화함에 따라 다른 변수가 어떻게 변화하는지에 대한 변화의 강도를 의미한다. 상관관계는 0에서 ±1 사이에 나타나며 아래와 같은 기준을 가지고 있다.

〈표 2〉 상관관계 계수와 강도

상관관계 계수	상관관계 강도	상관관계 계수	상관관계 강도
±0.9이상	매우 높은 상관	±0.2 ~ ±0.4미만	낮은 상관
±0.7 ~ ± 0.9미만	높은 상관	±0.2미만	매우 낮은 상관
±0.4 ~ ± 0.7미만	다소 높은 상관		

상관관계분석은 2가지 방식이 있으며 아래와 같은 차이점을 가지고 있다.

〈표 3〉 상관관계분석 방법

부정확하지만 많이 사용	정확한 방법
주성분분석으로 요인 분석한 결과로 분석	공통요인분석의 최대우도법과 직접 오블리민으로 요인 분석한 결과로 분석
산술평균값을 변수로 저장하여 분석	요인분석의 변수 저장값을 기준으로 분석

* 정확한 분석으로 실시할 경우 기술통계량의 평균이 모두 0으로 나오게 된다. 상관분석은 표준화를 하여 비교를 하게 되는 경우이다. 표준화를 하게 되면 평균이 0이 되어야 하므로 평균이 모두 0으로 나오는 것은 바른 분석 결과이다.

가. 부정확하지만 많이 사용하는 방법으로 연관성 분석

탑 메뉴〉 → 분석 → 상관분석 → 이변량 상관계수 → 분석 할 변수 옮기기

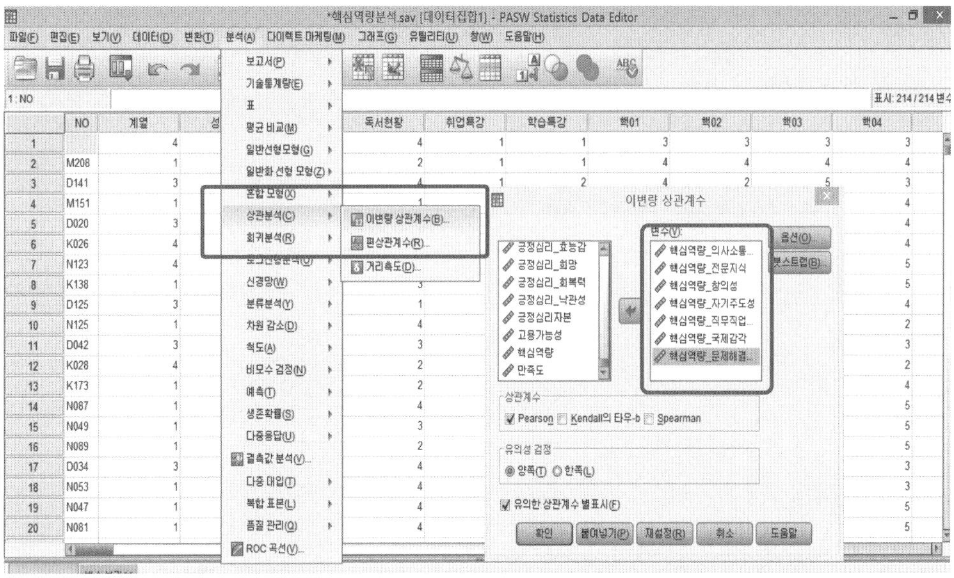

* 상관분석을 실시하기 위해서는 요인분석을 통해 확인된 구성요인별로 변수계산을 통해 평균값을 미리 구해놓아야 한다.

피어슨(pearson), 유의성검정 양쪽,
유의한 상관계수 별 표시 선택

옵션 → 평균, 표준편차,
대응별 결측값제외 선택

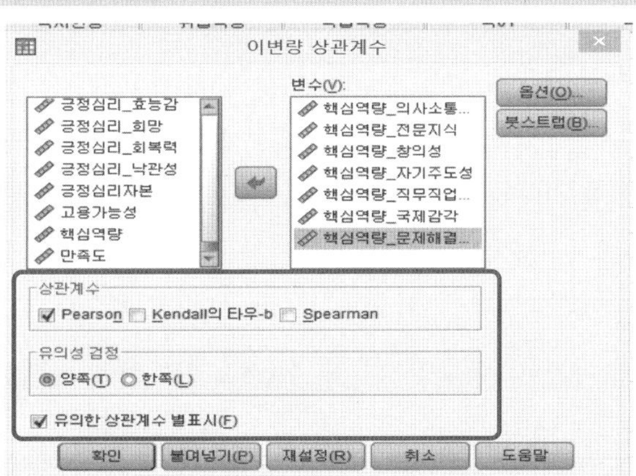

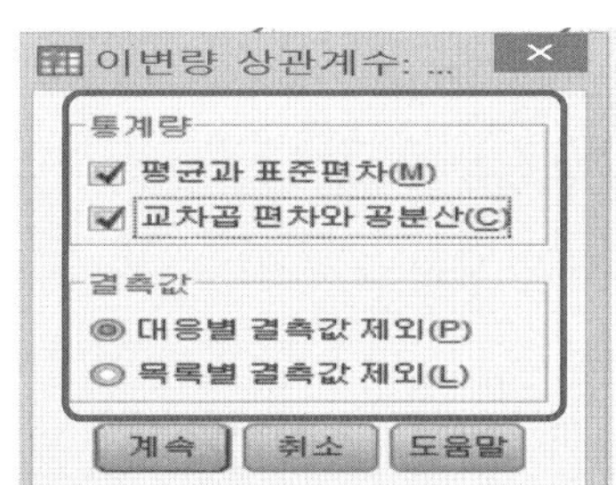

위의 방법대로 분석을 실시할 경우, 상관분석 결과표를 아래와 같이 제시해준다.

상관계수

		핵심역량_의사소통대인관계	핵심역량_전문지식	핵심역량_창의성	핵심역량_자기주도성	핵심역량_직무직업소양	핵심역량_국제감각	핵심역량_문제해결사고력
핵심역량_의사소통대인관계	Pearson 상관계수	1	.490**	.487**	.533**	.470**	.190**	-.058
	유의확률(양쪽)		.000	.000	.000	.000	.000	.114
	N	732	732	732	732	732	732	732
핵심역량_전문지식	Pearson 상관계수	.490**	1	.550**	.572**	.614**	.398**	-.032
	유의확률(양쪽)	.000		.000	.000	.000	.000	.384
	N	732	732	732	732	732	732	732
핵심역량_창의성	Pearson 상관계수	.487**	.550**	1	.473**	.494**	.311**	.003**
	유의확률(양쪽)	.000	.000		.000	.000	.000	.925
	N	732	732	732	732	732	732	732
핵심역량_자기주도성	Pearson 상관계수	.533**	.572**	.473**	1	.591**	.301**	-.009**
	유의확률(양쪽)	.000	.000	.000		.000	.000	.806
	N	732	732	732	732	732	732	732
핵심역량_직무직업소양	Pearson 상관계수	.470**	.614**	.494**	.591**	1	.395**	-.009**
	유의확률(양쪽)	.000	.000	.000	.000		.000	.810
	N	732	732	732	732	732	732	732
핵심역량_국제감각	Pearson 상관계수	.190**	.398**	.311**	.301**	.395**	1	.048**
	유의확률(양쪽)	.000	.000	.000	.000	.000		.198
	N	732	732	732	732	732	732	732
핵심역량_문제해결사고력	Pearson 상관계수	-.058	-.032	-.003	-.009	-.009	.048	1
	유의확률(양쪽)	.114	.384	.925	.806	.810	.198	
	N	732	732	732	732	732	732	732

**상관계수는 0.01 수준(양쪽)에서 유의합니다.

나. 보다 정확한 방법

가.의 방법은 데이터 값을 직접 계산하여 평균값을 활용한 분석하는 방법이다. 이에 비해 보다 정확한 방법은 요인분석 결과의 요인점수를 이용하여 측정오차가 제거된 순수 요인 점수를 활용하는 방법이 있다. 요인분석 시 변수로 저장-회귀 분석을 클릭하면 FAC라고 시작하는 새로운 변수가 생성이 되며, 이를 상관분석에서 활용하게 된다.

상관분석 방법은 가.와 동일하지만, 변수 선택 시 'FAC'라고 시작하는 변수를 사용하기만 하면 된다. 이때 변수에 REGR이라고 적히게 되는데 이는 회귀분석을 선택했기 때문이다. 방법은 다음의 그림을 참고하면 된다.

탑 메뉴〉 → 분석 → 차원감소 → 요인분석 → 요인점수 → 변수로 저장 → 회귀분석 선택

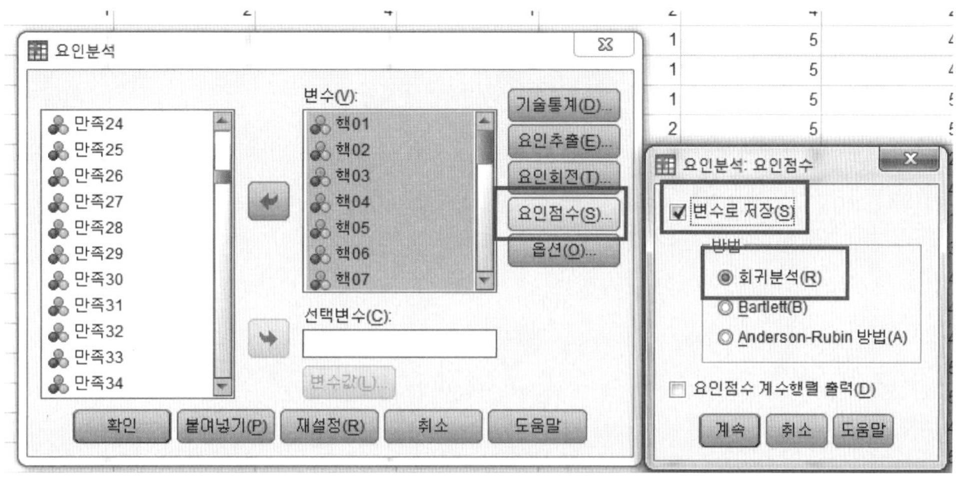

데이터보기 확인 → FAC 변수 생성

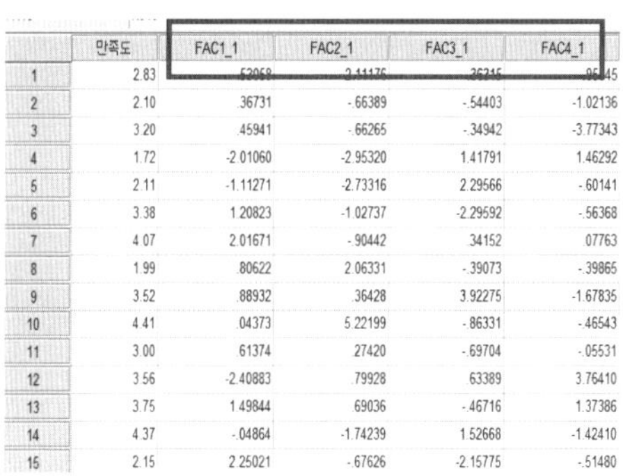

	만족도	FAC1_1	FAC2_1	FAC3_1	FAC4_1
1	2.83	[illegible]	[illegible]	[illegible]	[illegible]
2	2.10	.36731	-.66389	-.54403	-1.02136
3	3.20	.45941	-.66265	-.34942	-3.77343
4	1.72	-2.01060	-2.95320	1.41791	1.46292
5	2.11	-1.11271	-2.73316	2.29566	-.60141
6	3.38	1.20823	-1.02737	-2.29592	-.56368
7	4.07	2.01671	-.90442	.34152	.07763
8	1.99	.80622	2.06331	-.39073	-.39865
9	3.52	.88932	.36428	3.92275	-1.67835
10	4.41	.04373	5.22199	-.86331	-.46543
11	3.00	.61374	.27420	-.69704	-.05531
12	3.56	-2.40883	.79928	.63389	3.76410
13	3.75	1.49844	.69036	-.46716	1.37386
14	4.37	-.04864	-1.74239	1.52668	-1.42410
15	2.15	2.25021	-.67626	-2.15775	-.51480

REGR로 시작하는 변수 선택 → 앞의 방법과 동일하게 상관분석실시

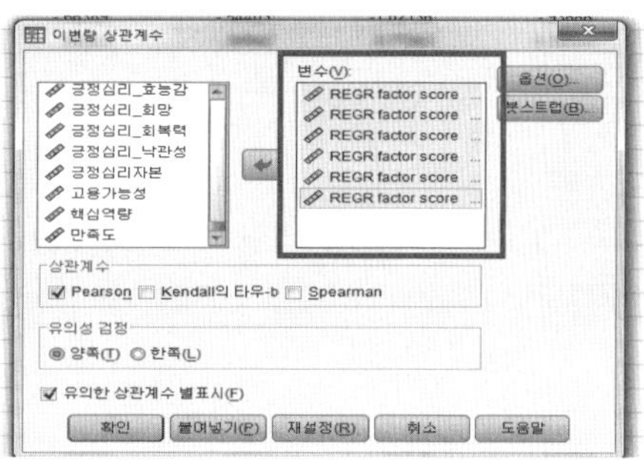

※ 이 경우 평균이 0이 나오는데, 이렇게 결과가 나오는 것이 제대로 된 분석 결과이다. 그 이유는 회귀분석은 평균을 0으로 하는 참 요인값과 추정된 요인간의 차이를 제곱한 값을 최소로 하는 값을 변수로 따로 저장하기 때문이다. 그리고 Bartlett은 평균을 0으로 하는 변수들 간의 범위에서 고유한 요인들을 제곱한 값의 합을 최소로 하는 값을 따로 저장하게 된다.

제3부

통계분석과 학위논문 작성

제8장

집단비교분석 논문

1. 집단비교분석[1)]

집단비교분석은 어떠한 처치를 가한 집단과 다른 처치를 가한 집단 또는 어떤 처치를 가하지 않은 집단 간의 차이를 통해 처치효과를 확인하는 연구이다. 또한 변수 간 관계에 대해 집단 간의 차이를 비교하는 연구이다. 전자는 진로 설계 프로그램을 실시한 집단과 실시하지 않은 집단 간의 진로성숙도는 차이가 있는가를 탐색한다. 후자는 자기조절학습능력이 학년과 계열별로 어떠한 차이를 보이는지를 알아본다.

집단 간의 차이를 분석하는 연구는 t-검정, ANOVA, X검증 등이 있다. 우선, t-검정은 단일표본 t-검정, 독립표본 t-검정, 종속표본 t-검정이 있다.

단일표본 t-검정은 단일집단에서 추출된 점수가 통계적으로 0인지 아니면 0이 아닌 값을 갖는 것인지 유의미성을 검증할 때 사용한다. 단일표본 t-검정의 예를 들면, 중학생의 창의성을 증진하기 위한 창의적 사고 향상 프로그램을 개발하고 나서 모집단인 서울시 중학교 1학년 학생 중에서 100명을 추출하여 새로운 프로그램을 시행한 후 그 학생들의 창의성 점수가 특정수치 이상에 도달했는지 아닌지를 검증하

1) 송인섭 등(2010)의 제6장의 내용, 성태제(2014)의 10장에서 16장, 성태제, 시기자(2006)의 내용을 발췌 요약한 것임.

기 위해 사용되는 검증방법이다. 또 다른 예로, 어떤 연구자가 새로운 교수법을 개발하여 중학교 3학년 학생에게 수업을 실시한 후 그 학생들의 수학점수 평균이 경험적 배경에 의하여 설정한 중학교 3학년 학생들의 평균이라 생각하는 68점과 같은지를 알아보는 경우의 연구라고 할 수 있다.

독립표본 t-검정은 2개 집단의 통계치를 비교하는 경우로, 특히 실험상황에서 특정 처치를 집단과 그렇지 않은 집단, 즉 실험집단과 대조집단에 의해서 나타난 종속변인의 평균치를 비교함으로써 처치의 효과가 존재하는지 또 그 효과가 어느 정도인지에 대하여 통계적으로 분석하는 경우에 사용한다. 예를 들면, 성별에 따라 고등학교 2학년 학생들의 외국어 능력은 차이가 있는가를 검증하는 방법이다. 또한 남녀 초등학생의 도덕성에 대한 차이 연구나 중학교, 고등학교 두 집단 간의 자기주도학습능력의 차이를 비교해 봄으로써 자기주도학습능력의 발달경향성을 검증하기 위한 방법이다.

종속표본 t-검정은 두 집단이 상호독립적이라는 가정을 하지 못하는 경우 두 집단 간의 평균 비교시 사용한다. 이것은 남녀 비교의 경우 남녀 표본을 남녀 모집단에서 독립적으로 추출하는 것이 아니라 부부 모집단이나 남매 모집단에서 추출하는 연구라 할 수 있다. 이때 남녀 표본은 서로 관계를 가지고 있으며, 두 모집단 역시 관계가 있다. 그것은 사전검사와 사후검사 간의 차이를 검증하는 연구에서 대표적으로 사용한다. 예를 들면, 우선, 체력 증진을 위해 새로운 프로그램을 고등학교 2학년 학생 150명을 대상으로 한 학기 동안 적용하였다. 체력증진 프로그램을 적용하기 이전과 이후의 학생들의 체력에 차이가 있는가를 확인하는 연구를 들 수 있다. 다음으로, 초등학교 창의성 개발 프로그램을 개발하여 그 프로그램이 효과가 있는지를 알아보고자 할 때 초등학교 5학년 학생 30명을 표집하여 사전검사를 실시한 다음 그 프로그램으로 수업을 한 후 학생들의 창의성에 변화가 있는지를 알아보기 위하여 다시 창의성 정도를 측정하는 사후검사를 실시한다. 이때 창의성의 30명의 학생들의 사전검사와 사후검사 간의 유의한 차이가 있는지를 확인하는 방법이다.

분산분석은 세 집단 이상의 집단 간 평균차이가 통계적으로 유의한가를 검증하기 위해서 사용한다. 이것은 3개 이상의 하위집단 중에서 두 집단만 평균차이가 존재하더라도 영가설이 기각된다. 만일 영가설이 기각되면 어느 집단 간의 평균차가 존재하는지를 확인하기 위해서 사후검증을 해야 한다.

분산분석은 일원분산분석, 이원분산분석, 다변량분산분석 등으로 구분된다. 일원분산분석은 하나의 독립변수을 여러 개의 수준으로 구분하여 하나의 종속변수가 각각의 수준에서 평균의 차이가 통계적으로 유의한지를 확인하기 위한 검증방법이다. 예를 들면, 강의법이라는 독립변수의 강의법, 토의법, 멀티미디어법의 세 가지 방법을 사용하여 하나의 교육내용을 학습자에게 전달할 경우, 각각의 교수방법별로 학업성취도의 평균 차이가 통계적으로 유의하게 나는지를 확인할 때 사용되는 방법이다.

이원분산분석은 두집단 또는 그 이상간 하나의 종속변수에 대해 평균의 차이를 검증한다. 그러나 이것은 독립변수가 2개이며 이들 독립변수와 종속변수간의 상호작용 효과를 검증할 수 있다. 즉, 두 집단 또는 그 이상 간 두 개의 독립변수들이 하나의 종속변수에 대한 평균의 차이가 통계적으로 유의한가를 검증하고자 할 때 이용되는 통계기법이다. 이원분산분석은 하나의 변인에만 관심을 갖고 다른 하나는 통제시키는 것이다. 예를 들면, 강의법, 토의법, 멀티미디어법의 세 가지 방법과 교사의 피드백 유무에 따른 학업성취도의 차이를 분석할 때 사용되는 방법으로 학업성취도의 효과가 교수법의 효과인지, 교사의 피드백 효과인지 더불어 교수법과 피드백의 상호작용에 의한 것인지를 분석할 수 있다.

공분산분석은 ANCOVA(Analysis of Covarinace)라고 한다. 공분산분석 또는 공변량분석(Analysis of covariance : ANCOVA)은 변량분석의 변형으로 변량분석과 회귀분석이 결합된 분석방법이다. 독립변수에 대한 조작요소 이외에 종속변수에 영향을 미치는 요소들이 작용할 경우 종속변수에 미치는 효과를 통계적인 방법으로 통제하는 분석방법이다. 예를 들면, 각 집단의 사전 수준이 동일하지 않은 상태에서 처치를 하였을 경우, 사후점수에서의 집단 차이가 처치에 의한 효과라고 단정짓기 어렵다. 공분산분석은 회귀등식을 이용하여 각 집단의 매개변수의 평균을 동일하게 한 후 종속변수를 교정하여, 교정된 종속변수의 평균 차이를 검정한다. 예를 들면, 공분산분석은 교수법에 따른 과학성취 수준의 차이를 보다 정확히 비교하기 위해 연구를 시작하기 전에 사전검사를 시작하였다. 사전능력의 영향이 배제된 교수법에 따른 사후과학성취검사의 교정 평균 차이를 알아볼 때 사용된다.

다변량분산분석은 MANOVA라고 불려진다. 이것은 종속변수가 하나의 변수가 아니라 두 개 이상의 변수로 합성되어 있을 때 집단 간의 차이가 있는지를 검증하는 분산분석 방법이다. 두 개 이상의 변수가 합성되어 하나의 특성을 설명하며, 변수로서 합성된 변수들이 관계가 있을 때 독립변수의 영향에 의해 집단 간의 차이가 있는지를 검증한다. 예를 들어, 세 가지 교수법에 따라 어휘발달에 차이가 있는지를 검증할 때 사용한다. 이 때 종속변수인 유아의 어휘발달이 단일 변수가 아니라 문자해독 능력, 말하는 빈도 수, 어휘수준 등이 합쳐져서 유아의 어휘발달을 설명한다면 유아 어휘발달은 최소한 세 변수 이상이 합성된 것이다. 그리고 이 세 변수 간에 관계가 있으므로 이런 경우 사용한다.

카이제곱 검증은 두 가지 이상의 질적변수, 즉 범주형 변수를 분석하기 위한 통계적 방법이다. 예를 들어, 성별에 따른 정당의 선호도, 인종에 따른 머리카락 색 등을 연구할 때 사용한다. 질적변수인 한 변수의 범주에 따른 다른 변수의 빈도와 비율은 교차표로 작성하고, 모집단에서 집단 간의 차이가 있는지를 분석하기 위해 사용하며 이를 교차분석이라고 한다. 초등학교, 중학교, 고등학교 학생 300명을 대상으로 학업성취 결과에 대한 기존의 방식과 새로운 방식의 보상방법(장학금, 상벌, 상품)에 대해 응답자의 선호도에 대한 반응이 어떻게 다른지를 조사할 때 사용되는 분석이다.

다음은 최근 박사학위논문에서 집단비교분석을 실시한 논문의 구성 예시이다.

〈표 1〉 최근 박사학위논문에서 나타난 차이/비교 분석의 구성

구분	박지현(2014)	김인희(2013)	서영목(2014)	김주호(2014)	김재성(2014)	김주연(2015)
연구 주제	가족기업과 비가족기업이 경영성과, 회계보수성 및 사회적 책임의 차이분석	중등교사의 보유역량과 발휘역량 차이 분석	중등학교 조직행동 특성에 대한 사립교사의 인식	라이프스타일 세분화에 따른 축제방문객 행동특성 차이분석	시각적·언어적 학습스타일 특성을 반영한 맞춤형 이러닝 프로그램 적용 효과	웹기반 문제해결학습에서 스캐폴딩 유형과 메타인지 수준이 실재감, 문제해결 수행 및 성취도에 미치는 영향
연구 문제	가족기업을 이와 같이 분류하고 이러한 가족기업 및 비가족기업 간에 경영성과와 회계보수성에 차이가 있는지를 비교·분석한다.	교사가 보유하는 역량의 수준과 특성을 분석한다. 교사가 보유하는 역량의 수준과 특성을 분석한다. 교사의 보유역량 수준과 발휘역량 수준의 차이와 특성을 분석한다.	중등 사립학교 교사가 인식하는 개인 및 대인 수준의 조직행동(전문성, 신뢰, 조직공정성, 집단효능감)은 공립교사와 비교할 때 그 특성은 어떠한가? 중등 사립학교 교사가 인식하는 집단 수준의 조직행동(운영구조, 조직풍토, 조직건강, 조직효과성)은 공립학교 교사와 비교할 때 그 특성은 어떠한가?	세분화된 라이프스타일을 독립변수로,축제방문객 행동특성을 종속변수로 하여 각각의 세분화된 시장의 특성에 따라 행동특성 간 차이가 존재하는지 규명한다.	학습스타일 진단을 통한 맞춤형 학습 적용 유무에 따른 효과성 차이는 어떠한가? - 학습스타일 진단을 통한 맞춤형 학습 적용 유무에 따른 수료율 차이는 어떠한가? - 학습스타일 진단을 통한 맞춤형 학습 적용 유무에 따른 학습참여도 차이는 어떠한가? - 학습스타일 진단을 통한 맞춤형 학습 적용 유무에 따른 학습만족도 차이는 어떠한가? - 학습스타일 진단을 통한 맞춤형 학습 적용 유무에 따른 학업성취도 차이는 어떠한가?	• 웹 기반 비구조적 문제해결학습에서 스캐폴딩 유형과 메타인지 수준이 실재감에 영향을 미치는가? • 웹 기반 비구조적 문제해결학습에서 스캐폴딩 유형과 메타인지 수준이 문제해결수행에 영향을 미치는가? • 웹 기반 비구조적 문제해결학습에서 스캐폴딩 유형과 메타인지 수준이 성취도에 영향을 미치는가?

〈계속〉

구분	박지현(2014)	김인희(2013)	서영목(2014)	김주호(2014)	김재성(2014)	김주연(2015)
연구 가설	가족소유경영기업은 (가족소유기업과 가족경영기업보다) 비가족기업에 대하여 경영성과가 더 높다. 가족소유경영기업은 (가족소유기업과 가족경영기업보다) 비가족기업에 대하여 회계보수성이 더 높다. 가족소유경영기업은 (가족경영기업과 가족소유기업보다) 비가족기업에 대하여 기업의 사회적 책임이 더 높다.	없음	없음	라이프스타일 세분시장에 따라 축제방문객 참가행동특성에 유의한 차이가 있을 것이다. 세분시장의 특성에 따라 라이프스타일 요인의 중요성에 유의한 차이가 있을 것이다.	없음	• 웹 기반 문제해결학습에서 스캐폴딩 유형과 메타인지 수준이 실재감에 영향을 미칠 것이다. • 웹 기반 문제해결학습에서 스캐폴딩 유형과 메타인지 수준이 문제해결수행에 영향을 미칠 것이다. • 웹 기반 문제해결학습에서 스캐폴딩 유형과 메타인지 수준이 성취도에 영향을 미칠 것이다.
이론적 배경	가족기업에 대한 이론적 배경 - 정의, 장단점, 성과 관련 선행연구 보수주의 - 가족기업과 대리인비용 - 가족기업과 회계보수성 가족기업의 사회적 책임에 대한 이론 및 선행연구	교사역량 교사역량 모형 연구의 틀	중등사립학교의 특수성과 연구동향 학교 조직행동의 개념과 유형	라이프스타일 - 개념, 선행연구 - 측정 축제(이벤트) 시장세분화 - 개념, 선행연구	기업교육과 이러닝 학습스타일 이러닝 효과 측정 변인	웹기반 비구조적 문제해결학습 - 문제해결과 웹기반학습 - 비구조적 문제해결과정 - 문제해결학습에서의 평가 스캐폴딩 - 웹기반 학습에서의 스캐폴딩 - 스캐폴딩의 유형 - 스캐폴딩의 제시 형태 - 스캐폴딩과 웹기반 비구조적 문제해결

〈계속〉

구분	박지현(2014)	김인희(2013)	서영목(2014)	김주호(2014)	김재성(2014)	김주연(2015)
						메타인지 - 메타인지의 개념과 구성 - 메타인지와 문제해결 - 메타인지와 스캐폴딩 실재감 - 실재감의 개념과 유형 - 실재감의 구성요소 관련 선행연구 - 비구조적 문제해결과 스캐폴딩에 관한 연구 - 실재감과 스캐폴딩에 관한 연구 - 메타인지와 스캐폴딩에 관한 연구
분석 방법	t-검정, 일원 배치분산분석	집단별 평균분석,일원 배치분산분석, t-검정	t-검정, 다변량 분석분석(MANOVA)	군집분석, ANOVA	교차분석, t-검정, ANCOVA	MANOVA, ANCOVA
연구 결과 / 논의 / 결론	연구문제의 순으로 제시	연구문제의 순으로 제시	연구문제의 순으로 제시	연구문제의 순으로 제시	연구문제 순으로 분석	연구문제 순으로 분석

참고 실험효과 분석 논문

① 특정 변수(종속변수)에 영향을 미치는 관련 변인이 무엇인가를 탐색하는 실험연구에서 활용

☞ 협동학습이 학습자의 자기조절학습능력, 학업성취도, 자아존중감 및 협동심에 미치는 영향(윤현상, 김삼곤, 2001, 수산해양교육연구, 13-2)

② 협동학습의 의미와 의의 → 협동학습과 그것에 영향을 미치는 변수들과의 관계 탐색의 의의와 필요성 제시(자기조절학습, 학업성취, 자아존중감, 협동심 순으로 제시. 단, 핵심 관계와 그 선행연구를 제시)를 통한 타당화 전개 → 선행연구와의 차별성 제시 → 본 연구의 의의와 목적

③ 이론적 배경 : 협동학습 → 협동학습과 종속변수들과의 관계 (우선, 자기조절학습능력, 학업성취도, 자아존중감, 협동심 등의 개념과 특성을 분석하고, 관련 변수들 관계에 대한 선행연구를 분석하며, 이들 변수들의 협동학습과의 관계를 제시) → 가설 제시

④ 연구방법: 연구대상 및 연구기간(실험연구 임으로 실험 및 통제집단은 누구이고, 어떠한 상황에서 실험을 했으며, 그 기간은 어느 정도 소요되었는지 제시) → 실험연구 절차(실험설계를 제시) → 실험연구에서 활용한 자료나 내용 소개(내용과 그 타당성 확보 방법 소개) → 검사도구 소개 → 분석 방법(사전-사후 검정 방법: 종속표본 또는 독립표본 t-검정 실시)

⑤ 연구결과: 협동학습 실험연구를 통해 측정하려고 하는 변수들의 사전-사후 검사 결과 제시. 연구문제 또는 가설에서 제시된 변수들 순서로 하여 결과 제시(협동학습이 자기조절학습에 미치는 효과...)

⑥ 논의 및 결론: 논문 요약(목적, 주요 가설과 결과) → 유의한 영향을 미치는 변수 중심으로 연구결과에 대한 선행연구에 기초한 타당화 및 차별화 논의 및 시사점 도출

2. 통계 분석 및 해석

가. t-검정

1) 개념

t-검정(t-test)은 두 집단 간의 평균이 통계적으로 유의미한 차이가 있는지를 검증하기 위해 사용된다.

2) 사용 목적

t-검정은 프로그램 실시 전 · 후의 평균비교, 실험집단과 통제집단의 실험효과성의 차이 검증, 통계치 차이의 유의도 검증 등에 주로 사용된다.

t-검정의 종류에는 하나의 모집단에서 추출된 하나의 표본에 대해 검증하는 단일 표본 t-검정(one samples t-test), 두 집단간의 평균의 차이가 통계적으로 유의미한지를 살펴보는 독립 표본 t-검정(independent samples t-test), 동일한 모집단으로부터 추출된 두 변수의 평균값을 비교·분석하는 대응 표본 t-검정(paired samples t-test)가 있다.

3) 기본 원리

t-검정은 일반적으로 비교하는 두 집단이 독립표집인 경우와 종속표집인 경우로 구분한다. 독립표집인 경우는 수학 성적을 학급별로 비교하고자 할 경우 A학급을 표집하고, B학급을 표집하는 경우는 독립표집에 해당된다. 종속표집은 두 집단의 차이를 확인하기 위해 반복측정을 하는 경우로 반복측정은 한 집단을 대상으로 사전검사와 사후검사를 실시하여 비교하거나 한 집단을 반복하여 측정하는 경우에 해당된다.

4) 연구 상황

① 성별에 따라 고용가능성, 만족도, 핵심역량에는 차이가 있을 것이다.

5) 실행 과정

① 독립 표본 t-검정

1단계

데이터 편집기에서 데이터를 불러온 후 [분석(A)] → [평균비교(M)] → [독립표본T검정(T)]을 클릭한다.

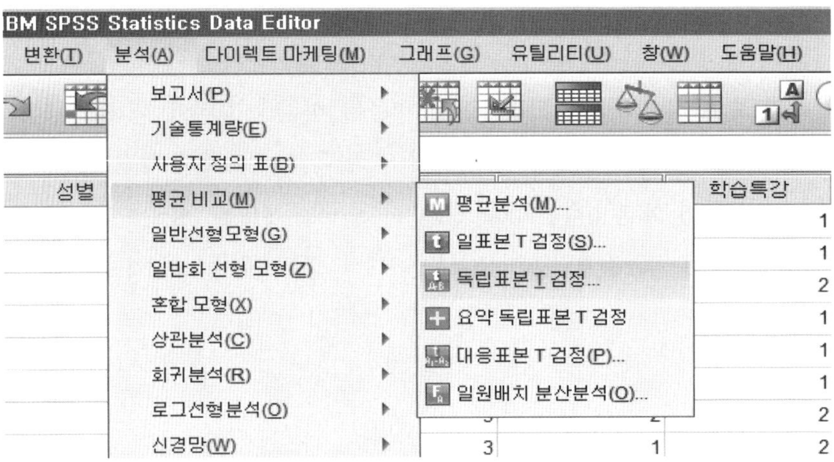

[그림 1] 독립표본 t-검정 들어가기

2단계

종속변수인 고용가능성, 만족도, 핵심역량을 선택하여 검정변수(T)로 보낸다. 독립변수인 성별을 집단변수(G)로 보낸다.

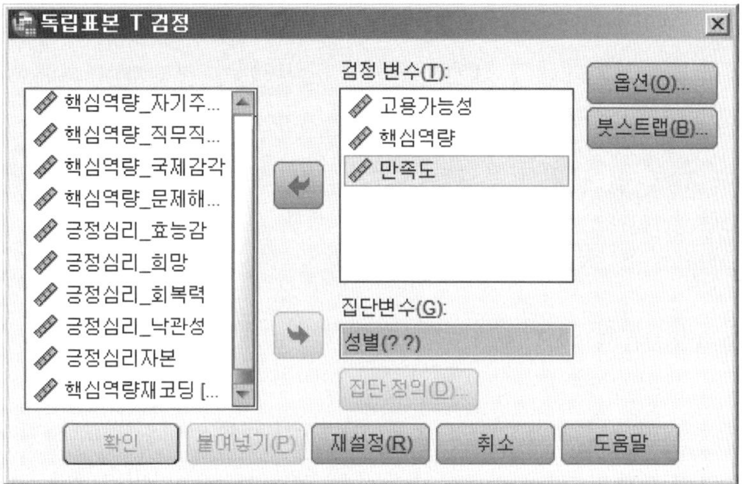

[그림 2] 독립표본 t-검정 대화상자

3단계

위의 독립표본 t-검정 대화상자에서 집단정의(D) 를 클릭하면 아래와 같이 성별을 정의한 값으로 집단1에는 1(남학생)을, 집단2에는 2(여학생)를 입력한 후 계속(C) 을 클릭한다.

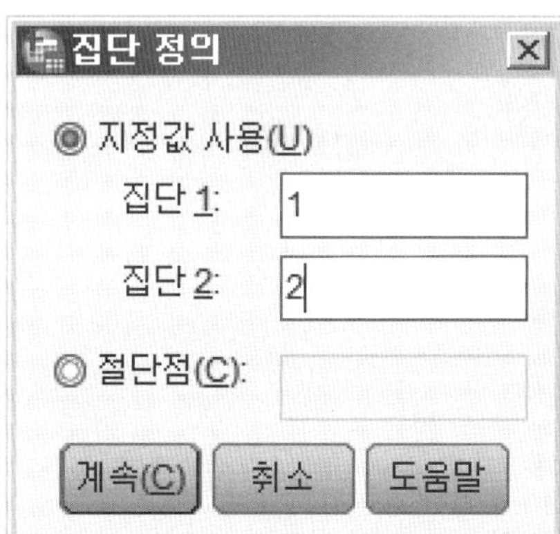

[그림 3] 집단정의 대화상자

4단계

다시 위의 독립표본 t-검정 대화상자에서 [옵션(O)]을 클릭하면 아래와 같이 옵션 대화상자가 나타난다. 여기에서 신뢰구간을 일반적으로 95%로 설정하고, 결측값을 체크한 후 [계속(C)]을 클릭한 후 독립표본 t-검정 대화상자로 돌아와서 [확인]을 클릭하면 분석결과가 제시된다.

이 때 신뢰구간은 연구자가 임의로 신뢰 수준을 입력할 수 있으며, 결측값(Missing Values)은 한 개 이상의 변수에 대한 데이터가 없을 경우 어떤 케이스를 포함할 것인지 제외할 것인지를 프로시저에 알려주는 것이다. 분석별 결측값 제외는 검정할 변수들 중에서 무응답치를 가진 사례들을 해당 변수의 분석에서 제외하는 것이고, 목록별 결측값 제외는 검정할 변수들 중에서 무응답치를 가진 경우 그 사례는 모든 분석에서 제외시키는 것이다.

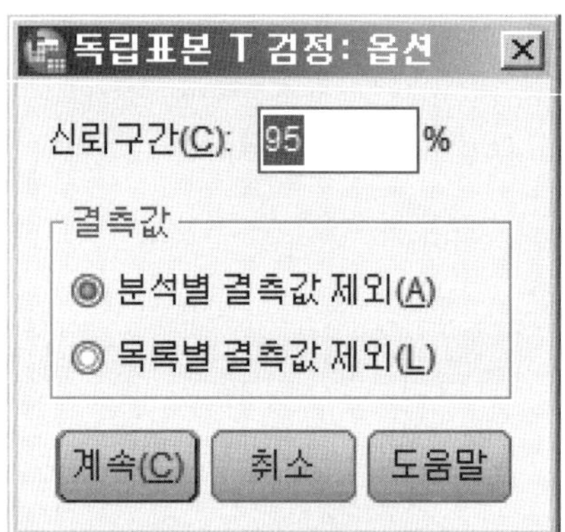

[그림 4] 옵션 대화상자

5단계

프로그램이 실행되면서 아래와 같은 결과가 나오면 저장해 두면 된다.

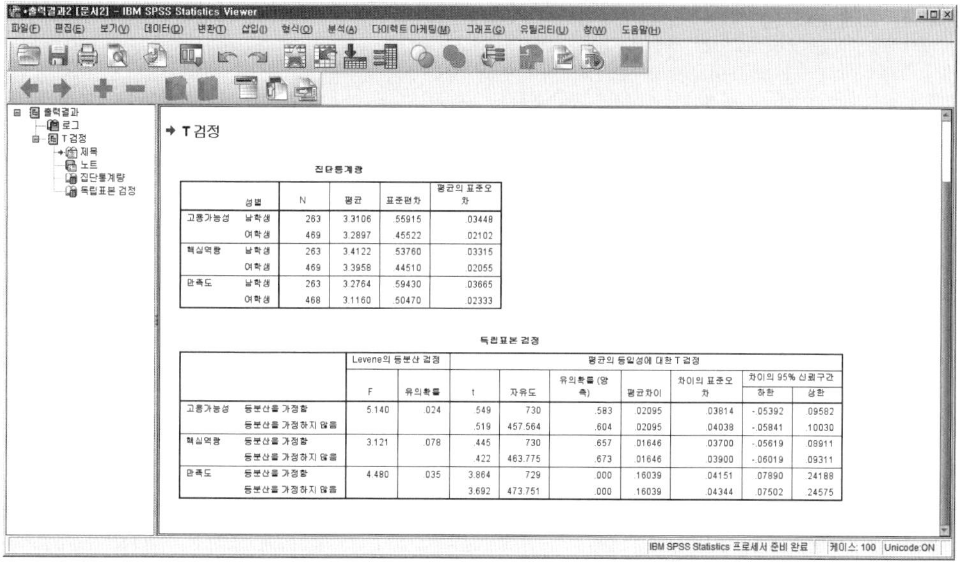

T검정

집단통계량

	성별	N	평균	표준편차	평균의 표준오차
고용가능성	남학생	263	3.3106	.55915	.03448
	여학생	469	3.2897	.45522	.02102
핵심역량	남학생	263	3.4122	.53760	.03315
	여학생	469	3.3958	.44510	.02055
만족도	남학생	263	3.2764	.59430	.03665
	여학생	468	3.1160	.50470	.02333

독립표본 검정

		Levene의 등분산 검정		평균의 동일성에 대한 T 검정						
									차이의 95% 신뢰구간	
		F	유의확률	t	자유도	유의확률 (양측)	평균차이	차이의 표준오차	하한	상한
고용가능성	등분산을 가정함	5.140	.024	.549	730	.583	.02095	.03814	-.05392	.09582
	등분산을 가정하지 않음			.519	457.564	.604	.02095	.04038	-.05841	.10030
핵심역량	등분산을 가정함	3.121	.078	.445	730	.657	.01646	.03700	-.05619	.08911
	등분산을 가정하지 않음			.422	463.775	.673	.01646	.03900	-.06019	.09311
만족도	등분산을 가정함	4.480	.035	3.864	729	.000	.16039	.04151	.07890	.24188
	등분산을 가정하지 않음			3.692	473.751	.000	.16039	.04344	.07502	.24575

[그림 5] 독립표본 t-검정 출력 결과

6) 분석 결과 해석

독립표본 검정을 실시하면 〈표 2〉와 같이 남학생과 여학생의 고용가능성, 핵심역량, 만족도를 측정한 집단간 평균차이에 대한 기술통계량이 제시된다. 고용가능성은 남학생의 평균은 3.3106이고, 여학생의 평균은 3.2897이며, 표준편차는 각각 .55915, .45522로 나타났다. 핵심역량은 남학생의 평균은 3.4122, 여학생은 3.3958, 만족도는 남학생는 3.2764, 여학생은 3.1160으로 나타났다.

〈표 2〉 집단 통계량

	학교 소재지	N	평균	표준편차	평균의 표준오차
고용 가능성	남학생	263	3.3106	.55915	.03448
	여학생	469	3.2897	.45522	.02102
핵심역량	남학생	263	3.4122	.53760	.03315
	여학생	469	3.3958	.44510	.02055
만족도	남학생	263	3.2764	.59430	.03665
	여학생	468	3.1160	.50470	.02333

〈표 3〉 독립표본 검정

		Levene의 등분산 검정		평균의 동일성에 대한 t-검정						
		F	유의확률	t	자유도	유의확률 (양쪽)	평균차	차이의 표준오차	차이의 95% 신뢰구간 하한	차이의 95% 신뢰구간 상한
고용 가능성	등분산이 가정됨	5.140	.024	.549	730	.583	.02095	.03814	-.05392	.09582
	등분산이 가정되지 않음			.519	457.564	.604	.02095	.04038	-.05841	.10030
핵심역량	등분산이 가정됨	3.121	.078	.445	730	.657	.01646	.03700	-.05619	.08911
	등분산이 가정되지 않음			.422	463.775	.673	.01646	.03900	-.06019	.09311
만족도	등분산이 가정됨	4.480	.035	3.864	729	.000	.16039	.04151	.07890	.24188
	등분산이 가정되지 않음			3.692	473.751	.000	.16039	.04344	.07502	.24575

t-검정 실시 후 결과를 해석할 때 제일 먼저 등분산이 가정되었는지 아닌지를 판단해야 한다. 등분산(homogeneity of variance) 가정은 여러 그룹을 비교하는 독립

표본 t-검정이나 ANOVA에서는 모집단에서 각 그룹간의 분산이 같다는 것이 전제되어야 한다. 분산이란 주어진 각 자료가 그들 자료의 평균 주위로 얼마나 집중되어 있는 가를 측정하는 것으로 즉 분산의 값이 적으면 자료들의 변동이 심하지 않으며 평균 가까이 분포되어 있다. 반대로 분산 값이 높으면 자료들의 변동이 심하며 평균과 떨어져서 분포되어 있다.

test 시행 전에 등분산 가정을 만족하는지를 반드시 검토하여야 한다. 등분산을 검정하는 분포는 F분포이고, levens's test를 통해 검정한다. 이 test의 귀무가설은 H0=집단의 분산이 같다이고, 귀무가설은 H1=집단의 분산이 다르다이다. 따라서 유의수준 p＜.05이면 등분산이 가정되지 않고, p＞.05면 등분산이 가정된다.

위의 〈표 3〉 고용가능성의 독립표본 검정에는 Levene의 등분산 검정 결과 F값이 5.140이고, 유의도 .024(p＜.05)이므로 두 집단의 분산이 동질하지 않다고 할 수 있다. 따라서, “등분산이 가정되지 않음”의 검증 통계량을 사용하여야 하며, 만약 유의도가 유의하지 못하면 “등분산이 가정됨”을 가지고 해석해야 한다. 분석결과 t값은 .519, 유의도가 .604(p＜.05)로 t-검정 결과가 통계적으로 의의가 없는 것으로 나타났다. 따라서, 고용가능성에 있어 남학생과 여학생 간의 차이는 없다.

핵심역량의 독립표본 검정에는 등분산 검정 결과 F값이 3.121이고, 유의도 .078(p＜.05)이므로, 유의도가 유의하지 못하므로 “등분산이 가정됨”을 가지고 해석해야 한다. 분석결과 t값은 .445, 유의도가 .657(p＜.05)로 t-검정 결과가 통계적으로 의의가 없는 것으로 나타났다. 따라서, 핵심역량에 있어 남학생과 여학생 간의 차이는 없다.

만족도의 독립표본 검정에는 Levene의 등분산 검정 결과 F값이 4.480이고, 유의도 .035(p＜.05)이므로 두 집단의 분산이 동질하지 않다고 할 수 있다. 따라서, “등분산이 가정되지 않음”의 검증 통계량을 사용하여야 하며, 분석결과 t값은 3.692, 유의도가 .000(p＜.05)로 t-검정 결과가 통계적으로 의의가 있는 것으로 나타났다. 따라서, 만족도에 있어 남학생과 여학생 간의 차이는 있다.

7) 보고서 작성

"대학생의 성별에 따라 고용가능성, 만족도, 핵심역량에는 차이가 있을 것이다."라는 연구 문제를 분석한 결과는 〈표 4〉와 같이 나타났다.

〈표 4〉 성별에 따라 고용가능성, 핵심역량, 만족도의 차이

구분	평균		표준편차		t값	p값
	남학생 (N=263)	여학생 (N=469)	남학생	여학생		
고용가능성	3.31	3.28	.55	.45	.519	.604
핵심역량	3.41	3.39	.53	.44	.445	.657
만족도	3.27	3.11	.59	.50	3.692	.000**

* $p<.05$, ** $p<.01$, *** $p<.001$

고용가능성은 t값이 .519, 핵심역량은 t값이 .445로 대학생의 성별에 차이가 없는 것으로 나타났고, 만족도는 t값이 3.692, p값이 .000으로 성별에 따라 만족도에는 차이가 있는 것으로 나타났다. 구체적으로 만족도는 남학생의 평균값이 3.27, 여학생의 평균값이 3.11로 남학생이 통계적 유의수준 하에서 더 높게 나타났다.

나. 분산분석

1) 개념

변량 분석(Analysis of variance : ANOVA)은 t-검정이 두 가지 종류의 점수들을 비교해 주기 때문에 현실적으로 두 조건 이상의 실험을 설계하여 모든 가능한 차이를 검증하기 위해서는 여러 번의 t-검정을 시행해야하는 단점을 극복하기 위하여 고안된 방법이다.

2) 사용 목적

변량 분석은 둘 이상의 집단들 간에 어떤 변수의 평균점수에 차이가 있는 것을 검증하는 것으로 ANOVA, 분산 분석, F-검정, F-분석으로도 불린다.

t-test는 종속변수에 대해 두 집단 간의 평균 차이 검정이며, ANOVA분석은 독립변수가 두 집단이 아니라 세 집단 이상이다.

변량 분석은 독립변수의 수에 따라 하나의 독립변수와 종속변수 간의 관계를 분석하는 일원변량 분석과 둘 이상의 독립변수들과 종속변수 간의 관계를 분석하는 이원변량 분석이 있다.

3) 기본 원리

변량 분석(ANOVA)은 모집단의 변량이 모두 동일하고, 정상분포를 이루고 있어야 하며, 종속변인은 간격 또는 비율 척도이어야 한다. 또한 독립집단 설계의 경우 각 집단이 모집단으로부터 무선 표집되어야 한다.

변량 분석을 하려면 첫째, 표본 평균 사이의 분산으로부터 모집단 분산의 첫 번째 추정치를 결정해야 하고, 둘째, 표본 내 분산으로부터 모집단 분산의 두 번째 추정치를 결정하고, 셋째, 두 추정치를 비교하며 유사한 값은 가지면 귀무가설이 채택된다.

4) 연구 상황

① 대학생의 계열에 따라 고용가능성은 차이가 있을 것이다.

② 대학생의 계열에 따라 핵심역량 차이가 있을 것이다.

5) 실행 과정

① 일원배치 분산 분석

1단계

데이터 편집기에서 데이터를 불러온 후 분석(A) → 평균 비교(M) → 일원배치 분산분석(O) 을 클릭한다.

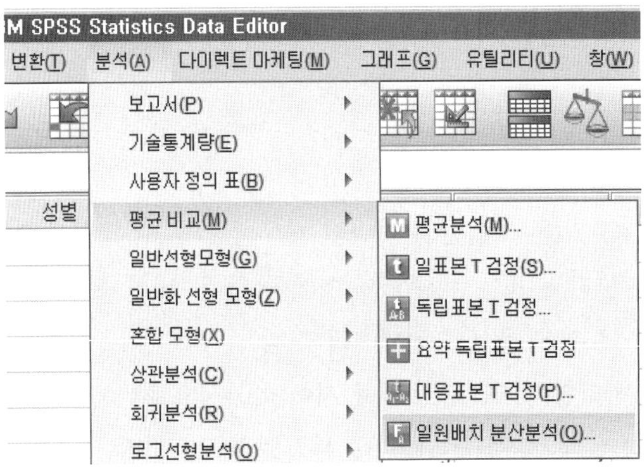

[그림 6] 일원배치 분산분석 들어가기

2단계

요인(F)에는 독립변수인 계열을, 종속변수에는 고용가능성과 핵심역량을 왼쪽 셀에서 선택하여 넣는다.

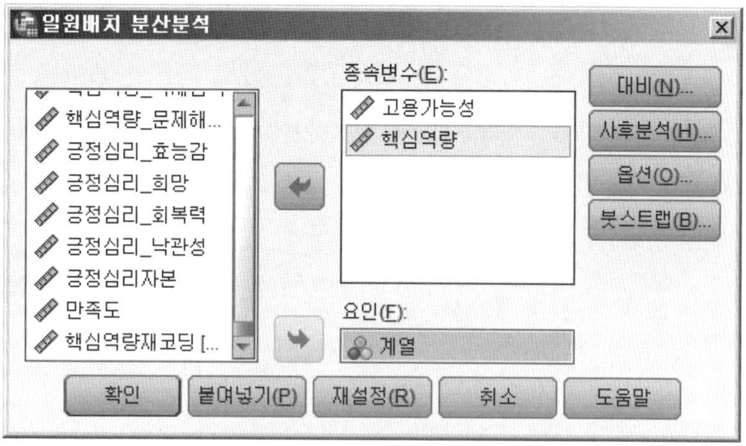

[그림 7] 일원배치 분산분석 대화상자

3단계

위의 일원배치 분산분석 대화상자에서 대비(N)를 클릭하면 아래와 같이 대비 대화상자가 나타난다. 다항식을 체크한 후 계속(C)을 클릭한다.

다항식은 집단간 자승합을 다항식으로 계산한 것이고 1차는 1차 다항식을 2차는 2차 다항식을 의미한다. 계수는 사전 분석에서 대비할 집단의 가중치를 의미한다.

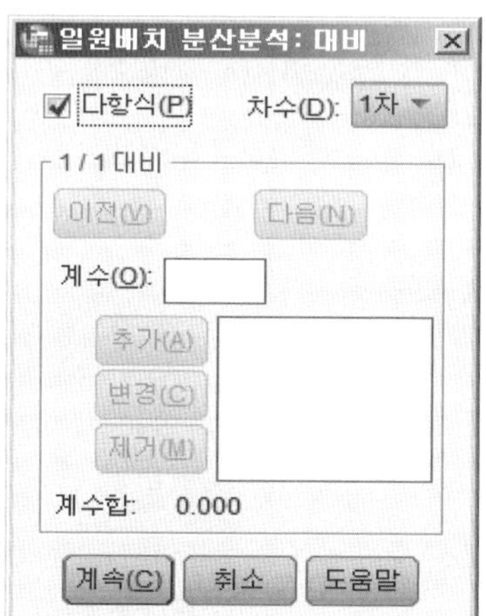

[그림 8] 대비 대화상자

4단계

사후분석－다중비교 대화상자로 돌아와서 사후분석(H)을 클릭하면 아래와 같이 사후분석－다중비교 대화상자가 나타난다. 여기에서 등분산을 가정함에서는 일반적으로 Duncan의 다중범위 검정을 체크하고, 등분산을 가정평균의 대응비교에 대하여 부수적이고 다른 다중비교 검정보다 유의도에 있어 평균 사이의 더 큰 차이를 필요로 하는 경우에는 Scheffe를 체크한다. 등분산을 가정하지 않음은 Dunnett T3를 체크한 후 계속(C)을 클릭한다.

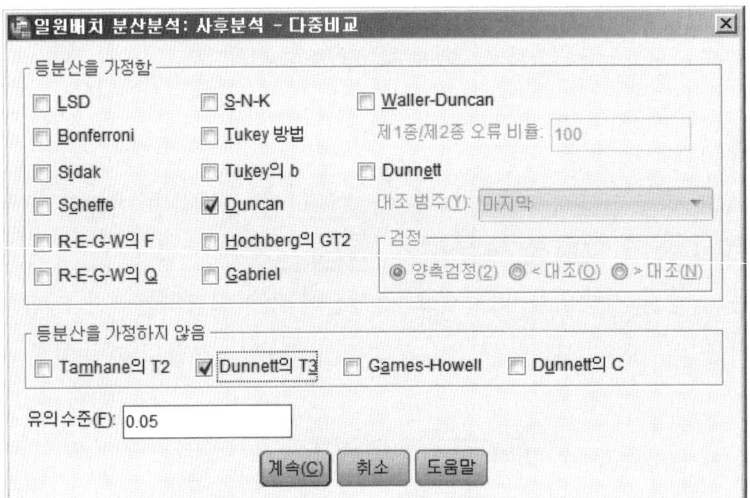

[그림 9] 사후분석–다중비교 대화상자

5단계

사후분석－다중비교 대화상자로 돌아와서 옵션(O)을 클릭하면 옵션 대화상자가 나타난다. 여기에서 기술통계는 케이스 수, 평균 등에 대한 각 집단에 대한 종속변수의 95% 신뢰구간을 계산하며, 분산의 동질성은 Levene의 통계량을 계산하고, 결측값은 무응답치를 가진 케이스는 모든 분석에서 제외시키는 것을 의미한다. 기술통계(D)와 분산 동질성 검정(H)을 체크하고, 계속(C)을 클릭한다.

[그림 10] 옵션 대화상자

6단계

사후분석-다중비교 대화상자로 돌아와서 **확인** 을 클릭하면 아래와 같은 출력결과가 나타난다. 출력결과를 다른 이름으로 저장을 하면 된다.

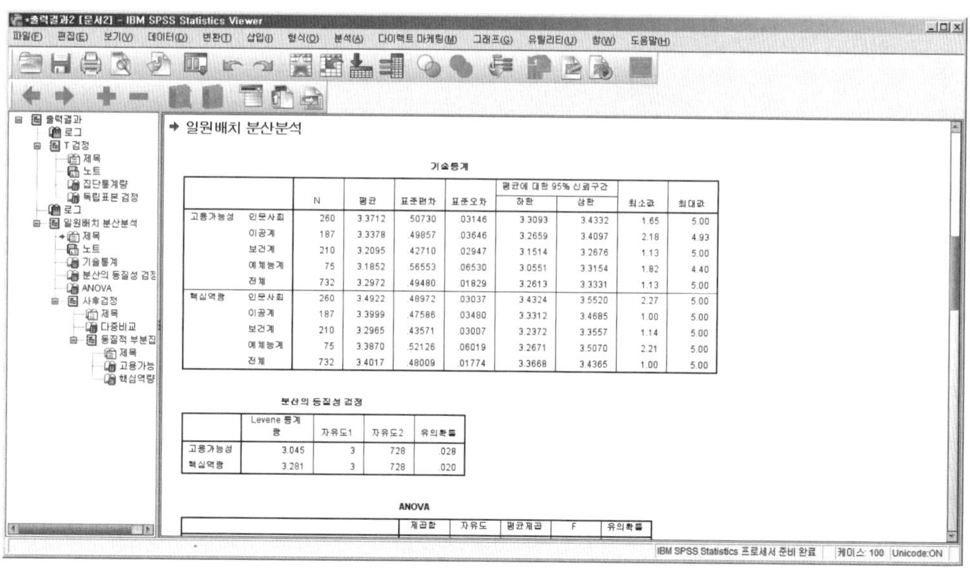

기술통계

		N	평균	표준편차	표준오차	평균에 대한 95% 신뢰구간 하한	평균에 대한 95% 신뢰구간 상한	최소값	최대값
고용가능성	인문사회	260	3.3712	.50730	.03146	3.3093	3.4332	1.65	5.00
	이공계	187	3.3378	.49857	.03646	3.2659	3.4097	2.18	4.93
	보건계	210	3.2095	.42710	.02947	3.1514	3.2676	1.13	5.00
	예체능계	75	3.1852	.56553	.06530	3.0551	3.3154	1.82	4.40
	전체	732	3.2972	.49480	.01829	3.2613	3.3331	1.13	5.00
핵심역량	인문사회	260	3.4922	.48972	.03037	3.4324	3.5520	2.27	5.00
	이공계	187	3.3999	.47586	.03480	3.3312	3.4685	1.00	5.00
	보건계	210	3.2965	.43571	.03007	3.2372	3.3557	1.14	5.00
	예체능계	75	3.3870	.52126	.06019	3.2671	3.5070	2.21	5.00
	전체	732	3.4017	.48009	.01774	3.3668	3.4365	1.00	5.00

분산의 동질성 검정

	Levene 통계량	자유도1	자유도2	유의확률
고용가능성	3.045	3	728	.028
핵심역량	3.281	3	728	.020

ANOVA

	제곱합	자유도	평균제곱	F	유의확률

[그림 11] 출력결과

6) 분석 결과 해석

〈표 5〉는 독립 변인에 대한 기술통계량을 나타내고 있으며, 각 집단의 사례수(N), 평균, 표준편차, 표준오차, 평균에 대한 95% 신뢰구간, 최소값, 최대값을 나타내고 있다. 독립변수는 대학생의 전공계열인 인문사회, 이공계, 보건계, 예체능계로 총 4 집단이라는 것을 보여준다. 고용가능성에 대한 계열별 평균점수는 인문사회 3.37, 이공계 3.33, 보건계 3.20, 예체능계 3.18로 인문사회와 이공계의 순으로 고용가능성이 높게 나타난다는 것을 알 수 있다. 핵심역량에 대한 계열별 평균점수는 인문사회 3.49, 이공계 3.39, 예체능계 3.38, 보건계 3.29의 순으로 나타나 인문사회와 이공계가 높게 나타난다는 것을 알 수 있다.

〈표 5〉 기술통계량

	계열	N	평균	표준편차	표준오차	평균에 대한 95% 신뢰구간		최소값	최대값
						하한값	상한값		
고용가능성	인문사회	260	3.3712	.50730	.03146	3.3093	3.4332	1.65	5.00
	이공계	187	3.3378	.49857	.03646	3.2659	3.4097	2.18	4.93
	보건계	210	3.2095	.42710	.02947	3.1514	3.2676	1.13	5.00
	예체능계	75	3.1852	.56553	.06530	3.0551	3.3154	1.82	4.40
	합계	732	3.2972	.49480	.01829	3.2613	3.3331	1.13	5.00
핵심역량	인문사회	260	3.4922	.48972	.03037	3.4324	3.5520	2.27	5.00
	이공계	187	3.3999	.47586	.03480	3.3312	3.4685	1.00	5.00
	보건계	210	3.2965	.43571	.03007	3.2372	3.3557	1.14	5.00
	예체능계	75	3.3870	.52126	.06019	3.2671	3.5070	2.21	5.00
	합계	732	3.4017	.48009	.01774	3.3668	3.4365	1.00	5.00

다음의 〈표 6〉은 모집단의 분산이 동일하다는 가설을 검정하는 데 사용되는 검정방법으로 Levene 통계량의 유의확률이 .028, 020으로 유의도 5%에서 분산이 동일하지 않다는 사실을 알 수 있다(등분산이 가정되지 않음).

〈표 6〉 분산의 동질성에 대한 검정

	Levene 통계량	자유도1	자유도2	유의확률
고용가능성	3.045	3	728	.028
핵심역량	3.281	3	728	.020

〈표 7〉은 종속변수가 고용가능성과 핵심역량으로 집단 간 그리고 집단 내 제곱합, 자유도, 평균제곱, F값, 유의확률을 보여준다. 집단 간 분석은 각 집단 간 분산으로 체계적 분산을, 집단 내 분석은 각 집단내 분산으로 오차분산을 뺀 나머지 분산을 의미하며, 합계는 전체분산을 의미한다. 따라서, 고용가능성은 F값이 5.960이고, 유의확률이 .001, 핵심역량은 F값이 6.614이고, 유의확률이 .000으로 $p<.05$이므로 계열에 따라 고용가능성과 핵심역량의 차이가 있다는 것을 알 수 있다.

〈표 7〉 분산분석

				제곱합	자유도	평균제곱	F	유의확률
고용 가능성	집간 간	(조합됨)		4.291	3	1.430	5.960	.001
		선형항	가중되지 않음	2.860	1	2.860	11.919	.001
			가중됨	3.924	1	3.924	16.352	.000
			편차	.367	2	.184	.765	.466
	집단 내			174.680	728	.240		
	합계			178.971	731			
핵심 역량	집단 간	(조합됨)		4.470	3	1.490	6.614	.000
		선형항	가중되지 않음	1.065	1	1.065	4.726	.030
			가중됨	3.023	1	3.023	13.419	.000
			편차	1.447	2	.724	3.211	.041
	집단 내			164.017	728	.225		
	합계			168.487	731			

〈표 8〉은 Dunnett T3을 선택하여 전체 집단 간에 평균의 차이가 존재할 때 등분산을 가정하지 않음을 선택한 결과를 나타내고 있다. 여기에서는 고용가능성이 인문

사회와 보건계, 이공계와 보건계 간에 유의한 차이가 있음을 알 수 있다. 또 핵심역량은 인문사회와 보건계 간에 유의한 차이가 있음을 알 수 있다.

〈표 8〉 다중비교

종속변수		(I)계열	(J)계열	평균차 (I-J)	표준오차	유의확률	95%신뢰구간	
							하한값	상한값
고용가능성	DunnettT3	인문사회	이공계	.03346	.04816	.982	-.0938	.1608
			보건계	.16179(*)	.04311	.001	.0479	.2757
			예체능계	.18601	.07249	.067	-.0080	.3800
		이공계	인문사회	-.03346	.04816	.982	-.1608	.0938
			보건계	.12833(*)	.04688	.038	.0043	.2523
			예체능계	.15255	.07479	.232	-.0473	.3524
		보건계	인문사회	-.16179(*)	.04311	.001	-.2757	-.0479
			이공계	-.12833(*)	.04688	.038	-.2523	-.0043
			예체능계	.02422	.07165	1.000	-.1677	.2161
		예체능계	인문사회	-.18601	.07249	.067	-.3800	.0080
			이공계	-.15255	.07479	.232	-.3524	.0473
			보건계	-.02422	.07165	1.000	-.2161	.1677
핵심역량	DunnettT3	인문사회	이공계	.09231	.04619	.247	-.0298	.2144
			보건계	.19570(*)	.04274	.000	.0828	.3086
			예체능계	.10514	.06742	.535	-.0752	.2855
		이공계	인문사회	-.09231	.04619	.247	-.2144	.0298
			보건계	.10339	.04599	.141	-.0182	.2250
			예체능계	.01283	.06953	1.000	-.1729	.1985
		보건계	인문사회	-.19570(*)	.04274	.000	-.3086	-.0828
			이공계	-.10339	.04599	.141	-.2250	.0182
			예체능계	-.09056	.06728	.693	-.2706	.0895
		예체능계	인문사회	-.10514	.06742	.535	-.2855	.0752
			이공계	-.01283	.06953	1.000	-.1985	.1729
			보건계	.09056	.06728	.693	-.0895	.2706

* .05 수준에서 평균차가 크다.

〈표 9〉는 동일 집단 군에 있는 집단에 대한 평균값이 제시되어 있다.

〈표 9〉 고용가능성과 핵심역량

고용가능성	계열	N	유의수준 = .05에 대한 부집단	
			1	2
Duncan(a,b)	예체능계	75	3.1852	
	보건계	210	3.2095	
	이공계	187		3.3378
	인문사회	260		3.3712
	유의확률		.672	.559

동일 집단군에 있는 집단에 대한 평균이 표시된다.
a 조화평균 표본 크기 = 146.579를 사용
b 집단 크기가 같지 않다. 집단크기의 조화평균이 사용된다. 제1종 오류 수준은 보장할 수 없다.

핵심역량	계열	N	유의수준 = .05에 대한 부집단	
			1	2
Duncan(a,b)	보건계	210	3.2965	
	예체능계	75	3.3870	3.3870
	이공계	187	3.3999	3.3999
	인문사회	260		3.4922
	유의확률		.078	.073

동일 집단군에 있는 집단에 대한 평균이 표시된다.
a 조화평균 표본 크기 = 146.579를 사용
b 집단 크기가 같지 않다. 집단크기의 조화평균이 사용된다. 제1종 오류 수준은 보장할 수 없다.

7) 보고서 작성

계열에 따른 고용가능성과 핵심역량의 일원변량분석에서는 각 집단에 유의미한 차이가 있는 것으로 나타났다. 구체적으로 집단 간의 차이를 검증하기 위하여 유의

수준 .05에서 Dunnett T3 사후검증을 실시하였고, 집단간에 차이가 있는 것으로 나타나 고용가능성은 인문사회*보건계, 이공계*보건계에서 유의한 차이가 있고, 핵심역량은 인문사회*보건계에서 유의한 차이가 있는 것으로 나타났다.

〈표 10〉 계열에 따른 고용가능성의 일원변량분석

종속변수	계열	N	평균	표준편차	F	Dunnett T3 (사후검정)
고용가능성	인문사회	260	3.3712	.50730	5.960**	인문사회*보건계 이공계*보건계
	이공계	187	3.3378	.49857		
	보건계	210	3.2095	.42710		
	예체능계	75	3.1852	.56553		
	합계	732	3.2972	.49480		
핵심역량	인문사회	260	3.4922	.48972	6.614**	인문사회*보건계
	이공계	187	3.3999	.47586		
	보건계	210	3.2965	.43571		
	예체능계	75	3.3870	.52126		
	합계	732	3.4017	.48009		

$^*p<.05$, $^{**}p<.01$

다. 공분산분석

1) 개념

공분산분석 또는 공변량분석(Analysis of covariance : ANCOVA)은 변량분석의 변형으로 변량분석과 회귀분석이 결합된 분석방법이다. 독립변수에 대한 조작요소 이외에 종속변수에 영향을 미치는 요소들이 작용할 경우 종속변수에 미치는 효과를 통계적인 방법으로 통제하는 분석방법이다. 공변량이라는 변수는 독립변수라기보다는 하나의 개념으로서 여러 변수들이 공통적으로 함께 공유하고 있는 변량을 뜻하며, 종속변수에 대하여 독립변수와 기타 잡음인자들이 공유하는 변량을 의미한다. 어떤 연구를 하고자할 때의 주요 목적은 연구하고자 하는 독립변수들이 종속변수에 얼마나 영향을 주는지 알고자 하는 것이다. 그러나, 잡음인자가 있을 경우에는 독립변수의 순수한 영향력을 검출해 낼 수 없으므로, 실험적 방법과 통계적인 방법으로 잡음인자를 통제할 수 있다. 그 중에서 통계적 방법을 이용한 잡음인자를 통제하는 방법 중의 하나가 바로 공변량이다.

2) 사용 목적

종속변수에 영향을 주는 외생변수를 통제하거나 관찰하기 어려운 경우에 공변량 분석을 사용하여 종속변수에 영향을 주는 외생변수 효과를 연속형의 자료를 갖는 공변량을 사용하여 제거를 한다. 이와 같이 통제하지 않았거나 통제하지 못한 변인이 종속변수에 미치는 효과를 통계적인 방법으로 통제하거나 조정하는 것이다. 따라서, 공분산분석은 변량분석과 마찬가지로 집단간 차이를 검증하는 것으로 독립변수 이외의 잡음인자들이 종속변수에 영향을 미치는 것을 통제함으로써 독립변수 자체의 순수한 영향을 측정하는 데 목적이 있다.

3) 기본 원리

첫째, 집단 간 또는 분석방법에 따라 얻은 회귀선은 차이가 없을 것이라는 기본 가정에서 사전검사 점수를 토대로 사후검사 점수의 회귀선을 계산한다.

둘째, 회귀계수를 이용하여 각 집단의 사후검사 점수 평균치를 조정한다.

셋째, 각 집단 간 조정된 평균의 차이에 대한 유의도 검증을 실시한다.

4) 연구 상황

만족도를 통제한 상태에서 대학생의 계열은 고용가능성에 영향을 미칠 것이다.

5) 실행 과정

① 만족도의 평균 비교 검증

위의 연구상황을 해결하기 위하여 먼저 계열에 따른 만족도를 비교하여 집단간 차이가 있는지 알아보아야 한다. 그런 다음 계열에 따른 차이가 있다면 이를 공변량으로 통제한 후 변량분석을 통해 차이검증을 실시한다.

1단계

데이터 편집기에서 데이터를 불러온 후 [분석(A)] → [평균 비교(M)] → [일원배치 분산분석(O)]을 클릭한다.

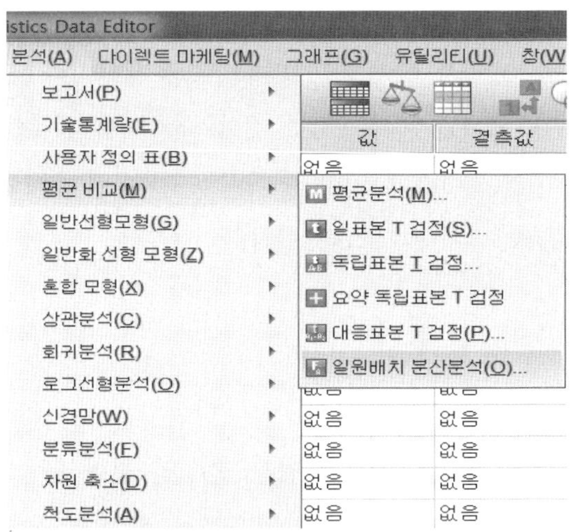

[그림 12] 일원배치 분산분석 들어가기

2단계

요인(F)에는 독립변수인 계열을, 종속변수(E)인 만족도를 이동시킨 후 [옵션(O)]을 클릭한다.

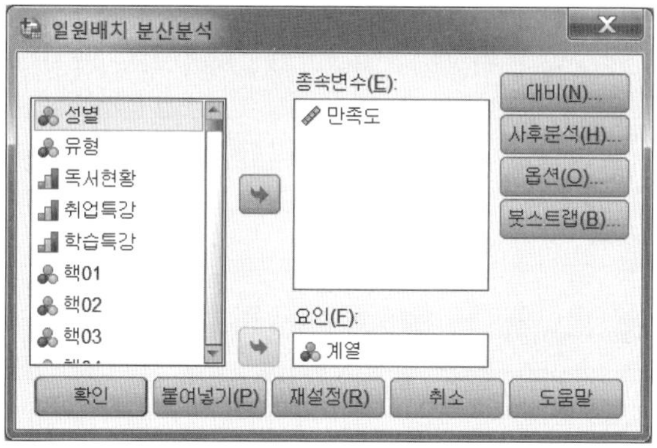

[그림 13] 일원배치분산분석 대화상자

3단계

기술통계(D)와 분산 동질성 검정(H)을 체크한 후 [계속(C)]을 클릭한다.

[그림 14] 통계량 대화상자

4단계

일원배치 분산분석 대화상자로 돌아와서 체크한 후 [확인]을 클릭하면 프로그램이 실행되면서 아래와 같은 결과가 나오면 저장해 둔다.

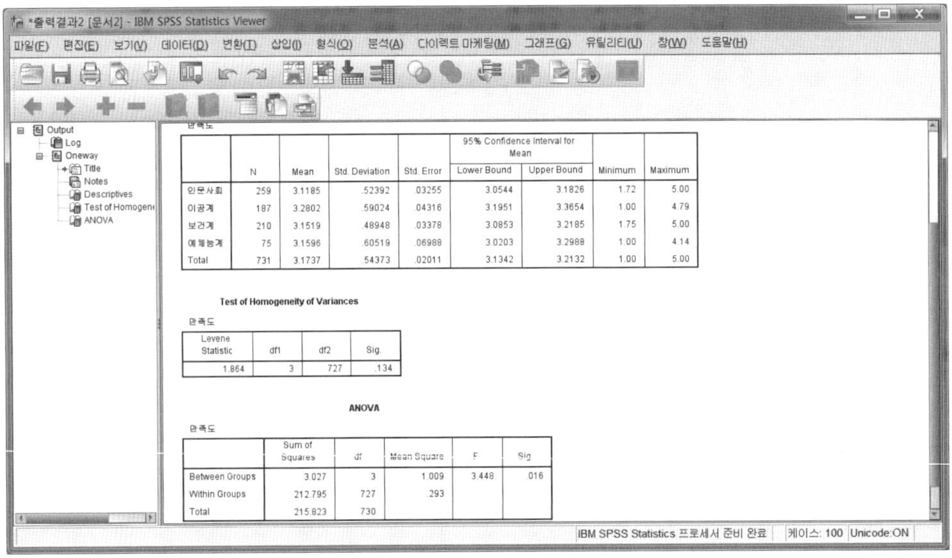

만족도

	N	Mean	Std. Deviation	Std. Error	95% Confidence Interval for Mean		Minimum	Maximum
					Lower Bound	Upper Bound		
인문사회	259	3.1185	.52392	.03255	3.0544	3.1826	1.72	5.00
이공계	187	3.2802	.59024	.04316	3.1951	3.3654	1.00	4.79
보건계	210	3.1519	.48948	.03378	3.0853	3.2185	1.75	5.00
예체능계	75	3.1596	.60519	.06988	3.0203	3.2988	1.00	4.14
Total	731	3.1737	.54373	.02011	3.1342	3.2132	1.00	5.00

Test of Homogeneity of Variances

만족도

Levene Statistic	df1	df2	Sig.
1.864	3	727	.134

ANOVA

만족도

	Sum of Squares	df	Mean Square	F	Sig
Between Groups	3.027	3	1.009	3.448	.016
Within Groups	212.795	727	.293		
Total	215.823	730			

[그림 15] 출력결과

② 분석 결과 해석

❶ 기술통계(만족도)

〈표 11〉은 전공계열별 사례수와 표준편차가 나타나 있다.

〈표 11〉 기술통계(만족도)

전공계열	N	평균	표준편차	표준오차	평균에 대한 95% 신뢰구간		최소값	최대값
					하한값	상한값		
인문사회	259	3.1185	.52392	.03255	3.0544	3.1826	1.72	5.00
이공계	187	3.2802	.59024	.04316	3.1951	3.3654	1.00	4.79
보건계	210	3.1519	.48948	.03378	3.0853	3.2185	1.75	5.00
예체능계	75	3.1596	.60519	.06988	3.0203	3.2988	1.00	4.14
합계	731	3.1737	.54373	.02011	3.1342	3.2132	1.00	5.00

❷ 분산의 동질성에 대한 검정

〈표 12〉는 전공계열(인문사회, 이공계, 보건계, 예체능계)간 만족도에 대한 분산의 동질성을 알아보기 위한 검증결과이다. Levene 통계량에 대한 유의확률이 .134로 $p>.05$이므로 전공계열에 따른 집단 간의 등분산 가정을 충족시킨다.

〈표 12〉 분산의 동질성에 대한 검증

Levene 통계량	자유도1	자유도2	유의확률
1.864	3	727	.134

❸ 분산분석

〈표 13〉은 검증결과 F값이 3.448이고, 유의확률이 .016으로 $p<.05$이므로 전공계열간 만족도에 유의미한 차이가 있는 것으로 나타났다. 따라서 고용가능성은 만족도의 영향에 의한 것이지 아니면 처치에 의한 효과인지 알아보기 위해 만족도를 공변인으로 한 공분산분석을 실시하여야 함을 알 수 있다.

〈표 13〉 분산분석

	제곱합	자유도	평균제곱	F	유의확률
집단-간	3.027	3	1.009	3.448	.016
집단-내	212.795	727	.293		
합계	215.823	730			

③ 공분산분석

계열에 따른 만족도에서 집단간 유의미한 차이가 있었으므로 만족도를 공변인으로 하고, 고용가능성을 종속변인으로 한 공분산분석을 실시한다.

1단계

데이터 편집기에서 데이터를 불러온 후 [분석(A)] → [일반선형모형(G)] → [일변량(U)]을 클릭한다.

[그림 16] 공분산분석 들어가기

2단계

일변량(U) 대화상자에서 종속변수는 고용가능성을, 고정요인은 독립변수인 계열, 공변량은 만족도를 이동시킨다.

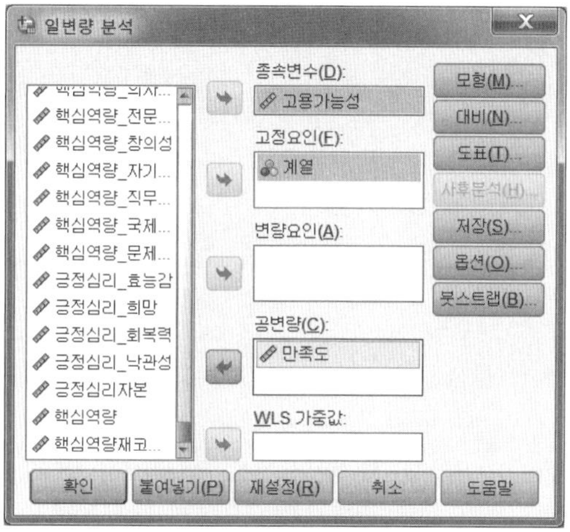

[그림 17] 일변량분석 대화상자

3단계

일변량(U) 대화상자에서 우측의 모형(M)을 클릭하면, 아래 그림과 같이 모형 대화상자가 나타나는데, 제곱합-제Ⅲ유형을 그대로 두고 계속(C)을 클릭한다.

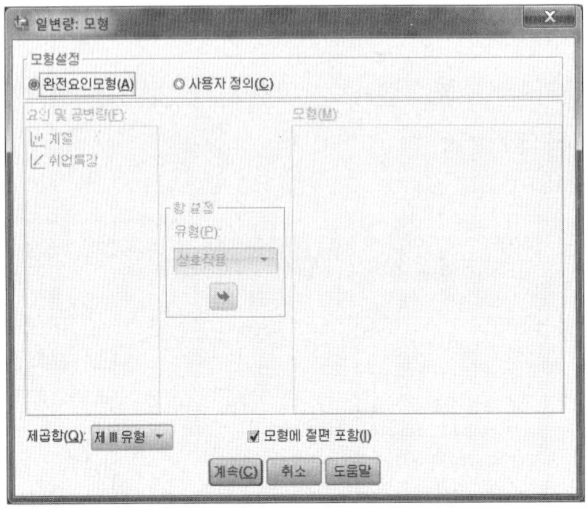

[그림 18] 모형 대화상자

4단계

옵션(O)을 클릭한 후 평균표시기준(M)으로 계열을 옮기고, 표시에서 기술통계량과 동질성 검정을 체크한 후 계속(C)을 클릭한다.

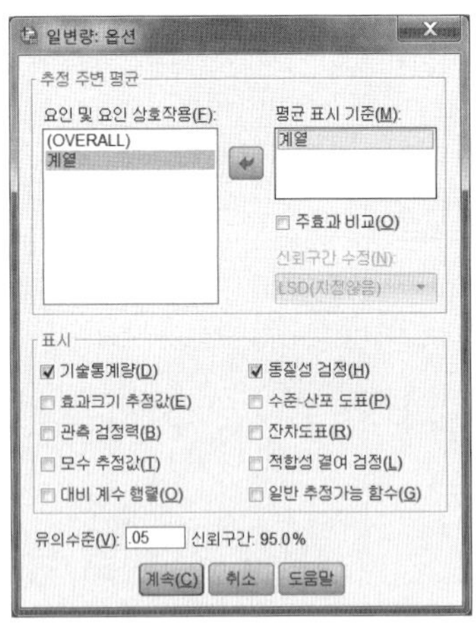

[그림 19] 일변량: 옵션 대화상자

5단계

다시 일변량 대화상자로 돌아와서 [확인]을 클릭하면 프로그램이 실행되면서 아래와 같은 출력결과가 나오면 저장해 둔다.

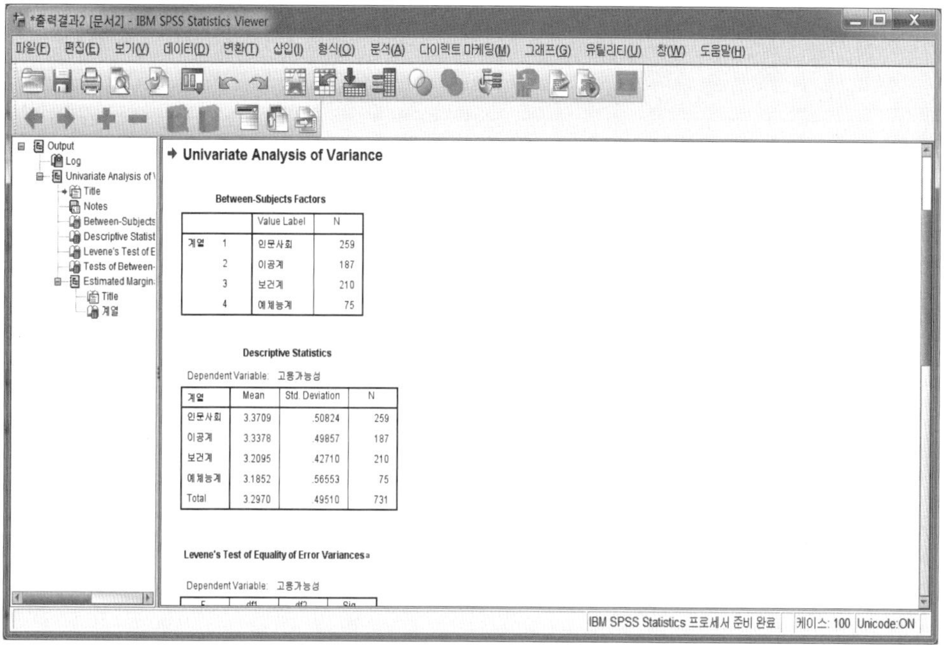

		Value Label	N
계열	1	인문사회	259
	2	이공계	187
	3	보건계	210
	4	예체능계	75

계열	Mean	Std. Deviation	N
인문사회	3.3709	.50824	259
이공계	3.3378	.49857	187
보건계	3.2095	.42710	210
예체능계	3.1852	.56553	75
Total	3.2970	.49510	731

[그림 20] 출력결과

① 기술통계

〈표 14〉는 독립변인에 대한 기술통계량을 나타내고 있으며, 계열에 따른 각 집단의 고용가능성의 평균, 표준편차, 각 집단의 사례수(N)가 제시되어 있다.

〈표 14〉 기술통계량

계열	평균	표준편차	N
인문사회	3.3709	.50824	259
이공계	3.3378	.49857	187
보건계	3.2095	.42710	210
예체능계	3.1852	.56553	75
합계	3.2970	.49510	731

② 동질성 검증

〈표 15〉는 고용가능성에 따른 집단의 분산 동질성 가정에 대한 검증결과가 제시되어 있다. Levene의 통계량에 대한 유의도가 .08로 $p > .05$로 집단 간 등분산 가정을 만족한다.

〈표 15〉 오차 분산의 동일성에 대한 Levene의 검증

F	자유도1	자유도2	유의확률
3.948	3	727	.08

여러 집단에서 종속변수의 오차 분산이 동일한 영가설을 검정한다.
a 계획: Intercept + 만족도 + 계열

③ 개체 간 효과 검증

〈표 16〉은 만족도를 공변량으로 통제한 경우, 계열 F값이 7.833, 유의확률 .000로 $p < .05$이므로 계열에 따라 고용가능성에 차이가 있다는 것을 나타낸다.

〈표 16〉 개체 간 효과 검증

소스	제 Ⅲ 유형 제곱합	자유도	평균제곱	F	유의확률
수정모형	38.809a	4	9.702	50.266	.000
Intercept	81.024	1	81.024	419.773	.000
만족도	34.539	1	34.539	178.940	.000
계열	4.536	3	1.512	7.833	.000
오차	140.131	726	.193		
합계	8125.001	731			
수정 합계	178.940	730			

a. R 제곱 = .217 (수정된 R 제곱 = .213)

④ 추정된 주변평균

회귀 방정식을 이용하여 계열간(인문사회, 이공계, 보건계, 예체능계) 만족도(3.11, 3.28, 3.15, 3.16)의 평균을 공통평균 3.17로 조정하여, 그에 따라 변화된 고용가능성의 집단간 평균이 3.39, 3.29, 3.21, 3.19로 개체 간 효과 검증에서의 결과와 동일하게 계열에 따른 집단 간 차이를 나타내고 있었다.

〈표 17〉 추정된 주변평균

계열	평균	표준오차	95% 신뢰구간	
			하한값	상한값
인문사회	3.393a	.027	3.339	3.447
이공계	3.295a	.032	3.231	3.358
보건계	3.218a	.030	3.159	3.278
예체능계	3.191a	.051	3.091	3.291

a. 공변량에서 평가된 가치가 모형: 만족도 = 3.173에서 나타났다.

⑤ 보고서 작성

만족도의 계열에 따른 집단별 평균은 3.11, 3.28, 3.15, 3.16으로 나타났으며, 집단 간 차이가 유의미한 것으로 나타났다($F=3.448$, $p<.05$). 이러한 결과는 실험처치 후에 실시할 고용가능성 결과를 분석하기 위해서는 공분산분석을 실시해야 함을 나타내고 있다.

〈표 18〉 만족도 점수의 차이검증

전공계열	N	평균	표준편차	F
인문사회	259	3.1185	.52392	3.448*
이공계	187	3.2802	.59024	
보건계	210	3.1519	.48948	
예체능계	75	3.1596	.60519	

*p<.05, **p<.01

〈표 19〉 만족도와 고용가능성, 조정된 고용가능성 평균과 표준편차

계열	만족도		고용가능성		조정된 고용가능성	
	평균	표준편차	평균	표준편차	평균	표준오차
인문사회	3.1185	.52392	3.3709	.50824	3.393a	.027
이공계	3.2802	.59024	3.3378	.49857	3.295a	.032
보건계	3.1519	.48948	3.2095	.42710	3.218a	.030
예체능계	3.1596	.60519	3.1852	.56553	3.191a	.051

공분산분석 결과에 따르면 만족도를 공변량으로 처리하였을 때 계열에 따라 고용가능성에 차이가 있는 것으로 나타났다($F=1.512$, $p<.05$).

〈표 20〉 계열에 따른 고용가능성의 공변량 분석

소스	제 Ⅲ 유형 제곱합	자유도	평균제곱	F
만족도	34.539	1	34.539	178.940
계열	4.536	3	1.512	7.833**
오차	140.131	726	.193	
합계	8125.001	731		

**p<.01

라. 다변량분산분석

1) 개념

다변량분산분석 또는 중다변량분석(Multivariate Analysis of Variance: MANOVA)은 앞에서 다루었던 변량분석(ANOVA)의 확장된 분석법으로 종속변수가 두 개 이상이고, 서로 상관이 있는 경우 독립변수의 효과를 분석하는 방법이다.

2) 사용 목적

다변량분산분석은 단일의 종속변수 대신에 두 개 이상의 계량적인 종속변수에 독립적인 범주변수(들)가 미치는 효과를 알아보기 위하여 사용할 수 있는 다변량 통계적 기법이다. 두 개 이상의 종속변수를 하나씩 분리하여 단변량 분산분석(ANOVA)을 적용할 수도 있지만, 동일한 응답자로부터 측정한 여러 종속변수의 값들은 대체로 독립적이기보다는 상관관계를 보이기 때문에 종속변수들의 관찰치들을 동시적으로 검증하는 편이 바람직하다.

다변량 분산분석은 모든 종속변수들 사이의 상관관계를 고려하면서 동시적인 검증을 허용하며, 각 종속변수에 관한 개별적인 단변량 분산분석이 상반되는 결론을 야기시키는 경우 전반적인 효과를 검토하는 데 특히 유용하다.

3) 기본 원리

첫째, 다변량분산분석은 대부분의 종속변수들은 서로 상관관계가 있어서 종속변수의 조합에 대한 효과의 동시검정을 중요시한다. 따라서 MANOVA는 ANOVA와는 달리 집단간의 결합된 차이를 밝혀낼 수 있어 집단 간의 차이를 밝히는데 사용가능한 정보를 보다 많이 사용할 수 있다.

둘째, MANOVA 설계의 특징은 관측치가 서로 독립적이고, 각 집단의 분산과 공분산 행렬이 동일하며, 모든 종속변수들은 다변량 정규분포를 따른다.

셋째, ANOVA로 여러 개의 종속변수를 평가하려면, 여러 번의 분석을 해야 하지만, MANOVA는 단 한번의 분석만을 하게 된다. 따라서 ANOVA로 분석하게 되면, 1종 오차의 확률이 커진다.

4) 연구 상황

① 대학생의 독서현황(읽지 않음, 1권, 2권, 3권 이상)에 따라 핵심역량과 긍정심리자본은 차이가 있을 것이다.

② 대학생의 계열에 따라 고용가능성과 만족도는 차이가 있을 것이다.

5) 실행 과정

① 다변량분산분석

1단계

데이터 편집기에서 데이터를 불러온 후 [분석(A)] → [일반선형모형(G)] → [다변량(M)]을 클릭한다.

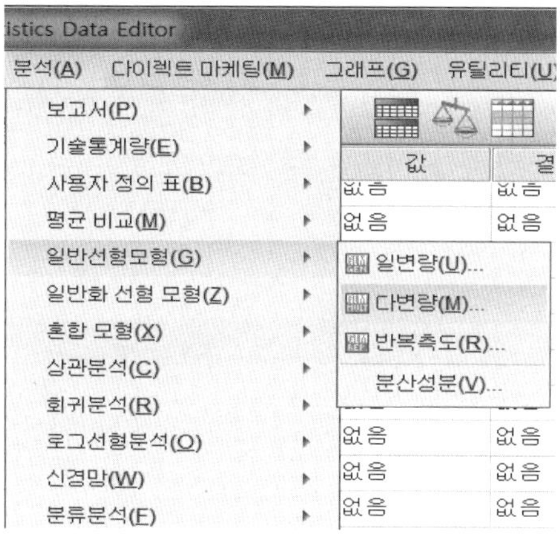

[그림 21] 다변량분산분석 들어가기

2단계

핵심역량과 긍정심리자본을 선택한 후 종속변수(D)로 이동하고, 독서현황을 고정요인(F)으로 이동한다.

[그림 22] 다변량 대화상자

3단계

모형(M)을 클릭하면 다음과 같은 모형대화상자가 나타난다. 완전요인모형(A)을 체크한 후 계속(C)을 클릭한다. 이 때 완전요인모형은 주효과, 공변량 효과와 요인 대 요인의 상호작용을 검증할 수 있다.

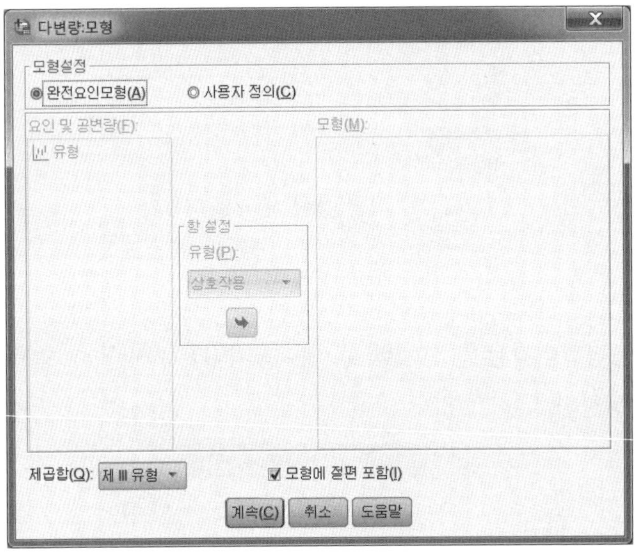

[그림 23] 모형 대화상자

4단계

다변량대화상자로 돌아와서 사후분석(H)을 클릭하면 다음과 같은 사후분석대화상자가 나타난다. 독서현황이 4개의 집단(읽지않음, 1권, 2권, 3권 이상)이므로 Scheffe, Tukey, Duncan을 체크한 후 계속(C)을 클릭한다.

[그림 24] 사후분석 대화상자

5단계

다변량대화상자로 돌아와서 옵션(O)을 클릭하면 다음과 같은 옵션대화상자가 나타난다. 평균 표시 기준(M)으로 독서현황을 이동시키고, 기술통계량, 효과크기 추정값, 동질성검정을 체크하고, 계속(C)을 클릭한다.

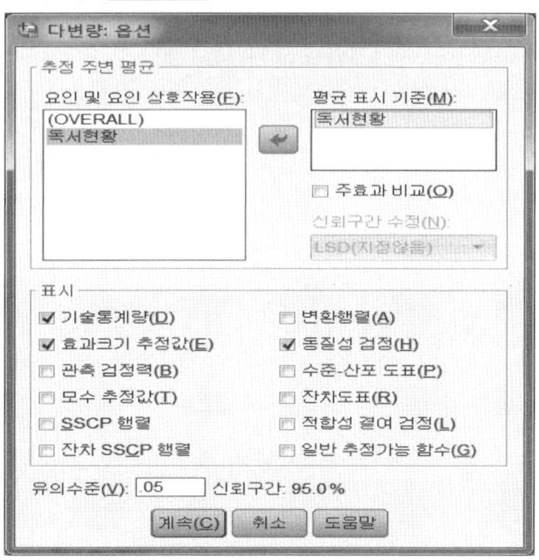

[그림 25] 옵션 대화상자

6단계

다시 다변량 대화상자로 돌아와서 [확인]을 클릭하면 프로그램이 실행되면서 아래와 같은 출력결과가 나오면 저장해 둔다.

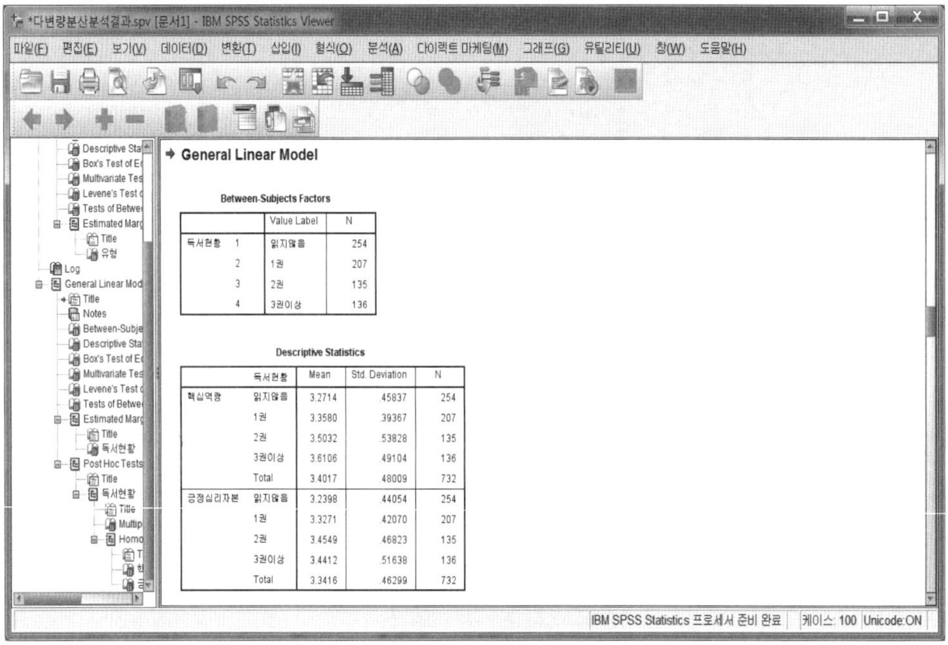

[그림 26] 출력결과

② 분석 결과 해석

❶ 개체 간 요인

〈표 21〉은 독서현황에 대한 유형별 사례 수가 제시되어 있다.

〈표 21〉 개체 간 요인

		변수값 설명	N
독서현황	1	읽지않음	254
	2	1권	207
	3	2권	135
	4	3권 이상	136

❷ 기술통계량

〈표 22〉는 종속변인인 핵심역량과 긍정심리자본에 대한 독서현황별로 평균, 표준편차, 사례 수가 제시되어 있다.

〈표 22〉 기술통계량

	독서현황	평균	표준편차	N
핵심역량	읽지않음	3.2714	.45837	254
	1권	3.3580	.39367	207
	2권	3.5032	.53828	135
	3권 이상	3.6106	.49104	136
	Total	3.4017	.48009	732
긍정심리자본	읽지않음	3.2398	.44054	254
	1권	3.3271	.42070	207
	2권	3.4549	.46823	135
	3권 이상	3.4412	.51638	136
	Total	3.3416	.46299	732

❸ 공산산행렬에 대한 동일성 검정

〈표 23〉은 분산행렬의 동질성 검증에 제시된 Box의 M값은 31.971로 이에 대한 F값은 3.533이고 유의확률은 .052로 $p>.05$로 영가설을 기각하지 못한다. 따라서 공분산 행렬이 동일하다는 영가설을 채택한다.

〈표 23〉 공분산행렬에 대한 Box의 M 동일성 검정(a)

Box's M	31.971
F	3.533
자유도1	9
자유도2	2730560.031
유의확률	.052

여러 집단에서 종속변수의 관측 공분산행렬이 동일한 영가설을 검정한다.
a. 계획: Intercept + 독서현황

❹ 다변량검정 결과

〈표 24〉는 독서현황에 따른 핵심역량과 긍정심리자본의 차이를 분석한 결과이다. Hotelling의 트레이스, Roy의 최대근은 F값이 클수록, Pillai의 트레이스, Wilks의 람다값은 작을수록 집단 간의 평균의 차이를 나타내는 F값이 커진다. 여기서 여기서 Wilks 람다값의 유의확률은 .040으로 $p<.05$이므로 독서현황에 따라 핵심역량과 긍정심리자본의 차이를 보이는 것으로 나타났다.

〈표 24〉 다변량검정(c)

효과		값	F	가설자유도	오차자유도	유의확률	부분에타제곱
절편	Pillai's 트레이스	.984	22636.882b	2.000	727.000	.000	.984
	Wilks' 람다	.016	22636.882b	2.000	727.000	.000	.984
	Hotelling's 트레이스	62.275	22636.882b	2.000	727.000	.000	.984
	Roy's 최대근	62.275	22636.882b	2.000	727.000	.000	.984
독서현황	Pillai's 트레이스	.078	9.865	6.000	1456.000	.000	.039
	Wilks' 람다	.922	9.995b	6.000	1454.000	.000	.040
	Hotelling's 트레이스	.084	10.125	6.000	1452.000	.000	.040
	Roy's 최대근	.077	18.674c	3.000	728.000	.000	.071

a. 계획: Intercept + 독서현황
b. 정확한 통계량
c. 해당유의수준에서 하한값을 발생하는 통계량은 F에서 상한값이다.

❺ 개체 간 효과 검정

〈표 25〉는 독서현황에 따른 핵심역량과 긍정심리자본에 대한 차이검정을 나타낸 결과이다. F값은 각각 18.654, 9.256이고 유의확률은 .000으로 p<.001이므로 독서현황에 따라 핵심역량과 긍정심리자본의 차이를 보이는 것으로 나타났다.

〈표 25〉 다변량검정(c)

소스	종속변수	제III유형 제곱합	자유도	평균제곱	F	유의확률	부분에타 제곱
수정모형	핵심역량	12.027a	3	4.009	18.654	.000	.071
	긍정심리자본	5.757b	3	1.919	9.256	.000	.037
절편	핵심역량	8027.603	1	8027.603	37352.153	.000	.981
	긍정심리자본	7703.641	1	7703.641	37155.997	.000	.981
독서현황	핵심역량	12.027	3	4.009	18.654	.000	.071
	긍정심리자본	5.757	3	1.919	9.256	.000	.037
오차	핵심역량	156.459	728	.215			
	긍정심리자본	150.938	728	.207			
합계	핵심역량	8638.724	732				
	긍정심리자본	8330.356	732				
수정 합계	핵심역량	168.487	731				
	긍정심리자본	156.695	731				

a. R 제곱 = .071 (수정된 R 제곱 = .068)
b. R 제곱 = .037 (수정된 R 제곱 = .033)

❻ 추정된 주변평균(독서현황)

〈표 26〉은 종속변수인 핵심역량과 긍정심리자본에 대한 독립변수인 독서현황의 추정된 주변평균이 제시되어 있다.

〈표 26〉 추정된 주변평균

종속변수	독서현황	평균	표준오차	95% 신뢰구간	
				하한값	상한값
핵심역량	읽지않음	3.271	.029	3.214	3.329
	1권	3.358	.032	3.295	3.421
	2권	3.503	.040	3.425	3.581
	3권 이상	3.611	.040	3.533	3.689
긍정심리자본	읽지않음	3.240	.029	3.184	3.296
	1권	3.327	.032	3.265	3.389
	2권	3.455	.039	3.378	3.532
	3권 이상	3.441	.039	3.365	3.518

❼ 사후검정(독서현황)

〈표 27〉은 독서현황에 따른 핵심역량과 긍정심리자본에 차이가 난다면 평균차이가 구체적으로 어느 집단에서 발생했는지를 알아보기 위해 검정한 결과이다. 그 결과 핵심역량은 읽지않음*2권, 읽지않음*3권, 1권*2권, 1권*3권, 긍정심리자본은 읽지않음*2권, 읽지않음*3권 집단 사이에서 유의확률이 $p<.05$로 유의한 차이가 있는 것으로 나타났다.

〈표 27〉 사후검정

종속변수		(I) 독서현황	(J) 독서현황	평균차 (I-J)	표준 오차	유의 확률	95% 신뢰구간	
							하한값	상한값
핵심 역량	Tukey HSD	읽지않음	1권	-.0866	.04341	.191	-.1983	.0252
			2권	-.2317*	.04938	.000	-.3589	-.1046
			3권 이상	-.3391*	.04926	.000	-.4660	-.2123

종속변수		(I) 독서현황	(J) 독서현황	평균차 (I-J)	표준 오차	유의 확률	95% 신뢰구간	
							하한값	상한값
핵심 역량	Tukey HSD	1권	읽지않음	.0866	.04341	.191	-.0252	.1983
			2권	-.1451*	.05129	.025	-.2772	-.0131
			3권 이상	-.2526*	.05117	.000	-.3843	-.1208
		2권	읽지않음	.2317*	.04938	.000	.1046	.3589
			1권	.1451*	.05129	.025	.0131	.2772
			3권 이상	-.1074	.05632	.226	-.2524	.0376
		3권 이상	읽지않음	.3391*	.04926	.000	.2123	.4660
			1권	.2526*	.05117	.000	.1208	.3843
			2권	.1074	.05632	.226	-.0376	.2524
	Scheffe	읽지않음	1권	-.0866	.04341	.265	-.2082	.0351
			2권	-.2317*	.04938	.000	-.3701	-.0934
			3권 이상	-.3391*	.04926	.000	-.4772	-.2011
		1권	읽지않음	.0866	.04341	.265	-.0351	.2082
			2권	-.1451*	.05129	.047	-.2888	-.0014
			3권 이상	-.2526*	.05117	.000	-.3959	-.1092
		2권	읽지않음	.2317*	.04938	.000	.0934	.3701
			1권	.1451*	.05129	.047	.0014	.2888
			3권 이상	-.1074	.05632	.304	-.2652	.0504
		3권 이상	읽지않음	.3391*	.04926	.000	.2011	.4772
			1권	.2526*	.05117	.000	.1092	.3959
			2권	.1074	.05632	.304	-.0504	.2652
긍정심리 자본	Tukey HSD	읽지않음	1권	-.0873	.04264	.172	-.1971	.0225
			2권	-.2151*	.04850	.000	-.3400	-.0902
			3권 이상	-.2013*	.04838	.000	-.3259	-.0768
		1권	읽지않음	.0873	.04264	.172	-.0225	.1971
			2권	-.1278	.05037	.055	-.2576	.0019

종속변수		(I) 독서현황	(J) 독서현황	평균차 (I-J)	표준 오차	유의 확률	95% 신뢰구간	
							하한값	상한값
긍정심리 자본	Tukey HSD	1권	3권 이상	-.1141	.05026	.106	-.2435	.0153
		2권	읽지않음	.2151*	.04850	.000	.0902	.3400
			1권	.1278	.05037	.055	-.0019	.2576
			3권 이상	.0138	.05532	.995	-.1287	.1562
		3권 이상	읽지않음	.2013*	.04838	.000	.0768	.3259
			1권	.1141	.05026	.106	-.0153	.2435
			2권	-.0138	.05532	.995	-.1562	.1287
	Scheffe	읽지않음	1권	-.0873	.04264	.243	-.2067	.0322
			2권	-.2151*	.04850	.000	-.3510	-.0792
			3권 이상	-.2013*	.04838	.001	-.3369	-.0658
		1권	읽지않음	.0873	.04264	.243	-.0322	.2067
			2권	-.1278	.05037	.093	-.2690	.0133
			3권 이상	-.1141	.05026	.162	-.2549	.0267
		2권	읽지않음	.2151*	.04850	.000	.0792	.3510
			1권	.1278	.05037	.093	-.0133	.2690
			3권 이상	.0138	.05532	.996	-.1412	.1688
		3권 이상	읽지않음	.2013*	.04838	.001	.0658	.3369
			1권	.1141	.05026	.162	-.0267	.2549
			2권	-.0138	.05532	.996	-.1688	.1412

관측된 평균에 기초한다.
*. .05 수준에서 평균차는 유의한다.

❽ 보고서 작성

〈표 28〉은 독서현황에 따른 핵심역량과 긍정심리자본의 차이를 분석한 결과이다. Wilks 람다값이 9.995이고 유의확률은 .000으로 p<.001이므로 독서현황에 따라 핵심역량과 긍정심리자본의 유의미한 차이를 보이는 것으로 나타났다.

〈표 28〉 독서현황에 따라 핵심역량과 고용가능성의 다변량 통계치

효과		값	F	가설자유도	오차자유도	유의확률
독서 현황	Pillai's 트레이스	.078	9.865	6.000	1456.000	.000
	Wilks' 람다	.922	9.995b	6.000	1454.000	.000
	Hotelling's 트레이스	.084	10.125	6.000	1452.000	.000
	Roy's 최대근	.077	18.674c	3.000	728.000	.000

〈표 29〉는 독서현황에 따른 핵심역량과 긍정심리자본의 차이검증 결과이다. 각 통계치의 F값은 18.654, 9.256이고, 모두 유의확률이 .000으로 p<.001이므로 독서현황에 따라 핵심역량과 긍정심리자본의 유의미한 차이를 보이는 것으로 나타났다.

〈표 29〉 독서현황에 따라 핵심역량과 고용가능성의 다변량분석

소스	종속변수	제III유형 제곱합	자유도	평균제곱	F
독서현황	핵심역량	12.027	3	4.009	18.654**
	긍정심리자본	5.757	3	1.919	9.256**
오차	핵심역량	156.459	728	.215	
	긍정심리자본	150.938	728	.207	
합계	핵심역량	8638.724	732		
	긍정심리자본	8330.356	732		
수정 합계	핵심역량	168.487	731		
	긍정심리자본	156.695	731		

*p<.05, **p<.01

마. 교차분석

1) 개념

교차분석(Crosstabulation Analysis)은 모집단의 차이나 변수들 간의 관계를 알아보기 위해 두 가지 이상의 유목 변인을 교차시켜 각각의 사례로 분할하여 그 빈도를 표시하는 것을 말한다.

변수들 간의 독립성과 관련성을 분석하기 위해 교차표를 작성해 주는데, 교차표만 제시할 경우 교차분석이라고 하고, 카이제곱(Chi-Square)의 유의확률로 변수들 간의 독립성과 관련성을 검정한 경우는 카이제곱 검정으로 구분할 수 있다.

2) 사용 목적

교차분석은 하나의 변수에 대한 빈도만을 나타내는 빈도 분석과는 달리 둘 이상의 변수에 대한 빈도를 동시에 나타내어 주는 기법이다.

3) 기본 가정

첫째, 교차분석은 관측 빈도와 기대 빈도 간의 차이에서 얻어지는 통계량인 χ^2(Chi-Square) 값을 측정한다.

둘째, χ^2 값이 크면 관측 빈도와 기대 빈도 간의 차이가 크며, 두 변수 간의 분포의 차이가 크다는 것을 의미한다.

셋째, χ^2 검증은 전체 사례 수가 20 이상이고, 기대 빈도가 5 이상인 경우에 활용할 수 있다.

넷째, 교차분석한 결과 각 셀의 수치는 관측 빈도, 기대 빈도, 행 백분율, 열 백분율, 백분율 등으로 나타나며, 해석에 있어서 중요한 것은 열(row) 백분율이다.

다섯째, 카이제곱 분석은 변수들이 명목척도 및 서열척도로 측정되어야 한다.

4) 연구 상황

① 핵심역량과 대학생의 성별 간에는 유의미한 관련성이 있을 것이다.

5) 분석 실행

1단계

데이터 편집기에서 데이터를 불러온 후 분석(A) → 기술통계(E) → 교차분석(C)을 클릭한다.

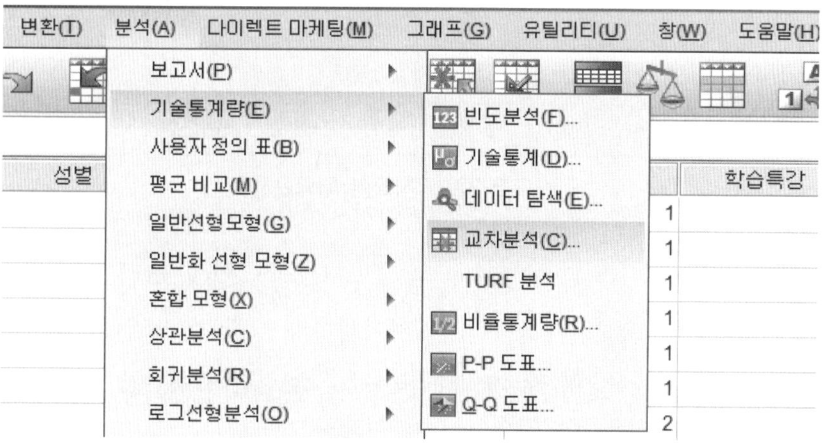

[그림 27] 교차분석 들어가기

2단계

교차분석 대화상자에서 왼쪽의 **"핵심역량"**을 선택하여 오른쪽의 행(O, 독립변수)에 **"성별"** 측정 변인을 열(C)로 보낸다.

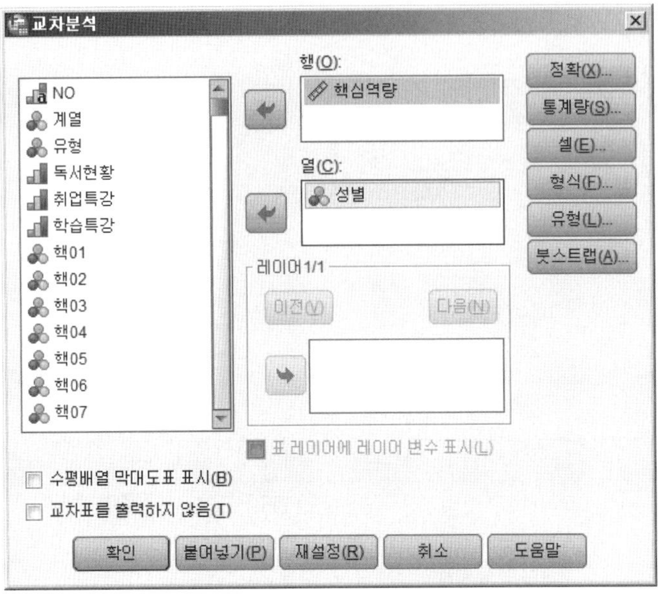

[그림 28] 교차분석 대화상자

3단계

아래에 있는 [통계량(S)]을 클릭한 후 카이제곱과 상관관계만을 옵션으로 선택한 후 [계속(C)]을 클릭한다. 이 때 카이제곱은 대응 변인간의 집단간 경향성을 보고하고, 상관관계는 두 대응 변인간의 상관 분석표를 제시한다.

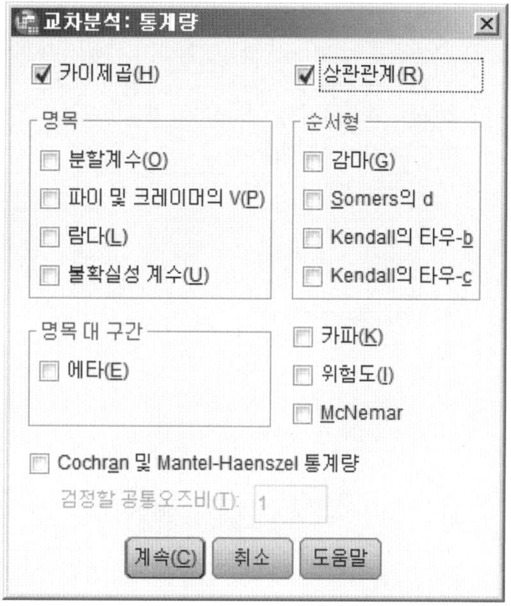

[그림 29] 통계량 대화상자

4단계

교차분석 대화상자에서 [통계량(S)] 메뉴 옆에 [셀(E)]을 클릭한 후 관측빈도, 기대빈도, 행, 열, 전체를 체크한 후 [계속(C)]을 클릭한다.

이 때 관측빈도는 실제 관측된 사례의 빈도수를 의미하며, 기대빈도는 기대 빈도수를 의미한다. 퍼센트에서 행을 체크하면 행의 합 백분율, 열을 체크하면 열의 합 백분율, 전체를 체크하면 각 셀 총합의 백분율이 제시된다. 잔차에서는 표준화하지 않음은 관측빈도에서 기대빈도를 뺀 값이 제시되고, 표준화는 표준화 잔차를, 수정된 표준화는 조정된 표준화 잔차를 제시한다.

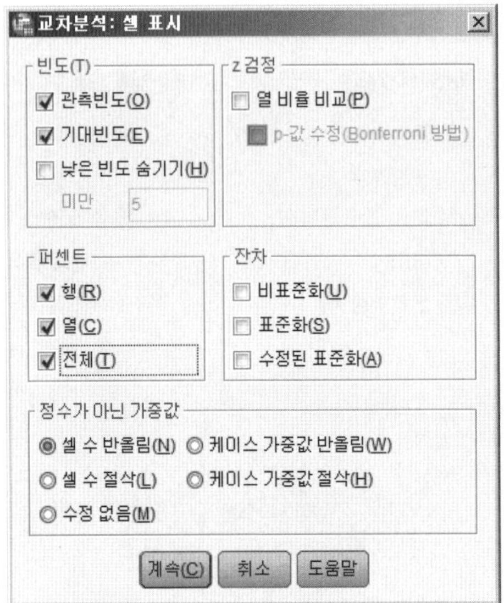

[그림 30] 교차분석 셀출력 대화상자

5단계

교차분석 대화상자에서 [통계량(S)]메뉴 옆에 [형식(F)]을 클릭하면 표 형식 대화상자가 나타난다. 여기에서 오름차순은 변수 값이 낮은 값에서 높은 값으로 정렬되어 나타나고, 내림차순은 변수 값이 높은 곳에서 낮은 값으로 정렬이 된다. 필요한 정렬방식을 체크한 후 [계속(C)]을 클릭한다. 다시 위의 [그림 29] 통계량 대화상자로 돌아와서 [확인]을 클릭하면 교차분석이 실행이 된다.

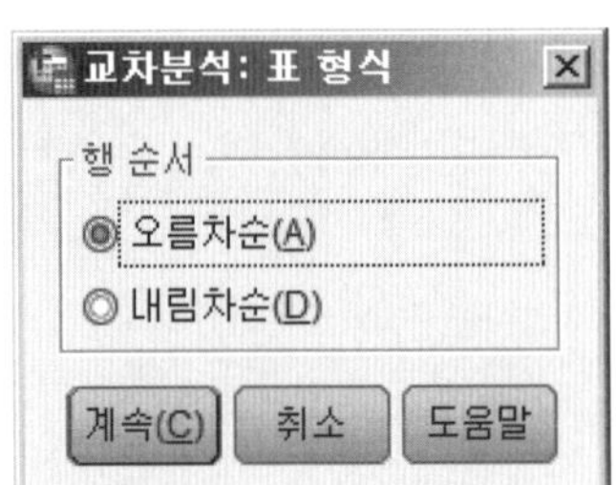

[그림 31] 표 형식 대화상자

6단계

프로그램이 실행되면서 아래와 같은 결과가 나오면 저장해 두면 된다.

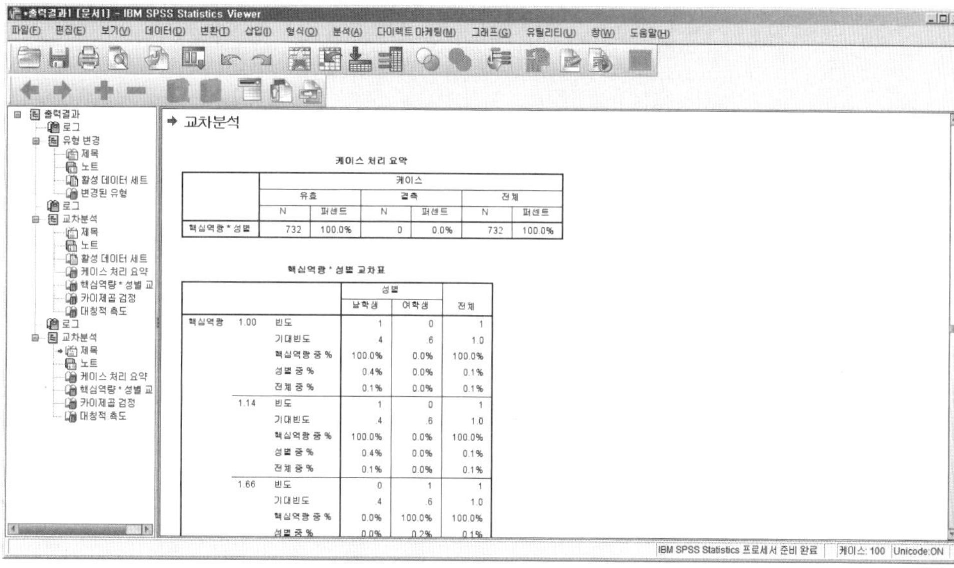

[그림 32] 교차분석 출력 결과

6) 분석 결과

(1) 교차분석

교차분석을 실시한 후 〈표 30〉과 같이 케이스 처리 요약이 제시된다. 교차분석에 동원된 전체 케이스는 732이고, 결측치는 없는 것으로 나타나고 있다.

〈표 30〉 케이스 처리 요약

	케이스					
	유효		결측		전체	
	N	퍼센트	N	퍼센트	N	퍼센트
핵심역량 * 성별	732	100.0%	0	.0%	732	100.0%

〈표 31〉 핵심역량*성별 교차표

			성별		전체
			남학생	여학생	
핵심역량	1	빈도	1	0	1
		기대빈도	.4	.6	1.0
		핵심역량의 %	100.0	100.0	100.0%
		성별의 %	.4	.0	.1%
		전체 %	.1	.0	.1%
	1.14	빈도	1	0	1
		기대빈도	.4	.6	1.0
		핵심역량의 %	100.0%	.0%	100.0%
		성별의 %	.4%	.0%	.1%
		전체 %	.1%	.0%	.1%
	:				
	:				
	:		중 간	생략	
	:				
	:				
	4.95	빈도	1	0	1
		기대빈도	.4	.6	1.0
		핵심역량의 %	100.0%	100.0%	100.0%
		성별의 %	.4%	.0%	.1%
		전체 %	.1%	.0%	.1%
	5	빈도	5	1	6
		기대빈도	2.2	3.8	6.0
		핵심역량의 %	83.3%	16.7%	100.0%
		성별의 %	.7%	.1%	.8%
		전체 %	.7%	.1%	.8%
전체		빈도	263	469	732
		기대빈도	263.0	469.0	732.0
		핵심역량의 %	35.9%	64.1%	100.0%
		성별의 %	100.0%	100.0%	100.0%
		전체 %	35.9%	64.1%	100.0%

위의 〈표 31〉 교차표에는 대학생의 핵심역량에 따른 성별에 대한 데이터가 제시

되어 있다. 핵심역량 1 중 '남학생'에 응답한 내용을 중심으로 살펴보면 빈도에 제시된 데이터는 관측빈도를, 기대빈도, 핵심역량의 %는 행 백분율, 성별의 %는 열 백분율, 전체 %는 전체 백분율을 나타내며, 특히 기대빈도와 열 백분율을 관심 있게 보아야 한다.

핵심역량이 1부터 1.14~4.95, 5까지 연속적인 숫자로 제시되어 있고, 기대빈도가 5보다 작은 셀의 비율이 20% 이상인 경우에는 카이제곱 분석 결과를 신뢰할 수 없으므로 변수 값의 코딩 변경을 통하여 재코딩한 후 분석을 다시 실시해야 한다.

(2) 재코딩 후 카이제곱 분석

1단계

변환(T) → 다른 변수로 코딩변경(R)을 클릭한다.

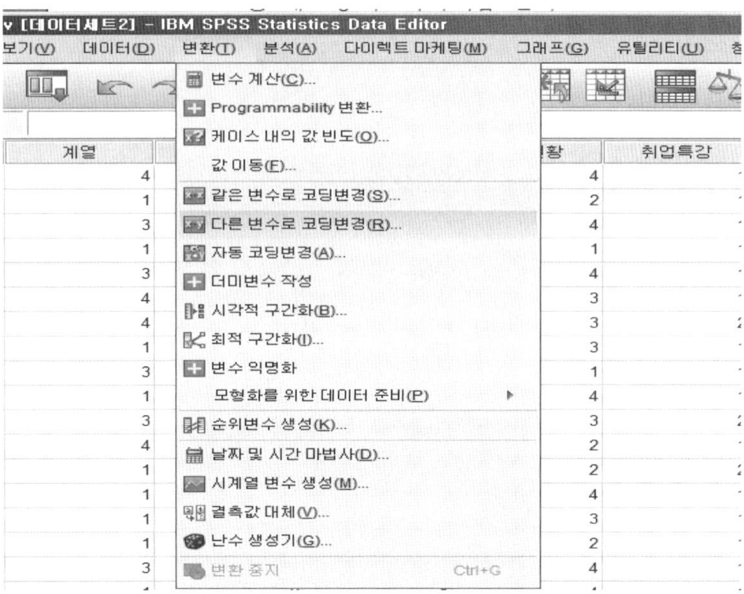

[그림 33] 코딩 변경 들어가기 대화상자

2단계

재코딩할 대상 변수인 핵심역량을 왼쪽에서 선택하여 이동시키고, 출력변수 이름(N)에 "핵심역량분할"이라 입력하고, 설명(L)에 "핵심역량재코딩"이라 입력 후 변경(H)을 선택한다.

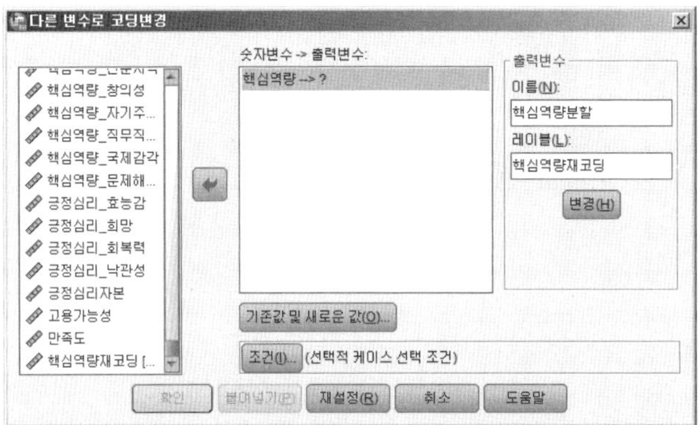

[그림 34] 새로운 변수로 코딩변경 대화상자

3단계

위의 [그림 8]에서 기존값 및 새로운 값(O)을 클릭하면, 기존값 및 새로운 값 대화상자가 나타난다. 범위(G)에서 3=0~2.99, 4=3~3.99, 5=4~5로 재코딩한다. 이를 위해 범위(G)에서 "0"에서 "0.99값"을 입력, 새로운 값에서 "1"을 입력후 추가(A)버튼을 누르고, 차례대로 5까지 범위와 새로운 값을 입력한 다음 계속(C)버튼을 누른다.

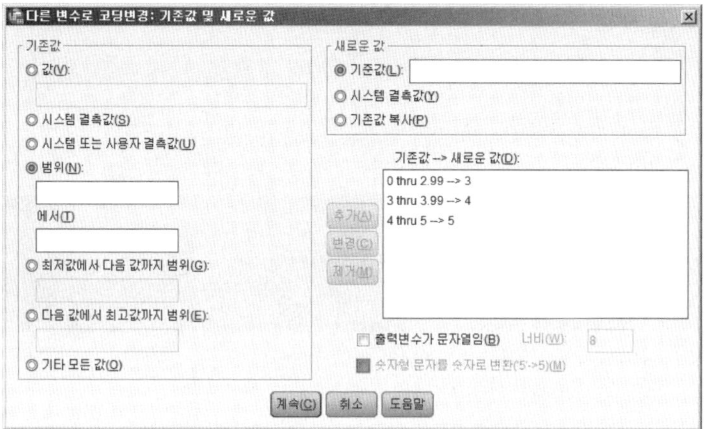

[그림 35] 기존값 및 새로운 값 대화상자

4단계

앞에 제시된 교차분석 실행단계를 따라 **통계량(S)**, **셀(E)**, **형식(F)**에 들어가서 필요한 사항을 체크한 후 **확인**을 클릭한다.

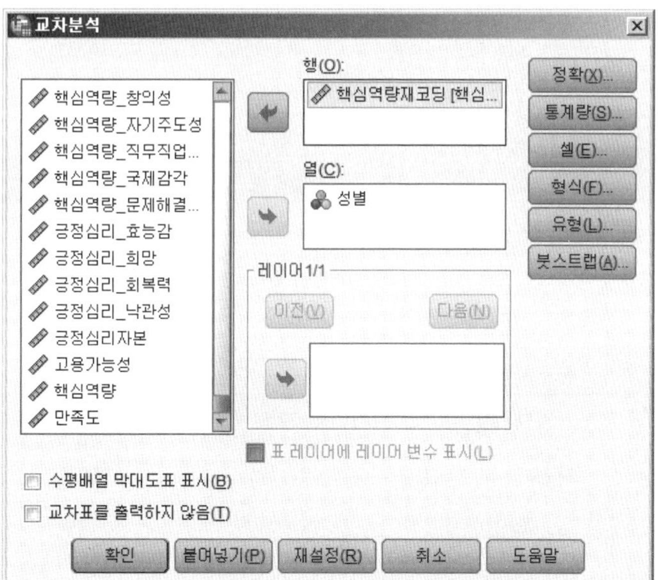

[그림 36] 교차분석 대화상자

교차분석을 실시한 후 〈표 32〉와 같이 케이스 처리 요약이 제시된다. 교차분석에 동원된 전체 케이스는 732이고, 결측치는 없는 것으로 나타나고 있다.

〈표 32〉 케이스 처리 요약

	케이스					
	유효		결측		전체	
	N	퍼센트	N	퍼센트	N	퍼센트
핵심역량 * 성별	732	100.0%	0	.0%	732	100.0%

〈표 33〉 핵심역량*성별 교차표

			성별		전체
			남학생	여학생	
핵심역량	3	빈도	38	77	115
		기대빈도	41.6	73.4	115.0
		핵심역량재코딩의 %	33.0%	67.0%	100.0%
		성별의 %	14.5%	16.6%	15.9%
		전체 %	5.2%	10.6%	15.9%
	4	빈도	190	344	534
		기대빈도	193.0	341.0	534.0
		핵심역량재코딩의 %	35.6%	64.4%	100.0%
		성별의 %	72.5%	74.3%	73.7%
		전체 %	26.2%	47.4%	73.7%
	5	빈도	34	42	76
		기대빈도	27.5	48.5	76.0
		핵심역량재코딩의 %	44.7%	55.3%	100.0%
		성별의 %	13.0%	9.1%	10.5%
		전체 %	4.7%	5.8%	10.5%

		성별		전체
		남학생	여학생	
전체	빈도	262	463	725
	기대빈도	262.0	463.0	725.0
	핵심역량재코딩의 %	36.1%	63.9%	100.0%
	성별의 %	100.0%	100.0%	100.0%
	전체 %	36.1%	63.9%	100.0%

위의 〈표 33〉 교차표에는 대학생의 핵심역량에 따른 성별에 대한 데이터가 제시되어 있다. 핵심역량 3 중 '남학생'에 응답한 내용을 중심으로 살펴보면 빈도에 제시된 데이터는 관측빈도를, 기대빈도, 핵심역량의 %는 행 백분율, 성별의 %는 열 백분율, 전체 %는 전체 백분율을 나타내며, 특히 기대빈도와 열 백분율을 관심 있게 보아야 한다.

핵심역량이 3미만에서는 남학생 38명, 여학생 77명으로 총 11명의 빈도수로 나타났다. 이러한 수치는 3미만에서 남학생이 33.0%, 여학생이 67.0%의 비율로 나타난다(핵심역량코딩의 %). 남학생에서 핵심역량 3미만이 차지하는 비율은 남학생 14.5%, 여학생 16.6%의 수치이다(성별의 %). 남학생과 여학생 전체에서 핵심역량 3미만의 남학생 비율은 5.2%, 여학생 비율은 10.6%로 나타났다(전체 %). 즉, 핵심역량 3미만의 대학생은 여학생이 남학생보다 우수하다는 것을 알 수 있다.

이러한 분석을 통해 전체적으로 대학생의 핵심역량은 전체적으로 여학생이 남학생보다 핵심역량이 우수하다는 것을 알 수 있다.

〈표 34〉 카이제곱 검정

	값	자유도	점근 유의확률 (양쪽검정)
Pearson 카이제곱	2.984(a)	2	.225
우도비	2.922	2	.232
선형 대 선형결합	2.334	1	.127
유효 케이스 수	725		

a 0 셀 (.0%)은(는) 5보다 작은 기대 빈도를 가지는 셀입니다. 최소 기대빈도는 27.46입니다.

〈표 34〉에서 대학생의 성별에 따른 핵심역량의 분포에 대한 카이제곱 검정은 보면 Pearson 카이제곱 값이 2.984이고 자유도가 2일 때 점근 유의확률이 .225이므로 유의도 5% 수준에서 무의미하다는 것을 의미한다. 이는 두 변수인 대학생의 성별에 따른 핵심역량은 서로 관련이 없음을 의미한다. 또한, 기대빈도 5보다 작은 셀 0셀(0%)가 하나도 없는 것으로 나타났으므로 이 결과를 신뢰할 수 있다.

〈표 35〉 대칭적 측도

		값	점근 표준오차(a)	근사 T 값(b)	근사 유의확률
구간척도 대 구간척도	Pearson의 R	-.057	.037	-1.529	.127(c)
순서척도 대 순서척도	Spearman 상관	-.056	.037	-1.507	.132(c)
유효 케이스 수		725			

a 영가설을 가정하지 않음.
b 영가설을 가정하는 점근 표준오차 사용
c 정규 근사법 기초

〈표 35〉를 보면 각 척도에 대한 Pearson 및 Spearman의 상관관계 값을 보여주고 있다.

7) 보고서 작성

"핵심역량수준과 대학생의 성별 간에는 관련성이 있을 것이다"라는 가설을 검정하기 위하여 카이제곱 분석을 실시한 결과, 카이제곱 값은 2.984이고, 유의확률이 .225로 나타나 성별과 핵심역량 간에는 서로 관련성이 없는 것으로 나타났다.

〈표 36〉 핵심역량에 따른 대학생의 성별간의 교차분석

		성별		전체	χ^2
		남학생	여학생		
핵심역량	0~3미만	38(14.5%)	77(16.6%)	115(31.1%)	2.984
	3~4미만	190(72.5%)	344(74.3%)	534(73.7%)	
	4~5미만	34(13.0%)	42(9.1%)	76(10.5%)	
전체(%)		262(100%)	463(100%)	725(100%)	

제9장

회귀분석을 활용한 효과 분석 논문

회귀분석을 활용한 효과 분석은 독립변수가 종속변수에 미치는 영향이나 효과를 탐색하는 것을 말한다. 즉, 어떤 상황이나 조건에서 종속변수에 영향을 미치는 관련 독립변인이 무엇인가를 탐색하는 연구에서 활용된다. 이러한 분석의 예는 "긍정심리자본, 직무스트레스와 직무몰입과의 관계", "직무만족, 조직공정성, 긍정심리자본과 직무스트레스가 직무몰입에 미치는 영향" 등을 들 수 있다. 이때 직무만족, 조직공정성, 자기효능감, 낙관성, 희망, 회복탄력성 등 독립변수는 종속변수인 직무몰입에 영향을 미치는지, 또는 이들 독립변수가 종속변수를 설명하는 변수인가를 확인하는 분석을 말한다.

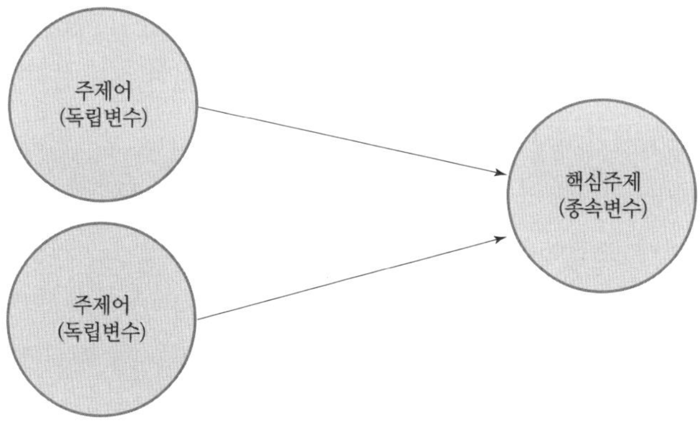

[그림 1] 회귀분석에서의 변수관계

영향(효과) 분석 논문 이해를 위해서 장선영(2014)의 논문인 "프로젝트 중심학습에서 학습자의 의사소통능력, 리더십, 비판적 사고력, 정보활용능력이 반성적 사고에 미치는 영향"을 예로 논문의 구성과 작성을 설명해 볼 것이다.

〈논문 개요〉

프로젝트 중심학습 조건에서 학습자의 **의사소통능력, 리더십, 비판적 사고력, 정보활용능력**	→	**반성적 사고**

이러한 변수 관계를 탐색한 결과, 이 연구는 다음과 같은 결과를 도출하였다. 첫째, 정보활용능력이 프로젝트 중심학습에서 학습자의 반성적 사고를 설명하는 가장 중요한 예측변인으로 밝혀졌다. 둘째, 비판적 사고력이 정보활용능력 다음으로 반성적 사고에 영향을 미치는 변인으로 밝혀졌다. 이와 같은 결과를 통해, 프로젝트 중심학습에서 프로젝트 수행을 위해 정보를 수집하고 활용하는 능력과 비판적으로 사고하는 능력이 높을수록 학습자의 반성적 사고능력도 향상된다는 것을 알 수 있다.

서론은 다음과 같이 구성되었다. 먼저, 어떤 상황이나 조건이 갖는 중요성이나 현황은 어떠한가를 제시하였다. 그 논지는 문제해결력은 비구조화된 문제를 해결하는 데 필요한데 그것은 협동 과제 수행(프로젝트 중심학습)을 통해 효과적으로 접근 가능하다는 논지였다. 둘째, 상황이나 조건(프로젝트 중심학습)은 무엇인가? 그것은 왜 상황이나 조건과 연결되어야 하는가를 제시하였다. 셋째, 프로젝트 중심학습을 위해 고려하는 종속변수(반성적 사고)는 무엇이고, 왜 고려되어야 하는가(연구의 타당화)를 제시하였다. 넷째, 프로젝트 중심학습 상황에서 종속변수(반성적 사고)에 영향을 미치는 변수는 무엇이고, 그것들이 종속변수와 어떤 관련이 있으며, 그것들의 관계는 프로젝트 중심학습 조건에 어떠한 영향을 미치는가(연구의 타당화)를 제시하였다. 다섯째, 특정 상황이나 조건에서 종속변수에 영향을 미치는 변수 탐색이 필요한 타당성을 선행연구에 근거하여 제시(연구의 차별화 도출)하면서 반성적 사고와 관련된 연구동향에서 영향 분석을 시도한 논문이 있었는가, 있었다면 어떠한 변수와의 관계를 고려했는가, 이 연구를 한다면 어떠한 의의가 있는지 등을 제시하였다.

이론적 배경(이 논문은 이론적 배경을 서론과 통합하여 제시함)은 특정 상황이나 조건에 대한 배경 → 종속변수(반성적 사고의 개념과 특성, 절차 등에 대한 제시, 특정 상황에서의 반성적 사고의 의의와 선행연구 분석) → 종속변수에 영향을 미치는 변수(가. 의사소통능력의 개념과 특성, 종속변수와의 관계 및 선행연구; 나. 리더십의 개념과 특성, 종속변수와의 관계 및 선행연구; 다. 비판적 사고력의 개념과 특성, 종속변수와의 관계 및 선행연구; 라. 정보활용능력의 개념과 특성, 종속변수와의 관계 및 선행연구) → 가설 설정 근거와 함께 가설 제시 등으로 구성되었다.

연구방법은 연구대상, 연구도구, 연구절차, 자료수집 및 분석 등으로 제시되었다. 이 논문은 중다회귀분석을 사용하여 통계 분석을 실시하였다. 연구결과는 측정변수에 대한 기초통계와 다중공선성 검증(중다회귀분석으로 검증하려면 다중공선성을 고려해야 하는 데, 다중공선성은 독립변인들 간에 상관관계가 낮아야 하는 데 이러한지를 확인하는 검증이며, 다중공선성은 VIF 값으로 확인하는 데 통상 1이상 10미만인 경우는 다중공정성에 문제없다고 판단함) → 상관관계 분석 → 관련 변수들이 반성적 사고에 미치는 영향 등으로 분석되었다. 논의 및 결론는 반성적 사고에 유의하게 영향을 미친다고 확인된 변수에 대한 연구자의 해석, 즉, 연구결과에 대해 선행연구에 비추어 타당성 및 차별화 논리 분석과 시사점 도출 등이 제시되었다.

최근 작성된 박사학위논문도 전술한 논문의 예와 비슷한 경향을 보이고 있다. 아래의 표와 같이 연구주제는 청소년의 휴대전화 의존에 영향을 미치는 요인에 관한 연구, 중학생의 학업적 자기효능감, 대인관계능력이 학교적응에 미치는 영향, 연구생산성 결정요인 등으로 제시되어 있다.

연구문제(내용)는 청소년의 개인요인, 친구요인, 가족요인, 학교요인은 휴대전화 의존에 영향을 미치는가?, 주택가격을 결정하는 요인들 중에서 지형적 공간형태가 주택가격에 미치는 영향을 규명한다 등으로 설정되었다.

연구가설은 참여교수의 연구비 출처가 연구생산성에 영향을 미칠 것이다, 참여교수의 직급이 연구생산성의 중요한 결정요인이다, 소득이 높을수록 지형적 공간형태가 주택가격에 미치는 영향이 크다고 생각할 것이다, 여자프로선수의 프로페셔널

이미지, 미디어 노출, 외모관리가 경기력에 영향을 미칠 것이다 등으로 제시되었다.

이론적 배경은 변수와의 관계를 고려하여 구성되었다. 예를 들면, 지형적 공간 형태가 주택가격에 미치는 영향을 분석하는 연구를 위해서 주택가격 결정요인, 주택가격 결정 영향과 지형적 공간형태 구성요소, 주택가격 결정과 지형적 공간형태 구성요소, 지형적 공간형태의 개념과 특성, 주택가격 결정요인, 지형적 공강형태 특성이 주택가격에 미치는 선행연구와 그 차별성, 연구방법과 연구결과는 앞에서 제시한 것과 비슷하였다. 주로 활용되는 분석은 다중회귀분석을 실시하였으며, 연구결과, 논의, 결론는 연구문제 순으로 제시되어 있었다.

〈표 1〉 회귀분석 관련 선행연구(박사논문) 분석

구분	김지현(2014)	김기형(2015)	정택동(2015)	박승호(2014)	박은예(2015)	김연(2015)
연구 주제	청소년의 휴대전화 의존에 영향을 미치는 요인에 관한 연구	연구생산성 결정요인: BK21 플러스 참여교수를 중심으로	지형적 공간 형태가 주택가격에 미치는 영향: 한남동을 중심으로	국내 주식시장의 날씨 효과 연구: 주식수익율, 주가변동성, 거래행태를 중심으로	중학생의 학업적 자기효능감, 대인관계능력이 학교적응에 미치는 영향	여자프로선수의 프로페셔널이미지 및 미디어 노출 인식, 외모관리가 경기력에 미치는 영향
연구 문제	청소년의 개인요인, 친구요인, 가족요인, 학교요인은 휴대전화 의존에 영향을 미치는가? 청소년의 휴대전화 의존에 영향을 미치는 변인들의 상대적 영향력은 어떠한가?	논문, 특허, 논문과 특허를 종합한 지표 모두를 연구생산성 지표로 활용하여 연구 활동의 전체 결과에 미치는 영향요인들을 분석한다.	주택가격을 결정하는 다양한 요인들 중에서 지형적 공간형태가 주택가격에 영향을 미치는 지를 규명하는 것이다. 지	기존연구들이 주로 주가지수 수익률과 날씨요인간 상관관계 분석에 집중한 반면 본 연구는 수익률 뿐 아니라 주식시장 가격변동성, 거래행태(증시주변 자금, 공매도, 신용거래, 거래대금 등)에 대한 날씨의 영향을 분석한다.	중학생의 학업적 자기효능감과 대인관계능력이 학교적응에 어떠한 영향을 미치는가?	프로페셔널이미지, 미디어 노출 인식 및 외모관리행동이 팀경기력, 개인 경기력에 미치는 영향을 알아본다.
연구 가설	없음	참여교수의 연구비 출처가 연구생산성에 영향을 미칠 것이다. 지도 대학원생 숫자가 많은 참여교수 일수록 연구생산성이 높을 것이다. 참여교수의 직급이 연구생산성의 중요한 결정요인이다. 참여교수의 학문분야가 연구생산성의 중요한 결정요인이다.	지형적 공간형태는 단독주택가격에 유의한 영향을 미칠 것이다. 소득이 높을수록 지형적 공간형태가 주택가격에 미치는 영향이 크다고 생각할 것이다.	없음	없음	여자프로선수의 프로페셔널이미지, 미디어노출, 외모관리가 경기력에 영향을 미칠 것이다. 여자프로선수의 프로페셔널이미지, 미디어노출, 외모관리가 팀경기력에 영향을 미칠 것이다. 여자프로선수의 프로페셔널이미지, 미디어노출, 외모관리가 개인경기력에 영향을 미칠 것이다.

〈계속〉

구분	김지현(2014)	김기형(2015)	정택동(2015)	박승호(2014)	박은예(2015)	김연(2015)
이론적 배경	• 선행연구동향 • 휴대전화 의존 개념 및 이론 • 휴대전화 사용 실태 • 휴대전화 의존에 영향을 미치는 요인	• 연구생산성 • 연구생산성 영향 변수 -성, 연령, 교수직급, 연구비, 대학원생, 학위취득국가, 지역, 학문분야	• 주택가격 결정요인 • 주택가격 결정 영향과 지형적 공간형태 구성요소 • 주택가격 결정과 지형적 공간형태 구성요소 • 지형적 공간형태의 개념과 특성 • 주택가격 결정요인, 지형적 공강형태 특성이 주택가격에 미치는 선행연구와 그 차별성	• 행태재무 • 날씨가 인간의 심리에 미치는 영향과 관련된 기존연구 • 기분이 의사결정에 미치는 영향과 관련된 기존연구 • 날씨가 금융(주식)시장에 미치는 영향과 관련된 기존연구 • 연구데이터 선정 및 변수의 정의(주가수익율 및 거래증가율, 주가변동성 및 공매도 비중, 전운량, 기온, 강수, 월요효과)	• 학업적 자기효능감 • 대인관계능력 • 학교적응 • 선행연구의 고찰(변수간 관계)	• 외무에 대한 사회문화적 인식 및 가치 • 외모관리행동 • 프로페셔널이미지 • 미디어노출 • 경기력
분석 방법	다중회귀분석	다중회귀분석	다중회귀분석	다중회귀분석	다중회귀분석	다중회귀분석
연구 결과 논의 결론	연구문제에 따라 분석	연구문제에 따라 분석	연구문제에 따라 분석	연구문제에 따라 분석	연구문제에 따라 분석	연구문제에 따라 분석

1. 통계분석 및 해석

가. 회귀분석

1) 개념

회귀분석(Regression Analysis)은 독립변수와 종속변수 사이의 관계를 검증하여 독립변수가 종속변수에 미치는 영향력을 알아보거나 독립변수가 변화함에 따라 종속변수의 변화를 예측하기 위하여 사용하는 분석방법이다.

2) 사용 목적

상관분석은 단순히 두 변수 사이의 상관의 정도만 분석하는 것이지만, 회귀분석은 두 변수 사이의 인과관계 뿐만 아니라 한 변수로부터 다른 변수의 변화를 예측할 수 있다. 회귀분석은 독립변수의 수에 따라 독립변수가 1개인 경우는 단순회귀분석(Simple Regression Analysis), 2개 이상인 경우는 다중회귀분석(Multiple Regression Analysis)이라고 한다.

3) 기본 원리

첫째, 회귀분석은 독립변수들과 종속변수가 선형의 관계에 있다고 가정하고 종속변수를 예측할 수 있는 선형회귀방정식을 이끌어내는데 있다.

둘째, 최소자승법(method of least squares)을 이용하여 종속변수의 실제 관측치와 회귀방정식으로 추정된 값의 차이의 제곱의 합을 최소화시켜 추정한다.

셋째, 다중 회귀분석은 독립변수가 2개 이상이기 때문에 독립변수들간의 높은 상관계가 발생하는 다중공선성이 발생할 수 있다. 따라서 단순회귀분석에서는 다중공선성을 검정하지 않고, 다중회귀분석에서는 반드시 다중공선성을 검정하여야 한다.

4) 연구 상황

① 핵심역량은 고용가능성에 영향을 미칠 것이다.

② 교육만족도는 고용가능성에 영향을 미칠 것이다.

③ 긍정심리자본은 고용가능성에 영향을 미칠 것이다.

5) 실행 과정

① 다중회귀분석

1단계

데이터 편집기에서 데이터를 불러온 후 분석(A) → 회귀분석(R) → 선형(L)을 클릭한다.

[그림 2] 회귀분석 들어가기

2단계

종속변수에는 고용가능성을 독립변수에는 고용만족도, 핵심역량, 긍정심리자본을 넣고, 방법(M)에는 단계선택(Stepwise)을 선택한다.

- 방법(Method)
  - 입력(Enter) : 블록내의 모든 변수를 한 번에 허용오차가 줄어드는 순서로 하나씩 회귀식에 투입
  - 단계선택(Stepwise) : 단계적으로 변수를 등록 및 제거
  - 제거(Remove) : 블록내의 모든 변수를 강제로 하나의 단계에서 제거
  - 후진(Backward) : 후방 변수 제거
  - 전진(Forward) : 전방 변수 선택

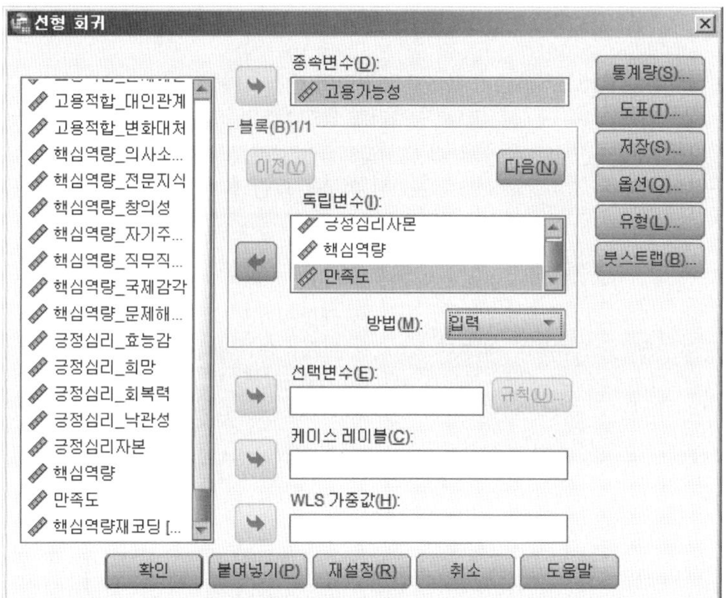

[그림 3] 선형 회귀분석 대화상자

3단계

통계량(S) 대화상자를 클릭하면 아래의 메뉴에서 필요한 부분을 체크한 후 계속 을 클릭한다. 특히, 다중공선성을 진단하기 위하여 공선성진단(Collinearity diagnositics)과 Durbin-Watson를 체크한다.

- 회귀계수(Regression Coefficients)
  - 추정값(Estimate) : 회귀계수의 추정치 계산
  - 신뢰구간(Confiedence Intervals) : 비표준화 회귀계수의 95% 신뢰구간 표시
  - 공분산 행렬(Covariance Matrix) : 비표준화 회귀계수에 대한 분산, 공분산 행렬
- 잔차(Residuals)
  - Durbin-Watson : 계열 상관 존재 여부에 대한 통계량
  - 케이스별 진단(Case wise Diagnostics) : 선택 기준을 충족시키는 사례의 확인
- 모형적합(Model Fit) : R^2, 조정된 R^2, 표준추정초차, 분산분석, 자유도, 평균자승, F값 등 관찰 확률 표시
- R제곱 변화량(R Squared Change) : R제곱 변화량의 변경 사항 표시
- 기술통계(Descriptive) : 평균, 표준편차, 단측검증 유의수준의 상관행렬
- 부분상관 및 편상관계수(Part and Partial Correlations) : 부분상관
- 공선성 진단(Collinearity Diagnostics) : 공선성 여부에 대한 통계량 계산

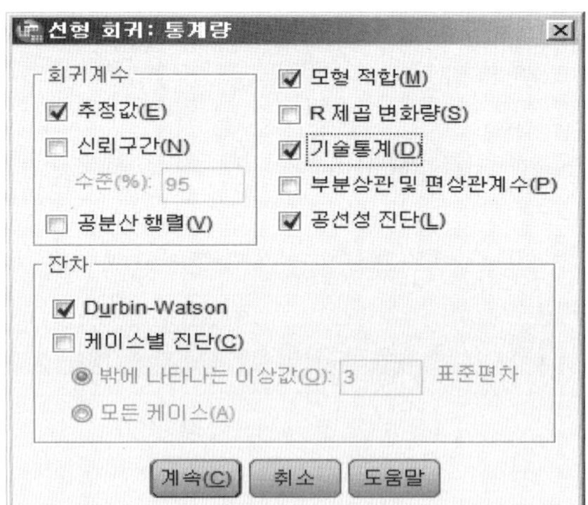

[그림 4] 통계량 대화상자

4단계

도표(C) 를 클릭한 후 아래 그림과 같이 선택한 후 잔차 플롯을 나타내기 위해 편회귀잔차도표 모두 출력(Produce all partial plots)을 체크한 후 계속 을 클릭한다.

·ZPRED : 표준예측치 ·ZRESID : 표준잔차 ·DRESID : 삭제잔차 ·ADJPRED : 조정 예측치 ·SRESID : 스튜던츠화된 잔차 ·SDRESID : 스튜던츠화된 삭제잔차

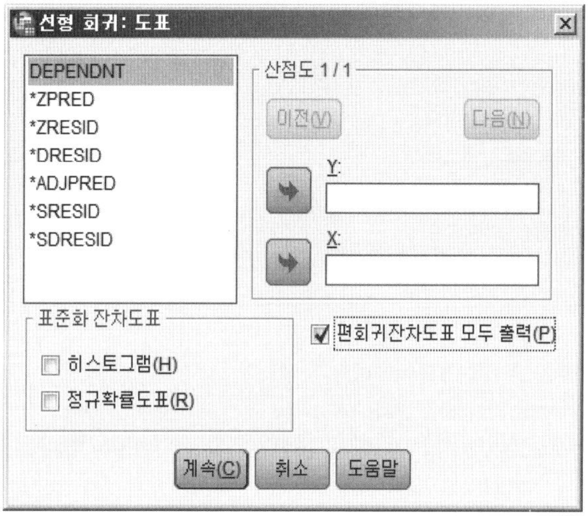

[그림 5] 도표 대화상자

5단계

다시 선형회귀분석 대화상자로 돌아와서 [저장(S)]을 클릭하면 아래와 같은 메뉴가 나타난다. 필요한 것을 체크한 후 [계속]을 클릭한다.

- 예측값(Predicted Values)
  - 표준화하지 않음(Unstandarized) : 비표준예측치
  - 표준화(Standarized) : 표준예측치
  - 수정된(Adjusted) : 조정된 예측치
  - 평균예측 표준오차(S.E of Mean Predictions) : 예측치의 표준오차
- 거리(Distances)
  - Mahalanobis의 거리
  - Cook의 거리
  - 레버리지값(Leverage Values)
- 예측 구간(Prediction Intervals)
  - 평균(Mean) : 평균예측값의 범위
  - 개별(Individual) : 단일관찰치의 범위
  - 신뢰구간(Confidence Interval)
- 잔차(Residuals)
  - 표준화하지 않음(Unstandarized) : 비표준잔차
  - 표준화(Standarized) : 표준잔차
  - 스튜던트화(Studentized) : 스튜던트화된 잔차
  - 삭제된 잔차(Deleted) : 삭제된 잔차
  - 삭제된 스튜던트화 잔차(Studentized Deleted) : 스튜던트화된 삭제잔차
- 영향력 통계량(Influence Statistics)
  - DFBETA : 특정사례를 제외한 후 발생할 수 있는 회귀계수의 변화
  - 표준화 DFBETA : 표준화된 DFBETA
  - DFFIT : 특정 사례가 제외될 때 예측치의 변화
  - 표준화 DFFIT : 표준화된 DFFIT
  - 공분산 비율(Covariance Ratio) : 특정 사례를 제외할 때의 공분산행렬과 제외하지 않았을 때의 공분산 행렬의 비율

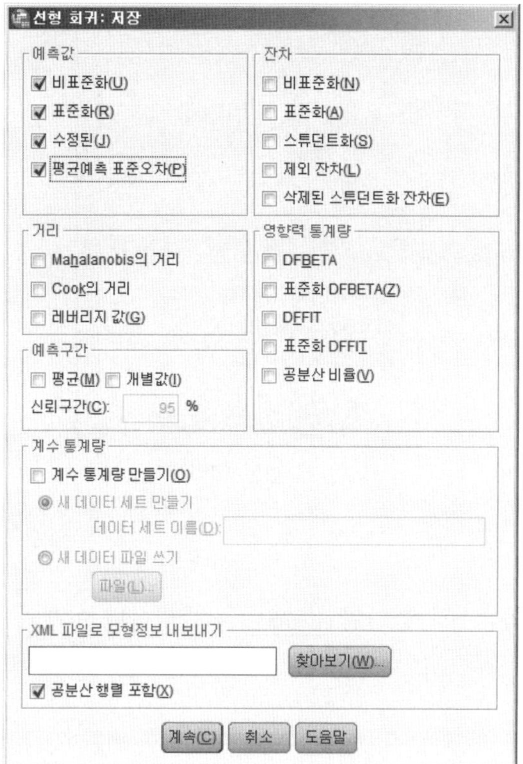

[그림 6] 저장 대화상자

6단계

다시 선형회귀분석 대화상자로 돌아와서 옵션(O) 을 클릭하면 아래와 같은 메뉴가 나타난다. 필요한 것을 체크한 후 계속 을 클릭한다.

- 선택법 기준(Stepping Method Criteria)
  - F-확률 사용(Use Probability of F) : F확률 사용하고 등록값은 .05, 제거값은 .100이다.
  - F-값 사용(Use F Value) : F값 사용
- 방정식에 상수항 포함(Include Constant in Equation) : 회귀식에 상수를 포함
- 결측값(Missing Values)
  - 목록별 결측값 제외(Exclude Cases Listwise) : 명백한 값을 가진 사례들만 분석
  - 대응별 결측값 제외(Exclude Cases Pairwise) : 쌍을 이루는 변수의 완전한 사례들만 분석
  - 평균으로 바꾸기(Replace with Mean) : 관찰치가 없는 경우 평균으로 대치

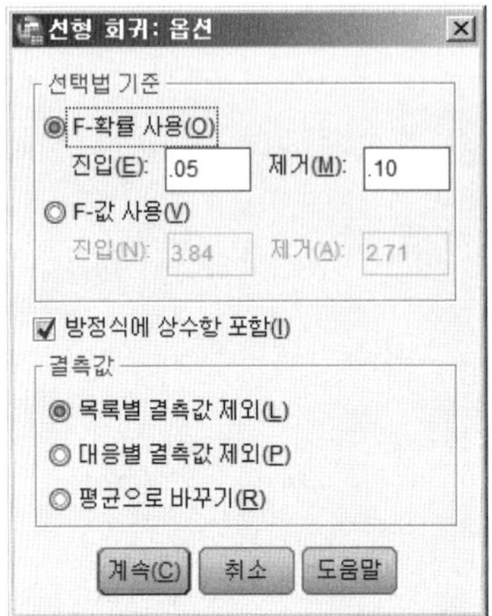

[그림 7] 옵션 대화상자

7단계

선형회귀분석 대화상자로 돌아와 [확인]을 클릭하면 아래와 같은 출력결과가 나타난다. 이를 다른 이름으로 저장을 한 후 출력결과를 살펴보면 된다.

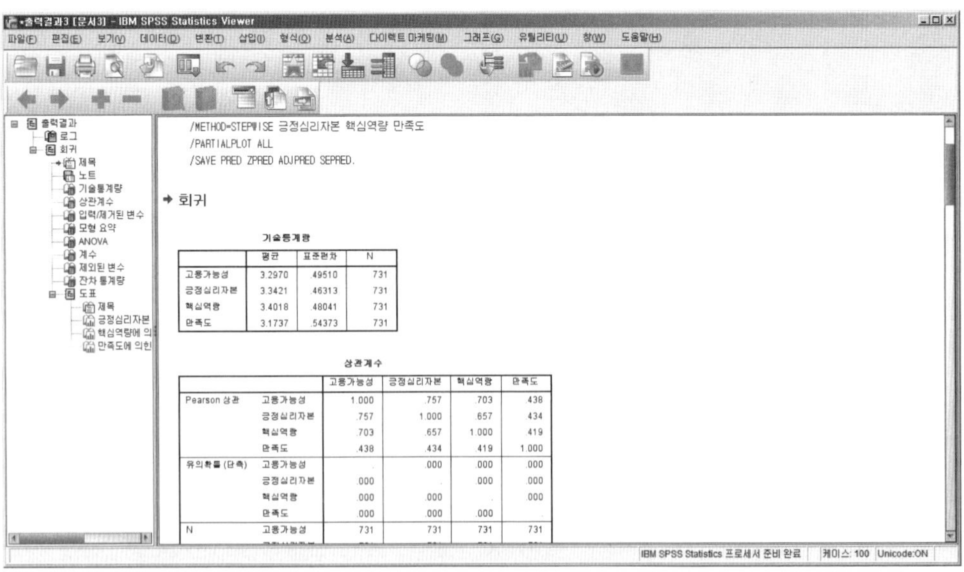

[그림 8] 출력 결과

6) 분석 결과 해석

〈표 2〉는 종속변인인 고용가능성에 대한 핵심역량, 긍정심리자본, 만족도와의 관련성을 알아보기 위한 다중회귀분석의 결과로 평균, 표준편차, 사례 수가 제시되어 있다.

〈표 2〉 기술통계량

	평균	표준편차	사례 수
고용가능성	3.2970	.49510	731
핵심역량	3.4018	.48041	731
긍정심리자본	3.3421	.46313	731
만족도	3.1737	.54373	731

〈표 3〉은 고용가능성과 핵심역량, 긍정심리자본, 만족도과의 상관관계를 나타내는 것으로 유의한 상관관계를 보이는 것으로 나타나고 있다.

〈표 3〉 상관계수

		고용가능성	핵심역량	긍정심리자본	만족도
Pearson 상관	고용가능성	1.000	.703	.757	.438
	핵심역량	.703	1.000	.657	.419
	긍정심리자본	.757	.657	1.000	.434
	만족도	.438	.419	.434	1.000
유의확률 (단측)	고용가능성	.	.000	.000	.000
	핵심역량	.000	.	.000	.000
	긍정심리자본	.000	.000	.	.000
	만족도	.000	.000	.000	.
N	고용가능성	731	731	731	731
	핵심역량	731	731	731	731
	긍정심리자본	731	731	731	731
	만족도	731	731	731	731

〈표 4〉는 방법으로는 입력을 사용하여 종속변수로 고용가능성이 진입된 독립변수로 핵심역량, 긍정심리자본, 만족도를 나타내고 있다.

〈표 4〉 입력 및 제거된 변수

모형	입력된 변수	제거된 변수	방법
1	만족도 핵심역량 긍정심리자본	.	입력

a. 종속변수: 고용가능성
b. 요청된 모든 변수가 입력되었다.

〈표 5〉는 선형 모형의 적합도를 나타내는 R제곱은 고용가능성이 종속변수인 긍정심리자본, 핵심역량, 만족도에 대한 설명력이 각각 .652로 57.3%, 65.2%라는 것을 알 수 있다. R^2은 종속변수에 대한 전체 설명력을 나타내며, 0과 1사이의 값을 가지고 이 수치가 높을수록 표본회귀선의 설명력이 높아진다. 수정된 R제곱(Adjusted R square)은 .651로 이는 모집단에 이 모형을 가장 잘 부합하기 위해서 R제곱값을 수정한 것이다. Durbin-Watson는 1.349의 수치로 나타났는데, 그 수치가 2에 가깝고 0 또는 4와 가깝지 않으므로 잔차들 간에 상관관계가 없어 회귀모형이 적합하다고 볼 수 있다.

좀 더 자세하게 설명하면, Durbin-Watson의 기준 수치는 2가 되고, 이는 회귀식에 잔차가 존재하지 않는다는 것을 의미한다. 또한 수치가 0에 가까울수록 양의 상관관계를 4에 가까울수록 음의 상관관계를 나타낸다. 따라서 0과 4에 가까워질수록 회귀식 모형에 잔차가 많이 존재하여 회귀식 모형이 적합하지 않다라는 뜻이 된다.

〈표 5〉 모형 요약

모형	R	R 제곱	수정된 R 제곱	추정값의 표준오차	Durbin-Watson
1	.808[a]	.652	.651	.29264	1.349

a. 예측자: (상수), 만족도, 핵심역량, 긍정심리자본
b. 종속변수: 고용가능성

〈표 6〉은 분산분석을 나타낸 것으로 다중회귀분석에 대한 유의도인 F값을 보고 회귀분석에 대한 적합도를 판단하게 된다. F값이 454.150, 자유도(3,727) 유의도가 각각 .000으로 본 회귀분석이 모델에 적합한 것으로 나타났다.

〈표 6〉 분산분석

모형		제곱합	자유도	평균제곱	F	유의확률
1	회귀	116.680	3	38.893	454.150	.000[b]
	잔차	62.260	727	.086		
	전체	178.940	730			

a. 종속변수: 고용가능성
b. 예측자: (상수), 만족도, 핵심역량, 긍정심리자본

〈표 7〉은 계수(Coefficients)를 나타내는 것으로 표준화 회귀계수(β)는 회귀계수의 상대적인 중요도를 나타낸다. 긍정심리자본 t값은 16.674, p값은 .000, 핵심역량 t값 11.598, p값은 .000, 만족도 t값 3.145, p값은 .002의 결과를 나타내 긍정심리자본, 핵심역량, 만족도는 고용가능성에 긍정적 영향을 미치는 것으로 나타났다.

또, 공차한계(Tolerance)는 긍정심리자본 .537, 핵심역량 .546, 만족도 .780으로 모두 0.1이상의 수치를 보이기 때문에 독립변수 간 다중공선성에는 문제가 없다고 할 수 있다.

〈표 7〉 계수

모형		비표준화 계수		표준화 계수	t	유의확률	공선성 통계량	
		B	표준오차	베타			공차	VIF
1	(상수)	.091	.090		1.010	.313		
	긍정심리자본	.532	.032	.498	16.674	.000	.537	1.860
	핵심역량	.354	.031	.343	11.598	.000	.546	1.831
	만족도	.071	.023	.078	3.145	.002	.780	1.282

a. 종속변수: 고용가능성

7) 보고서 작성

〈표 8〉은 긍정심리자본, 핵심역량, 만족도에 따른 고용가능성의의 회귀분석 결과이다. 긍정심리자본 t값은 16.674, p값은 .000, 핵심역량 t값 11.598, p값은 .000, 만족도 t값 3.145, p값은 .002의 결과를 나타내 긍정심리자본, 핵심역량, 만족도는 고용가능성에 긍정적 영향을 미치는 것으로 나타났다. 회귀모형은 F값이 454.150, p=.000, R^2=.652으로 65.2%의 설명력을 보이고 있다. Durbin-Watson는 1.349로 잔차들 간에 상관관계가 없어 회귀모형이 적합한 것으로 나타나고 있다.

〈표 8〉 긍정심리자본, 핵심역량, 만족도에 따른 고용가능성의 회귀분석

종속변수	독립변수	표준오차	β	t값	유의확률	공차한계
고용가능성	(상수)	.090		1.010	.313	
	긍정심리자본	.032	.498	16.674	.000	.537
	핵심역량	.031	.343	11.598	.000	.546
	만족도	.023	.078	3.145	.002	.780
	R=.808 R^2=.652 수정된 R^2=.651 F=454.150 p=.000 Durbin-Watson=1.349					

*p<.05, **p<.01

제10장

위계적 회귀분석을 활용한 조절효과 논문

1. 조절효과 논문의 구성

제1부에서 살펴본 것처럼 조절효과란 두 변인 사이의 관계가 조절변인의 함수로서 변화하는 것을 말한다. 조절변인은 독립변인과 상호작용하여 종속변인에 효과를 미치는 변인을 말한다. 그리고 독립변인과 조절변인의 상호작용효과가 유의미하면 조절효과가 있다는 것을 의미한다(서영석, 2010). 조절효과를 탐색하는 학위논문의 구성을 보면 〈표 1〉과 같다.

연구주제는 "독립변수와 종속변수 관계에서 특정변수의 조절효과", 또는 "독립변수가 종속변수에 미치는 영향에서 특정변수의 조절효과"로 제시되고 있다. 예를 들면, 보육교사의 직무스트레스와 이직의도의 관계에 미치는 개인적·환경적 보호요인의 조절효과와 대학생의 스마트폰 중독이 정신건강 및 신체건강에 미치는 영향에서 자기효능감, 부모-자녀관계, 친구관계의 조절효과이다.

연구문제는 두 변수의 관계에서 특정 변수의 조절효과는 있는가(갖는가, 보이는가)? 조절변수는 독립변수가 종속변수에 미치는 영향을 조절해 주는가? 등으로 제시된다. 또한 배경변인에 따라 독립변수가 종속변수에 미치는 영향에 대한 특정변수의 조절효과는 있는가? 독립변수와 종속변수의 관계에서 배경변인에 따라 특정변수의 조절효과는 있는가? 등으로 제시된다. 예를 들면, 수용/전념행동이 대학생활 스트레스와 심리적 안녕감의 관계를 조절하는가? 대학생의 스마트폰 중독이 신체/정신건강에 미치는 영향에 대해 자기효능감, 부모-자녀관계, 친구관계가 조절효과를 가질 것인가? 청소년의 성별에 따라 보호요인은 청소년의 감각추구성향이 위험행동에 미치는 영향을 조절해 주는가? 등이다.

연구가설은 두 변수와의 관계에서 특정 변수의 조절효과가 있을 것이다 또는 특정변수의 조절효과는 유의할 것이다 등으로 제시된다. 예를 들면, 대학생활 스트레스와 심리적 안녕감의 관계에서 수용/전념행동의 조절효과는 유의할 것이다, 비전리더십은 진성리더십과 조직유효성의 관계를 정적으로 조절할 것이다, 보육교사의 개인적/환경적 보호요인이 높을수록 직무 스트레스가 이직의도에 미치는 영향은 감소할 것이다.

〈표 1〉 조절효과 관련 선행연구(박사학위논문) 분석

구분	백영숙(2013)	김경희(2014)	황국현(2014)	정지현(2013)	한현지(2015)
연구주제	보육교사의 직무스트레스와 이직의도의 관계에 미치는 개인적·환경적 보호요인의 조절효과	대학생활의 스트레스와 심리적 안녕감의 관계에서 수용과 전념행동의 조절효과	CEO의 소명의식과 진정성 리더십이 구성원의 조직유효성에 미치는 영향: 비전적 리더십의 조절효과를 중심으로	청소년의 감각추구성향과 위험행동의 관계에 대한 보호요인의 조절효과	대학생의 스마트폰 중독이 정신건강 및 신체건강에 미치는 영향: 자기효능감, 부모-자녀관계, 친구관계의 조절효과
연구문제	보육교사의 직무스트레스와 이직의도의 관계에서 개인적/환경적 보호요인은 조절효과를 갖는가?	수용/전념행동이 대학생활 스트레스와 심리적 안녕감의 관계를 조절하는가?	제시 안함	보호요인은 청소년의 감각추구성향이 위험행동에 미치는 영향을 조절해 주는가? 청소년의 성별에 따라 보호요인의 조절효과는 다른가?	대학생의 스마트폰 중독이 신체/정신건강에 미치는 영향에 대해 자기효능감, 부모-자녀관계, 친구관계가 조절효과를 가질 것인가?
연구가설	보육교사의 개인적/환경적 보호요인이 높을수록 직무수트레스가 이직의도에 미치는 영향은 감소할 것이다.	대학생활 스트레스와 심리적 안녕감의 관계에서 수용/전념행동의 조절효과는 유의할 것이다.	비전적 리더십은 진성리더십과 조직유효성의 관계를 정적으로 조절할 것이다.	제시 안함	대학생 스마트폰 중독이 정신(신체) 건강에 미치는 영향에 대해 자기효능감, 부모-자녀관계, 친구관계의 조절효과가 있을 것이다.
이론적 배경	보육교사의 현황과 근무실태→ 이직의도 → 이직의도의 위험요인과 보호요인	심리적 안녕감(종속) → 심리적 안녕감에 영향을 미치는 요인(스트레스, 수용, 전념행동) → 스트레스, 수용, 전념행동과 심리적 안녕감의 관계(스트레스와 수용, 스트레스와 전념행동, 스트레스와 심리적 안녕감, 수용과 심리적 안녕감, 전념행동과 심리적 안녕감) → 조절변수로서 수용과 전념행동	소명의식 → 진성리더십 → 비전리더십 → 조직유효성 → 변수와의 관계(소명의식과 진성리더십, 소명의식과 조직유효성, 진성리더십과 조직유효성) → 비전리더십의 조절효과	청소년기 위험행동의 의미와 분류 → 청소년기 위험행동에 영향을 주는 위험요인 → 감각추구성향의 의미와 기능 → 위험행동에 대한 보호요인의 조절효과	스마트중독 → 스마트중독과 정신건강 → 스마트중독과 신체건강 → 스마트중독과 자기효능감 → 스마트중독과 부모-자녀관계 → 스마트중독과 친구관계
분석방법	위계적 회귀분석	구조방정식	위계적 회귀분석	위계적 회귀분석	위계적 회귀분석
연구결과 논의 결론	연구문제/가설 순 분석	연구문제/가설 순 분석	연구문제/가설 순 분석	연구문제/가설 순 분석	연구문제/가설 순 분석

조절효과를 분석하기 위한 통계방법은 대부분 위계적 회귀분석을 활용하고 있다. 위계적 회귀분석의 장점은 여러 개의 독립변수를 투입하여 그 영향력을 한꺼번에 측정할 수 있고, 차원별로 그 영향력을 검증할 수 있다. 조절효과는 독립변수와 조절변수의 상호작용항을 투입하는 데, 이때 연속변수로 상호작용항을 구성할 경우 독립변수와 상호작용항 간의 다중공선성의 문제가 발생할 가능성이 높다. 그래서 이러한 문제를 고려하여 일반적으로 회귀분석에서 상호작용항을 만들 때, 평균중심화(mean-centering) 방법을 활용하는 경향이 많다. 평균중심화는 (독립변수 - 독립변수 평균값) × (조절변수 - 조절변수 평균값)으로 산출한다.

조절효과에서의 연구결과는 연구자가 설정한 연구문제와 가설대로 분석·해석되고 있고, 또한 논의와 결론도 마찬가지로 연구문제/가설 순으로 제시되고 있다. 이에 대해서는 다음 절에서 제시된다.

조절효과

1. 조절변인이란?
   예측변인과 준거변인의 관계 방향 또는 강도에 영향을 미치는 변인

2. 조절효과 모형

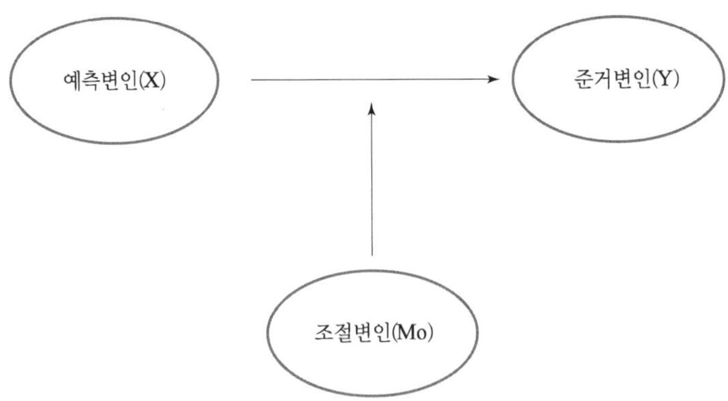

[그림 1] 조절효과 모형

3. 조절변인 선정 시 고려해야 할 사항

① 이론을 토대로 조절변인을 선정해야 한다.(매개효과와 동일)

② 신뢰도가 높은 측정도구를 선택해야 한다.(매개효과와 동일)

신뢰도와 관련된 문제를 해결하는 방법으로 SEM을 추천하는 학자들이 있다.

4. 조절효과 검증을 위한 자료 분석

① 통계적 검증력 분석을 실시하여 효과크기를 감지할 수 있는 적절한 표본 크기를 인지하고 확보해야 한다.

② 조절변인이 범주형(성별 등)일 경우 각 집단의 크기가 동일한 것이 좋다.

③ 오차변량의 동질성 가정이 충족되었는지 보고되어야 한다.

5. 위계적 회귀분석을 적용한 조절효과 검증

① 예측변인과 조절변인 모두 범주형 변인일 경우에는 ANOVA를 사용하면 되지만, 둘 중 하나라도 연속형 변일 경우에는 다중 회귀분석을 활용한다.

② 중심화 및 다중공선성 확보하기

연속변일 경우 원점수를 중심화하면, 다중공선성 문제가 줄어든다.

③ 위계적 회귀분석 실시하기

1단계: 예측변인과 조절변이을 함께 투입한다
2단계: 상호작용 변인을 투입한다. 상호작용 변인이 하나 이상일 경우에는 모든 상호작용 변인을 함께 투입하는 것이 좋다.
3단계: 1단계에서 R^2과 2단계의 R^2 간 차이가 유의할 경우 조절효과가 있음을 시사한다.
4단계: 유의미하지 않을 경우 상호작용 변인을 최종 회귀모형에서 삭제한다.

④ 가외 변인 통제하기

통제하고 싶은 변인을 공변인으로 채택하여 포함한다. 공변인은 위의 1단계에 투입하고, 예측변인과 조절변인은 그 다음 단계에, 그리고 예측변인과 조절변인의 상호작용 변인은 그 다음 단계에 투입한다. 그리고 공변인이 포함된 상호작용 변인을 회귀모형 마지막 단계에 투입한다.

⑤ 결과 해석하기

- 주효과, 조건 효과: 예측변인과 조절변인의 효과를 주효과로 해석하면 안된다.

대신 다른 변인이 0의 값을 취할 때 조건효과로 해석해야 한다. 중심화를 할 경우 0점은 평균을 의미하게 되고, 예측변인 또는 조절변이의 회귀계수는 다른 변인 평균값을 취할 때 그 변인이 준거변인에 미치는 영향으로 해석하게 된다.

- 상호작용 효과 해석하기: 상호작용 효과는 표준화 회귀계수(β)가 아닌 비표준화 회귀계수(B)를 해석하는 것이 적절하다.

6. SEM을 적용한 조절효과 검증

① 장점: 회귀분석의 경우에는 변인의 측정오차로 인해 상호작용 효과를 과소 추정하게 되어 통계적 검증력이 약화되고 2종 오류가 증가하게 된다. SEM을 적용할 경우에는 이러한 문제점이 해결된다.

② 조절변인이 범주형 변인일 경우에는 다집단 분석을 실시한다.

③ 예측변인과 조절변인이 모두 연속변일 경우

1단계: 예측변인(X)과 조절변인(Z)을 중심화 한 후, 상호작용 변인(XZ)을 제작한다.
2단계: X, Z, XZ를 모두 와생변인으로 해서 준거변인을 예측하도록 모형을 제작한다.
3단계: XZ의 단일 지표변인의 요인계수를 계산한다.
4단계: XZ 지표변인의 오차분선은 X와 Z, 각각에 대한 요인계수 평균을 제곱한 값을 해당변인의 분산과 다른 변인의 오차변량 평균으로 곱한 후, 이를 예측변인의 지표 오차변량의 평균과 조절변인의 지표, 오차변량의 평균을 서로 곱한 값과 합산한다.
5단계: 이렇게 계산된 값들을 구조모형의 해당 계수로 고정시킨 후 분석을 실시한다.

④ 분석 결과, XZ에서 Z로 가는 경로계수가 유의하면 조절효과가 유의한 것이다.

참고 : 서영석(2010)의 논문을 요약한 것임.

2. 조절효과 논문에서 서론, 이론적 배경 및 논의 쓰기

1) 서론

조절효과 논문에서 서론 구성은 백영숙(2013)의 박사논문을 예로 들어보자. 이 논문은 보육교사의 직무스트레스와 이직의도의 관계에 미치는 개인적·환경적 보호요인의 조절효과를 살펴보고자 하였다. 그래서 이 논문의 서론은 다음과 같이 구성 전개되었다.

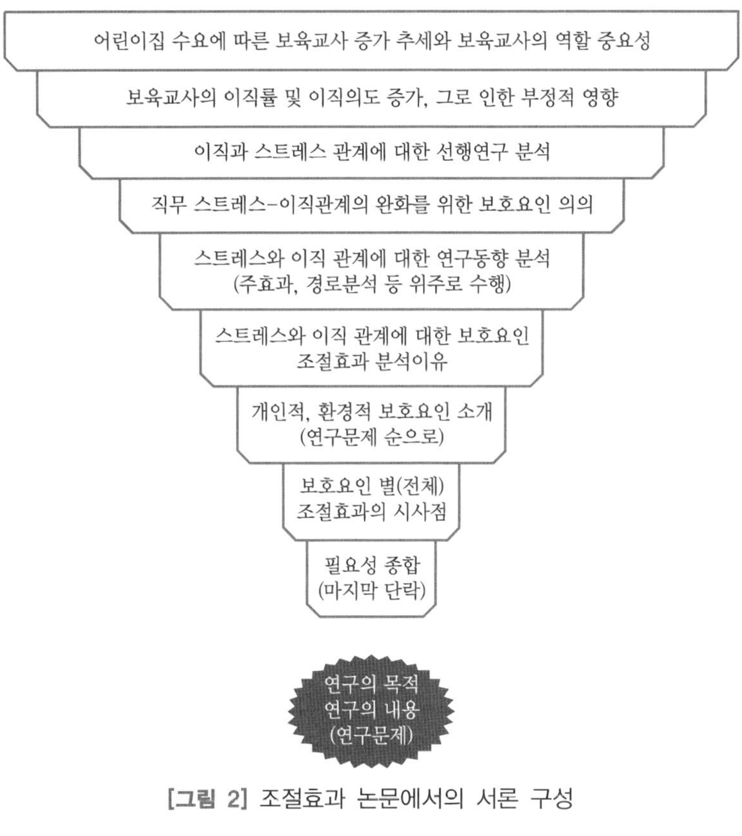

[그림 2] 조절효과 논문에서의 서론 구성

본 연구는 위에 제시한 문제의식에 따라 보육교사의 직무스트레스와 이직의도의 관계를 밝히고 개인적 수준과 환경적 수준의 다양한 보호요인들이 이직의도를 감소시키며 또한 보호요인들의 조절변수로서의 역할의 확인하여 직무스트레스가 이직의도에 미치는 영향을 감소시키는가를 분석하고자 한다.
이와 같은 연구목적에 따라 다음과 같은 연구문제를 설정하였다.
〈연구문제 1〉 보육교사의 이직의도는 보육교사의 일반적 특성에 따라 차이가 있는가?
〈연구문제 2〉 보육교사의 이직의도는 직무스트레스와 그의 개인적 요인·환경적 요인과 어떤 관계가 있는가?
〈연구문제 3〉 보육교사의 직무스트레스와 이직의도의 관계에서 개인적 보호요인과 환경적 보호요인은 조절효과를 갖는가?

2) 이론적 배경

이론적 배경은 종속변수를 먼저 소개하고 종속변수에 영향을 미치는 변수들을 탐색하고, 변수들 간의 관계를 규명한 후 조절변수의 조절효과를 규명하는 것으로 보인다. 그 예를 들면, 대학생활의 스트레스와 심리적 안녕감의 관계에서 수용과 전념행동의 조절효과를 살펴보기 위해 연구자는 이론적 배경을 다음의 순서로 구성하였다.

> 심리적 안녕감(종속) → 심리적 안녕감에 영향을 미치는 요인(스트레스, 수용, 전념행동) → 스트레스, 수용, 전념행동과 심리적 안녕감의 관계(스트레스와 수용, 스트레스와 전념행동, 스트레스와 심리적 안녕감, 수용과 심리적 안녕감, 전념행동과 심리적 안녕감) → 조절변수로서 수용과 전념행동

또한 CEO의 소명의식과 진정성 리더십이 구성원의 조직유효성에 미치는 영향에서 비전적 리더십의 조절효과를 살펴보는 연구에서 연구자는 다음과 같이 이론적 배경을 구성하였다.

> 소명의식 → 진성리더십 → 비전리더십 → 조직유효성 → 변수와의 관계(소명의식과 진성리더십, 소명의식과 조직유효성, 진성리더십과 조직유효성) → 비전리더십의 조절효과

3) 논의

논의는 연구문제별로 제시되면서 핵심 연구결과, 선행연구에 따른 타당화와 차별화, 시사점 등으로 구성되는 경향이 높다. 이에 대한 예시를 들면 다음과 같다.

> 본 연구에서 조절변수로 설정한 보호요인들 중에서 교수효능감이 직무스트레스와 이직의도 사이에서 조절효과를 지니는 것으로 나타났다. 즉, 교수효능감이 높을수록 그렇지 않는 교사들과 비교하였을 때, 직무스트레스가 이직의도에 미치는 영향이 덜함을 의미한다. 이는 교수효능감이 높을 때, 보육교사들이 높은 직무스트레스 상황에서 이직을 할 가능성이 더 적다는 것을 시사한다.
>
> 본 연구 결과는 홍석영(2012)의 연구에서 어린이집 교사의 교수효능감이 낮으면 이직의도가 높아진다고 보고한 결과와 그 맥락을 함께 한다. 교수효능감이 보육교사의 이직의도에 영향을 미친다고 나타난 본 연구결과는 이 보육교사의 효능감이 높을 때, 이직의도가 낮게 나타났다고 보고한 정경진(2007)의 결과와 일치하는 결과이다.
>
> 또한 교사의 높은 효능감은 스트레스에 노출되었을 때 주변 자원을 잘 활용하여 적절한 대처 행동을 시도하여 자신의 역할이나 행동을 지속적이고 안정적으로 유지할 수 있다고 주장한 Gibson과 Dembo(1984)의 주장을 뒷받침하는 결과이다. … 직무 스트레스와 소진과의 관계에서 교사의 자기효능감의 조절효과를 검증한 Schwarzer와 Hallum(2008)의 연구에서도 교사의 자기효능감이 교사의 소진을 감소시키는 것으로 밝혀져 본 연구결과와 맥락을 같이한다.
>
> (중략)
>
> 본 연구결과는 교사가 유아의 행동에 긍정적인 영향을 미칠 수 있는 능력을 갖추고 있다고 믿는 정도가 높을 때, 보육교사들이 높은 직무스트레스에도 불구하고 그 상황을 이겨내고 이직하지 않고 지속적으로 근무하는 데 긍정적인 영향을 미친다는 점을 시사한다.

3. 통계분석 및 해석

가. 조절효과 분석

1) 개념

조절변수는 독립변수와 종속변수의 관계에서 두 변수간의 관계의 방향 또는 강도에 영향을 주는 제3의 변수를 의미한다. 조절효과 분석은 독립변수와 종속변수 사이에서 조절변수가 조절효과를 갖는가에 대해 검정을 하는 것이다.

2) 사용 목적

비실험적인 관찰적 분석이며 인과관계를 유추할 수는 없다. 효과크기의 차이 및 이질성에 대한 원인, 배경 등에 대한 가설을 만드는 역할을 하는 것이 일반적 목적이다. 즉, 분석의 목적은 효과크기의 이질성에 대한 개연성 있는 원인에 대한 탐색적 설명을 하는 것이다.

3) 기본 원리

조절효과 분석은 독립변수와 조절변수의 성격에 따라 네 가지 경우의 수가 존재한다. 독립변수와 조절변수는 각각 범주형 변수(categorical variable)와 연속형 변수(continuous variable)로 구성될 수 있다. 따라서 2 by 2로서 4가지 경우의 수가 존재한다. 범주형 변수란 해당 값들이 특정 범주를 의미하는 변수로서, 성별, 인종, 국가 등이 여기에 해당한다. 즉, 남성을 1로 데이터 처리한 경우 해당 1이 숫자 1로서 값을 갖는 것이 아니라 남성에 대한 대용치(proxy)로서 존재하는 것이다. 연속형 변수는 해당 값들이 숫자로서 값을 갖는 것으로서 크기 비교가 가능한 것이 특징이다. 기업의 재무정보가 여기에 해당하고, 설문지 결과도 여기에 해당한다(예. 1 = 매우 그렇지 않다, 2 = 그렇지 않다, 3 = 보통이다, 4 = 그렇다, 5 = 매우 그렇다).

4) 연구 상황

① 2, 3년제 대학생의 핵심역량이 고용가능성에 미치는 영향관계에서 긍정심리자본이 조절작용을 할 것이다.

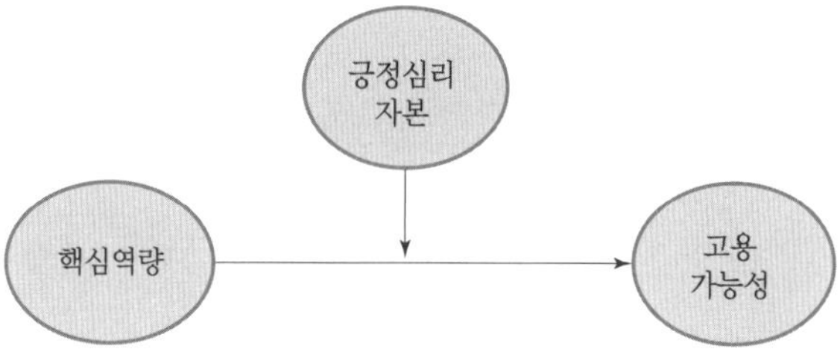

[그림 3] 핵심역량과 고용가능성 관계에서 긍정심리자본의 조절효과 모형

5) 실행 과정

① 조절효과 분석

조절효과 분석은 다음과 같이 3단계로 이루어진다.

제1단계: 핵심역량과 고용가능성 사이의 회귀분석 제2단계: 핵심역량, 긍정심리자본과 고용가능성의 회귀분석 제3단계: 핵심역량, 긍정심리자본, 상호작용항(핵심역량×긍정심리자본)과 고용가능성의 회귀분석

2,3년제 대학생의 핵심역량이 고용가능성에 미치는 영향관계에 있어 긍정심리자본이 조절효과를 할 것이다는 가설을 분석하여 긍정심리자본이 조절작용을 하는지를 파악하기 위해 3단계에 걸쳐 위계적 회귀분석을 실시하였다. 아래 〈표 2〉는 위계적 회귀분석을 위해 실시한 모델의 설명 변인에 대하여 나타내고 있다.

〈표 2〉 고용가능성에 대한 조절효과분석 모델

모델	독립 변인
1	핵심역량
2	[모델 1] + 긍정심리자본
3	[모델 2] + 상호작용항(핵심역량×긍정심리자본)

1단계 상호작용항 만들기

데이터 편집기에서 데이터를 불러온 후 [변환(T)] → [(변수계산(C)]을 클릭한다.

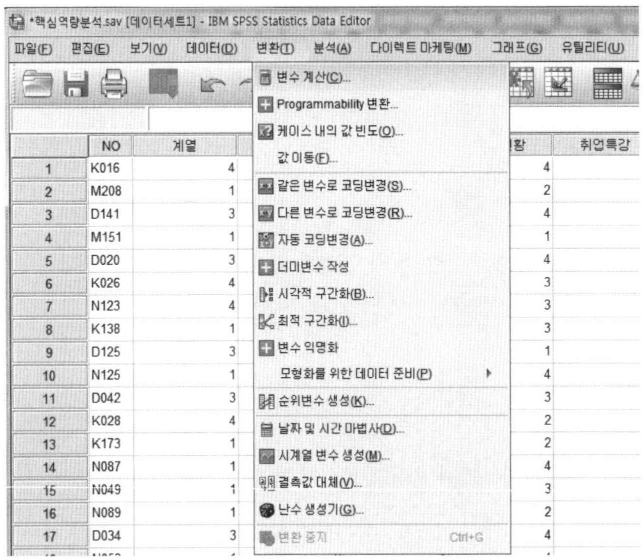

[그림 4] 변수계산 들어가기

독립변수인 핵심역량과 조절변수인 긍정심리자본의 상호작용항을 만들기 위해 **목표변수**(T)에 임의적으로 "핵심역량조절"이라고 입력한다. 다음으로 **유형 및 레이블**(L)에서 "핵심역량"을 이동시키고, 연산도구에서 [*]를 선택한다. "긍정심리자본"을 선택하여 오른쪽으로 이동시키고, [확인]을 클릭한다.

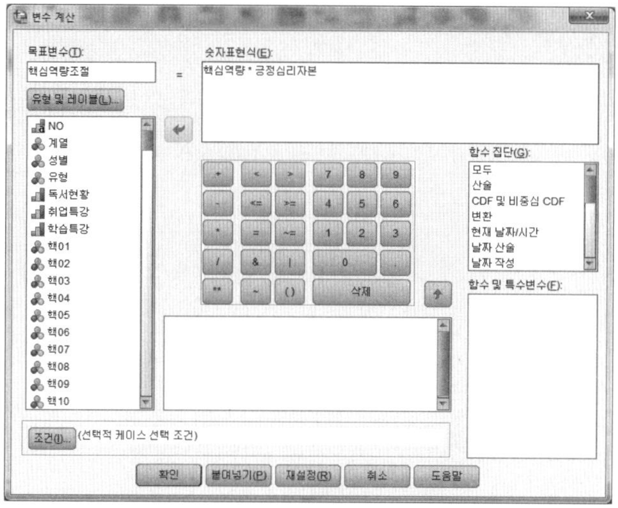

[그림 5] 조절효과 상호작용변수 생성하기

SPSS창 오른쪽 끝에 "핵심역량조절"이라는 새로운 변수가 생성된다.

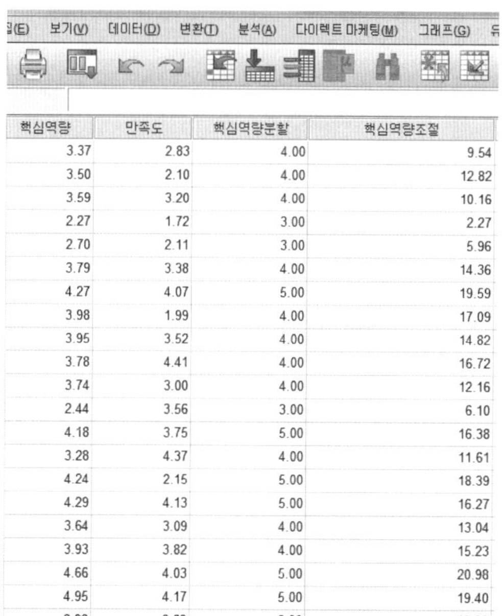

핵심역량	만족도	핵심역량분할	핵심역량조절
3.37	2.83	4.00	9.54
3.50	2.10	4.00	12.82
3.59	3.20	4.00	10.16
2.27	1.72	3.00	2.27
2.70	2.11	3.00	5.96
3.79	3.38	4.00	14.36
4.27	4.07	5.00	19.59
3.98	1.99	4.00	17.09
3.95	3.52	4.00	14.82
3.78	4.41	4.00	16.72
3.74	3.00	4.00	12.16
2.44	3.56	3.00	6.10
4.18	3.75	5.00	16.38
3.28	4.37	4.00	11.61
4.24	2.15	5.00	18.39
4.29	4.13	5.00	16.27
3.64	3.09	4.00	13.04
3.93	3.82	4.00	15.23
4.66	4.03	5.00	20.98
4.95	4.17	5.00	19.40
2.88	3.63	3.00	10.33

[그림 6] 조절효과 상호작용항 완성

2단계 케이스 선택하기

연구가설에서 대상을 2,3년제 대학생을 대상으로 했으므로, 4년제 대학생을 제외한 후 연구대상을 선정해야 한다. 이를 위해 데이터(D) → 케이스선택(S)을 클릭한다.

[그림 7] 케이스 선택 들어가기

데이터 코딩 과정에서 유형변수에서 4년제 대학생을 "1", 2,3년제 대학생을 "2"로 코딩값을 입력하였다. 따라서, 연구가설에서 대상을 2,3년제 대학생을 대상으로 했으므로, 4년제 대학생을 제외한 후 연구대상을 선정해야 한다. 이를 위해 "**조건을 만족하는 케이스(C)**"을 선택하고, "**조건(I)**"를 클릭한다.

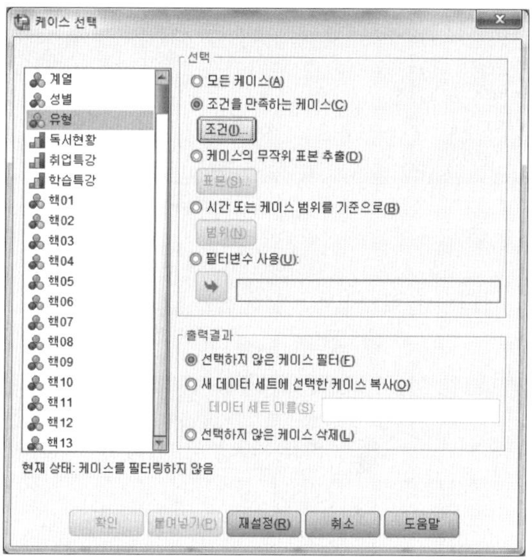

[그림 8] 조건을 만족하는 케이스 들어가기

유형을 선택하고, 연산도구에서 [=]을 클릭한 후 "2,3년제 대학생" 코딩값인 "2"를 입력한 후 [계속(C)]을 클릭한다.

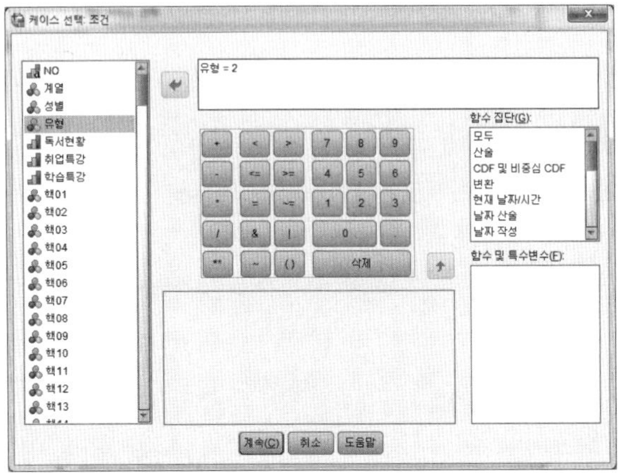

[그림 9] 조건 만들기

다시 케이스 선택 대화상자로 와서 **확인** 을 클릭한다.

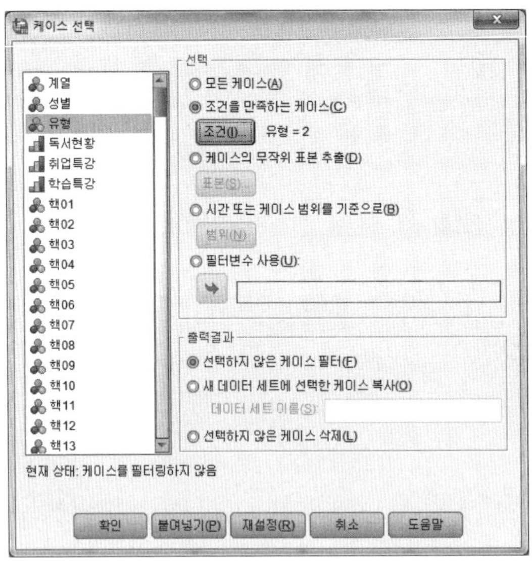

[그림 10] 조건을 만족하는 케이스 만들기

[그림 11]과 같이 유형이 "2"인 "2, 3년제 대학생" 케이스만 남고, "1"인 "4년제 대학생"케이스는 "/"표시가 되어 선택되지 않는다.

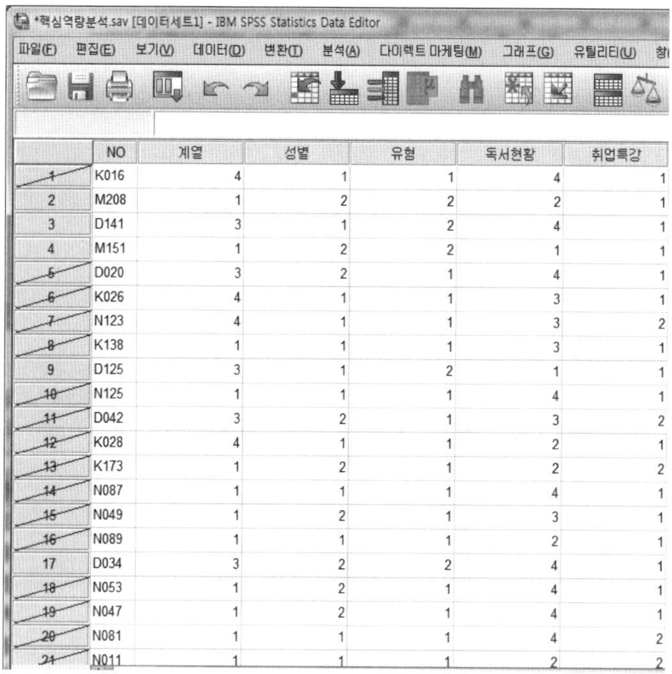

	NO	계열	성별	유형	독서현황	취업특강
1	K016	4	1	1	4	1
2	M208	1	2	2	2	1
3	D141	3	1	2	4	1
4	M151	1	2	2	1	1
5	D020	3	2	1	4	1
6	K026	4	1	1	3	1
7	N123	4	1	1	3	2
8	K138	1	1	1	3	1
9	D125	3	1	2	1	1
10	N125	1	1	1	4	1
11	D042	3	2	1	3	2
12	K028	4	1	1	2	1
13	K173	1	2	1	2	2
14	N087	1	1	1	4	1
15	N049	1	2	1	3	1
16	N089	1	1	1	2	1
17	D034	3	2	2	4	1
18	N053	1	2	1	4	1
19	N047	1	2	1	4	1
20	N081	1	1	1	4	2
21	N011	1	1	1	2	2

[그림 11] 조건 만들기

3단계 [모델1] 투입하기

조절효과 분석을 위하여 분석(R) → 회귀분석(R) → 선형(L)을 클릭한다.

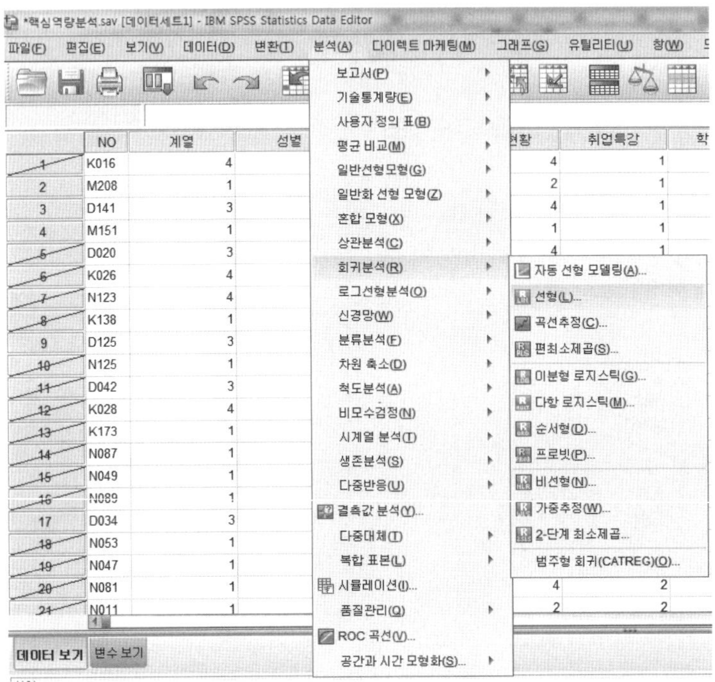

[그림 12] 회귀분석 들어가기

[모델1]인 핵심역량→고용가능성에 미치는 조절효과 분석을 위하여 "고용가능성" 변수를 클릭해서 "**종속변수(D)**"에 보내고, "핵심역량"변수를 클릭해서 "**독립변수(I)**"로 보낸 후 다음(N)을 클릭한다.

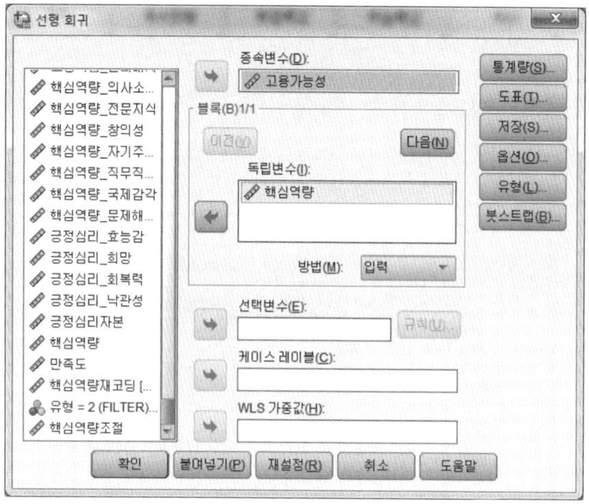

[그림 13]

4단계 [모델2] 투입하기

[모델2]에서는 [모델1]+ 조절변수 긍정심리자본→고용가능성에 미치는 조절효과 분석을 위하여 "긍정심리자본"변수를 클릭해서 "**독립변수(I)**"로 추가로 보낸 후 다음(N) 을 클릭한다.

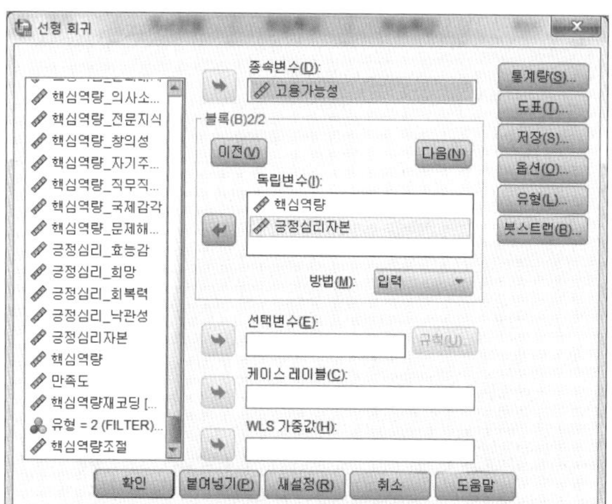

[그림 14] 조절효과 [모델2] 화면

5단계 [모델3] 투입하기

[모델3]에서는 [모델2]+ 상호작용항 핵심역량조절→고용가능성에 미치는 조절효과 분석을 위하여 "핵심역량조절"변수를 클릭해서 "**독립변수(I)**"로 추가로 보낸 후 을 클릭한다.

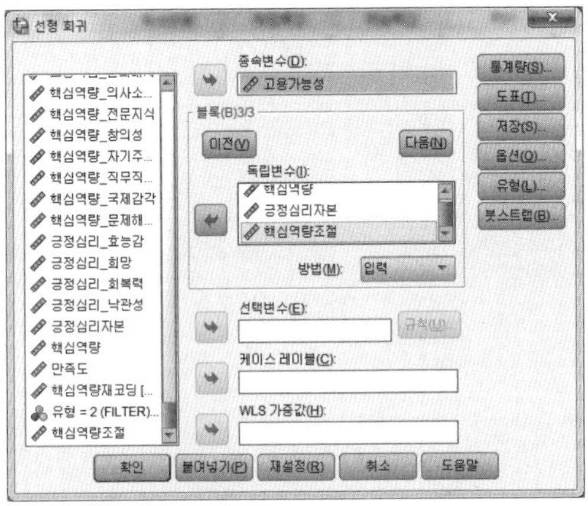

[그림 15] 조절효과 [모델3] 화면

통계량(S) 을 클릭한 후 "**R제곱변화량(S)**", "**공선성 진단(L)**", "Durbin-Watson" 을 체크하고, 계속(C) 을 클릭한다.

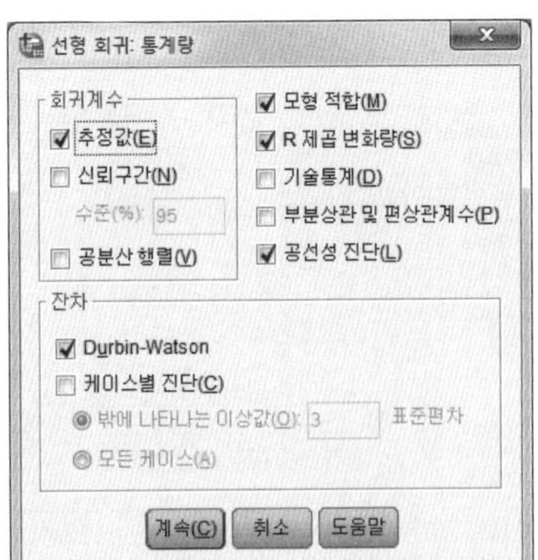

[그림 16] 조절효과의 통계량

다시 선형 회귀 대화상자로 와서 [확인]을 클릭한다.

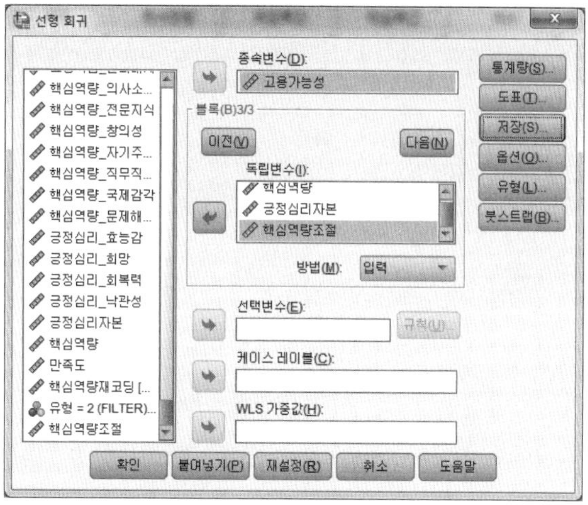

[그림 17] 선형회귀 대화상자

6) 분석 결과 해석

〈표 3〉은 독립변인인 핵심역량, 조절변인인 긍정심리자본, 종속변인인 고용가능성에 대한 조절효과를 나타내며, R^2을 살펴보면 [모형1]은 53.6%, [모형2]는 72.2%, [모형3]은 72.2%로 나타나 [모형2]에서 [모형3]으로 변화하면서 설명력의 변화가 없는 것으로 나타났다. 여기서 조절효과를 나타내는 [모형3]의 F변화량의 유의확률은 .729로 나타났다. 이는 0.05보다 크므로 유의하지 않는 것으로 나타나 긍정심리자본은 핵심역량과 고용가능성 사이의 영향관계에서 조절작용을 하지 않는다는 것을 알 수 있다.

〈표 3〉 모형 요약

모형	R	R^2	수정된 R^2	추정값의 표준오차	통계량 변화량		통계량 변화량			Durbin-Watson
					R^2 변화량	F 변화량	자유도1	자유도2	유의확률 F 변화량	
1	.732a	.536	.535	.36740	.536	375.957	1	325	.000	1.340
2	.850b	.722	.720	.28491	.186	216.430	1	324	.000	
3	.850c	.722	.720	.28530	.000	.121	1	323	.729	

a. 예측자: (상수), 핵심역량
b. 예측자: (상수), 핵심역량, 긍정심리자본
c. 예측자: (상수), 핵심역량, 긍정심리자본, 핵심역량조절
d. 종속변수: 고용가능성

다음으로 잔차의 독립성을 확인하기 위해 Durbin-Watson 값을 확인하였다. Durbin-Watson 값은 0~4 사이의 값을 갖고 2에 근접하면 오차항 간의 자기 상관이 없다고 볼 수 있다. 본 회귀분석에 사용한 데이터에는 1.340으로 나타나 잔차들 간에 상관관계가 없어 회귀모형이 적합하다고 해석할 수 있다.

〈표 4〉 계수

모형		비표준화 계수		표준화 계수	t	유의확률	공선성 통계량	공선성 통계량
		B	표준오차	베타			공차	VIF
1	(상수)	.833	.093		8.939	.000		
	핵심역량	.724	.027	.703	26.692	.000	1.000	1.000
2	(상수)	.176	.086		2.044	.041		
	핵심역량	.373	.030	.362	12.402	.000	.568	1.760
	긍정심리자본	.554	.031	.518	17.742	.000	.568	1.760
3	(상수)	.299	.379		.791	.429		
	핵심역량	.337	.114	.327	2.966	.003	.040	25.005
	긍정심리자본	.518	.112	.485	4.624	.000	.044	22.633
	핵심역량조절	.011	.032	.063	.334	.739	.014	74.066

a. 종속변수: 고용가능성

공차한계(tolerance) 값이 0.1이하일 때는 다중공선성에 문제가 있다고 해석한다. 따라서 위의 [모델1], [모델2], [모델3]은 모두 0.1이상의 수치를 나타내므로 다중공선성에는 문제가 없다고 해석한다.

7) 보고서 작성

<표 5>는 핵심역량과 고용만족도 간의 영향관계에서 긍정심리자본의 조절효과를 분석한 것이다. 고용가능성의 설명력을 나타내는 R^2을 살펴보면 [모델1]은 53.6%, [모델2]는 72.2%, [모델3]은 72.2%로 [모델1]에서 [모델2]로 가면서 설명력이 18.4% 증가하였으나, [모델2]에서 [모델3]으로는 설명력의 변화가 없었다.

[모델1]은 핵심역량이 고용가능성을 53.6% 설명하는 것으로 나타났으며, 예측변인도 유의미한 것으로 나타났다(t=19.390, p<.001). 예측변인의 β값은 .732였다. [모델2]는 핵심역량과 긍정심리자본이 고용가능성을 72.2% 설명하였으며, 18.4%의 설명력이 증가하는 것으로 나타났고, 두 변인 모두 유의미한 것으로 나타났다(t=9.000, p<.001/t=14.712, p<.001). 예측변인의 β값은 .352, .575였다. [모델3]은 핵심역량과 긍정심리자본, 핵심역량조절이 고용가능성을 72.2% 설명하였으며, 설명력의 증가는 없는 것으로 나타났고, 핵심역량과 긍정심리자본은 유의미한 것으로 나타났다(t=2.292, p<.001/t=4.598, p<.001). 하지만 조절효과인 핵심역량조절은 유의미한 영향이 없는 것으로 나타났다(t= .347, p>.05).

여기서 [모형3]의 F변화량의 유의확률은 .729로 나타났다. 이는 0.05보다 크므로 유의하지 않는 것으로 나타나 긍정심리자본은 핵심역량과 고용가능성 사이의 영향관계에서 조절작용을 하지 않는다는 것을 알 수 있다.

〈표 5〉 핵심역량과 고용만족도의 관계에서 긍정심리자본의 조절효과 분석

종속변수	모델	예측변인	비표준화 B	표준화 계수 β	t	R^2	F
고용 가능성	1	핵심역량	.771	.732	19.390**	.536	375.957**
	2	핵심역량	.370	.352	9.000**	.722	216.430**
		긍정심리자본	.669	.575	14.712**		
	3	핵심역량	.323	.307	2.292**	.722	.121
		긍정심리자본	.625	.537	4.598**		
		핵심역량조절	.013	.076	.347		

*p<.05, **p<.01

제11장

위계적 회귀분석을 활용한 매개효과 분석 논문

1. 매개효과

매개효과를 이해하려면 매개변수가 무엇인가를 알아야 한다. 매개변수는 독립변수와 동일하게 종속변수에 영향을 미치는 변수이지만, 순서상으로 독립변수와 종속변수 사이에 있는 변수이다. 즉, 독립변수에 영향을 받으면서 종속변수에 영향을 미치는 변수이다(서영석, 2010). 예를 들면, 학습스타일과 긍정심리자본 관계에서 성취목표지향성의 효과를 구할 때 성취목표지향성은 매개변수이다. 이에 대한 자세한 내용은 서영석(2010)의 요약 내용을 참고하기 바란다.

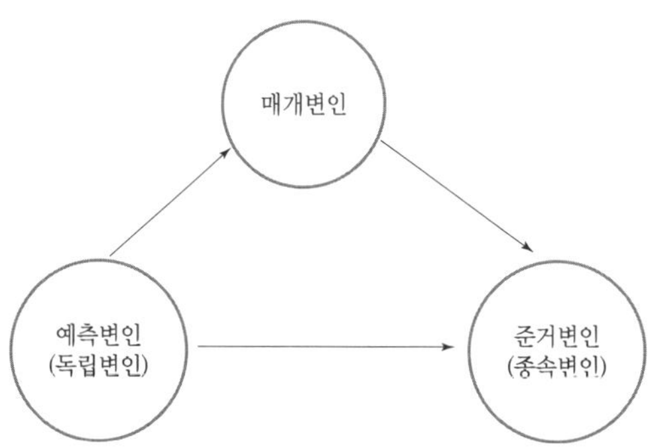

[그림 1] 매개효과에서의 변수관계

매개효과 검증을 위한 전제조건은 매개모형에 의한 세 변인의 관계가 유의해야 한다는 것이다. ① 예측변인와 준거변인 관계가 유의해야 한다. ② 예측변인과 매개변인의 관계가 유의해야 한다. ③ 매개변인과 준거변인의 관계가 유의해야 한다. 이는 예측변인이 준거변인에 미치는 영향을 통제한 상태에서의 매개변인과 준거변인의 관계를 의미한다.

매개효과

1. 매개변인이란?
   ① 예측변인과 준거변인의 관계를 설명해주는 변인
   ② 예측변인 준거 변인에 영향을 미치는 심리과정
2. 매개효과 검증의 전제조건
   - 매개모형에 의한 세 변인의 관계를 나타내면 아래의 그림과 같다.

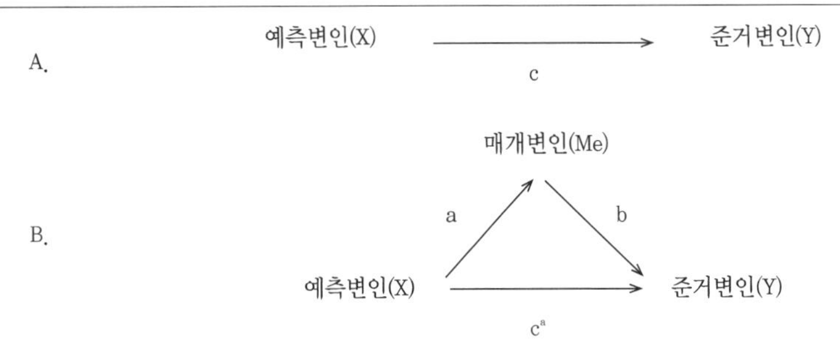

그림1. 매개모형

① 경로 c가 유의미해야 한다.
② 경로 a(예측변인과 매개변인의 관계)가 유의미해야 한다.
③ 경로 b가 유의미해야 한다. 이는 예측변인이 준거변인에 미치는 영향을 통제한 상태에서의 매개변인과 준거변인의 관계를 의미한다.
④ 경로 c^a와 경로c를 비교했을 때, 경로 c^a가 통계적으로 유의미하지 않거나 유의미하게 줄어들어야 한다. 이때 경로 c^a가 유의하지 않을 경우(0과 다르지 않음) 완전매개효과를 시사하며, 0이 아니면서 유의하다면 부분매개효과를 시사한다.

* 단, 종단연구처럼 예측변이니 준거변인에 선행하고, 두 변인 간의 관련성에 대한 이론적 주장이

존재할 경우 첫 번째 단계는 생략이 가능하다.

3. 매개변인 선정 시 고려할 사항

① 이론을 토대로 매개변인을 선정해야 한다.

- 비록 이론적 근거가 불분명하더라도, 변인A와 B가 관련이 있고, 변인 B와 C가 서로 관련이 있다는 선행연구가 존재하다면 설정할 수 있다.

② 변인들과의 상관 및 신뢰도를 고려해야 한다.

- 예측변인 및 준거변인과 상관이 유사하거나, 예측변인보다는 준거변인과 더 큰 상관을 보이는 변인을 매개변인으로 선정
- 신뢰가 낮으면 매개효과뿐 아니라 예측변인의 효과 또한 적절히 추정되지 못함.

4. 다중회귀분석을 활용한 매개효과 검증

(1) 다중회귀분석

① 다중회귀분석의 경우에는 아래의 세 단계를 거쳐서 검증하게 된다.

1단계: 예측변인으로 준거변인을 회귀 추정한다. 2단계: 예측변인으로 매개변인을 회귀 추정한다. 3단계: 예측변인과 매개변인 모두를 가지고 준거변인을 회귀 추정한다.

② 다중회귀분석을 이용한 매개효과 검증 결과 해석

- 매개변인을 통제한 상태에서 예측변인과 준거변인 간 관계가 0이라면 이는 완전매개 효과를 시사한다.
- 반면 통계적으로 유의하며 0과 다르다면 부분매개효과를 시사한다.
- 매개변인을 첨가한 후 예측변인과 준거변인의 관계가 이전보다 작아졌거나 유의하지 않다면 매개효과가 유의하다고 결론내릴 수 없다.

(2) 구조방정식(SEM) 활용

① 장점: 측정오차를 통제할 수 있다. 매개모형의 적합도에 관한 다양한 정보를 제공해주고, 다중회귀분석보다 융통성이 높다.

② SEM 활용 매개효과 분석 단계

1단계: 측정모형을 검증한다. 적합도 지수들 chi-square, GFI, TLI, CFI, RESEA 등을 활용한다.
2단계: 구조모형 검증을 실시한다.
3단계: Sobel 검증이나 부트스트랩 절차를 사용해서 매개효과가 유의미한지 검증한다.

5. 가외변인 통제하기

① 주된 관심사가 아닌 과외변인이 영향을 미치는지 확인을 해야 한다.

② 회귀분석 시 종속변인에 영향을 미치는 변인을 공변인으로 포함시켜 통제하는 것과 같은 원리이다.

③ 상관분석을 통해 가외변인이 매개변인 및 준거변인과 유의미한 상관이 있는지를 확인한다.

6. 문항 꾸러미 제작(item parcelling)

① 문항 꾸러미를 제작할 경우 개별 문항을 사용하거나 평균을 사용할 경우보다 이로움
- 자료의 비정규성 수준이 감소하고, 모형의 적합도가 향상된다.
- 단, 단일차원성이 가정될 경우에 한해서 제작해야 한다.

7. 부트스트랩

매개효과의 유의성을 확인하기 위하여 소벨테스트나 부트스트랩을 활용한다. 단, 간접효과의 표준오차에 대한 보다 정확한 추정치를 계산해주는 부트스트랩 방법을 더 선호하는 편이다. 단, AMOS를 사용하여 개별 간접경로의 유의도를 검증할 경우에는 소벨검증을 실시하는 것을 더 추천한다.

8. 다집단 분석

① 집단에 따라 매개효과의 크기 차이를 확인하고 싶을 경우 활용한다.
단, 이론적 근거에 따라서 집단을 분류하고 다집단 분석을 실시해야 한다.

② 다집단 분석 단계

1단계: 경쟁모형이 있을 경우에는 집단마다 최적의 모형이 동일한지 검증을 하기 위해 형태동일성 검증을 실시한다. 경쟁모형이 없을 경우에는 생략한다.
2단계: 측정동일성 검증을 실시한다. 집단에 따라 측정변인들이 동일한 잠재변인을 구인하는지 확인하는 절차이다. Chi-square 값이 유의하게 나타나면 집단마다 측정변수들이 다른 잠재변수를 구인하는 것을 의미하므로 집단 간 비교보다는 집단별로 따로 분석을 해야 한다. 결과가 유의하지 않을 경우에는 측정동일성이 확보된 것이다.
3단계: 측정동일성이 확보되었다면 다음으로 구조 동일성 검증을 실시한다. 두 모형이 적합도에서 차이가 없다면 구조동일성이 확보된 것이다. 반면 유의하게 다를 경우에는 모든 경로계수들이 집단마다 동일하다고 제약을 가한 모형과 한 개의 경로만 다르다고 허용한 모형의 적합도를 비교한다. 이 절차를 모든 경로들에 대해 반복하고 어떤 경로에서 차이가 발생하는지 확인한다.

9. 결과 해석 시 유의할 점

① 매개효과는 인과관계를 시사하지 않는다. 따라서 효과, 영향, 인관관계라는 용어는 사용하지 않는다. 즉, 관계, 관련성이라는 용어를 사용하도록 한다.

② 억제효과 가능성을 감지하고 확인해야 한다. 변인 간 단순상관이 유의하지 않았음에도 불구하고 매개효과 검증 후 경로가 유의하게 나타났거나 관계의 방향이 이전과는 정반대로 나타났을 경우에는 억제변인이 된다. 따라서 변인이 매개변인인지 억제변인지 확인을 해야 한다.

참고 : 서영석(2010)의 논문을 요약한 것임.

매개효과 분석을 실시한 학위논문의 연구주제는 독립변수와 종속변수 관계: 매개변수의 매개효과 또는 독립변수가 종속변수에 미치는 영향: 매개변수의 매개효과 등으로 제시되고 있다. 예를 들면, “학교장의 리더십과 조직성과와의 관계: 교사의 자기효능감의 매개효과를 중심으로(심명순, 2014)”, “사회적 지지와 정서조절이 호텔조직구성원의 고객지향성에 미치는 영향: 긍정심리자본의 매개효과(여인주, 2014)”, “초등학생의 스마트폰 중독 위험성이 정신건강에 미치는 영향: 회복탄력성의 매개효과를 중심으로(손은경, 2014)” 등으로 제시되고 있다.

매개효과를 분석하는 학위논문에서 제시되는 연구문제 또는 연구내용은 “스마트폰 중독 위험성에 따른 정신건강에 대한 회복탄력성의 매개효과는 어떠한가?(연구문제)”, “긍정심리자본은 사회적 지지와 고객지향성의 관계에서 매개역할을 하는지에 대하여 살펴보고자 한다(연구내용)”으로 제시되고 있다. 또한 연구가설은 전술한 바와 같이 세 변인의 관계가 유의하는가를 살펴보도록 설정되어야 한다.

예를 들면, 노년기 교육참여가 생활만족도에 미치는 영향: 심리적 임파워먼트의 매개효과를 살펴보는 가정은 다음과 같이 설정될 수 있다. ① 노년기 교육 참여는 생활만족도에 정(+)의 영향을 미칠 것이다. ② 노년기 교육참여는 심리적 임파워먼트에 정(+)의 영향을 미칠 것이다. ③ 심리적 임파워먼트는 생활만족도에 정(+)의 영향을 미칠 것이다. ④ 노년기 교육참여가 생활만족도에 미치는 영향에 있어서 심리적 임파워먼트는 매개역할을 할 것이다.

이렇게 볼 때 회귀분석을 통한 매개분석은 변수 간의 관계를 설정하는 모든 경로에 대해 유의한가를 살펴본다고 할 수 있다. 이처럼 연구배경도 모든 경로에 대해서 탐색하고 있다. 예를 들어, 노년기 교육참여가 생활만족도에 미치는 영향에 대한 심리적 임파워먼트의 매개효과를 살펴보기 위한 이론적 배경은 노인과 노인교육, 생활만족도, 심리적 임파워먼트에 대한 개별 변수에 대한 이론적 배경을 제시한다. 그런 다음 노인교육 참여, 심리적 임파워먼트, 생활만족도의 관계를 살펴본다. 즉, 노년기 교육참여와 생활만족도, 노년기 교육참여와 심리적 임파워먼트, 심리적 임파워먼트와 생활만족도, 심리적 임파워먼트의 매개효과를 다루고 있다.

통계분석방법은 위계적 회귀분석을 활용하여 분석하였다. 그리고 연구결과, 논의와 결론은 연구문제 또는 가설에서 설정된 순으로 제시되고 있다.

〈표 1〉 최근 박사학위논문에서 나타난 위계적 회귀분석을 활한 매개효과 분석의 구성

구분	심명순(2014)	김용숙(2013)	여인주(2014)	손은경(2014)
연구주제	학교장의 리더십과 조직성과와의 관계: 교사의 자기효능감의 매개효과를 중심으로	노년기 교육참여가 생활만족도에 미치는 영향: 심리적 임파워먼트의 매개효과를 중심으로	사회적 지지와 정서조절이 호텔조직구성원의 고객지향성에 미치는 영향: 긍정심리자본의 매개효과	초등학생의 스마트폰 중독 위험성이 정신건강에 미치는 영향: 회복탄력성의 매개효과를 중심으로
연구문제	학교장의 리더십이 조직성과에 어떤 영향을 미치는지 규명한다. 학교장의 리더십이 교사의 자기효능감에 어떤 영향을 미치는지 규명한다. 교사의 자기효능감이 조직성과에 미치는 영향을 규명한다. 학교장의 변혁적 리더십, 코칭리더십과 조직성과와의 관계에서 교사의 자기효능감의 매개효과를 검증하는 것이다.	심리적 임파워먼트는 노년기 교육과 생활만족도 관계에서 매개효과를 보일 것인가를 살펴본다. 노년기 교육 참여자 집단을 대상으로 참여 동기, 참여 태도, 교육만족이 생활만족도에 미치는 영향과 심리적 임파워먼트의 매개효과를 살펴본다.	긍정심리자본은 사회적 지지와 고객지향성의 관계에서 매개역할을 하는지에 대하여 살펴보고자 한다. 정서조절과 고객지향성의 관계에서 긍정심리자본이 매개역할을 하는지에 대하여 살펴보고자 한다.	스마트폰 중독 위험성에 따른 정신건강에 대한 회복탄력성의 매개효과는 어떠한가? 스마트폰 중독 위험성에 따른 집단별 회복탄력성의 매개효과는 어떠한가?
연구가설	학교장 리더십은 조직성과에 유의한 영향을 미칠 것이다. 학교장 리더십은 자기효능감에 유의한 영향을 미칠 것이다. . 자기효능감은 조직성과에 유의한 영향을 미칠 것이다. 학교장리더십과 조직성과의 관계에서 자기효능감이 매개역할을 할 것이다.	노년기 교육 참여는 생활만족도에 정(+)의 영향을 미칠 것이다. 노년기 교육참여는 심리적 임파워먼트에 정의 영향을 미칠 것이다. 심리적 임파워먼트는 생활만족도에 정의 영향을 미칠 것이다. 노년기 교육참여가 생활만족도에 미치는 영향에 있어서 심리적 임파워먼트는 매개역할을 할 것이다.	사회적 지지는 긍정심리자본에 정(+)의 영향을 미칠 것이다. 정서조절은 긍정심리자본에 정(+)의 영향을 미칠 것이다. 긍정심리자본은 고객지향성에 정(+)의 영향을 미칠 것이다. 긍정심리자본은 사회적 지지와 고객지향성의 관계에 매개효과를 가질 것이다.	없음

〈계속〉

구분	심명순(2014)	김용숙(2013)	여인주(2014)	손은경(2014)
이론적 배경	리더십(변혁적, 코칭리더십) 자기효능감 조직성과 변수와의 관계(가설의 설정에서 제시) -학교장리더십과 조직성과 -학교장리더십(변혁, 코칭)과 자기효능감 -자기효능감과 조직성과 -학교장리더십과 조직성과의 관계에 있어서 자기효능감의 매개효과	노인과 노인교육 생활만족도(개념, 노인교육과 생활만족도의 관계) 심리적 임파워먼트(개념, 생활만족도와의 관계) 노인교육 참여, 심리적 임파워먼트, 생활만족도의 관계(가설의 설정에서 제시) -노년기 교육참여와 생활만족도 -노년기 교육참여와 심리적 임파워먼트 -심리적 임파워먼트와 생활만족도 -심리적 임파워먼트의 매개효과	사회적지지(개념, 구성요인, 다른 변수와의 관계) 정서조절(개념, 다른 변수와의 관계) 긍정심리자본(개념, 구성요인, 선행연구) 고객지향성(개념, 선행연구) 변수와의 관계(가설의 설정에서 제시) -사회적 지지와 긍정심리자본 관계 -정서조절과 긍정심리자본 관계 -긍정심리자본과 고객지향성 관계 -사회적 지지와 고객지향성과의 관계에서 긍정심리자본의 매개효과	초등학생의 스마트폰 사용과 정신건강 스마트폰 사용 초등학생의 정신건강과 회복탄력성 -회복탄력성 -스마트폰 사용 초등학생의 정신건강과 회복탄력성 -스마트폰 중독 위험성에 따른 정신건강에 대한 회복탄력성의 매개효과
분석방법	위계적 회귀분석	위계적 회귀분석	위계적 회귀분석	위계적 회귀분석
연구결과 논의 결론	연구문제/가설 순으로 제시	연구문제/가설 순으로 제시	연구문제/가설 순으로 제시	연구문제/가설 순으로 제시

가. 서론, 이론적 배경 및 논의 쓰기

1) 서론

위계적 회귀분석을 활용한 매개효과 분석에서 서론에 대한 예시는 손은경(2014)이 연구한 "스마트폰 중독 위험성에 따른 정신건강에 대한 회복탄력성의 매개효과"를 통해 살펴볼 것이다. 앞서 제시한 조절효과에서의 서론과 같이 그 논리적 전개 순서를 제시하면 다음과 같다.

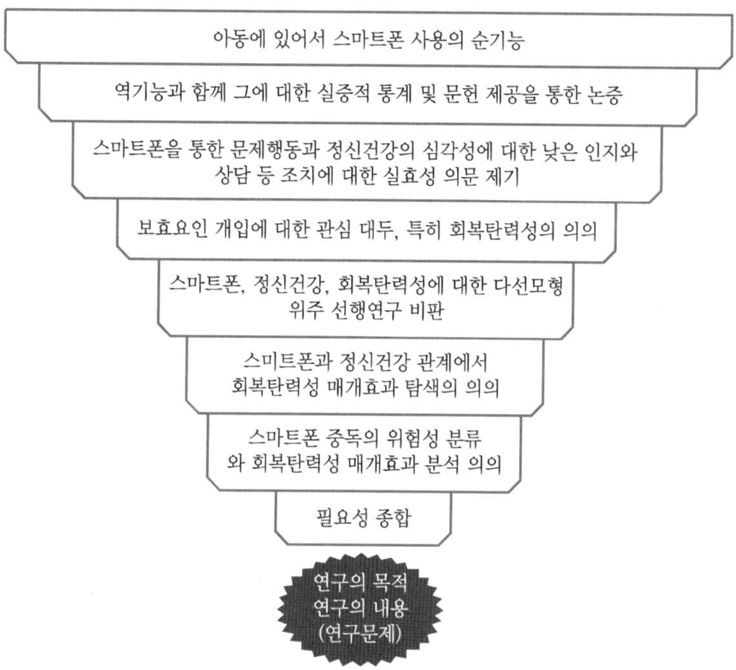

본 연구에서는 스마트폰 중독 위험성에 따른 초등학생의 회복탄력성과 정신건강과의 차이를 알아보고자 한다. 또한 스마트폰 중독 위험성에 따른 초등학생의 정신건강에 보호요인으로 작용할 수 있는 회복탄력성의 매개효과를 검증하고자 한다. 이러한 연구 목적을 수행하기 위해 설정한 연구문제는 다음과 같다.
연구문제 1.스마트폰 중독 위험성에 따른 인구사회학적 특성과 스마트폰 이용 실태는 어떠한가?

연구문제 2.스마트폰 중독 위험성에 따른 회복탄력성과 정신건강은 어떠한가?
연구문제 3.스마트폰 중독 위험성에 따른 회복탄력성의 매개효과는 어떠한가?
연구문제 4.스마트폰 중독 위험성에 따른 집단별 회복탄력성의 매개효과는 어떠한가?

2) 이론적 배경

매개효과 논문을 위한 이론적 배경은 우선, 개별 변수에 대한 개념적 정의와 구성요소 등을 제시한다. 다음으로 독립, 매개, 종속 변수 간의 관계를 제시하는 것으로 보인다. 변수와의 관계는 이론적 배경 부분에서 또는 연구 방법에서 연구모형과 가설의 설정을 다루면서 제시되기도 한다. 매개효과를 다루는 학위논문에서의 이론적 배경 전개는 심명순(2015)과 여인주(2014)의 예를 통해 파악할 수 있다.

- 심명순(2015)의 이론적 배경 전개: 학교장 리더십(변혁적, 코칭) → 자기효능감 → 조직성과(직무만족, 직무몰입) (개별 변수는 이론적 배경에서 제시됨)
  → 학교장 리더십(변혁적, 코칭)과 자기효능감 → 자기효능감과 조직성과 → 학교장 리더십과 조직성과의 관계에 있어서 자기효능감의 매개효과(연구가설의 설정 부분에서 변수와의 관계를 다룸)

- 여인주(2014)의 이론적 배경 전개: 사회적지지(개념, 구성요인, 관련 변수와의 관계) → 정서조절(개념, 다른 변수와의 관계) → 긍정심리자본(개념, 구성요인, 선행연구) → 고객지향성(개념, 선행연구) (개별 변수는 이론적 배경에서 제시됨)
  → 사회적 지지와 긍정심리자본과의 관계 → 정서조절과 긍정심리자본과의 관계 → 긍정심리자본과 고객지향성과의 관계 → 사회적 지지와 고객지향성과의 관계에서 긍정심리자본의 매개효과

3) 논의

손은경(2014)의 연구에서 매개효과 관련한 연구문제/가설은 “스마트폰 중독 위험성에 따른 정신건강에 대한 회복탄력성의 매개효과는 있을 것이다”로 설정했다. 이에 대한 논의는 연구문제/가설에 대해 연구결과 요약을 하면서 선행연구에 터해 연구자의 해석과 논증을 하고 있으며, 마지막으로 그 연구결과가 갖는 시사점을 제시하는 것으로 구성되어 있다.

〈연구문제/가설에 대한 연구결과 요약과 그 타당성〉

스마트폰 중독 위험성이 정신건강에 미치는 영향에서 스마트폰 사용 아동의 회복탄력성의 매개효과를 검증한 결과, 회복탄력성은 유의성이 있는 것으로 확인되었다 이러한 연구결과는 스마트 중독 위험성을 다룬 연구는 아니지만, 위험성과 정신건강 간의 관계에서 회복탄력성의 매개효과를 검증한 선행연구(공경란,2013; 김연, 황혜정, 2014; 민동일, 2007; 신성철, 2014; 윤상영, 2013; 이준기, 2010)와 그 맥을 같이 한다고 볼 수 있다.

또한 회복탄력성은 스마트폰 중독 위험군 아동의 정신건강에도 매개효과를 보였다. 이는 회복탄력성 수준이 높을수록 청소년의 정신건강은 양호하며 회복탄력성은 정신건강에 직접적인 영향을 미칠 뿐만 아니라 매개요인으로도 작용한다는 민동일(2007)의 연구가 본 연구결과를 지지한다.

〈연구결과에 대한 연구자의 해석과 그것에 대한 타당성〉

이러한 결과는 회복탄력성이 일반군의 아동뿐 만 아니라 위험군의 아동에 있어서도 스마트폰 사용으로 인한 정신건강 문제를 완충시킬 수 있는 심리적 보호요인이라는 것을 시사한다. 스마트폰은 어떠한 장소에서도 구애받지 않고 인터넷에 있는 각종 정보에 접근할 수 있기 때문에 컴퓨터만 사용하던 것과 같이 단순하지 않고 통제가 상당히 어렵기 때문이다(황연주,2012). 이러한 스마트폰이 가진 기기의 특징으로 부모의 관심이나 통제는 한계가 있으며 사회·환경적인 영향을 감소시키는 것 또한 매우 어려운 상황이기 때문에 아동 스스로 스마트폰 사용에 대한 조절력과 자신의 부정적 정서와 감정을 인내하고 조절하여 건강하게 성장할 수 있도록 도울 수 있는 보호요인인 회복탄력성을 증진시키는 것이 효과적일 것이다. 또한 회복탄력성은 보호요인으로 부정적인 영향을 중재하거나 완화시켜 결과적으로 문제행동이 발생할 가능성을 줄여준다는 구세희(2014)의 주장이 이러한 사실을 지지한다고 볼 수 있다.

〈연구 결과에 대한 요약과 타당성〉

특히 본 연구에서 스마트폰 중독 위험성에 따른 정신건강에 미치는 영향에 있어 회복탄력성을 투입한 결과 위험군에서는 일상생활장애($p<.01$), 금단($p<.05$), 내성($p<.05$) 변인이 영향을 끼친 반면, 일반군에서는 일상생활장애($p<.001$)가 유의한 영향을 미친 것으로 나타났다. 이러한 결과는 일반군 보다 위험군이 금단과 내성의 문제를 더 많이 가지고 있기 때문이다. 이와 관련하여 변명선(2014)이 스마트폰 사용기간이 길어질수록 스마트폰 중독으로 갈 가능성이 높으며, 오랜 시간 동안 사용하는 학생일수록 일상생활 장애와 금단, 내성,그리고 스마트폰 중독이 높아질 가능성이 더 높다고 보고한 결과와 그 맥을 같이 한다.

〈연구자의 해석과 시사점〉

본 연구를 통하여 위험군과 일반군 사이에서 보다 특징적인 차이점을 규명해낸 점이 특히 주목할 부분이라고 생각된다. 따라서 스마트폰 중독 위험군 아동의 정신건강문제를 다룰 때 금단, 내성에 좀 더 초점을 둔 회복탄력성 향상 중재개입이 효과적일 것으로 사료된다.

본 연구를 통하여 스마트폰 중독 위험성이 정신건강에 부정적인 영향을 주는 관계 속에서 심리적 보호요인인 회복탄력성의 매개효과가 검증되었기 때문에 회복탄력성의 간접효과에 대한 이론적 연구의 근거가 된다고 볼 수 있다. 또한 향후 스마트폰 중독 위험군 아동의 정신건강 문제에 대한 근거기반적 연구에 자료를 제공할 수 있다.

2. 통계분석 및 해석

가. 매개효과 분석

1) 개념

매개변인이란 종속변인에 영향을 주는 독립변인 이외의 변인으로, 그 효과가 직접적인 것은 아니지만 연구에서 통제되어야 할 변인이다. 독립변인이 매개변인에 영향을 미치고 이 매개변인이 다시 종속변인에 영향을 주는 흐름이 가능하다.

매개효과(mediating effect) 분석은 메인효과가 특정 변수를 거쳤을 때 유의한 관계를 가지는 모델이다. 즉 메인효과가 매개변수를 통해서 그 효과가 변하는 경우 매개효과 모델을 적용한다.

2) 사용 목적

매개효과는 상호 작용과 동일한 개념으로 사용되기도 한다. 즉, 독립변인들 간의 상호 작용 효과가 있을 때 종속변인에 대한 중재 효과가 있다고 해석한다. 예를 들면, 자기효능감이 사회성에 미치는 영향에 외로움이 매개한다는 말은 자기효능감과 외로움이 사회성에 주는 효과에서 상호 작용한다는 말과 같다. 매개 효과를 검증하기 위해서는 구조 방정식 모형(structural equation modeling)이나 다중회귀 분석(multiple regression analysis) 방법을 사용한다.

3) 기본 원리

매개효과의 분석 방법은 조절효과와는 다르다. 조절변수는 독립변수와 같은 레벨에 있기 때문에 종속변수에 있어서 독립변수와 동일한 역할을 수행하지만, 매개변수는 독립변수와 종속변수 사이에 존재히기 때문에 독립변수의 역할을 수행함과 동시에 독립변수와 매개변수 사이에서도 인과관계가 성립되어야 한다.

4) 연구 상황

4년제 대학생의 핵심역량이 고용가능성에 미치는 영향관계에서 만족도는 매개역할을 할 것이다.

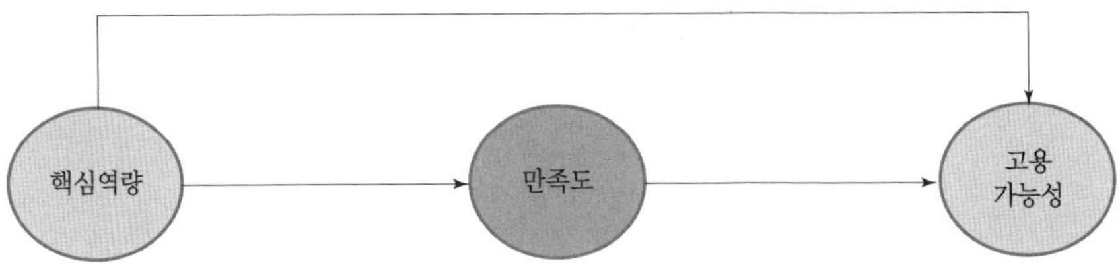

[그림 2] 핵심역량과 고용 가능성 관계에서 교육 만족도의 매개효과

5) 실행 과정

① 매개효과 분석

매개효과 분석은 다음과 같이 4단계로 이루어진다.

제1단계: 핵심역량과 만족도 사이의 회귀분석(두 변수 사이의 유의한 영향관계)
제2단계: 핵심역량과 고용가능성의 회귀분석(두 변수 사이의 유의한 영향관계)
제3단계: 핵심역량과 만족도가 고용가능성에 미치는 영향 다중회귀분석(변수들 간 유의한 영향관계)
제4단계: 2단계 도출된 표준화된 베타값이 3단계에서 도출된 표준화된 베타값보다 커야 함(2단계 베타값>3단계 베타값). 위의 모든 조건이 충족되어야 만족도가 핵심역량과 고용가능성 사이에서 매개효과가 있다고 할 수 있다.

1단계 케이스 선택하기

연구가설에서 대상을 4년제 대학생을 대상으로 했으므로, 2,3년제 대학생을 제외한 후 연구대상을 선정해야 한다. 이를 위해 데이터(D) → 케이스선택(S)을 클릭한다.

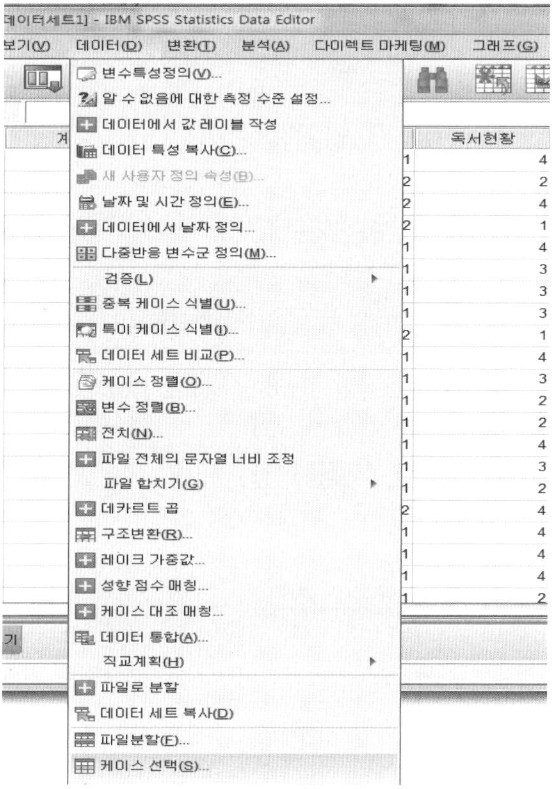

[그림 3] 케이스 선택 들어가기

데이터 코딩 과정에서 유형변수에서 4년제 대학생을 "1", 2,3년제 대학생을 "2"로 코딩값을 입력하였다. 따라서, 연구가설에서 대상을 4년제 대학생을 대상으로 했으므로, 2, 3년제 대학생을 제외한 후 연구대상을 선정해야 한다. 이를 위해 **"조건을 만족하는 케이스(C)"**을 선택하고, **"조건(I)"**를 클릭한다.

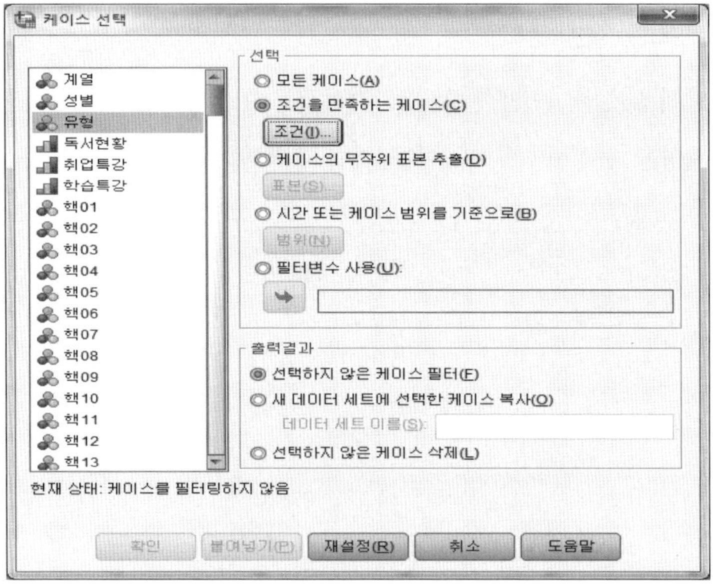

[그림 4] 조건을 만족하는 케이스 들어가기

유형을 선택하고, 연산도구에서 = 을 클릭한 후 "4년제 대학생" 코딩값인 "1"을 입력한 후 계속(C) 을 클릭한다.

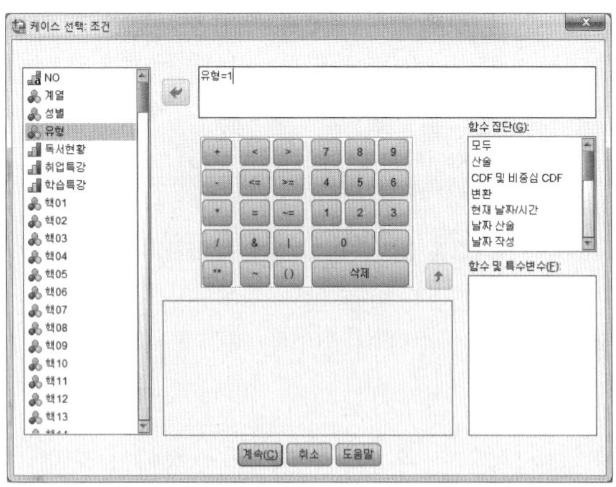

[그림 5] 조건 만들기

다시 케이스 선택 대화상자로 와서 **확인** 을 클릭한다.

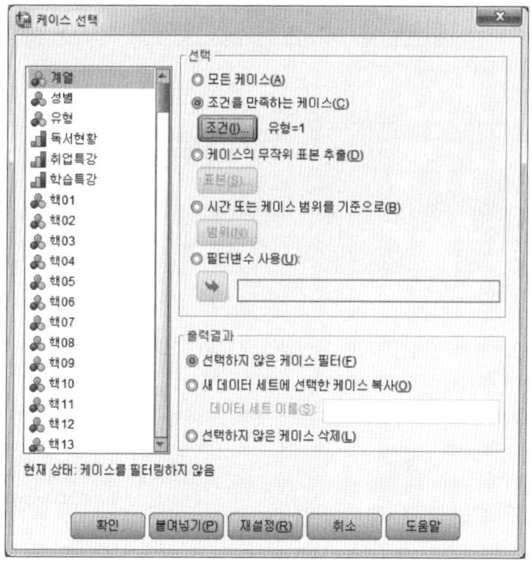

[그림 6] 조건을 만족하는 케이스 만들기

[그림 7]과 같이 유형이 "1"인 "4년제 대학생" 케이스만 남고, "2"인 "2,3년제 대학생"케이스는 "/"표시가 되어 선택되지 않는다.

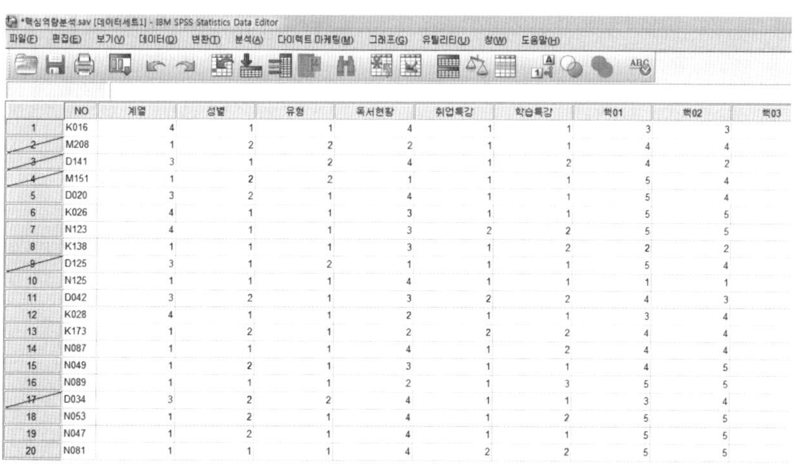

	NO	계열	성별	유형	독서현황	취업특강	학습특강	핵01	핵02	핵03
1	K016	4	1	1	4	1	1	3	3	
2	M208	1	2	2	2	1	1	4	4	
3	D141	3	1	2	4	1	2	4	2	
4	M151	1	2	2	1	1	1	5	4	
5	D020	3	2	1	4	1	1	5	4	
6	K026	4	1	1	3	1	1	5	5	
7	N123	4	1	1	3	2	2	5	5	
8	K138	1	1	1	3	1	2	2	2	
9	D125	3	1	2	1	1	1	5	4	
10	N125	1	1	1	4	1	1	1	1	
11	D042	3	2	1	3	2	2	4	3	
12	K028	4	1	1	2	1	1	3	4	
13	K173	1	2	1	2	2	2	4	4	
14	N087	1	1	1	4	1	2	4	4	
15	N049	1	2	1	3	1	1	4	5	
16	N089	1	1	1	2	1	3	5	5	
17	D034	3	2	2	4	1	1	3	4	
18	N053	1	2	1	4	1	2	5	5	
19	N047	1	2	1	4	1	1	5	5	
20	N081	1	1	1	4	2	2	5	5	

[그림 7] 조건 만들기

2단계 핵심역량→만족도 회귀분석

조절효과 분석을 위하여 분석(R) → 회귀분석(R) → 선형(L) 을 클릭한다.

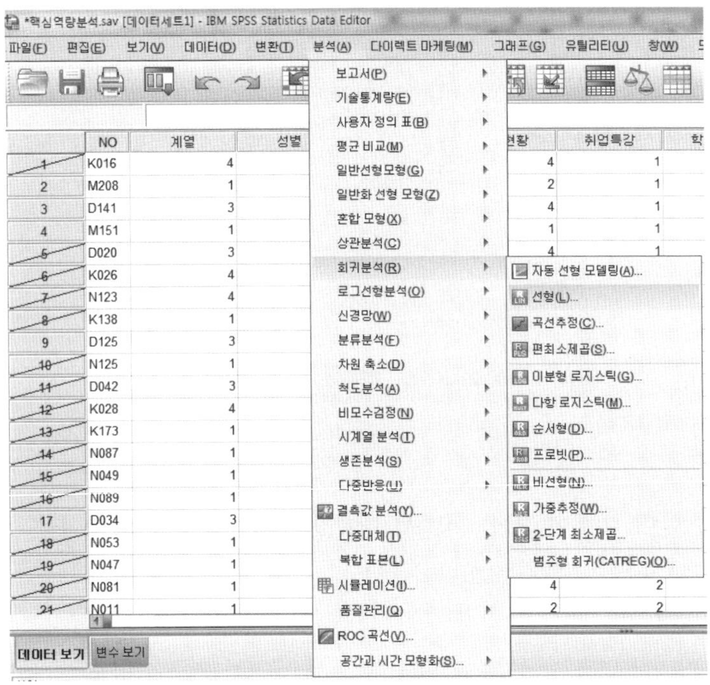

[그림 8] 회귀분석 들어가기

[모델1]인 핵심역량→만족도에 미치는 영향 분석을 위하여 "만족도"변수를 클릭해서 "**종속변수(D)**"에 보내고, "핵심역량"변수를 클릭해서 "**독립변수(I)**"로 보낸 후 확인 을 클릭한다.

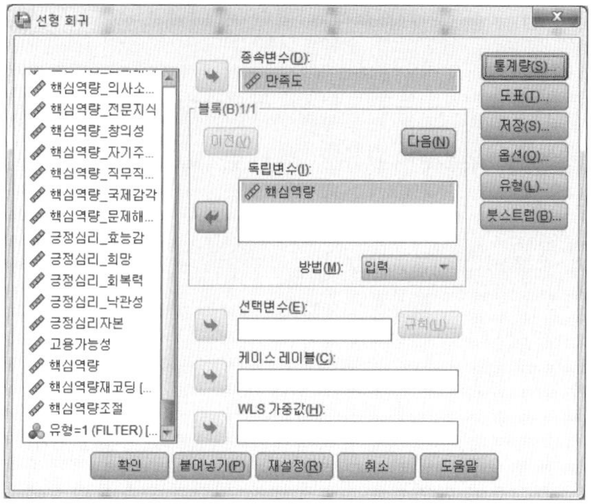

[그림 9] 핵심역량→만족도 회귀분석

3단계 핵심역량→고용가능성 회귀분석

[모델2]에서는 핵심역량→고용가능성에 미치는 영향분석을 위하여 "고용가능성"변수를 클릭해서 "**종속변수(D)**"에 보낸 후 **확인**을 클릭한다.

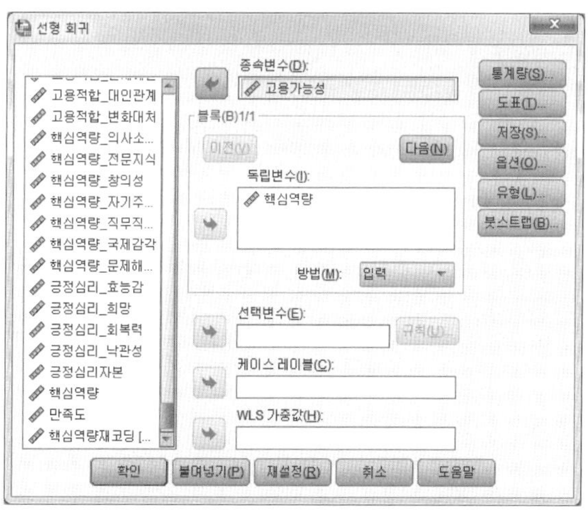

[그림 10] 핵심역량→고용가능성 회귀분석

5단계 핵심역량, 만족도→고용가능성 회귀분석

[모델3]에서는 "고용가능성"변수를 클릭해서 "**종속변수(D)**"에 보낸 후 "핵심역량", "만족도"변수를 클릭해서 "**독립변수(I)**"로 추가로 보낸 후 클릭한다.

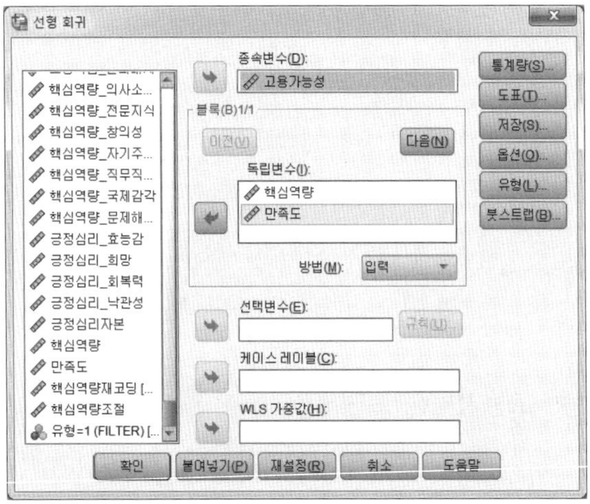

[그림 11] 핵심역량, 만족도→고용가능성 회귀분석

6) 분석 결과 해석

① 1단계

〈표 2〉는 독립변인인 핵심역량이 매개변인인 만족도에 미치는 영향을 알아보기 위해 단순 회귀분석을 실시하였다. t값은 8.818로 핵심역량은 만족도에 통계적으로 유의미한 영향을 미치는 것으로 나타났다. 따라서 매개효과 분석절차 1단계의 조건에 만족하는 것으로 나타났다.

〈표 2〉 핵심역량이 만족도에 미치는 영향 회귀분석 계수

모형		비표준화 계수		표준화 계수	t	유의확률
		B	표준오차	베타		
1	(상수)	1.539	.187		8.235	.000
	핵심역량	.475	.054	.403	8.818	.000

a. 종속변수: 만족도

② 2단계

〈표 3〉은 독립변인인 핵심역량이 종속변인인 고용가능성에 미치는 영향을 알아보기 위해 단순 회귀분석을 실시하였다. t값은 18.694로 핵심역량은 만족도에 통계적으로 유의미한 영향을 미치는 것으로 나타났다. 따라서 매개효과 분석절차 2단계의 조건에 만족하는 것으로 나타났다.

〈표 3〉 핵심역량이 고용가능성에 미치는 영향 회귀분석 계수

모형		비표준화 계수		표준화 계수	t	유의확률
		B	표준오차	베타		
1	(상수)	.909	.128		7.082	.000
	핵심역량	.692	.037	.682	18.694	.000

a. 종속변수: 고용가능성

③ 3단계

〈표 4〉는 독립변인인 핵심역량과 매개변인인 만족도가 종속변인인 고용가능성에 미치는 영향을 알아보기 위해 회귀분석을 실시하였다. 핵심역량 t값은 15.338로 고용가능성에 통계적으로 유의미한 영향을 미치는 것으로 나타났다. 만족도 t값은 6.602로 고용가능성에 통계적으로 유의미한 영향을 미치는 것으로 나타났다. 따라서 매개효과 분석절차 3단계의 조건에 만족하는 것으로 나타났다.

〈표 4〉 핵심역량과 만족도가 고용가능성에 미치는 영향 회귀분석 계수

모형		비표준화 계수		표준화 계수	t	유의확률
		B	표준오차	베타		
1	(상수)	.578	.132		4.381	.000
	핵심역량	.589	.038	.581	15.338	.000
	만족도	.215	.033	.250	6.602	.000

a. 종속변수: 고용가능성

④ 4단계

앞의 1단계, 2단계, 3단계의 조건을 모든 조건을 충족시켰고, 마지막 4단계에서는 2단계의 표준화된 베타값이 3단계의 표준화된 베타값보다 커야한다. 따라서, 2단계의 핵심역량이 고용가능성에 미치는 영향관계에서 표준화된 베타값이 .682이고, 3단계의 핵심역량과 만족도가 고용가능성에 미치는 영향관계에서 표준화된 베타값이 .581로 2단계 표준화된 베타값이 3단계 표준화된 베타값보다 더 크므로 조건을 충족시켰다.

핵심역량이 고용가능성에 미치는 영향관계에 있어서 만족도는 매개역할을 하는 것으로 나타났다.

7) 보고서 작성

〈표 5〉는 핵심역량과 고용만족도 간의 영향관계에서 만족도의 매개역할을 분석한 결과는 다음과 같다. 1단계 회귀계수는 .403, 2단계에서는 .682, 3단계에서는 독립변수가 .581, 매개변수가 .250의 값을 나타내 모두 정(+)의 영향을 미치는 것으로 나타났다. 유의수준을 평가하는 t값과 p값 모두 유의미한 결과를 보여주고 있다. 또한 2단계의 회귀계수값이 .682로 3단계의 회귀계수값인 .581보다 효과가 큰 것으로 나타나고 있다. 따라서, 핵심역량과 고용만족도 간의 영향관계에서 만족도가 매개역할을 하는 것으로 나타났다. 또한, 설명력을 나타내는 R^2값은 1단계에서 16.2%의 설명력을

나타내고 있고, 2단계에서는 46.5%, 3단계에서는 51.7%의 설명력을 제시하고 있다.

〈표 5〉 핵심역량과 고용만족도의 관계에서 만족도의 매개효과 분석

독립/매개/종속변수	매개효과 검정단계	표준화된 베타값	t값	R^2
핵심역량/만족도/고용가능성	1단계	.403	8.818**	.162
	2단계	.682	18.694**	.465
	3단계(독립변수)	.581	15.338**	
	3단계(매개변수)	.250	6.602**	.517

*p＜.05, **p＜.01

참고자료 구조방정식 활용 방법 정리

1. 구조방정식 모델이란?

구조방정식 모델은 변수들 간의 인과관계 및 상관관계를 검증하는데 활용되는 통계기법으로 현재 사용 영역이 계속 확장되고 있다. 이는 확인적 요인분석과 경로분석이 결합된 형태로, 확인적 요인분석은 측정모델에 해당되고, 경로분석은 구조모델에 해당된다(우종필, 2012).

즉, 구조방정식 모델이란 특정 현상을 파악하기 위해 구조모형 이론의 분석방법을 이용하여 상호 변수들 간의 인과관계와 그 유의성을 검증하는 모델을 말한다(허준, 2013).

2. 그렇다면 왜 구조방정식 모델을 사용하는가?

많은 연구자들은 인과관계를 분석하기 위해 회귀분석, 상관분석, 요인분석 등 다양한 통계분석을 실시하고 있다. 하지만 이러한 통계분석 방법은 단편적인 인과관계 혹은 상관관계만 보여주는 1차원적인 통계분석방법들이다. 반면에 구조방정식 모델은 다수의 종속변수와 독립변수들 간의 인과 및 상관관계를 동시에 볼 수 있다는 장점을 가지고 있다. 또한 상관분석, 회귀분석, 요인분석 등은 독립변수의 측정오차를 무시하며, 잠재변수를 사용하지 않고 있다. 반면에 구조방정식 모델은 측정오차를 포함함으로써 보다 정확한 분석이 가능하며, 직접효과와 간접효과, 총효과 분석을 통해 더 정확한 인관관계 파악이 가능하다. 뿐 만 아니라 잠재변수 설정을 통해 측정하지 않은 개념적인 변수를 생성함으로써 이들 간의 관계 측정이 가능하며, 동시에 여러 분석이 가능하여 연구 결과를 다각도로 살펴보게 됨으로써 1개의 모형으로 여러 연구 결과 도출이 가능하다. 이로 인해 최근에는 구조방정식 모델을 활용한 다수의 연구들을 살펴볼 수 있다.

3. 구조방정식 모델을 활용한 논문 예시

가. 매개효과 검증 예시 자료(김정문, 2010)

주 제	불안정 애착이 심리적 안녕감에 미치는 영향: 자동적 사고, 정서 인식, 정서표현 양가성, 스트레스 대처방식의 매개효과를 중심으로
연구 가설(예)	불안정 애착이 심리적 안녕감에 미치는 영향을 자동적 사고가 매개하는가?
연구 모형	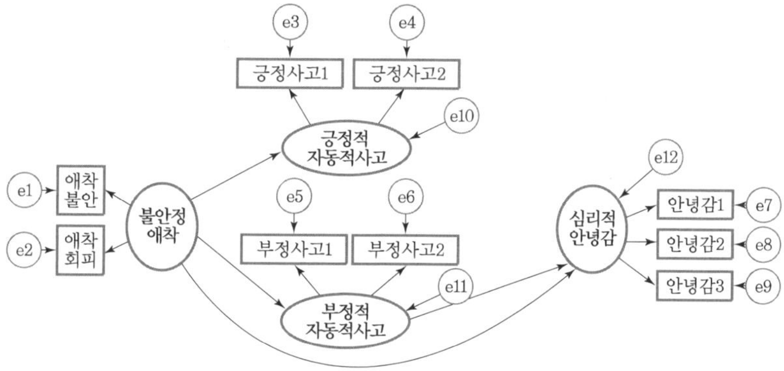
연구 모형 설정	독립변인과 종속변인의 관계에서 자동적 사고(긍정, 부정)의 매개효과를 검증하기 위하여 구조방정식 모델을 활용하여 분석 실시함.

나. 조절효과 검증 예시 자료(박세준, 2016)

주 제	컨벤션 개최국의 위험지각, 이미지, 방문의도간의 구조적 관계분석: 방문경험의 조절효과를 중심으로
연구 가설(예)	위험지각이 컨벤션 개최지 이미지에 미치는 영향은 개최지 방문 경험 유무에 따라 유의한 차이가 있다.
연구 모형	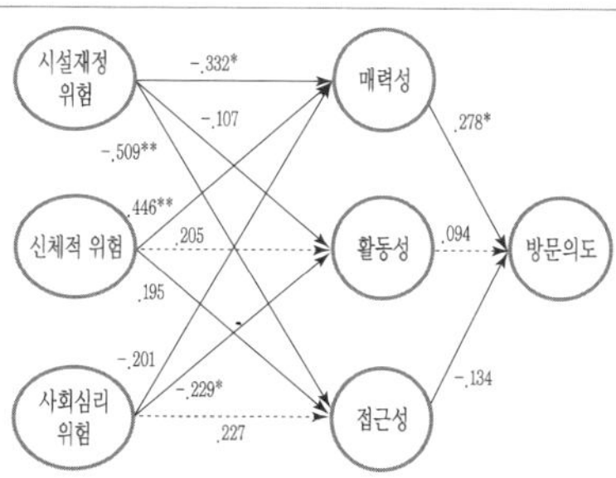 [그림 1] 방문자집단 경로모형 분석결과 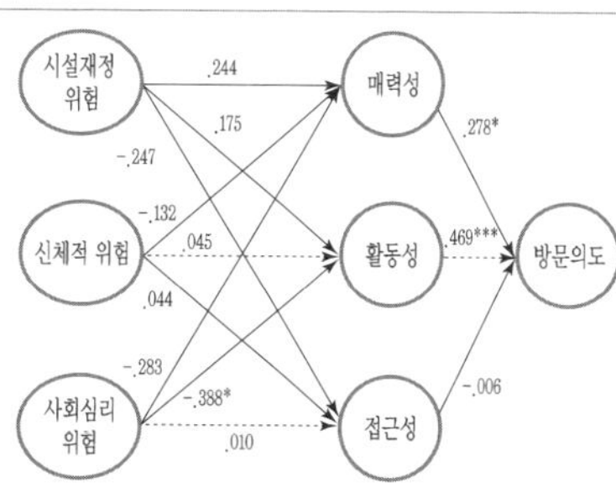 [그림 2] 비방문자집단 경로모형 분석결과

연구 모형 설정	독립변인과 종속변인의 관계에서 방문 경험의 조절 효과를 확인하기 위하여 방문자 집단과 비방문자 집단으로 구분지어 다중집단 구조방정식 모델을 활용하여 그 차이를 확인함.

4. 구조방정식 모델 활용 단계 간략 제시

단계		내용	방법
1	데이터 검사	결측치 해결	AMOS 및 SPSS를 통해 해결 가능
		연구모델 구체화	항목합산: 단일항목(평균, 총점 등)으로 합산, 탐색적 요인분석 결과 토대로 합산
2	확인적 요인분석	타당성 검증	집중타당성: 구성개념의 일관성 확인
			판별타당성: 잠재변수 간 차이가 확인
			법칙타당성: 구성개념 간 방향 확인
		모델 적합도 검증	절대적합지수, 증분적합지수, 간명적합지수
3	모델 수정	수정지수 활용	MI값 이용하되, 올바른 공분산 설정 중요
		최종 모델 결정	동치모델, 대안모델, 경쟁모델, 둥지모델 비교
4	매개효과 분석	매개변수	독립변수와 종속변수 사이에 존재 함
		효과 분해	직접효과와 간접효과, 총효과로 분해
		부트스트래핑	간접효과의 통계적 유의성 검증
		부분 매개효과	직접효과와 간접효과 모두 유의할 경우
		완전 매개효과	직접효과는 없지만 간접효과만 유의할 경우
	조절효과 분석	조절변수	독립변수와 종속변수의 관계에 영향 줌
		다중집단 분석	둘 이상의 집단을 분석하여 유의성 검증
		매트릭 조절변수	조절변수로 연송형 변수를 사용하는 경우
			독립변수, 조절변수, 독립변수와 조절변수의 상호작용 변수로 구분지어 분석 실시함.
		비매트릭 조절변수	조절변수로 범주형 변수를 사용하는 경우
			집단별로 분석을 실시하게 됨

참고자료 조절된 매개모델 & 매개된 조절모델

최근 들어 매개모델과 조절모델이 결합된 '매개된 조절모델'이나 '조절된 매개모델'처럼 기존 연구모델에서 한 단계 발전된 연구모델이 자주 소개되고 있다. 매개모델과 조절된 매개모델, 조절모델과 매개된 조절모델을 비교하면 아래와 같다.

[조절된 매개모델]

1. 조절된 매개모델이란 무엇인가?

조절된 매개효과란 매개효과에 조절변수가 투입되어 조절하는 경우를 말한다. 즉, 독립변수가 종속변수에 미치는 영향을 매개하는 것이 매개변수이며, 이러한 관계 속에서 조절변수가 추가 투입되는 경우를 의미한다. 아래의 그림을 보면 이해가 더 잘 될 것이다.

매개모델	조절된 매개모델(구조방정식에서)
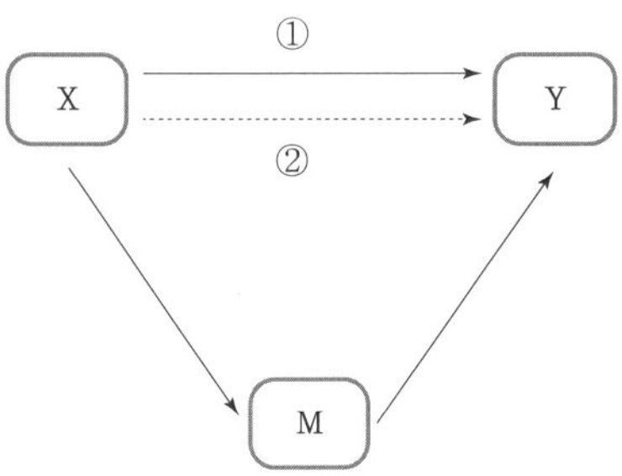	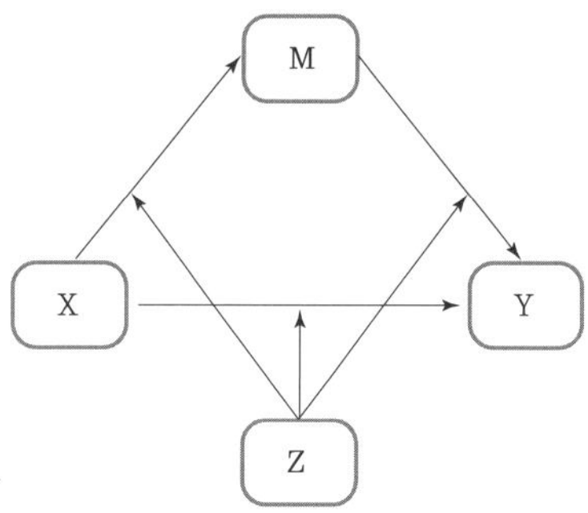

*①: 부분 매개모델 *②: 완전 매개모델

2. 왜 조절된 매개모델을 사용하는가?

매개변수는 독립변수와 종속변수 사이에 존재하는 것으로, 독립변수와 종속변수의 인과관계를 자세히 설명해주는 변수라고 할 수 있다. 매개 모델에서 독립변수가 종속변수에 직접 미치는 영향을 직접효과라고 하고, 매개변수를 매개로 하여 미치는 영향을 간접효과라고 한다.

조절된 매개모델은 매개변수가 존재하는 매개 모델에서 조절역할을 하는 조절변수가 추가된 모델이라고 할 수 있다. 여기서 조절변수는 비매트릭 조절 변수로, 위의 그림과 같다. 조절된 매개모델은 독립변수, 종속변수, 매개변수의 관계에 있어서 조절변수에 해당하는 집단의 집단별 차이가 있는지를 확인하고자 할 때 사용할 수 있는 모델로, 매개변수의 영향 내에서 조절변수를 추가 투입하고자하는 연구에서 사용할 수 있다.

3. 조절된 매개 모델을 활용한 논문 예시

가. 조절된 매개 모델을 활용한 논문 예시 1 (심현숙, 2012)

주 제	브랜드 체험이 브랜드 충성도에 미치는 영향: 브랜드 자산의 매개 역할 및 관여도의 조절효과를 중심으로
연구 가설(예)	브랜드 체험의 브랜드 이미지, 태도 및 충성도에 대한 영향력은 제품이 고관여 제품인지 저관여 제품인지에 따라 그 크기가 달라질 것이다.
연구 모형	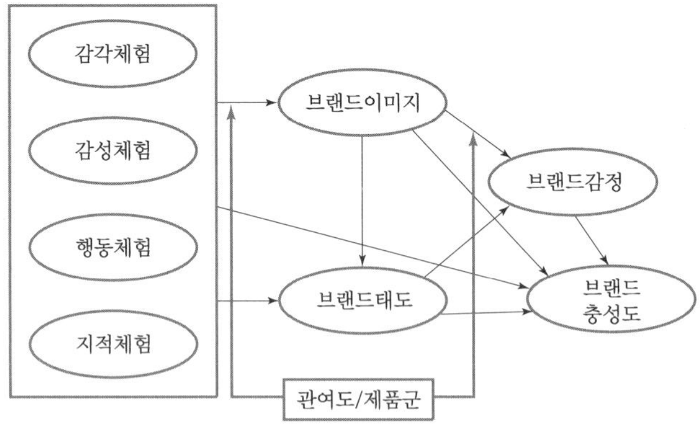

연구 결과	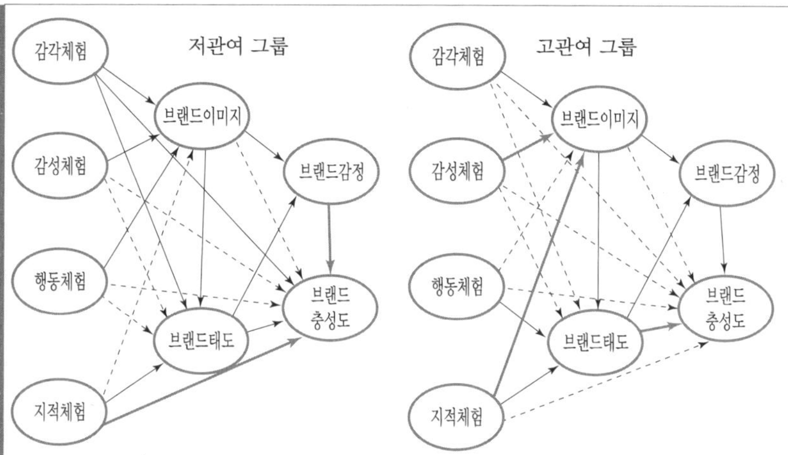
연구 모형 설정	독립변수가 매개변수를 통해 종속변수에 미치는 영향력 내에서 관여정도에 따른 조절효과를 확인하기 위하여 다층집단 구조방정식모델을 추가 활용하여 고관여 제품과 저관여 제품으로 구분지어서 조절된 매개효과 분석을 실시함.

나. 조절된 매개 모델을 활용한 논문 예시 2 (윤석주, 2014)

주 제	전문대학생의 스트레스와 자살생각의 관계에서 자아존중감의 매개효과와 부모양육태도의 조절효과
연구 가설(예)	전문대학생의 스트레스와 자살생각의 관계에서 자아존중감의 매개효과는 부모양육태도에 따라 차이가 있는가?
연구 모형	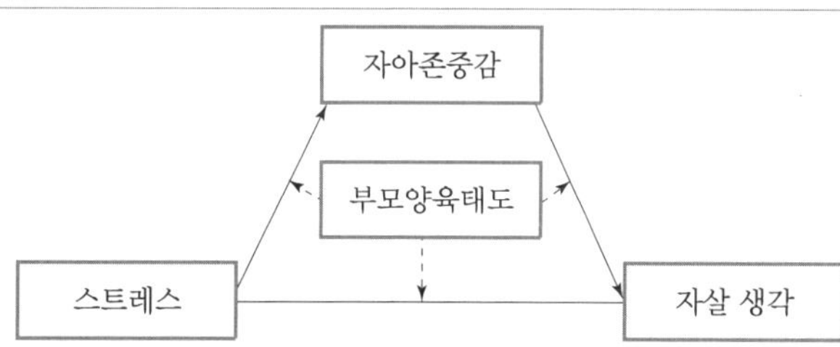
연구 모형 설정	독립변수가 매개변수를 통해 종속변수에 미치는 영향력 내에서 관여정도에 따른 조절효과를 확인하기 위하여 다층집단 구조방정식모델을 추가 활용하여 부모양육태도에 따라 구분지어서 조절된 매개효과 분석을 실시함.

[매개된 조절 모델]

1. 매개된 조절 모델이란 무엇인가?

매개된 조절 모델이란 조절모형에 매개변수가 추가 투입된 경우를 의미한다. 즉, 독립변수가 종속변수에 미치는 영향에서 조절역할을 하는 것이 조절변수이며, 이러한 관계 속에서 매개변수가 추가 투입되는 경우를 의미한다.

2. 매개된 조절 모델을 왜 사용하는가?

조절변수는 독립변수와 종속변수 사이에 영향을 주는 변수로, 조절변수에 의해 독립변수와 종속변수의 관계가 더 양의 방향으로 높아지거나 음의 방향으로 더 낮아질 수 있다. 조절변수는 매트릭변수와 비매트릭 변수로 구분된다. 비매트릭변수는 명목이나 서열척도처럼 범주형 변수가 조절변수로 사용된 경우를 의미한다. 반면 매트릭 변수는 연속형 변수를 조절변수로 사용된 경우를 의미한다. 이로 인해 매트릭 조절변수와 비매트릭 조절변수에 따라 조절효과를 실제 분석하는 방법에는 차이가 있으며 아래의 그림과 같다.

조절모델	실제 분석에서는...

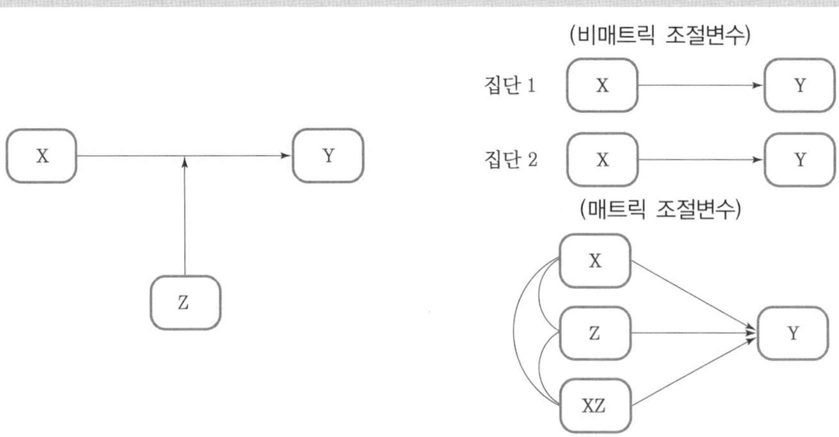

*XZ: 상호작용변수

매개된 조절모델 (매트릭 조절변수)

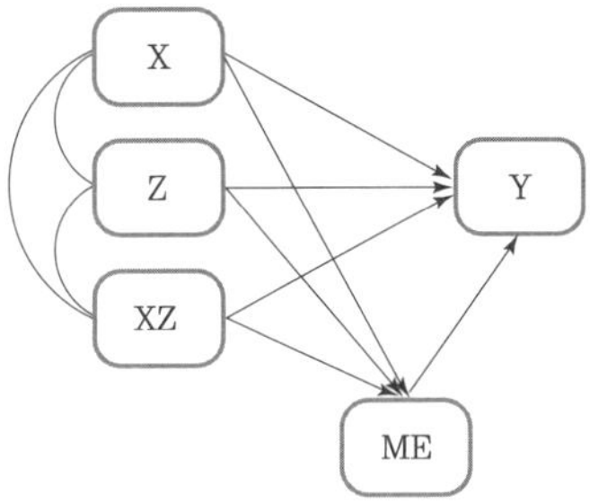

*XZ: 상호작용변수, ME: 매개변수

매개된 조절모델은 조절변수가 존재하는 모델에서 매개변수가 추가된 모델이다. 매개된 조절에서 사용된 조절변수는 매트릭 조절변수이며, 독립변수와 조절변수가 결합하여 상호작용변수가 포함된 모델에 매개변수가 새롭게 투입된 모델이다.

매개된 조절모델의 경우에는 독립변수, 조절변수, 상호작용 변수가 종속변수에 미치는 영향과 이들 변수가 매개변수를 통해 종속변수에 미치는 간접영향을 확인하고자 할 때 사용하는 모델로 매개변수의 매개역할을 확인하는 연구에서 조절 변수의 추가 영향력을 확인하조가 할 때 사용할 수 있다.

3. 매개된 조절 모델을 활용한 논문 예시(김은하, 김혜림, 2015)

주 제	기혼여성의 생활스트레스와 화병간의 관계: 내외통제성을 통한 정당한 세상에 대한 믿음의 매개된 조절효과
연구 가설(예)	생활스트레스와 내외통제성의 상호작용과 화병간의 관계를 정당한 세상에 대한 믿음이 매개할 것이다.
연구 모형	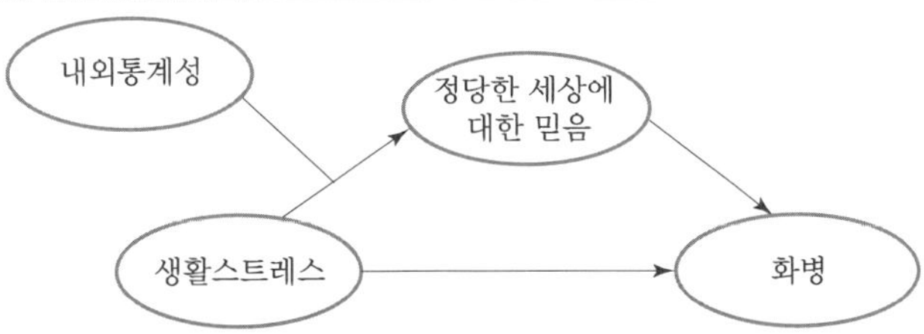

<table>
<tr><td>연구 결과</td><td>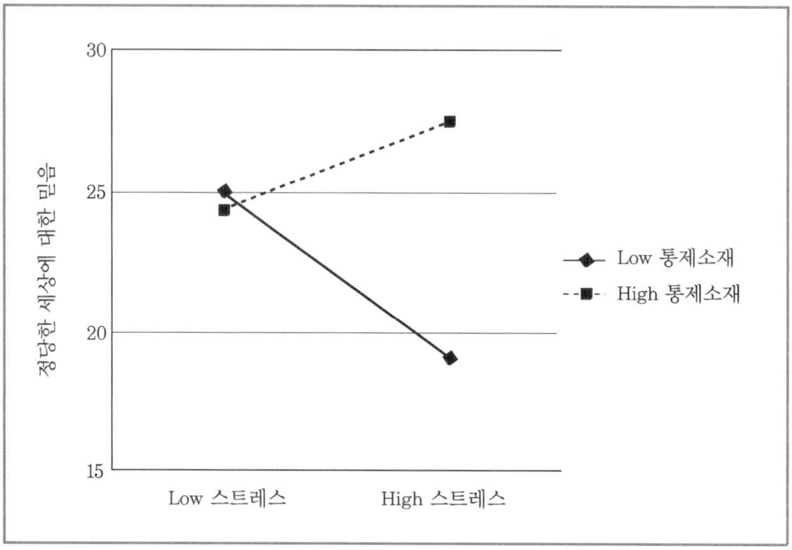
</td></tr>
<tr><td>연구 모형 설정</td><td>독립변인과 종속변인이 관계에서 내외 통제성의 조절효과를 확인하는 동시에 정당한 세상에 대한 믿음의 매개변수를 추가 투입함으로써 매개된 조절모델을 활용하여 분석함.</td></tr>
</table>

제12장

척도 개발 논문

1. 논문 구성 및 전개

척도는 인간의 행동이나 태도 등을 평가할 때 사용한다. 이러한 척도는 일정한 절차를 통해 개발된다. 척도 개발을 위한 학위논문 구성은 서론, 이론적 배경, 연구방법, 연구결과, 논의, 및 결론 등으로 일반 논문과 동일하게 구성된다.

척도개발에 있어서 연구문제 제시는 다음과 같은 경향을 보인다. 김영미(2014)는 교사 유능성 척도 개발 연구에서 "교사유능성 척도의 타당도는 어떠한가?", "교사유능성 척도의 신뢰도는 어떠한가?"로 제시했다. 김미경(2013)도 전문대학생의 진로탄력성 척도 개발을 위한 연구문제로 "전문대학생의 진로탄력성 척도의 타당도는 어떠한가?", "전문대학생 진로탄력성 척도의 신뢰도는 어떠한가?"로 제시했다. 또한 연구내용으로 제시되기도 한다. 이영희(2010)는 학습양식 척도 개발 및 타당화를 위해 다음과 같이 제시했다. 첫째, 학습양식 이론 및 이에 관련된 선행연구를 검토하고, 이를 토대로 학습양식의 구성요인을 추출한다. 둘째, 추출된 요인에 해당하는 문항을 선정하여 학습양식척도를 개발한다. 셋째, 개발된 척도가 타당한지를 검증한다. 즉, 개발한 척도에 대한 구인 타당화를 실시한다.

이론적 배경은 개발하려는 척도의 개념과 구성요소를 분석하고, 수렴 및 변별 타당도를 탐색하기 위한 변수들과의 관계를 제시하는 것으로 구성되는 경향이 많다. 예를 들면, 김영미(2014)의 연구는 교사의 유능감의 의미와 구성요소, 교사유능감과 교사효능감, 직무만족도, 심리적 소진과의 관계를 제시하였다.

연구방법은 척도 개발 절차에 대한 연구대상이나 조사도구나 절차 등을 소개했다. 연구결과는 조사 절차에 따른 주요 결과로서의 타당도와 신뢰도 등을 제시했다. 논의 및 결론은 연구절차별로 주요한 결과에 대한 논의를 하던지, 연구문제에 따라서 제시하는 경향이 있다.

2. 논문 작성 절차

척도개발 연구에서는 다른 연구와는 차별화된 연구 절차를 통해 수행된다. 그 예로서 몇 가지 선행연구에서 제시된 절차를 제시하면 아래와 같다.

Gartland 등(2011)은 청소년 탄력성 척도의 개발 및 타당화를 위하여 선행연구 분석과 포커스 집단면접를 통한 척도 요인의 확인 및 수정보완, 예비문항 개발과 예비조사를 통한 타당도(탐색적 요인분석) 및 신뢰도(Cronbach's α) 검증, 수정 문항 개발과 타당화(탐색적, 확인적 요인분석) 및 신뢰도 검증을 실시하였다.

Robitschek 등(2012)은 개인성장 주도성(personal growth initiative) 척도의 개발 및 타당화를 위하여 선행연구와 기존 척도 분석, 1차 타당도(탐색적 요인분석) 및 신뢰도(Cronbach's α) 검증, 연구대상 조사를 통한 확인적 요인분석 및 신뢰도 분석 등을 실시하였다.

이혜진, 김성희(2013)은 대학생용 자기성장 척도 개발을 위하여 선행연구 고찰을 통해 예비문항을 개발한 후 상담전문가 6명으로부터 내용타당성을 검증받은 후 1차 예비척도를 선정하였다. 이를 대학생에게 조사하여 1차 요인 분석을 한 결과 2차 예비척도를 개발하여 다시 대학생에게 조사하고 2차 요인분석을 하여 최종 척도를 추출하였다.

김신정, 김성희(2012)는 대학생을 대상으로 진로정체감을 측정할 수 있는 진로정체감 척도를 개발・타당화하기 위하여 선행 연구와 기존 도구의 고찰 및 대학생을 대상으로 한 개방형 질문지 결과와 면담을 분석하여 1차 예비척도를 구성하고 상담 전문가 3명에게 내용타당도를, 국어교사 2명과 대학생 3명에게 문항 표현의 적절성을 검토 받아 수정보완하여 2차 예비척도를 제작하였다. 그런 다음 대학생 130명으로부터 자료를 수집 분석하여 3차 예비척도를 개발하고 이를 조사하여 타당화(탐색적, 확인적 요인분석) 및 신뢰도 검증을 실시하고 최종 척도를 개발하였다.

박재황, 김순업(2004)은 내부-외부 통제 척도 개발을 위하여 선행연구 분석을 통한 요인 추출과 예비문항 개발, 조사 실시를 통한 타당도(탐색적 요인분석)과 신뢰도 검토를 통한 최종 문항 개발, 검사-재검사 신뢰도 및 척도별 Cronbach's α를 실시하였다.

이숙정(2005)는 교사의 신뢰 척도 개발 및 타당화를 위하여 선행연구 분석, 요인 추출을 위한 24명 내외의 교원 설문조사, 제작된 문항에 대한 전문가 내용타당도 검사, 예비척도 개발과 본 조사 실시, 구인타당도 검증을 위한 확인적 요인분석 등을 수행하였다.

이상을 종합해 보면 척도 개발은 ① 선행연구 분석 및 연구대상에 대한 심층면접, ② 예비조사를 위한 1차 척도 개발, ③ 1차 척도에 대한 전문가의 내용타당성 검토, ④ 예비조사를 통한 척도에 대한 탐색적 요인분석과 신뢰도 검증, ⑤ 예비조사 척도를 활용하여 2차 조사를 실시하고 이에 대한 타당성과 신뢰성 검증하면 최종 척도가 개발된다.

부연하면, 선행연구 분석은 개발하는 척도에 대한 이론적 타당성과 그에 따른 문항들을 개발하고 이를 적용할 연구대상을 통해서 개발하려는 척도의 요인과 하위 문항들을 확인하고 수정・보완하는 것을 말한다. 이를 통해서 예비조사를 위한 1차 척도가 개발된다. 개발된 척도는 전문가들에 의해 내용타당성을 검토받은 동시에 조사 대상에 의해 척도가 이해되며 적합한가를 검토를 받는다. 이렇게 개발된 예비조사는 척도가 적용될 대상자에게 실시된다. Johanson과 Brooks(2010)에 따르면 예비 조사의 규모는 24명에서 36명 정도를 실시하면 신뢰도와 타당도가 확보된다고 본다. 조사된 척도는 일반적으로 탐색적 요인분석을 통해 측정하는 구인들을 결정하며 결정된 구인은 Cronbach's α를 산출하여 신뢰도를 검증한다. 이렇게 예비척도가 결정이 되면 이를 활용하여 예비조사보다 큰 규모로 2차 조사를 실시하고 이에 대한 타당도와 신뢰도를 검증하면 최종 척도가 개발된다.

타당도 및 신뢰도

내용타당도(content validity): 연구대상이 되는 개념을 측정하는 구성, 즉 개념에 대한 내용 자체가 측정에 얼마만큼 반영되고 있는지를 파악한다. 논리적 사고에 입각한 분석 과정으로 판단하는 주관적인 타당도이며, 검사내용 전문가에 의하여 검사가 측정하고자 하는 속성을 제대로 측정하였는지를 주관적으로 판단을 강조한다. 예를 들면, 영어능력시험에서 영어 단어 문항만 있다면 듣기, 말하기, 독해 등을 측정하지 않기 때문에 내용타당성이 없다고 할 수 있다. 많은 경우, 안면타당도와 혼용하고 있다. 하지만 안면타당도는 검사도구의 문항들이 검사제작자나 피험자에게 친숙한 정도를 말한다. 이는 문항들이 피험자들과 얼마만큼 친숙도를 형성하고 있는가와 일반적으로 관계를 지니고 있느냐의 문제로서 어떤 특성을 측정할 때 자주 접해 본 문항들이 있다면 안면타당도가 있다고 한다. 내용타당성을 높이는 방법은 ① 연구자가 사용하고 있는 개념에 대한 내용을 모두 정리한다. ② 개념에 대한 모든 내용을 몇 개의 내용으로 선정하거나 세분화된 개념으로 구체화시킨다. ③ 내용을 측정이 가능한 형태로 만든다.

개념(구인) 타당도(construct validity): 구인은 심리적 특성이나 행동양상을 위해 존재를 가장하는 심리적 요인이다. 예를 들면, 긍정심리자본의 효능감, 희망, 낙관성, 회복력 등을 말한다. 구인타당도는 조작적으로 정의되지 않은 인간의 심리적 특성이나 성질을 심리적 구인으로 분석하여 조작적 정의를 부여한 후, 검사점수가 조작적 정의에서 규명한 심리적 구인들을 제대로 측정하였는가를 검증하는 방법이다. 구인타당도를 검증하는 데 가장 많이 쓰이는 방법은 요인분석이다. 요인분석은 복잡하고 정의되지 않은 많은 변수들 간의 상호관계를 분석하여, 상관이 높은 변수들을 모아 요인으로 규명하고 그 요인의 의미를 부여하는 통계적 방법이다. 또한 구인타당성을 검토하는 방법으로 상관관계를 활용할 수 있다. 이것은 각 구인들에 의하여 얻어진 점수와 심리특성을 측정하는 총점과의 상관계수에 의하여 검증하는 방법으로 특정 구인을 나타내는 점수와 심리적 특성 점수와의 상관계수가 낮으면 그 구인은 심리적 특성을 설명하여 주지 못하는 것으로 해석할 수 있다. 이를 위한 절차는 다음과 같다. ① 추상적인 개념들 사이에서 이론적 관계를 파악한다. ② 측정자료로부터 얻은 통계적 수치를 통한 상관관계를 파악한다. ③ 통계적 수치를 통한 상관관계와 단계1에서 제시한 이론적 관계의 연관성을 분석한다.

개념타당도의 종류로는 수렴 타당도(convergent validity)와 변별 타당도(discriminant validity)가 있다. 수렴타당도는 추상적 개념 간에 서로 밀접한 관계가 있다면 측정된 수치들도 서로 유의한 상관관계를 가져야 한다는 것이다. 변별타당도는 만일 서로 다른 두 개념이 존재한다면 두 측정으로부터 낮은 수치들은 서로 낮은 상관관계를 가져야 한다는 것이다. 예를 들면, 지능검사에 있어서 작문능력의 측정은 언어능력과 높은 상관관계를 지닐 것으로 예상됨으로 수렴적 타당도가 있다고 할 수 있고, 작문능력과 수리능력은 서로 다른 개념임으로 낮은 상관관계를 지닐 것임으로 변별타당도라고 할 수 있다.

예측타당도는 검사－준거 관련성의 하나로, 제작된 검사에서 얻은 점수와 준거로서 미래의 어떤 행위와의 관계로 추정되는 타당도이다. 즉, 검사점수가 미래의 행위를 얼마나 잘 예측하느냐 하는 것이다. 예를 들면, 수능시험에서 높은 점수를 획득한 학생이 대학 학업수행에서 성공적일 수 있다는 것이다. 이를 위하여 ① 조사대상에게 새로 제작한 검사를 실시한다. ② 일정기간 후 검사한 내용과 관계가 있는 조사대상의 행위를 측정한다. ③ 검사점수와 미래 행위의 측정치와 상관관계를 추정한다.

공인타당도는 검사－준거 관련성의 한 종류로 검사점수와 준거로서 기존에 타당성을 입증받고 있는 검사로부터 얻은 점수와의 관계에 의하여 검증하는 타당도이다. 새로운 검사를 제작하였을 때 새로 제작한 검사의 타당성을 검증하기 위하여 기존에 타당성을 입증받고 있는 검사와의 유사성 혹은 연관성에 의하여 타당성을 검증하는 방법이다.

이를 위해서는 ① 조사 대상에게 새로 제작된 검사를 실시한다. ② 동일 집단에게 동일한 시험 상황에서 타당성을 인정받고 있는 검사를 실시한다. ③ 두 검사점수 간의 상관계수를 추정한다.

신뢰도는 피험자들에게 동일한 검사를 반복 실시하였을 때의 측정의 일치성을 말한다. 또한 그것은 서로 어느 정도의 상관관계가 존재해야 한다는 내적 일관성(internal consitency)이며, 주로 chronbach's α로 측정한다. 이와 함께 검사-재검사 방법도 신뢰도 검사에 주로 쓰인다. 이 방법은 같은 대상에 대하여 동일한 측정방법으로 일정한 시간 간격을 두고 두 번 측정하는 것이다.

출처: 이군희(2012), 6장, 7장; 성태제(2014), 9장, 10장의 내용을 요약 발췌함.

김미경(2013)은 전문대생 진로탄력성 척도를 개발하기 위하여 〈표 1〉과 같이 계획, 문항개발, 예비조사, 문항분석, 본조사, 척도분석 등의 절차를 수행했다. 척도 개발을 위한 조사 이후 타당도 결과 분석은 내용타당도(문헌조사를 통한 척도 구성, 조사 대상으로 한 개방형 질문지와 심층면접을 통한 문항 확인과 전문가 분석), 구인(개념)타당도(탐색적 요인분석, 척도 하위요소 간 상관, 확인적 요인분석), 수렴(일반정신건강척도, 자아탄력성 척도, 진로결정 자기효능감) 및 변별타당도(진로탐색 장애), 예언타당도를 실시하였다. 또한 김영미(2013)은 교사 유능성 척도 개발을 위해 척도 개발을 위한 문헌조사 및 계획수립, 문항개발, 예비조사, 본조사 등을 수행했다. 또한 타당도 검증을 위해 내용타당도, 구인타당도, 수렴 및 변별타당도, 예언타당도를 수행했다.

〈표 1〉 연구자별 척도 개발의 과정

개발절차 \ 연구자		김누리 (2008)	김성훈 (2012)	김신정 김성희 (2012)	김영환 문수백 홍상황 (2005)	김은주 김지현 (2010)	성태제 (2010)	이은석 김성희 (2012)	이종승 (2005)	장계영 김봉환 (2011)	최윤경 김성희 (2012)	탁진국 (2009)	Bolton (2013)	Churchill (1979)	Clark Watson (1995)	DeVellis (2003)	Hjemdal dhl (2006)	Kato (2012)	Rotting haus Day Borgen (2006)	Sotomayor (2012)
계획	목적 구체화			○	○		○		○			○				○				
	개념정의		○	○	○		○	○	○	○		○	○	○	○	○		○		○
문항 개발	문헌 연구	○	○	○		○	○	○	○	○	○		○	○	○	○	○	○	○	○
	관련척도고찰	○	○	○				○	○				○	○		○				○
	개방형질문지	○	○	○		○			○	○	○			○		○				○
	면접 조사	○	○						○	○				○		○				○
	예비문항작성	○		○	○	○	○	○	○	○	○	○	○	○	○	○			○	○
	문항양식결정				○		○		○			○	○		○	○		○		
	내용타당도검토		○			○		○	○	○	○				○	○	○			
예비조사	예비조사				○	○		○	○	○	○	○	○	○	○	○	○		○	○
문항 분석	탐색적요인분석	○	○	○		○		○	○	○	○		○				○			○
	문항적절성확인	○													○	○				
	문항수정		○	○	○	○	○	○	○	○	○	○	○	○		○	○		○	
본조사	본조사 실시			○		○	○	○	○	○		○	○	○		○	○		○	
척도 분석	확인적요인분석	○	○	○		○		○		○	○						○		○	○
	신뢰도평가	○	○	○	○	○	○	○	○	○	○	○	○	○		○	○		○	○
	타당도평가	○	○	○	○	○	○	○	○	○	○	○	○	○	○	○	○		○	○
	규준화				○		○		○			○		○						
	길이최적화												○			○				
규준	발행요강				○				○			○								

주. ○는 연구자별 제시
출처: 김미경(2013). 전문대학생 진로탄력성 척도 개발. 박사학위논문, 경북대학교 p. 189 인용

본서에서는 앞에서 제시한 척도 개발 절차를 종합하여 다음의 〈표 2〉와 같이 6단계로 제시하고자 한다. 1단계는 문헌분석을 통한 선행 척도 분석과 심층면접를 통한 예비조사 문항 개발, 2단계는 전문가 등에 의한 내용타당성 검토, 3단계는 예비조사 실시, 4단계는 타당도 및 신뢰도 분석, 5단계는 최종 척도(안) 개발 및 본조사 실시, 6단계는 최종 척도 개발을 위한 타당도 및 신뢰도 분석 등이다.

〈표 2〉 척도 개발의 일반적 절차

단계		특징
1단계	자료 수집 및 기존 척도 분석 연구 대상에 대한 심층면접 예비조사 문항 개발	변수 개념, 요인과 문항 분석 및 수정보완 척도 별도 구성
2단계	1차 내용타당성 검토	전문가: 척도 내용에 대한 타당성 검토 대상자: 중복되거나 이해하기 어렵거나 매끄럽지 못한 내용 검토
3단계	예비조사 실시	24-36명 내외로 척도 적용대상자에게 실시
4단계	타당도 및 신뢰도 검토	탐색적 요인분석, Cronbach's α 실시 문항 반응이 20% 미만이나 80% 이상인 경우 삭제 요인들은 3개 이상 0.4 이상 적재치를 보인 것들로 구성
5단계	최종 척도(안) 개발과 본조사 실시	연구대상 300명 이상 실시
6단계	최종 척도 개발을 위한 타당도 및 신뢰도 분석	탐색적, 확인적 요인분석 구인, 수렴, 변별, 예언 타당도 검사-재검사 신뢰도 검증

제13장

AMOS를 활용한 구조방정식 논문

1. 구조방정식

가. 구조방정식 모델

구조방정식 모델은 변수들 간의 인과관계 및 상관관계를 검증하는 데 활용되는 통계기법으로 현재 사용 영역이 계속 확장되고 있다. 이는 확인적 요인분석과 경로분석이 결합된 형태로, 확인적 요인분석은 측정모델에 해당되고, 경로분석은 구조모델에 해당된다(우종필, 2012). 즉, 구조방정식 모델이란 특정 현상을 파악하기 위해 구조모형 이론의 분석방법을 이용하여 상호 변수들 간의 인과관계와 그 유의성을 검증하는 모델을 말한다(허준, 2013).

나. 구조방정식 모델 활용 이유

많은 연구자들은 인과관계를 분석하기 위해 회귀분석, 상관분석, 요인분석 등 다양한 통계분석을 실시하고 있다. 하지만 이러한 통계분석 방법은 단편적인 인과관계 혹은 상관관계만 보여주는 1차원적인 통계분석방법들이다. 반면에 구조방정식 모델은 다수의 종속변수와 독립변수들 간의 인과 및 상관관계를 동시에 볼 수 있다는 장점을 가지고 있다. 또한 상관분석, 회귀분석, 요인분석 등은 독립변수의 측정오차를 무시하며, 잠재변수를 사용하지 않고 있다. 반면에 구조방정식 모델은 측정오차를 포함함으로써 보다 정확한 분석이 가능하며, 직접효과와 간접효과, 총 효과 분석을 통해 더 정확한 인관관계 파악이 가능하다. 뿐만 아니라 잠재변수 설정을 통해 측정하지 않은 개념적인 변수를 생성함으로써 이들 간의 관계 측정이 가능하며, 동시에 여러 분석이 가능하여 연구 결과를 다각도로 살펴보게 됨으로써 1개의 모형으로 여러 연구 결과 도출이 가능하다.

다. 구조방정식 모델을 활용한 논문 예시

1) 매개효과 검증 예시 자료(김정문, 2010)

주 제	불안정 애착이 심리적 안녕감에 미치는 영향: 자동적 사고, 정서 인식, 정서표현 양가성, 스트레스 대처방식의 매개효과를 중심으로
연구 가설(예)	불안정 애착이 심리적 안녕감에 미치는 영향을 자동적 사고가 매개하는가?
연구 모형	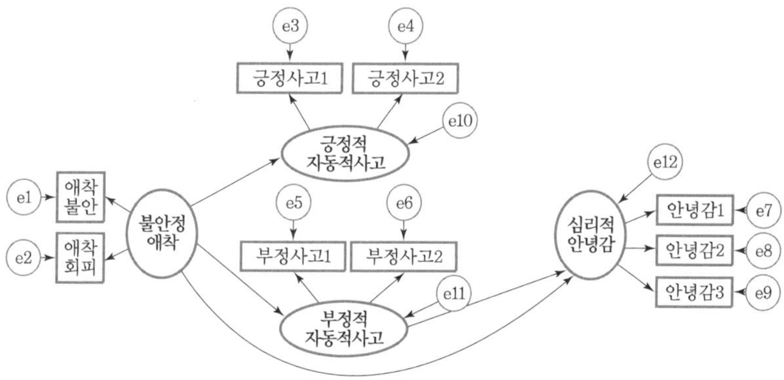
연구 모형 설정	독립변인과 종속변인의 관계에서 자동적 사고(긍정, 부정)의 매개효과를 검증하기 위하여 구조방정식 모델을 활용하여 분석 실시함

2) 조절효과 검증 예시 자료(박세준, 2016)

주 제	컨벤션 개최국의 위험지각, 이미지, 방문의도간의 구조적 관계분석: 방문경험의 조절 효과를 중심으로
연구 가설(예)	위험지각이 컨벤션 개최지 이미지에 미치는 영향은 개최지 방문 경험 유무에 따라 유의한 차이가 있다.
연구 모형	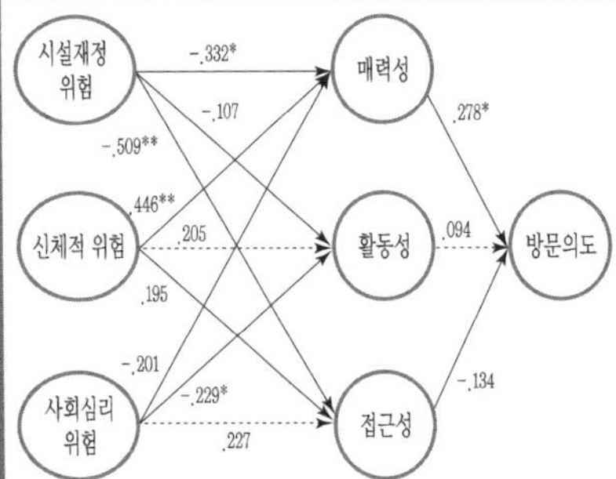 [그림 1] 방문자집단 경로모형 분석결과 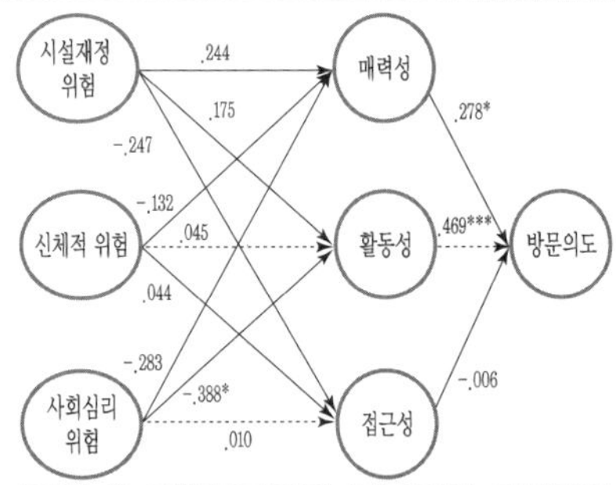 [그림 2] 비방문자집단 경로모형 분석결과
연구 모형 설정	독립변인과 종속변인의 관계에서 방문 경험의 조절 효과를 확인하기 위하여 방문자 집단과 비방문자 집단으로 구분지어 다중집단 구조방정식 모델을 활용하여 그 차이를 확인함.

라. 구조방정식 분석단계

단계		내용	방법
1	데이터 검사	결측치 해결	AMOS 및 SPSS를 통해 해결 가능
		연구모델 구체화	항목합산: 단일항목(평균, 총점 등)으로 합산, 탐색적 요인분석 결과 토대로 합산
2	확인적 요인분석	타당성 검증	집중타당성: 구성개념의 일관성 확인
			판별타당성: 잠재변수 간 차이가 확인
			법칙타당성: 구성개념 간 방향 확인
		모델 적합도 검증	절대적합지수, 증분적합지수, 간명적합지수
3	모델 수정	수정지수 활용	MI값 이용하되, 올바른 공분산 설정 중요
		최종 모델 결정	동치모델, 대안모델, 경쟁모델, 둥지모델 비교

단계		내용	방법
4	매개효과 분석	매개변수	독립변수와 종속변수 사이에 존재 함
		효과 분해	직접효과와 간접효과, 총효과로 분해
		부트스트래핑	간접효과의 통계적 유의성 검증
		부분 매개효과	직접효과와 간접효과 모두 유의할 경우
		완전 매개효과	직접효과는 없지만 간접효과만 유의할 경우
	조절효과 분석	조절변수	독립변수와 종속변수의 관계에 영향 줌
		다중집단 분석	둘 이상의 집단을 분석하여 유의성 검증
		매트릭 조절변수	조절변수로 연송형 변수를 사용하는 경우
			독립변수, 조절변수, 독립변수와 조절변수의 상호작용 변수로 구분지어 분석 실시함.
		비매트릭 조절변수	조절변수로 범주형 변수를 사용하는 경우
			집단별로 분석을 실시하게 됨

2. 확인적 요인분석

확인적 요인분석은 모든 잠재변수간 관계가 공분산(상관)으로 설정되며, 내생변수가 없기 때문에 구조관계로 설정되어 있다. 반면 구조방정식모델은 잠재변수가 관계가 공분산 및 인과관계로 설정되어 있으며, 내생변수에 구조오차가 존재한다.

확인적 요인분석은 선행연구의 이론적 배경이나 논리적 근거를 중요시하기 때문에 이론 검증 과정에 가깝다. 이러한 특성으로 확인적 요인분석은 집중타당성이나 판별타당성과 같은 측정도구의 타당성 검증에 이용되며, 모델의 평가가 χ^2 또는 다른 모델의 적합도(GFI, AGFI, CFI, RMR) 등에 의해 이루어진다.

구성개념의 타당성에 대한 개념은 다음의 표와 같다.

타당성의 분류	의미	검증방법
집중타당성	잠재변수를 측정하는 관측변수들의 일치성	요인부하량이 높을수록 좋음
판별타당성	서로 독립된 잠재변수 간의 차이	잠재변수 간 상관이 낮을수록 판별 타당성 있음
법칙타당성	이론적 배경을 바탕으로 하나의 구성개념이 다른 구성개념을 예측하는 정도	잠재변수 간 상관의 방향성과 유의성으로 확인

다음은 예시자료에 대한 해석이다.

① 집중타당성

측정항목들이 구성개념을 일관성 있게 잘 측정하였다면 항목들 간의 높은 상관을 나타나게 된다. 본 예시자료의 경우 요인부하량이 모두 좋은 값(λ>.5)를 보이고 있다. 즉, 집중타당성은 높다고 할 수 있다.

② 판별타당성

판별타당성은 잠재변수 간의 차이를 나타내는 정도이다. 잠재변수간 낮은 상관을 보인다면 판별타당성이 있는 것이지만, 예시자료의 경우 .79로 높은 상관을 보이기 때문에 판별타당성은 낮다고 할 수 있다.

③ 법칙타당성

이론적 배경을 바탕으로 하나의 구성개념이 다른 구성개념을 어느 정도 예측하는지를 나타내는 것으로, 두 구성개념 간의 관계를 정(+)의 방향을 예측했다면 모든 잠재변수 간의 관계가 유의한 정(+)의 관계를 나타내므로, 본 예시자료는 법칙 타당성은 높다고 할 수 있다.

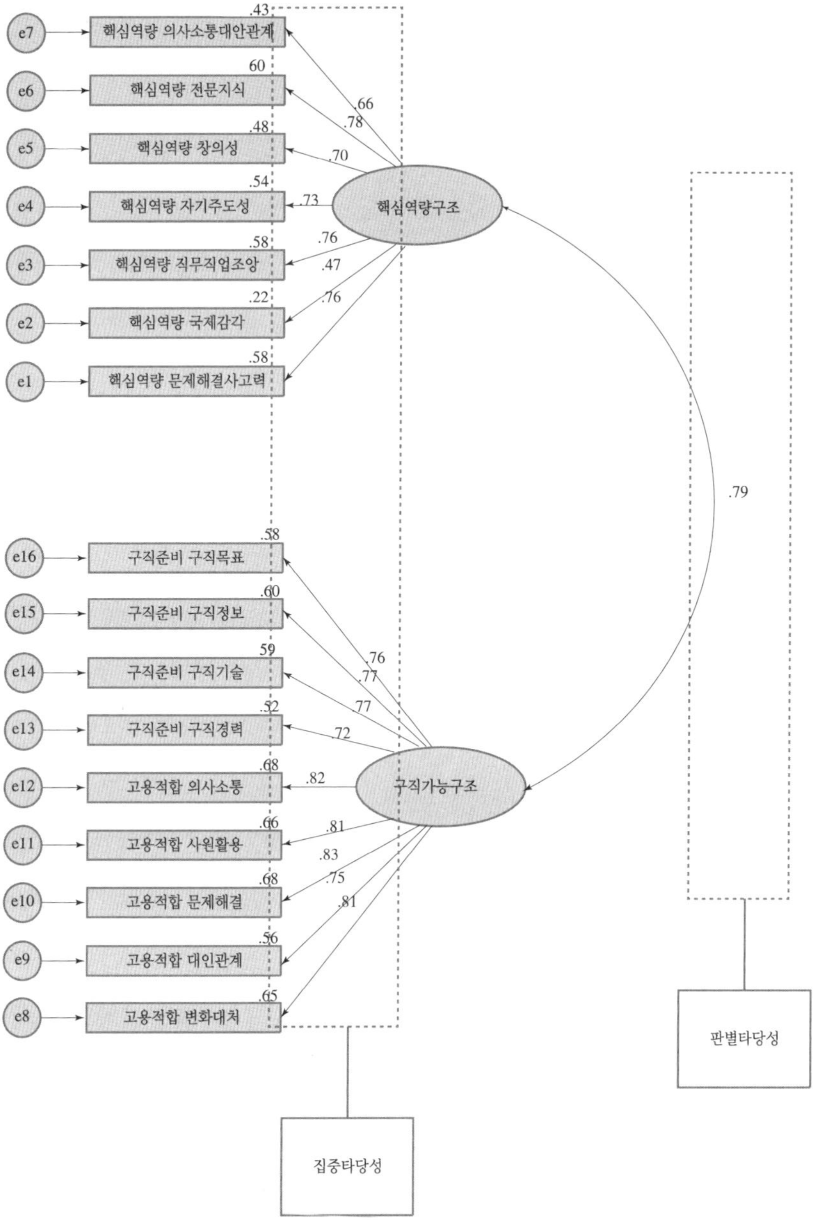

[그림 1] 구성개념의 타당성 판별 예시

하지만 확인적 요인분석의 타당성 검증은 위의 수치를 확인하는 작업이외에 따로 계산을 해야 하는 부분이 있으며, 현실적으로 어려운 경우를 제외하고 연구모델에 사용된 모든 변수를 한번에 분석하는 것이 바람직하다. 이로 인해 본 예시자료의 모든 변수를 한 번에 분석하고, 수치를 활용하여 계산을 통한 확인적 요인분석은 다음의 그림과 같다. 단, 구직가능성의 하위 요인 중 고용적합관련 변수들은 핵심역량과 겹치는 부분이 많아서 제외한 후 분석을 실시하였다. 변수들은 핵심역량, 교육만족도, 고용가능성이다.

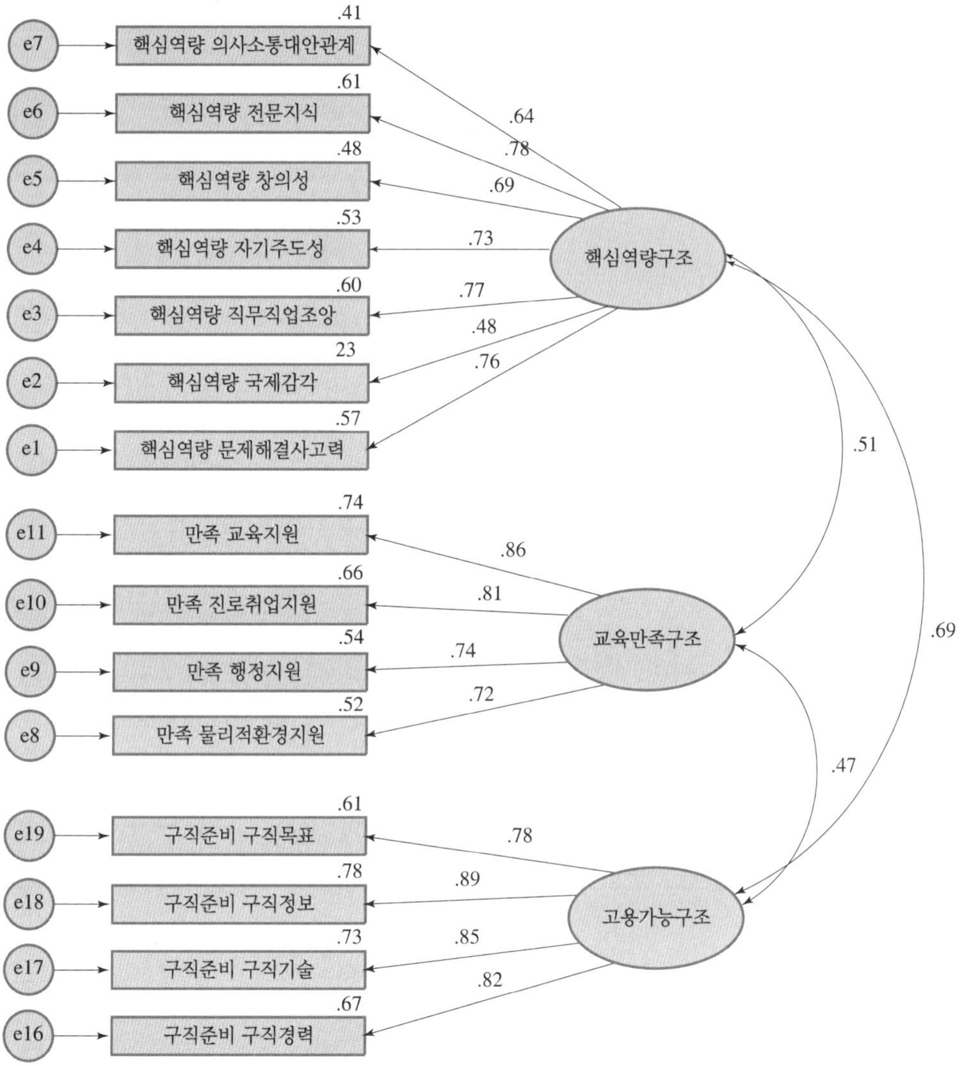

[그림 2] 연구모델의 확인적 요인분석

가. 집중타당성 검증

집중타당성은 아래의 세 가지 방법이 사용된다.

집중타당성 검증 방법	
요인부하량과 유의성	요인부하량: Estimate .5~.95(.7 이상이면 바람직) 유의성: C.R.=1.965 이상
AVE(평균분산추출)	.5 이상
개념신뢰도	.7 이상

1) 요인부하량과 유의성

Regression Weights: (Group number 1 - Default model)

			Estimate	S.E.	C.R.	P	Label
핵심역량_문제해결사고력	<---	핵심역량구조	1.000				
핵심역량_국제감각	<---	핵심역량구조	.842	.067	12.660	***	
핵심역량_직무직업소양	<---	핵심역량구조	1.005	.048	20.818	***	
핵심역량_자기주도성	<---	핵심역량구조	.968	.050	19.523	***	
핵심역량_창의성	<---	핵심역량구조	1.067	.057	18.571	***	
핵심역량_전문지식	<---	핵심역량구조	1.047	.050	21.084	***	
핵심역량_의사소통대인관계	<---	핵심역량구조	.698	.041	17.088	***	
만족_물리적환경지원	<---	교육만족구조	1.000				
만족_행정지원	<---	교육만족구조	1.097	.059	18.705	***	
만족_진로취업지원	<---	교육만족구조	1.109	.054	20.466	***	
만족_교육지원	<---	교육만족구조	1.067	.050	21.333	***	
구직준비_구직경력	<---	고용가능구조	1.000				
구직준비_구직기술	<---	고용가능구조	1.091	.041	26.771	***	
구직준비_구직정보	<---	고용가능구조	1.052	.037	28.146	***	
구직준비_구직목표	<---	고용가능구조	.887	.037	23.842	***	

1.965 이상

Standardized Regression Weights: (Group number 1 - Default model)

			Estimate
핵심역량_문제해결사고력	<---	핵심역량구조	.756
핵심역량_국제감각	<---	핵심역량구조	.485
핵심역량_직무직업소양	<---	핵심역량구조	.772
핵심역량_자기주도성	<---	핵심역량구조	.727
핵심역량_창의성	<---	핵심역량구조	.695
핵심역량_전문지식	<---	핵심역량구조	.781
핵심역량_의사소통대인관계	<---	핵심역량구조	.643
만족_물리적환경지원	<---	교육만족구조	.724
만족_행정지원	<---	교육만족구조	.738
만족_진로취업지원	<---	교육만족구조	.812
만족_교육지원	<---	교육만족구조	.858
구직준비_구직경력	<---	고용가능구조	.817
구직준비_구직기술	<---	고용가능구조	.852
구직준비_구직정보	<---	고용가능구조	.885
구직준비_구직목표	<---	고용가능구조	.784

.5 이상

결과표의 Standardized Regression Weights에서 Estimate는 표준화된 요인부하량을 알려주며, 본 예시자료의 모든 경로의 요인부하량은 .5 이상으로 좋은 값을 보이고 있다. 그리고 C.R.값은 12.00 이상으로 유의(C.R.>1.965)하게 나타나고 있다. 즉, 요인부하량 값과 C.R.값 모두 유의하게 때문에 집중타당성이 있는 것으로 분석되었다.

2) AVE

AVE값은 직접 제공하지 않지만, 값을 구하는 데 필요한 수치들이 모두 제공된다. 표준화된 요인 부하량과 오차분산의 값을 확인하여 AVE값을 다음과 같이 구할 수 있다.

Standardized Regression Weights: (Group number 1 - Default model)

			Estimate
핵심역량_문제해결사고력	<---	핵심역량구조	.756
핵심역량_국제감각	<---	핵심역량구조	.485
핵심역량_직무직업소양	<---	핵심역량구조	.772
핵심역량_자기주도성	<---	핵심역량구조	.727
핵심역량_창의성	<---	핵심역량구조	.695
핵심역량_전문지식	<---	핵심역량구조	.781
핵심역량_의사소통대인관계	<---	핵심역량구조	.643
만족_물리적환경지원	<---	교육만족구조	.724
만족_행정지원	<---	교육만족구조	.738
만족_진로취업지원	<---	교육만족구조	.812
만족_교육지원	<---	교육만족구조	.858
구직준비_구직경력	<---	고용가능구조	.817
구직준비_구직기술	<---	고용가능구조	.852
구직준비_구직정보	<---	고용가능구조	.885
구직준비_구직목표	<---	고용가능구조	.784

Variances: (Group number 1 - Default model)

	Estimate	S.E.	C.R.	P	Label
핵심역량구조	.221	.019	11.550	***	
교육만족구조	.222	.021	10.781	***	
고용가능구조	.271	.021	13.092	***	
e1	.166	.010	16.035	***	
e2	.512	.028	18.415	***	
e3	.152	.010	15.705	***	
e4	.185	.011	16.521	***	
e5	.271	.016	16.967	***	
e6	.155	.010	15.494	***	
e7	.153	.009	17.495	***	
e8	.201	.012	16.145	***	
e9	.223	.014	15.890	***	
e10	.141	.010	13.736	***	
e11	.091	.008	11.493	***	
e16	.135	.009	15.390	***	
e17	.122	.009	14.129	***	
e18	.083	.007	12.327	***	
e19	.134	.008	16.187	***	

AVE=(요인부하량의 제곱 합)/(요인부하량의 제곱 합)+(오차분산의 합) = .762
(실제 계산 방법 및 결과)

$$AVE=\frac{[(.756)^2+(.485)^2+(.772)^2+(.727)^2+(.695)^2+(.781)^2+(.643)^2+(.724)^2+(.738)^2+(.812)^2+(.858)^2+(.817)^2+(.852)^2+(.885)^2+(.784)^2]}{[(.756)^2+(.485)^2+(.772)^2+(.727)^2+(.695)^2+(.781)^2+(.643)^2+(.724)^2+(.738)^2+(.812)^2+(.858)^2+(.817)^2+(.852)^2+(.885)^2+(.784)^2]+(.166+.512+.152+.185+.271+.155+.153+.201+.223+.141+.091+.135+.122+.083+.134)}=.762$$

AVE값 계산 결과 .762로 .5이상의 수치를 보여서 집중타당도는 있는 것으로 나타났다.

3) 개념신뢰도

개념신뢰도 역시 AVE값과 동일하게 직접 제공하지 않지만, 값을 구하는 데 필요한 수치들이 모두 제공된다. 표준화된 요인부하량과 오차분산의 값을 확인하여 다음과 같이 구할 수 있다.

개념신뢰도=(요인부하량 전체 합의 제곱)/(요인부하량 전체 합의 제곱)+(오차분산의 합)
(실제 계산 방법 및 결과)

$$AVE=\frac{(.756+.485+.772+.727+.695+.781+.643+.724+.738+.812+.858+.817+.852+.885+.784)^2}{(.756+.485+.772+.727+.695+.781+.643+.724+.738+.812+.858+.817+.852+.885+.784)^2+(.166+.512+.152+.185+.271+.155+.153+.201+.223+.141+.091+.135+.122+.083+.134)}=.979$$

개념신뢰도 계산 결과 .979로 .7 이상의 수치를 보여서 개념신뢰도는 있는 것으로 나타났다.

나. 판별타당성 검증

판별타당성 검증방법	
AVE〉φ^2	구성개념 간 각각의 AVE값과 구성개념 간 상관계수 제곱 값을 비교하여 AVE값이 상관계수의 제곱 값보다 클 경우 판별타당성이 있음.
φ±2×S.E.가 1을 포함하는지 여부	구성개념 간 상관계수에 ±2 곱하기 표준오차를 계산한 결과값이 1을 포함하지 않으면 판별타당성이 있음.
비제약모델과 제약모델 간의 △χ^2	구성개념 간 자유로운 상관을 갖는 비제약모델과 구성개념 간 공분산을 1로 고정시킨 제약모델 간의 χ^2 차이 분석을 실시한 후, 두 모델 간 χ^2에 통계적으로 유의한 차이가 있는지 없는지를 비교하여 △χ^2 값이 통계적으로 유의한 값이면 판별타당성이 있음.

1) AVE 〉 φ^2

369쪽의 수치를 이용하여 산출한 상관관계와 AVE값을 정리하면 아래의 표와 같다.

			Estimate
핵심역량_문제해결사고력	<---	핵심역량구조	.756
핵심역량_국제감각	<---	핵심역량구조	.485
핵심역량_직무직업소양	<---	핵심역량구조	.772
핵심역량_자기주도성	<---	핵심역량구조	.727
핵심역량_창의성	<---	핵심역량구조	.695
핵심역량_전문지식	<---	핵심역량구조	.781
핵심역량_의사소통대인관계	<---	핵심역량구조	.643
만족_물리적환경지원	<---	교육만족구조	.724
만족_행정지원	<---	교육만족구조	.738
만족_진로취업지원	<---	교육만족구조	.812
만족_교육지원	<---	교육만족구조	.858
구직준비_구직경력	<---	고용가능구조	.817
구직준비_구직기술	<---	고용가능구조	.852
구직준비_구직정보	<---	고용가능구조	.885
구직준비_구직목표	<---	고용가능구조	.784

Variances: (Group number 1 - Default model)

	Estimate	S.E.	C.R.	P	Label
핵심역량구조	.221	.019	11.550	***	
교육만족구조	.222	.021	10.781	***	
고용가능구조	.271	.021	13.092	***	
e1	.166	.010	16.035	***	
e2	.512	.028	18.415	***	
e3	.152	.010	15.705	***	
e4	.185	.011	16.521	***	
e5	.271	.016	16.967	***	
e6	.155	.010	15.494	***	
e7	.153	.009	17.495	***	
e8	.201	.012	16.145	***	
e9	.223	.014	15.890	***	
e10	.141	.010	13.736	***	
e11	.091	.008	11.493	***	
e16	.135	.009	15.390	***	
e17	.122	.009	14.129	***	
e18	.083	.007	12.327	***	
e19	.134	.008	16.187	***	

	핵심역량	교육만족	구직가능	AVE
핵심역량	1			.683
교육만족	.51	1		.789
고용가능	.69	.47	1	.855

여러 개의 상관관계 값들 중에서 상관이 높을수록 판별타당성이 떨어질 가능성이 높기 때문에 가장 높은 값을 선택하여 분석을 실시한다.

$$AVE > \varphi^2$$

핵심역량 AVE = .683 > (핵심역량-고용가능)2 = .48

고용가능성 AVE = .855 > (핵심역량-고용가능)2 = .48

분석 결과 두 AVE값이 상관계수의 제곱보다 모두 크기 때문에 판별타당성이 있는 것으로 나타났다.

2) $\varphi \pm 2 \times$S.E.가 1을 포함하는지 여부

Covariances: (Group number 1 - Default model)

	Estimate	S.E.	C.R.	P	Label
핵심역량구조 <--> 교육만족구조	.112	.012	9.740	***	
고용가능구조 <--> 핵심역량구조	.170	.014	12.346	***	
고용가능구조 <--> 교육만족구조	.114	.012	9.445	***	

위의 결과를 통해 핵심역량과 고용가능 간의 표준오차는 .014임을 알 수 있으며, 앞의 상관관계 표를 통해 두 개념 간 상관관계 계수는 .69임을 알 수 있다.

$$\varphi \pm 2 \times S.E.$$

[.69 ± 2 × .014 = .718 ~ .662] ⇒ 1을 포함하지 않음

분석 결과 1을 포함하지 않아서 판별타당성이 있는 것으로 나타났다.

3. 데이터 수집 및 검사

가. AMOS에서 결측치 해결법

1) 완전정보최대우도법

Analysis Properties - Estimation에서 Estimate means and intercepts를 체크하면 결측치값 '0'을 자동으로 생성해준다.

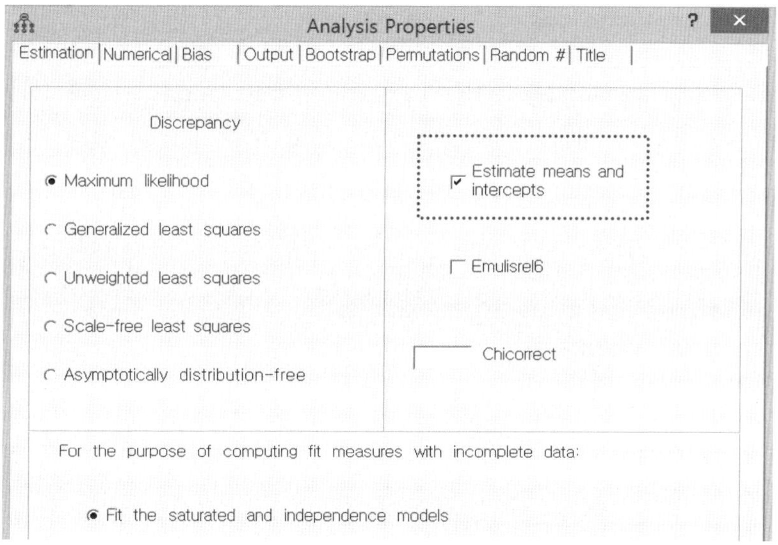

하지만 완전정보최대우도법의 경우에는 모델적합도(GFI, AGFI, RMR 등)가 제시되지 않는다.

2) Regression imputation, Stochastic regression imputation, Bayesian imputation

회귀대체, 스코테스틱 회귀대체, 베이지안 대체법 등을 통해 결측치를 해결하는 방법이다.

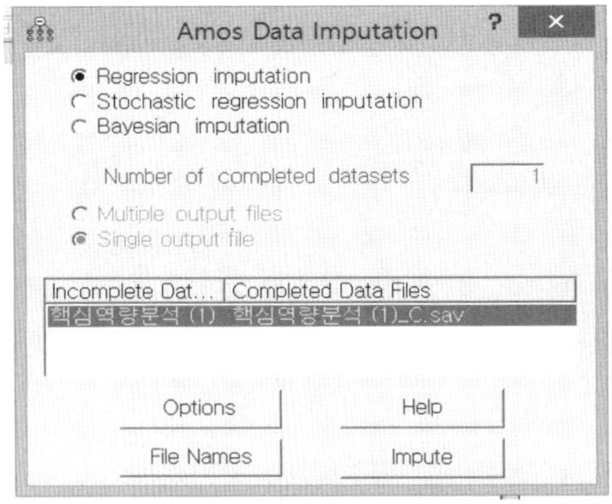

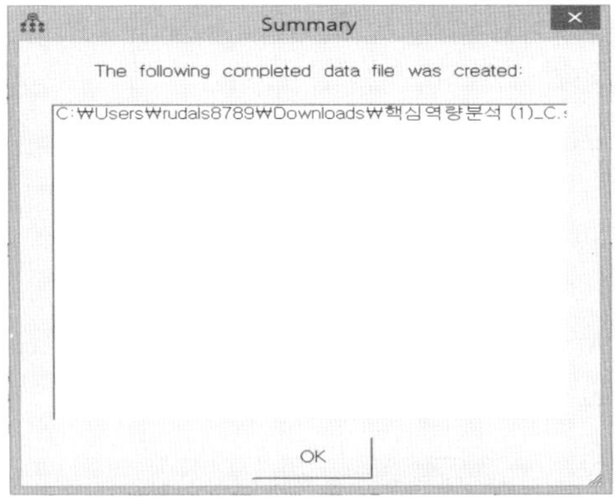

analyze - data imputation을 선택 ⇒ regression imputation 선택 후 impute 클릭

OK클릭하면 SPSS 파일명과 동일하되, 저장되어 있는 폴더에 뒤에 _c라고 적힌 파일이 SPSS 파일이 새로 생성됨을 알 수 있다.

* 에러메세지가 뜰 경우에는 Analysis Properties - Estimation에서 Estimate means and intercepts를 체크

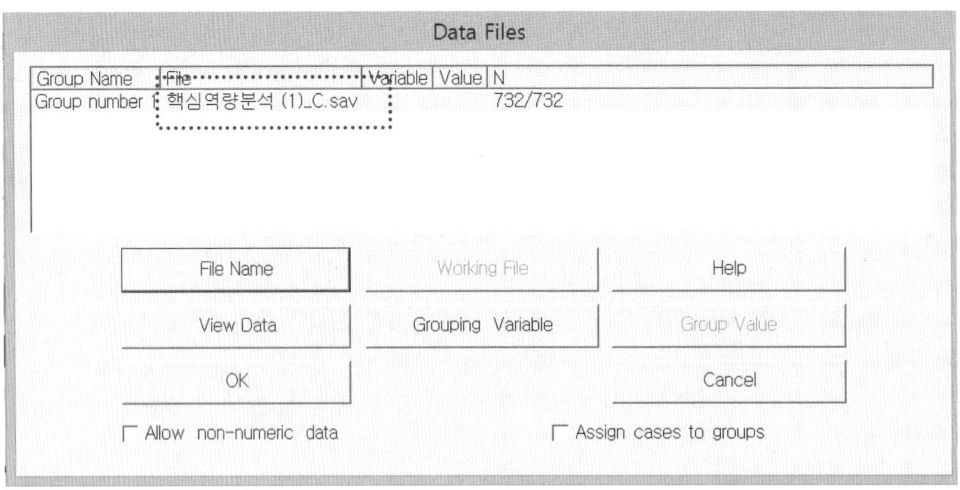

_c라고 적힌 파일을 활용하여 새롭게 분석을 실시하면 된다. 이 경우 분석을 실시하게 되면 잠재변수에 있는 모델과 새롭게 생성된 변수의 이름이 같기 때문에, 에러 메시지가 생성이 된다. 이때는 잠재변수들의 이름을 바꿔주면 문제를 해결할 수 있다.

4. 연구모델의 구체화

가. 구성개념의 항목 합산

1) 적절한 관측변수의 수

원칙적으로 한 모델 내에서 관측변수의 수에 대한 제한은 없지만, 5~6개 정도의 잠재변수가 존재하는 모델일 경우 1개의 잠재변수에 3~4개의 관측변수를 갖는 것으로 가정하여 15~24개, 즉 20개 정도의 관측변수가 적당하다고 한다. 하지만 많은 수의 항목이 측정되어 있는 경우에는 항목 합산을 통해 문제를 해결한다.

2) 항목 합산 방법

① 전 항목을 단일항목으로 합산

가장 극단적인 방법으로 신뢰도와 집중타당성을 검증한 후 모든 항목을 평균이나 총점으로 합산하여 단일변수로 만드는 경우이다.

② 이론적 근거를 바탕으로 한 합산

연구자가 제시하는 하위요인들을 기준으로 신뢰성과 타당성을 검증한 후 합산하는 경우이다. 구성개념이 가진 정보를 최대한 살리면서 항목을 줄이기 때문에 가장 보편적으로 사용하는 방법이다.

③ 탐색적 요인분석을 통한 합산

어떠한 하위요인을 제시하지 않을 경우에는 탐색적 요인분석을 통해 요인을 추출한 후, 추출된 요인에 따라 신뢰성과 타당성을 검증한 후 합산하는 경우이다.

3) 모델의 적합도

모델적합도는 연구모델을 채택하느냐 기각하느냐를 결정하는 기준이 되므로 매우 중요한 단계라고 할 수 있다. 모델적합도는 크게 절대적합지수, 증분적합지수, 간명적합지수로 분류되며, 아래의 표와 같다(홍세희, 2000).

〈표 1〉 주요 모델적합도 지수와 판단기준

적합도 종류		판단기준
절대적합지수	χ^2	p-값이 .05 이상이면 양호
	RMR	.05 이하면 양호
	GFI	.9 이상이면 양호
	AGFI	.9 이상이면 양호
	RMSEA	.1 이하: 보통 .08 이하: 양호 .05 이하: 좋음
증분적합지수	NFI	.9 이상이면 양호
	TLI	.9 이상이면 양호
	CFI	.9 이상이면 양호
간명적합지수	PGFI	낮을수록 양호
	PNFI	낮을수록 양호
	AIC	낮을수록 양호

① χ^2 (CMIN)

가장 대표적인 절대적합지수로, AMOS에서는 CMIN으로 표현된다. 모델적합도 중에서 유일하게 통계적 유의성인 p값을 제공한다. 교차분석의 경우에는 χ^2의 큰 수치를 기대한다. 반대로 구조방정식모델에서는 적은 수치의 χ^2을 기대한다. 적은 수치의 χ^2은 공분산행렬과 모델에서 추정되는 공분산행렬간 차이가 크지 않다는 것을 의미하기 때문이다.

그리고 χ^2 통계량은 자유도와 유의확률을 함께 제공한다. 유의확률값이 .05보다 크다면 두 공분산 행렬간에 차이가 없기 때문에 귀무가설을 기각하지 못하므로 공분산행렬 간에 차이가 없다는 결론을 얻어 모델이 적합하다고 할 수 있다.

하지만, 표본의 크기와 모델의 복잡성에 영향을 많이 받으며, 관측변수들이 다변량 정규분포를 하지 않은 상태에서 일반적으로 사용하는 ML법이나 GLS법의 경우에는 비정상적으로 높은 χ^2값이 나타나게 된다. 최근에는 이러한 단점으로 인해 χ^2통계량을 절대적으로 신뢰하는 것도 적절하지 않다고 보고 있다.

② Normed χ^2 (CMIN/DF)

표본의 크기가 750 이상인 경우나 모델이 굉장히 복잡한 경우를 제외한다면 일반적으로 3 이하면 수용할 만하며, 2 이하면 좋음.

③ SRMR

표본공분산행렬과 모델 추정 공분산 행렬간의 차이를 알려주는 수치로, 0이 되면 좋은 적합도, .05 이하면 좋은 것으로 판단한다. 하지만 이는 측정 척도에 영향을 받는 단점이 있어서 SRMR이 사용되기도 하며, 아래와 같이 Amos에서 제공된다.

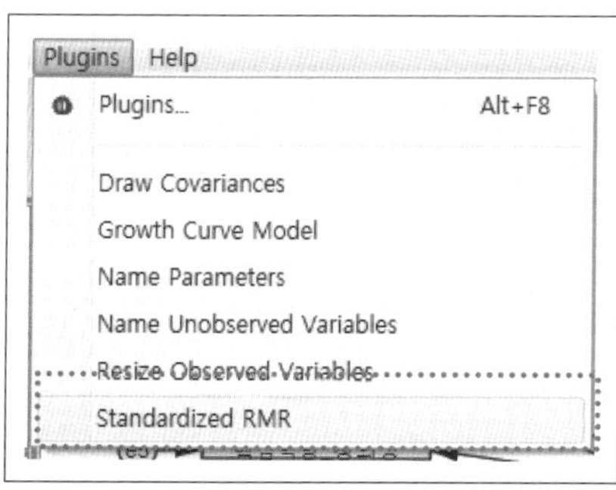

Plugins-Standardized RMR을 클릭

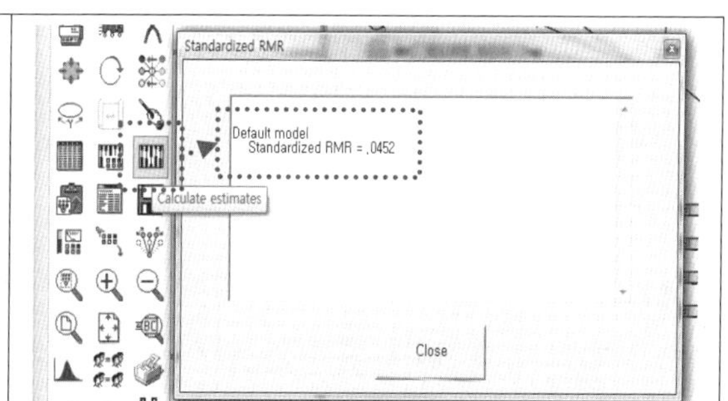

Calculate estimates클릭하면 결과 산출

④ GFI

표본 데이터의 공분산행렬 내에 분산과 공분산이 추정 공분산행렬에 의해 설명되어지는 양을 나타내는 수치로, 0~1 사이의 값을 가지며, 보통 .9 이상이면 양호한 수준이라고 한다.

⑤ AGFI

모델의 자유도에 의해 GFI가 수정된 값으로 모델의 복잡성에 관련된 지수를 산출한다. GFI와 동일하게 0~1사이의 값을 가지며, 보통 .9이상이면 양호한 수준이라고 한다.

⑥ RMSEA

대표본이나 다수의 관측변수로 인해 발생하는 χ^2 통계량의 문제점을 보완하기 위해 개발된 지수로, .05 이상이면 매우 좋으며, .08 이하면 양호, .1 이하면 보통인 것으로 판단한다.

⑦ NFI

영모델의 χ^2과 제안모델의 χ^2 차이를 영모델의 χ^2으로 다시 나눈 수치가 된다. 범위는 0~1 사이이며, .9 이상이면 양호한 것으로 간주한다.

⑧ RFI

'rho1'로 표현되며, 0~1 사이의 값을 가지지만 이 범위를 벗어나는 경우도 더러 있다. 흔히들 .9 이상이면 양호한 것으로 간주한다.

⑨ IFI

'Delta 2'로 표현되며, RFI와 동일하게 0~1 사이의 값을 가지지만 이 범위를 벗어나는 경우도 더러 있다. 흔히들 .9 이상이면 양호한 것으로 간주한다.

⑩ TLI

'rho2'로 표현되며, 0~1 사이의 값을 가지지만 이 범위를 벗어나는 경우도 더러 있다. 흔히들 .9 이상이면 양호한 것으로 간주한다.

⑪ CFI

NFI단점을 보완한 적합도로, 모델의 복잡성에 덜 민감한 장점이 있어 널리 사용된다. 0~1 사이의 값을 가지며, 흔히 .9 이상이면 양호한 것으로 간주한다.

* 국내에서는 모델의 적합도를 제시할 때 기본적으로 χ^2, GFI, AGFI, RMR, CFI, TLI, RMSEA, NFI 등이 많이 사용되고 있다. 경우에 따라서는 SRMR을 보고하는 경우도 있다.

만약, 제안모델과 수정모델 간 차이를 비교하기 위해서는 χ^2 과 함께 PGFI, PNFI, PCFI 등과 같은 간명적합지수를 보고하는 것이 좋으며, 잠재변수나 관측변수의 수가 다른 모델을 비교하기 위해서는 AIC지수를 보고하는 것이 좋다.

* 예시자료의 모델 적합도 결과는 다음과 같다.

(모델 적합도는 분석 후 'F10'을 누르면 결과창이 새로 뜨고, 왼쪽의 다양한 배너 중에서 ⊞ Model Fit 를 클릭하면 오른쪽 창에 아래의 그림과 같이 다양한 적합도 지수를 제공해준다. 다양한 적합도 중에서 많이 사용되는 적합도 지수 확인 가능한 표만 제시한다.)

CMIN

Model	NPAR	CMIN	DF	P	CMIN/DF
Default model	33	827.468	87	.000	9.511
Saturated model	120	.000	0		
Independence model	15	5993.308	105	.000	57.079

RMR, GFI

Model	RMR	GFI	AGFI	PGFI
Default model	.028	.860	.807	.624
Saturated model	.000	1.000		
Independence model	.167	.257	.151	.225

Baseline Comparisons

Model	NFI Delta1	RFI rho1	IFI Delta2	TLI rho2	CFI
Default model	.862	.833	.875	.848	.874
Saturated model	1.000		1.000		1.000
Independence model	.000	.000	.000	.000	.000

RMSEA

Model	RMSEA	LO 90	HI 90	PCLOSE
Default model	.108	.101	.115	.000
Independence model	.277	.271	.283	.000

	χ^2(df)	GFI	AGFI	RMR	CFI	RMSEA	PGFI
모델 값	827.468(87)	.860	.807	0.028	.874	.108	.624
판정여부	부적합	부적합	부적합	적합	부적합	부적합	적합
기 준	>.05	>.9	>.09	<.05	>.9	<.08	

※ 적합도 중에서는 RMR, GFI 관련 적합도 지수 표는 Analysis properties(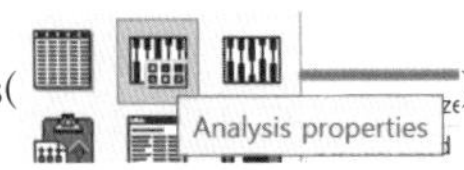

)에서 Estimation창에서 Estimate meens and intercepts (┌ Estimate means and intercepts) 선택을 삭제 해 주면 적합도 표를 제공해준다.

4) 모델 수정

높은 모델 적합도를 위해서는 모델 수정을 통해 모델 적합도를 올려야 한다. 확인적 요인분석에서는 요인 부하량이 낮은 변수를 제거하는 과정을 통해 모델을 수정하고, 구조방정식모델에서는 구성개념(잠재변수) 간 경로를 추가하거나 제거하는 방법을 주로 사용한다. 하지만 경로를 제거하는 방법은 적합도가 좋아지긴 하지만 경로를 추가하는 방법과 비교 시 변화량이 높지 않기 때문에 경로를 추가하는 방법을 주로 사용한다. Amos에서는 수정지수(M.I.)를 이용하여 모델을 수정한다.

① 수정지수

수정지수(M.I.)는 변수 간 존재하지 않는 관계를 상관관계나 인과관계로 설정함으로써 줄어든 χ^2 수치를 제공한다. 아래와 같은 단계를 거치면 M.I.수치를 알 수 있다.

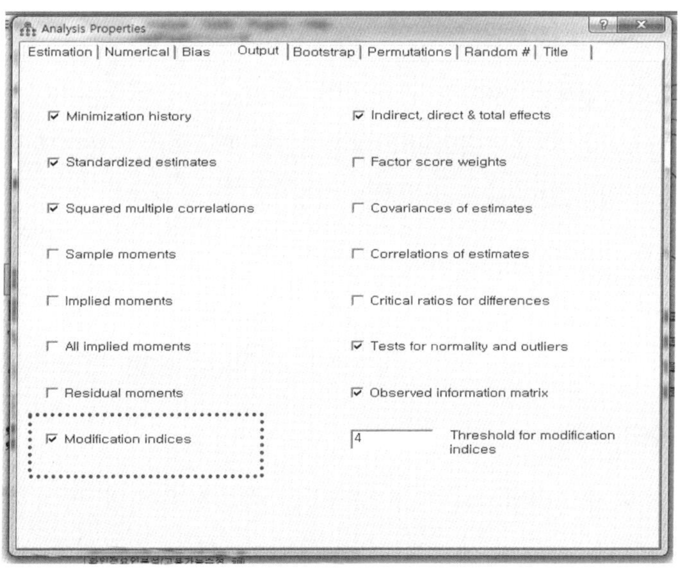

Analysis Properties - Output에서 Modification indices를 선택

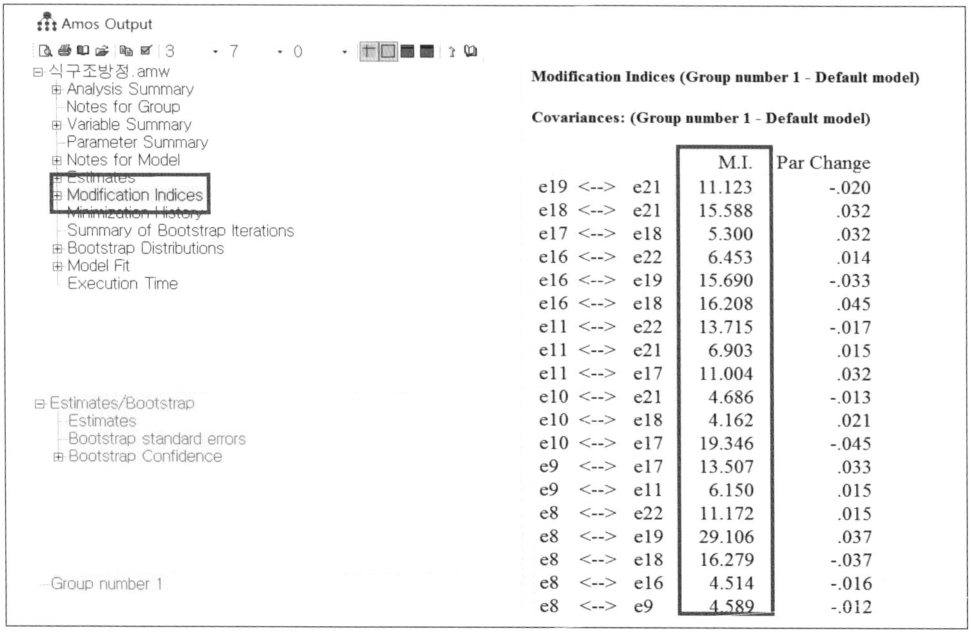

Modification Indices (Group number 1 - Default model)

Covariances: (Group number 1 - Default model)

			M.I.	Par Change
e19	<-->	e21	11.123	-.020
e18	<-->	e21	15.588	.032
e17	<-->	e18	5.300	.032
e16	<-->	e22	6.453	.014
e16	<-->	e19	15.690	-.033
e16	<-->	e18	16.208	.045
e11	<-->	e22	13.715	-.017
e11	<-->	e21	6.903	.015
e11	<-->	e17	11.004	.032
e10	<-->	e21	4.686	-.013
e10	<-->	e18	4.162	.021
e10	<-->	e17	19.346	-.045
e9	<-->	e17	13.507	.033
e9	<-->	e11	6.150	.015
e8	<-->	e22	11.172	.015
e8	<-->	e19	29.106	.037
e8	<-->	e18	16.279	-.037
e8	<-->	e16	4.514	-.016
e8	<-->	e9	4.589	-.012

수정지수(M.I.) 결과 확인

결과표에서 M.I. 수치는 변수 간 관계 설정 시 χ^2값이 줄어드는 양을 보여주며, 모수변환(Par Change)은 추전된 모수변화량을 나타낸다. χ^2은 높을수록 좋은 적합도를 의미하기 때문에 결과표에 제공된 M.I.의 가장 큰 값의 관계를 설정할수록 모델 적합도는 향상된다.

M.I.에서 다수의 설정을 제공할 경우, 제일 큰 순서대로 한 번에 하나씩 관계를 설정한 후 모델을 실행하는 과정을 반복해야 한다.

② 수정 시 주의 사항

M.I.를 기준으로 무조건적으로 이용하는 것은 바르지 않으며, 뜻하지 않게 경로의 유의성마저 변화하는 상황이 생기게 된다. 그래서 M.I.은 사용법을 알고 제대로 사용해야 한다.

잘못된 공분산 설정	올바른 공분산 설정
• 외생잠재변수의 측정오차와 외생잠재변수 • 외생잠재변수의 측정오차와 내생잠재변수 • 외생잠재변수의 측정오차와 내생잠재변수의 측정오차 • 외생잠재변수의 측정오차와 내생잠재변수의 구조오차 • 외생잠재변수와 내생잠재변수의 측정오차 • 외생잠재변수와 내생잠재변수의 구조오차 • 내생잠재변수와 내생잠재변수의 측정오차 • 내생잠재변수와 내생잠재변수의 구조오차	• 외생잠재변수의 측정오차 간 상관 • 내생잠재변수의 측정오차 간 상관 • 내생잠재변수의 구조오차 간 상관

③ 수정지수에 따른 본 연구자료 수정

본 연구 자료에서는 아래 그림처럼 수정지수에 따라 e16과 e17을 공분산으로 설정하였다.

그 결과 적합도 지수 변화도 다음에 함께 제시한다.

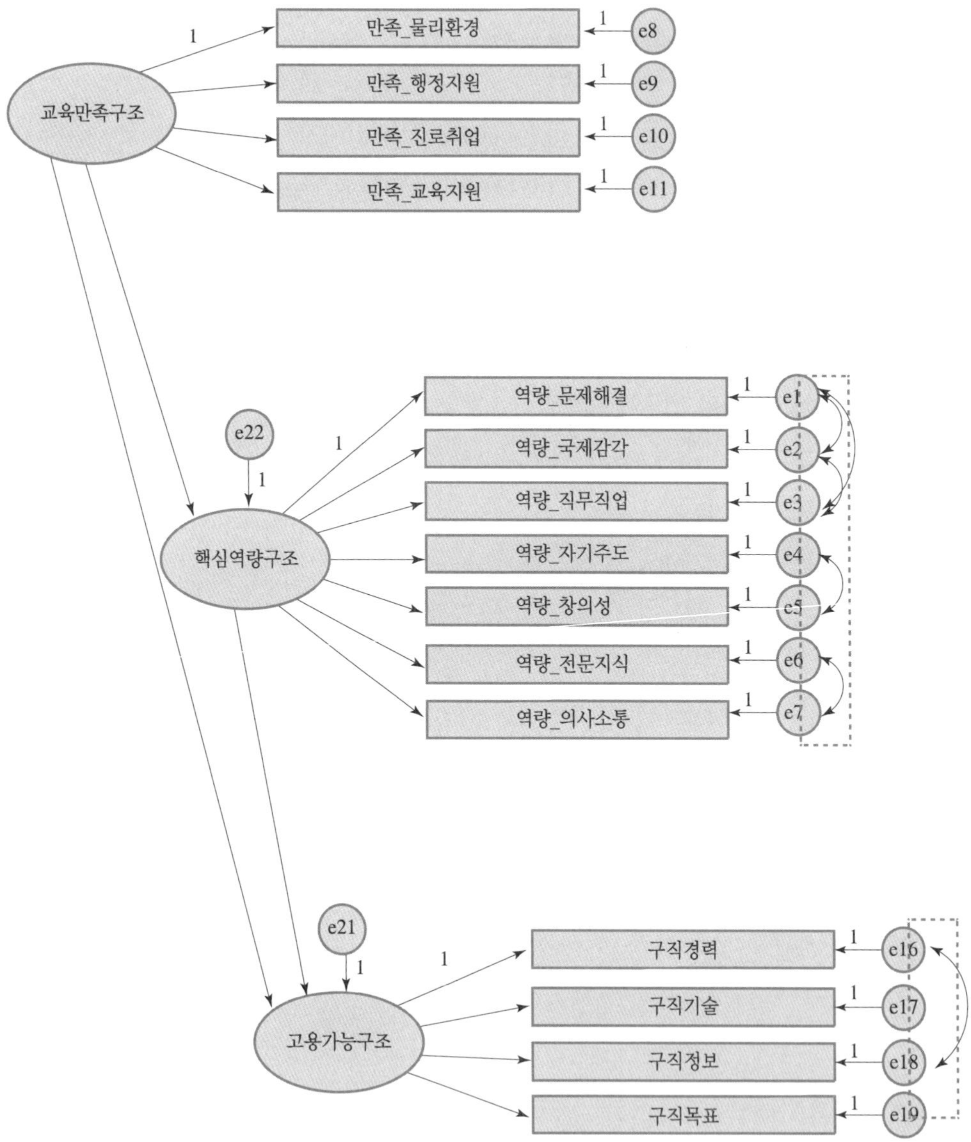

[그림 3] 수정지수 이용한 모델 수정

	χ^2(df)	GFI	AGFI	RMR	CFI	RMSEA	PGFI
수정 전	827.468(87)	.860	.807	0.028	.874	.108	.624
수정 후	401.04(81)	.933	.901	.017	.946	.074	.630
판정여부	부적합	적합	적합	적합	적합	적합	적합
기 준	>.05	>.9	>.09	<.05	>.9	<.08	

※ 수정 전 모델에 비해 공분산을 설정한 수정 후 모델의 적합도가 모두 적합한 쪽으로 수정되어 수정 후 모델을 제안모델로 선정하게 되었다.

5) 최종 모델 결정

모델적합도가 높을수록 좋은 모델임에는 틀림없지만, 연구모델을 무조건적으로 좋은 모델적합도의 기준에만 맞춰 구성하는 것은 바람직하지 않다.

수정지수에 의한 모델 수정 이후 최종 모델을 선정하기 전에 모델과 관련된 동치모델, 대안모델, 경쟁모델, 둥지모델을 비교하는 경우가 있다.

모델	설명
동치모델	동일한 공분산행렬을 가지는 모델로서, 동일한 적합도와 자유도를 가지지만 한 개 이상의 경로가 다른 형태의 모델을 의미한다. 즉, 적합도만으로는 모델을 서로 구별할 수 없다.
대안모델 & 경쟁모델	경쟁모델이라고도 불리며, 기존의 선행연구나 이론을 바탕으로 처음 고안한 제안모델과 서로 비교하기 위해 만들어진 모델을 의미한다. 제안 모델과 대안 모델을 비교하는 방법은 χ^2변화량과 자유도 변화량을 비교하여, 자유도 변화 값에 따라 χ^2변화 값이 통계적으로 유의미하게 변화 하였는지, 변화하지 않았는지를 판단하면 된다. 이렇게 모델을 서로 비교하는 전략을 경쟁모델전략이라고 부른다.
둥지모델	동일한 구성개념(잠재변수)를 가지며, 설정된 변수 간 관계의 유형 및 수가 다른 모델로서 일반적으로 수정 전 모델과 수정 후 모델이 자유도 1개의 차이를 갖는 유사한 모델을 의미한다. 즉, 모델에서 경로를 하나 추가하거나 제거하는 경우로서, 경로를 같게 고정해주거나 임의로 지정해주는 경우를 의미한다.

본 예시자료의 동치모델, 대안모델, 경쟁모델을 제시하면 다음의 각각의 그림과 같다.

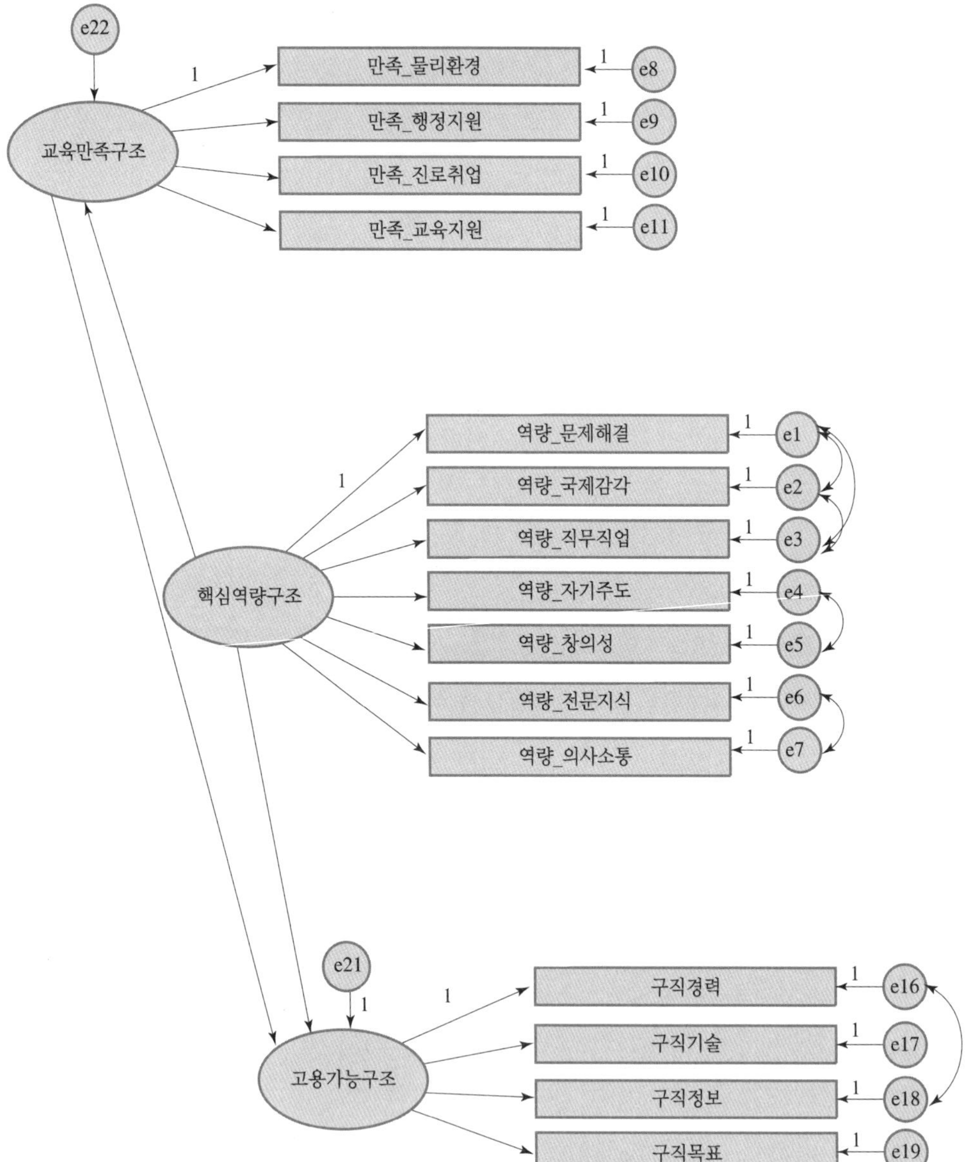

[그림 4] 제안모델의 동치모델

위의 그림은 예시 자료의 제안 모델과 동치모델이라고 할 수 있다. 제안 모델의 경우와 달리 동치모델은 "핵심역량⇒교육만족"으로 경로를 수정해주었다. 즉, 경로 구성은 다르지만 자유도와 모델 적합도는 동일한 모델이다. 제안모델과 동치모델의 적합도를 비교한 결과는 아래의 표와 같다.

	χ^2(df)	GFI	AGFI	RMR	CFI	RMSEA	PGFI
제안모델	401.04(81)	.933	.901	.017	.946	.074	.630
동치모델	401.04(81)	.933	.901	.017	.946	.074	.630

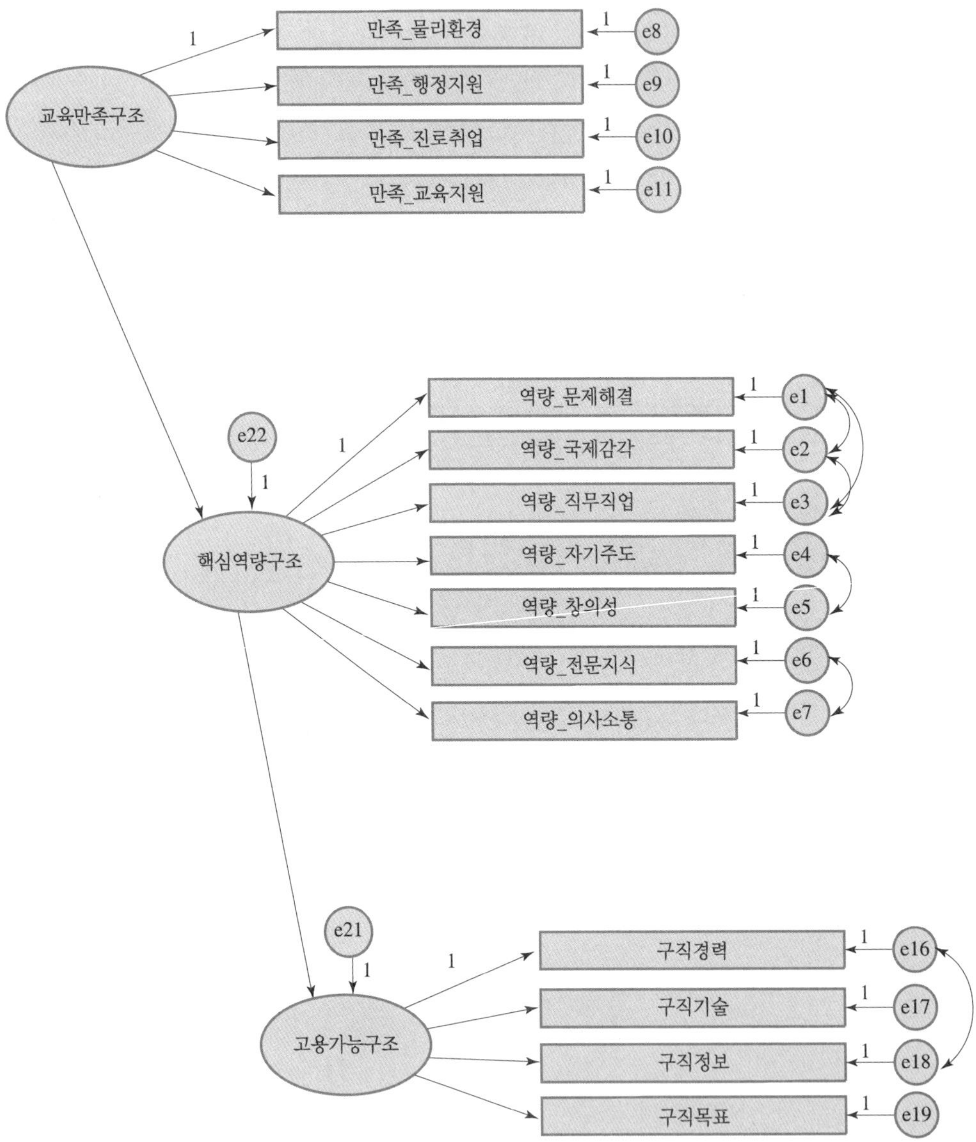

[그림 5] 제안모델의 경쟁모델 & 둥지모델

위의 그림은 예시 자료의 제안모델과 경쟁모델이라고 할 수 있다. 제안 모델의 경우와 달리 경쟁모델은 "교육만족⇒고용가능" 경로를 제거하였다. 즉, 경로를 추가하거나 제거함으로써 처음 고안한 제안모델과 서로 비교를 하기 위해 만들어진 모델이 경쟁모델이다. 제안모델과 경쟁모델의 적합도를 비교한 결과는 아래의 표와 같다.

	χ^2(df)	GFI	AGFI	RMR	CFI	RMSEA	PGFI
제안모델	401.04(81)	.933	.901	.017	.946	.074	.630
경쟁모델	420.93(82)	.929	.896	.017	.942	.075	.635

제안모델과 경쟁모델의 경우 자유도가 1 증가함에 따라 $\triangle\chi^2$=19.89로서 $\triangle\chi^2$이 3.84보다 크기 때문에 유의하게 변화한 것을 알 수 있다. 하지만 적합도를 비교한 결과 경쟁모델의 경우 제안모델보다 낮은 값을 가지기 때문에 경쟁모델보다는 제안모델을 최종모델로 선정하게 되었다. 그리고 표에서 알 수 있듯이 자유도의 차이가 1이기 때문에 경쟁모델은 둥지모델에 속하기도 하였다.

5. 매개효과 분석

가. 매개효과 분석을 위한 설정방법 안내

1) Output 설정

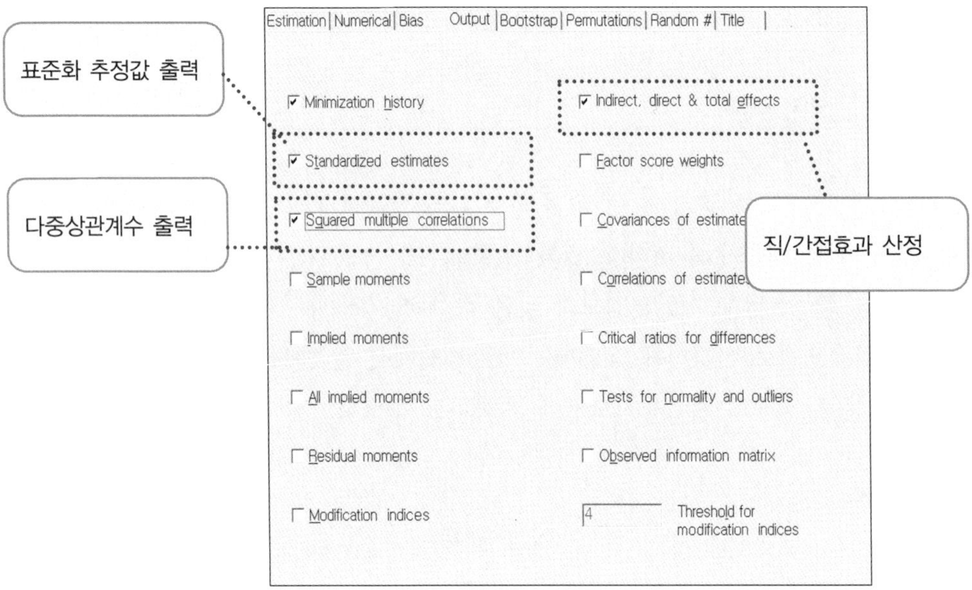

2) Bootstrap 선정(간접효과 유의성 검정)

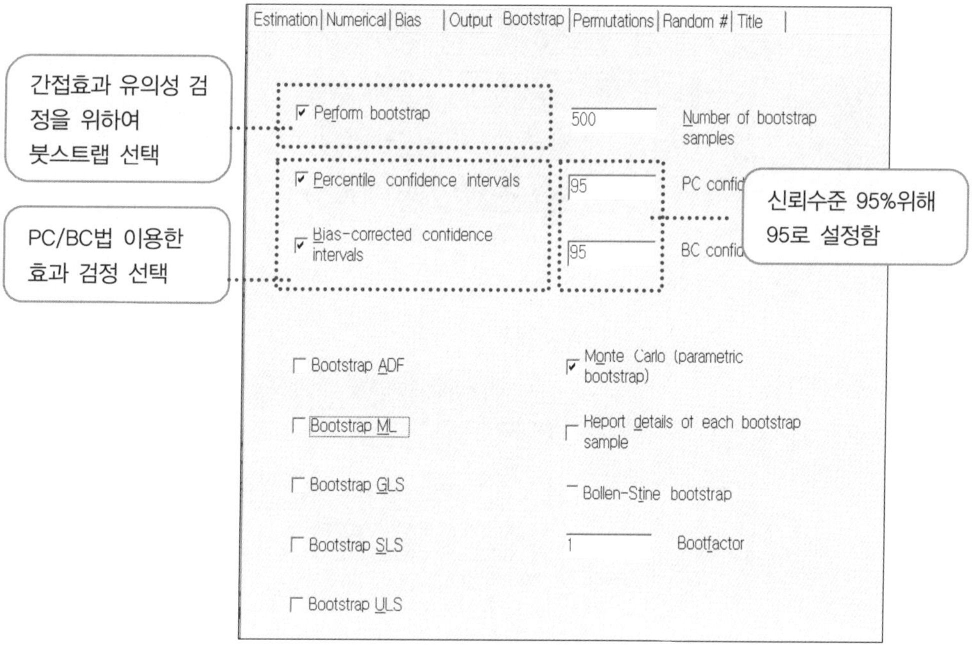

나. 결과 해석

1) 결과 파악 버튼 클릭 및 표준화계수 출력

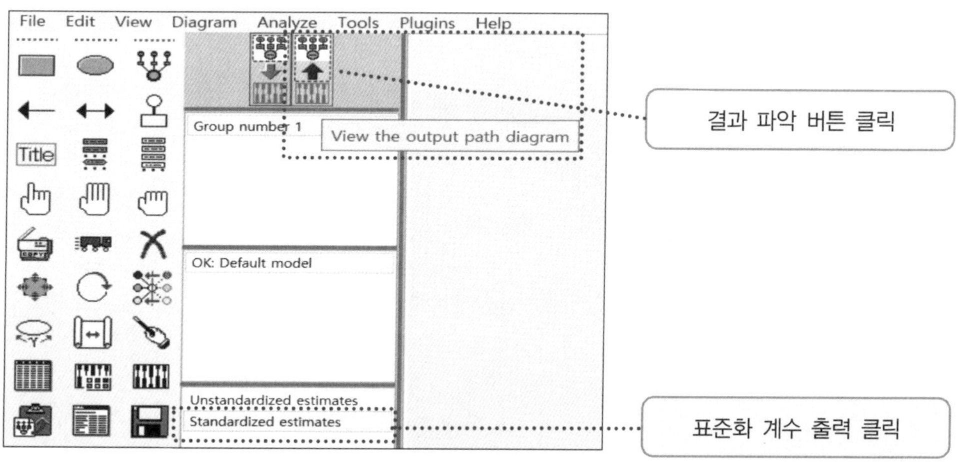

2) 매개효과 결과(앞의 예시 자료의 매개효과 분석 결과)

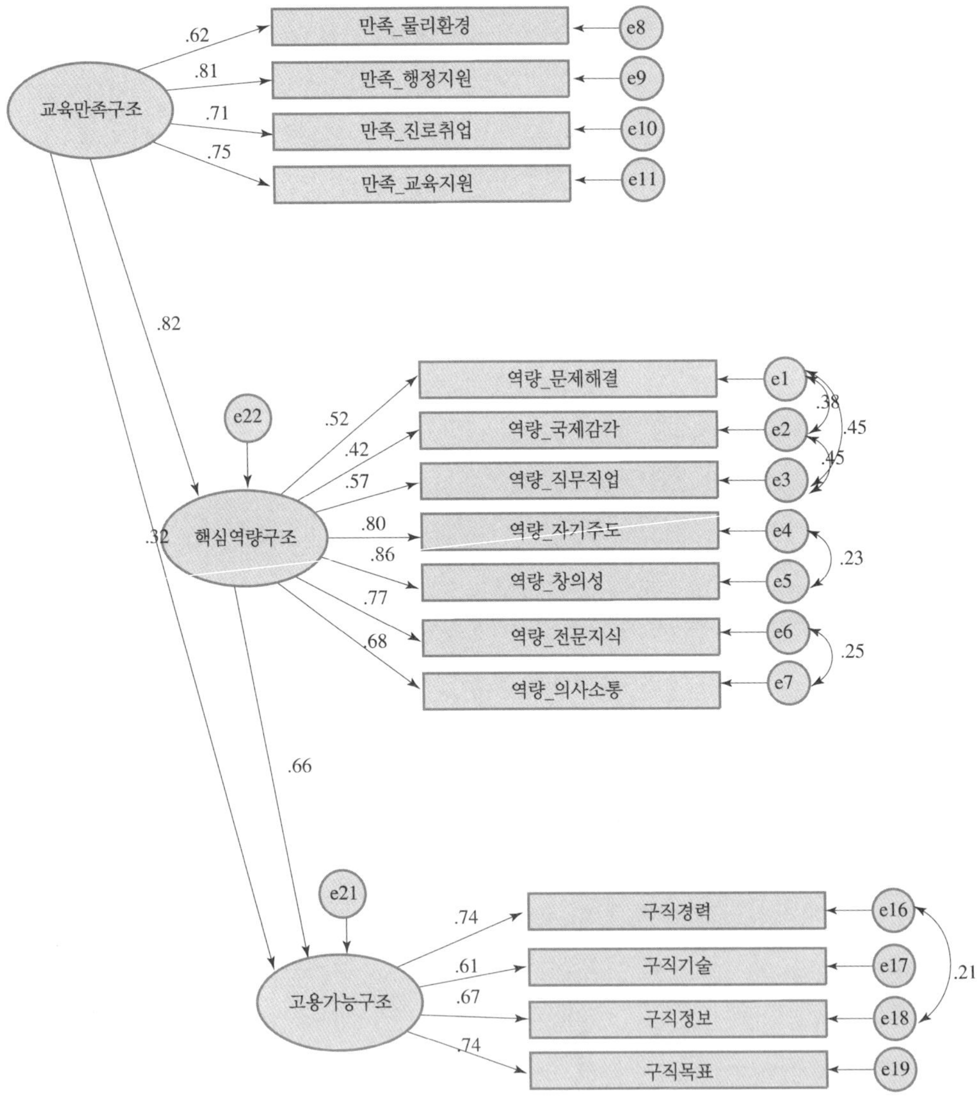

[그림 6] 교육만족도와 고용가능성 관계에서 핵심역량의 매개효과

3) Output 결과창 보기 및 효과 분해 해석 방법

(왼쪽 배너 중 그림을 클릭하거나, [F10] 단축키를 누르면 결과 창을 볼 수 있음.)

① Notes for model

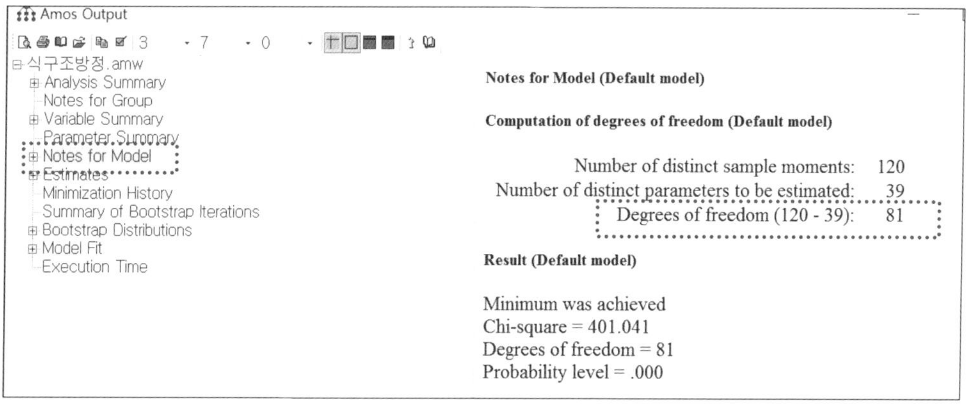

왼쪽 배너 중 "Notes for model"을 클릭하면 위의 그림처럼 화면이 나타난다.

"Degrees of freedom(자유도)"의 값을 확인하면 표화모형, 독립모형을 알 수 있다. 자유도의 값이 "0"일 경우에는 포화모형을 의미한다. 포화모형이란 완전 적합된 모형으로 해당 데이터에 대한 완전 적합되어진 모형을 의미하며, 이 경우에는 적합도를 따로 파악하지 않아도 된다.

하지만 본 예시자료의 경우 독립모형(자유도가 "0"이 아님)으로 적합도를 따로 확인해야 한다.

② Model Fit

Amos Output

식구조방정.amw
Analysis Summary
Notes for Group
Variable Summary
Parameter Summary
Notes for Model
Estimates
Minimization History
Summary of Bootstrap Iterations
Bootstrap Distributions
Model Fit
Execution Time

Estimates/Bootstrap
Estimates
Bootstrap standard errors
Bootstrap Confidence

Group number 1

Default model

Model Fit Summary

CMIN

Model	NPAR	CMIN	DF	P	CMIN/DF
Default model	39	401.041	81	.000	4.951
Saturated model	120	.000	0		
Independence model	15	5993.308	105	.000	57.079

RMR, GFI

Model	RMR	GFI	AGFI	PGFI
Default model	.017	.933	.901	.630
Saturated model	.000	1.000		
Independence model	.167	.257	.151	.225

Baseline Comparisons

Model	NFI Delta1	RFI rho1	IFI Delta2	TLI rho2	CFI
Default model	.933	.913	.946	.930	.946
Saturated model	1.000		1.000		1.000
Independence model	.000	.000	.000	.000	.000

Parsimony-Adjusted Measures

Model	PRATIO	PNFI	PCFI
Default model	.771	.720	.729
Saturated model	.000	.000	.000
Independence model	1.000	.000	.000

※ 적합도 해석 방법은 확인적 요인분석에서 설명한 것과 동일하게 하면 된다.

③ Estimates(결과 창 왼쪽 배너 중 Estimates를 클릭하면 아래와 같은 창이 나온다)

Regression Weights: (Group number 1 - Default model)

			Estimate	S.E.	C.R.	P	Label
핵심역량구조	<---	교육만족구조	.979	.086	11.331	***	
고용가능구조	<---	핵심역량구조	.967	.116	8.312	***	
고용가능구조	<---	교육만족구조	.556	.118	4.712	***	
역량_문제해결	<---	핵심역량구조	1.000				
역량_국제감각	<---	핵심역량구조	.870	.074	11.700	***	
역량_직무직업	<---	핵심역량구조	.974	.062	15.668	***	
역량_자기주도	<---	핵심역량구조	1.282	.092	13.869	***	
역량_창의성	<---	핵심역량구조	1.413	.099	14.323	***	
역량_전문지식	<---	핵심역량구조	1.117	.081	13.754	***	
역량_의사소통	<---	핵심역량구조	.804	.062	12.903	***	
만족_물리환경	<---	교육만족구조	1.000				
만족_행정지원	<---	교육만족구조	1.528	.090	16.942	***	
만족_진로취업	<---	교육만족구조	1.389	.089	15.539	***	
만족_교육지원	<---	교육만족구조	1.443	.089	16.159	***	
구직경력	<---	고용가능구조	1.000				
구직기술	<---	고용가능구조	.862	.054	15.931	***	
구직정보	<---	고용가능구조	1.027	.052	19.787	***	
구직목표	<---	고용가능구조	.877	.045	19.343	***	

- C.R.: 유의성파악 통계량
- P: 유의확률을 의미하며, ***는 0.000을 의미하여 매우 유의미하다는 뜻임.
- C.R.>1.960이면 95% 신뢰수준에서 유의하다는 의미임.

Standardized Regression Weights: (Group number 1 - Default model)

			Estimate
핵심역량구조	<---	교육만족구조	.825
고용가능구조	<---	핵심역량구조	.664
고용가능구조	<---	교육만족구조	.322
역량_문제해결	<---	핵심역량구조	.518
역량_국제감각	<---	핵심역량구조	.416
역량_직무직업	<---	핵심역량구조	.572
역량_자기주도	<---	핵심역량구조	.801
역량_창의성	<---	핵심역량구조	.858
역량_전문지식	<---	핵심역량구조	.774
역량_의사소통	<---	핵심역량구조	.685
만족_물리환경	<---	교육만족구조	.623
만족_행정지원	<---	교육만족구조	.810
만족_진로취업	<---	교육만족구조	.713
만족_교육지원	<---	교육만족구조	.754
구직경력	<---	고용가능구조	.744
구직기술	<---	고용가능구조	.613
구직정보	<---	고용가능구조	.671
구직목표	<---	고용가능구조	.740

- 표준화 계수값이 출력되는 표임.
- 검정결과는 비표준화와 동일함.

Variances: (Group number 1 - Default model)

	Estimate	S.E.	C.R.	P	Label
교육만족구조	.095	.011	8.817	***	
e22	.043	.007	6.136	***	
e21	.030	.008	3.586	***	
e1	.366	.020	18.313	***	
e2	.486	.026	18.652	***	
e3	.261	.014	18.057	***	
e4	.123	.009	13.917	***	
e5	.096	.008	11.948	***	
e6	.112	.007	15.590	***	
e7	.098	.006	16.912	***	
e8	.150	.009	17.336	***	
e9	.116	.009	13.574	***	
e10	.177	.011	16.171	***	
e11	.151	.010	15.349	***	
e16	.230	.015	15.332	***	
e17	.350	.020	17.562	***	
e18	.368	.022	16.569	***	
e19	.181	.011	15.775	***	

- 분산, 오차분산을 나타내며, 이를 검정하는 표임.
- 해석에는 별로 사용이 되지 않음.

Squared Multiple Correlations: (Group number 1 - Default model)

	Estimate
핵심역량구조	.680
고용가능구조	.896
구직목표	.547
구직정보	.450
구직기술	.376
구직경력	.553
만족_교육지원	.568
만족_진로취업	.509
만족_행정지원	.657
만족_물리환경	.388
역량_의사소통	.469
역량_전문시식	.598
역량_창의성	.736
역량_자기주도	.642
역량_직무직업	.327
역량_국제감각	.173
역량_문제해결	.268

- SMC(다중상관값): 종속변수가 독립변수에 의해 설명되는 비율을 의미함.
- 예를 들어, 핵심역량에 의해 고용가능성은 약 68% 설명이 된다.
- 보통 60~70%정도면 설명력이 있다고 해석함.

④ Total/Direct/Indirect Effect (효과 분해)

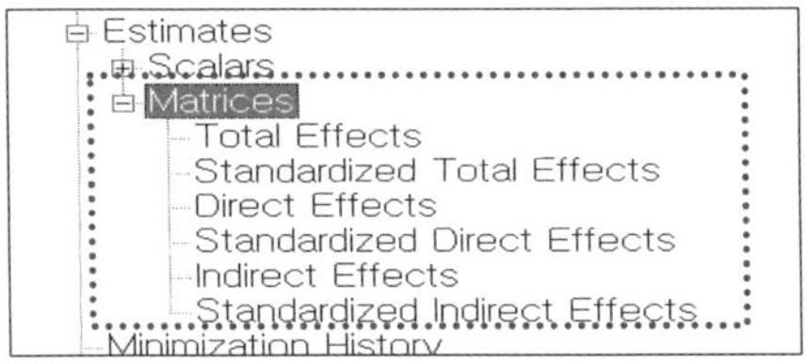

총효과는 직접(direct)효과와 간접(imdirect) 효과로 구성되어 있으며, 비표준화 값과 표준화(standardized) 값 등 두 가지로 표현되어 나타난다.

❶ 직접 효과

Standardized Direct Effects (Group number 1 - Default model)

	교육만족구조	핵심역량구조	고용가능구조
핵심역량구조	.825	.000	.000
고용가능구조	.322	.664	.000

Direct Effects (Group number 1 - Default model)

	교육만족구조	핵심역량구조	고용가능구조
핵심역량구조	.979	.000	.000
고용가능구조	.556	.967	.000

직접효과는 회귀계수 값을 의미하며, 표준화 값과 비표준화 값으로 제시된다. 보통 논문에서는 표준화 값을 제시하는 경우가 대부분이다.

※ 결과 창에는 소수 3자리까지 나오기 때문에, 결과 그림에서 표시되는 값과 약간의 차이가 있을 수 있다.

❷ 간접효과

Standardized Indirect Effects (Group number 1 - Default model)

	교육만족구조	핵심역량구조	고용가능구조
핵심역량구조	.000	.000	.000
고용가능구조	.547	.000	.000

Indirect Effects (Group number 1 - Default model)

	교육만족구조	핵심역량구조	고용가능구조
핵심역량구조	.000	.000	.000
고용가능구조	.947	.000	.000

간접효과는 각 경로의 직접효과 값을 곱한 값으로 표현된다.

① 교육만족→핵심역량 (표준화)=0.825
② 핵심역량→고용가능 (표준화)=0.664
③ 교육만족→고용가능의 간접효과는 .825 ×.664=.547

※논문에서는 보통 표준화값을 제공하므로, 표준화값만 예시로 제시함.

❸ 총 효과 (총 효과 = 직접효과 + 간접효과)

Standardized Total Effects (Group number 1 - Default model)

	교육만족구조	핵심역량구조	고용가능구조
핵심역량구조	.825	.000	.000
고용가능구조	.869	.664	.000

표준화된 총 효과
=표준화된 직접효과
+표준화된 간접효과
= .547+.322
= .869

Standardized Indirect Effects (Group number 1 - Default model)

	교육만족구조	핵심역량구조	고용가능구조
핵심역량구조	.000	.000	.000
고용가능구조	.547	.000	.000

Standardized Direct Effects (Group number 1 - Default model)

	교육만족구조	핵심역량구조	고용가능구조
핵심역량구조	.825	.000	.000
고용가능구조	.322	.664	.000

Total Effects (Group number 1 - Default model)

	교육만족구조	핵심역량구조	고용가능구조
핵심역량구조	.979	.000	.000
고용가능구조	1.503	.967	.000

비표준화 총 효과
=비표준화 직접효과
+비표준화 간접효과
= .947+.556
= 1.503

Indirect Effects (Group number 1 - Default model)

	교육만족구조	핵심역량구조	고용가능구조
핵심역량구조	.000	.000	.000
고용가능구조	.947	.000	.000

Direct Effects (Group number 1 - Default model)

	교육만족구조	핵심역량구조	고용가능구조
핵심역량구조	.979	.000	.000
고용가능구조	.556	.967	.000

⑤ Bootstrap

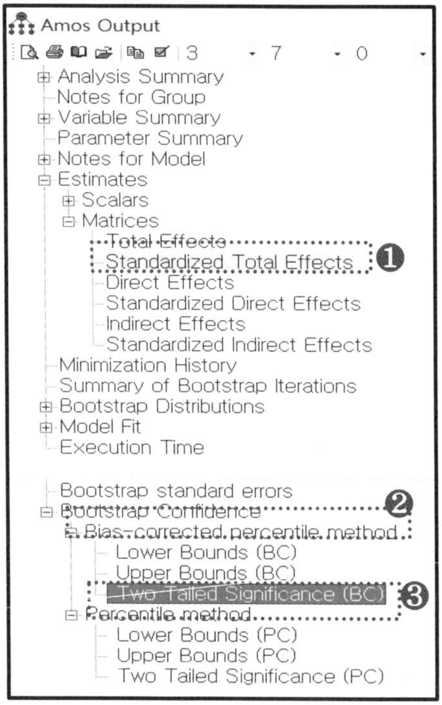

간접효과 유의성을 검정한 결과를 보여 주기 위한 메뉴로서, 붓스트래핑 수행을 해야만 아래의 메뉴가 생성된다.
붓스트래핑 결과 확인 방법은
❶ 확인하고자 하는 효과를 선택
(예시그림은 표준화된 총 효과선택)
❷ 아래의 메뉴 중 BC법을 선택
❸ BC법 중 양측검증(Two Tailed Signigicance)를 선택
※ 이러한 과정을 거치면 오른쪽 표의 수치가 아래의 그림처럼 변화함.
※ Lower와 Upper는 참고용임.
※ BC법 이외에 PC법이 있으며, 약간의 차이가 있지만, 일반적으로 bias(편의)를 많이 보정한 BC법 사용을 권장한다.

Standardized Total Effects (Group number 1 - Default model)

	교육만족구조	핵심역량구조	고용가능구조
핵심역량구조	.825	.000	.000
고용가능구조	.869	.664	.000

Standardized Total Effects - Two Tailed Significance (BC) (Group number 1 - Defaul

	교육만족구조	핵심역량구조	고용가능구조
핵심역량구조	.007	...	...
고용가능구조	.008	.006	...

총 효과(.869)에 대한 붓스트래핑 결과

.008로 나타났으며, 이 값이 곧 유의확률이 된다.

따라서 95% 신뢰수준에서 .008<.050이므로 총효과가 있다고 말할 수 있다.

Standardized Indirect Effects (Group number 1 - Default model)

	교육만족구조	핵심역량구조	고용가능구조
핵심역량구조	.000	.000	.000
고용가능구조	.547	.000	.000

Standardized Indirect Effects - Two Tailed Significance (BC) (Group number 1 - Def

	교육만족구조	핵심역량구조	고용가능구조
핵심역량구조	...	...	...
고용가능구조	.004	...	...

간접 효과(.547)에 대한 붓스트래핑 결과 .004로 나타났으며, 이 값이 곧 유의확률이 된다. 따라서 95% 신뢰수준에서 .004<.05이므로 간접 효과가 있다고 말할 수 있다.

매개효과 정리 및 해석 - 표준화 계수 기준

□ 교육만족 → (매개변인: 핵심역량) → 고용가능성

① 위 경로에서 직접효과는 .320이고, C.R.값은 4.712이며, p-value가 .000(***)으로 매우 유의하다.
② 간접효과는 .825이며, 붓스트래핑의 BC법을 통한 p-value가 .004로 유의하다.
③ 이를 통해 직접효과와 간접효과 모두 유의하여, 핵심역량은 교육만족과 고용가능성 사이에 부분매개를 한다고 결론을 내린다.

※ 만약, 직접효과는 유의하지만 간접효과가 유의하지 않을 경우에는 매개효과가 없다고 결론을 지으며, 반대로 직접효과는 유의하지 않지만 간접효과만 유의할 경우에는 완전 매개한다고 결론을 내린다.

참고문헌

권민석, 신재한(2011). 초급에서 고급까지 교육통계 따라잡기. 경기 파주: 한국학술정보.

김남석, 오동근, 방대욱, 김수경(2007). 학술논문작성법: 학술논문의 이해. 대구: 계명대학교출판부.

김신정, 김성희(2012). 대학생용 진로정체감 척도 개발. 상담학연구, 13(3), 1425-1441.

김은하, 김혜림(2015). 기혼여성의 생활스트레스와 화병 간의 관계: 내외통제성을 통한 정당한 세상에 대한 믿음의 매개된 조절효과, 상담학연구, 16(5), 39-53.

김해식(2010). 글쓰기 특강. 서울: 파라북스.

김혜숙, 공윤정, 여태철, 황매향(2014). 초보자를 위한 학위논문작성법. 서울: 학지사.

박재황, 김순업(2004). 내부-외부 통제 척도 개발. 좋은인간관계학회지: 좋은인간관계, 2(1), 62-79.

서대진, 장형유, 김봉화(2011). 인문사회과학도를 위한 학위논문작성법 교과서. 서울: 일문사.

서영석(2010). 상담심리 연구에서 매개효과와 조절효과 검증: 개념적 구분 및 자료분석 시 고려 사항. 한국심리학회지: 상담 및 심리치료, 22(4), 1147-1168.

성태제(2014). SPSS/AMOS/HLM을 이용한 알기 쉬운 통계분석(2판). 서울: 학지사.

성태제, 시기자(2006). 연구방법론. 서울: 학지사.

송인섭, 박소연, 이희현 등(2010). 실제 논문작성을 위한 연구방법론. 경기 파주: 교육과학사.

송준호(2011). 좋은 문장 나쁜 문장. 경기 파주: 살림.

송지준(2015). SPSS/AMOS 통계분석방법. 경기 파주: 21세기사.

양병권(2009). 알기 쉬운 학위논문 작성법. 부산: 포커스.

우종필(2012). 구조방정식 모형 개념과 이해. 서울: 한나래 아카데미.

우종필(2015). 구조방정식 모델과 회귀분석을 이용한 매개된 조절모델 및 조절된 매개모델에 대한 고찰: 만족, 신뢰, 의존이 몰입에 미치는 영향을 중심으로. 상품학연구, 33(4), 45-68.

윤현상, 김상곤(2001). 협동학습이 학습자의 자기조절학습능력, 자아존중감 및 협동심에 미치는 영향. 수산해양교육연구, 13-2, 194-211.

이군희(2012). 사회과학 연구방법론. 경기 파주: 법문사.

이숙정(2005). 교사가 지각한 신리 척도의 타당화. 교육평가연구, 8(3), 117-134.

이일현(2014). EasyFlow 회귀분석. 서울: 한나래.

이형환, 이재훈(2012). 학위논문 작성 길라잡이. 경기 파주: 한국학술정보.

이혜진, 김성희(2013). 대학생용 자기성장 척도 개발. 상담학연구, 14(1), 609-626.

장선영(2014). 프로젝트중심학습에서 학습자의 의사소통능력, 리더십, 비판적 사고력, 정보활용능력이 반성적 사고에 미치는 영향. 교육방법연구, 26(3), 391- 407.

장선호, 서동기(2016). 회귀분석을 이용한 매개된 조절효과와 조절된 매개효과 검증 방법. 한국심리학회지: 일반, 35(1), 257-282.

정삼권(2013). 학위논문작성법. 서울: 기문사.

조인숙, 서은경, 최석두(2013). 학위논문 작성 매뉴얼. 서울: 한성대학교 출판부.

홍세희(2000). 구조방정식 모형의 적합도 지수 선정기준과 그 근거. 한국심리학회지: 임상, 19(1), 161-177.

허준(2013). 허준의 쉽게 따라하는 amos 구조방정식 모형 : 기초편. 서울: 한나래아카데미.

American Psychological Association(2013). APA 논문작성법(6th ed.) (강진령 역). 서울: 학지사. (원서 2010년 발행).

Cone, J. D., & Foster, S. L. (2006). 학위논문작성법: 시작에서 끝내기 (정옥분, 임정하 공역). 서울: 시그마프레스. (원서 1993년 발행)

Gartland, D., Bond, L., Olsson, C. A., Buzwell, S., & Sawyer, S. M. (2011). Development of a multi-dimensional measure of resilience in adolescents: The adolescent resilience questionnaire. *BMC Medical Research Methodology, 11*(134), 1-10.

Gray, P., & Drew, D. E. (2012). 대학 교수가 되는 299가지 방법 (강남희 역). 서울: 홍문관. (원서 2008년 발행)

Johanson, G. A., & Brooks, G. P. (2010). Initial scale development: Sample size for polot studies. *Educational and Psychological Measurement, 70*(3), 394-400.

Robitschek, C., Ashton, M. W., Spering, C. C., Ceiger, N., Byers, D., Schotts, G. C., & Thoen, M. (20120. Development and psychometric evaluation of the personal growth initiative scale-II. *Journal of Counselling Psychology, 59*(2), 274-287.

박사학위논문

김경희(2014). 대학생활의 스트레스와 심리적 안녕감의 관계에서 수용과 전념 행동의 조절효과. 박사학위논문, 전남대학교.

김기형(2015). 연구생산성 결정요인: BK21 플러스 참여교수를 중심으로. 박사학위논문, 한남대학교.

김미경(2013). 전문대학생의 진로탄력성 척도 개발. 박사학위논문, 경북대학교.

김영미(2014). 교사 유능성 척도 개발 및 타당화. 박사학위논문. 강남대학교

김정문(2010). 불안정 애착이 심리적 안녕감에 미치는 영향. 박사학위논문, 한양대학교.

이영희(2010). 학습양식 척도 개발 및 타당화. 박사학위논문, 원광대학교.

김연(2015). 여자프로선수의 프로페셔널 이미지 및 미디어 노출 인식, 외모관리가 경기력에 미치는 영향. 박사학위논문, 중앙대학교.

김용숙(2013). 노년기 교육참여가 생활만족도에 미치는 영향: 심리적 임파워먼트의 매개효과를 중심으로. 박사학위논문, 단국대학교.

김인희(2013). 중등교사의 보유역량과 발휘역량 차이 분석. 박사학위논문, 강원대학교.

김재성(2014). 시각적·언어적 학습스타일 특성을 반영한 맞춤형 이러닝 프로그램 적용 효과. 박

사학위논문, 단국대학교.

김주연(2015). 웹기반 문제해결학습에서 스캐폴딩 유형과 메타인지 수준이 실재감, 문해결력 수행 및 성취도에 미치는 영향. 박사학위논문, 이화여자대학교.

김주호(2014). 라이프스타일 세분화에 따른 축제방문객 행동특성 차이분석. 박사학위논문, 배재대학교.

김지현(2014). 청소년의 휴대전화 의존에 영향을 미치는 요인에 관한 연구. 박사학위논문, 대구대학교.

박세준(2016). 컨벤션 개최국의 위험지각, 이미지, 방문의도 간의 구조적 관계분석. 박사학위논문, 한양대학교.

박승호(2014). 국내 주식시장의 날씨 효과 연구: 주식수익율, 주가변동성, 거래형태를 중심으로. 박사학위논문, 성균관대학교.

박은예(2015). 중학생의 학업적 자기효능감, 대인관계능력이 학교적응에 미치는 영향. 박사학위논문, 가톨릭관동대학교.

박지현(2014). 가족기업과 비가족기업이 경영성과, 회계보수성 및 사회적 책임의 차이분석. 박사학위논문, 중앙대학교.

백영숙(2013). 보육교사의 직무스트레스와 이직의도의 관계에 미치는 개인적·환경적 보호요인의 조절효과. 박사학위논문, 숙명여자대학교.

서영목(2013). 중등학교 조직행동 특성에 대한 사립교사의 인식. 박사학위논문, 계명대학교.

손은경(2014). 초등학생의 스마트폰 중독 위험성이 정신건강에 미치는 영향: 회복탄력성의 매개효과를 중심으로. 박사학위논문, 대구대학교.

심명순(2014). 학교장의 리더십과 조직성과와의 관계: 교사의 자기효능감의 매개효과를 중심으로. 박사학위논문, 명지대학교.

심현숙(2012). 브랜드 체험이 브랜드 충성도에 미치는 영향: 브랜드 자산의 매개역할 및 관여도의 조절효과를 중심으로. 박사학위논문, 한양대학교.

엄미리(2010). e-포트폴리오 성찰일지 작성활동의 학습효과에 영향을 미치는 학습자 관련 변인에 관한 연구. 박사학위논문, 고려대학교.

여인주(2014). 사회적 지지와 정서조절이 호텔직원 구성원의 고객지향성에 미치는 영향: 긍정심리자본의 매개효과. 박사학위논문, 경기대학교.

윤석주(2014). 전문대학생의 스트레스와 자살생각의 관계에서 자아존중감의 매개효과와 부모양육태도의 조절효과. 박사학위논문, 단국대학교.

이영희(2010). 학습양식척도 개발과 그 타당화 연구. 박사학위논문, 원광대학교.

정택동(2015). 지형적 공간 형태가 주택가격에 미치는 영향: 한남동을 중심으로. 박사학위논문, 강원대학교.

황국현(2014). CEO의 소명의식과 진정성 리더십이 구성원의 조직유효성에 미치는 영향: 비전적 리더십의 조절효과를 중심으로. 박사학위논문, 숭실대학교.

정지현(2013). 청소년의 감각추구성향과 위험행동의 관계에 대한 보호요인의 조절효과. 박사학위논문, 계명대학교.

한현지(2015). 대학생의 스마트폰 중독이 정신건강 및 신체건강에 미치는 영향: 자기효능감, 부모-자녀관계, 친구관계의 조절효과. 박사학위논문, 대구가톨릭대학교.

찾아보기

〈ㄱ〉

〈ㄴ〉

〈ㄷ〉

〈ㄹ〉

〈ㅁ〉

〈ㅂ〉

〈ㅅ〉

〈ㅇ〉

〈ㅈ〉

〈ㅊ〉

〈ㅋ〉

〈ㅌ〉

〈ㅍ〉

〈ㅎ〉

저자소개

김규태(철학박사)

현) 계명대학교 사범대학 교육학과 조교수
교육부 교직발전기획단 위원(2013-2014)
한국교육개발원 자유학기제 컨설턴트(2013, 2014)

〈주요 저서〉

- 교육행정 및 교육경영(2014)
- 교육조직행동 척도(2015)
- 최근 교육학의 이해(2015) 등 다수

〈주요 논문〉

- 교육감의 행정행위와 책무성에 대한 학부모와 교원의 인식 분석(한국교육정치학회, 2015)
- 초등교사의 긍정심리자본이 조직몰입에 미치는 영향: 행복과 직무스트레스의 매개효과(한국열린교육학회, 2015)
- 교육감의 행정행위와 책무성에 대한 국가의 관여 방식과 기제에 관한 쟁점 분석(한국교육정치학회, 2014)
- 초등교사의 긍정심리자본과 학생 핵심역량 관계에서 학교조직몰입의 매개효과(학교사회복지, 2014) 등 다수

권민석(교육학박사)

현) 대구태전초등학교 교사, 경북대학교 사범대학 외래교수

〈주요 저서〉

- 자유학기제의 이해와 실제(2015)
- 사회과교육 연구와 수업 탐구(2015)
- 최신 교육학의 이해(2014)

〈주요 논문〉

- 교사, 학생, 학부모의 의견조사를 통한 자유학기제 활성화 방안 탐색(교육종합연구, 2015)
- 연구학교 사례분석을 통한 자유학기제 활성화 방안 탐색(교육문화연구, 2014)
- 교육과정 재구조화를 통한 융합인재교육(STEAM)수업모델 개발 및 적용(전라북도교육연구정보원, 2012) 등 다수

최경민(교육학박사)

현) 상모초등학교 담임교사 및 연구부장
경북 학생활동중심 수업 선도 교사
경북 구미 학생활동중심수업 컨설턴트

〈주요 저서〉

- 교육조직행동 척도(2015)
- 거꾸러 배움, 교실에서 찾은 아이들의 행복 열쇠(2016)

〈주요 논문〉

- 초등교사의 긍정심리자본과 학생 핵심역량 관계에서 학교조직몰입의 매개효과(학교사회복지, 2014)
- 초등교사의 긍정심리자본이 조직몰입에 미치는 영향: 행복과 직무스트레스의 매개효과(한국열린교육학회, 2015)

학위논문과 통계분석

1판 1쇄 인쇄 — 2016년 8월 1일
1판 1쇄 발행 — 2016년 8월 8일

저　　자 - 김규태 권민석 최경민
발 행 인 - 강 철 원
발 행 처 - 양 성 원
주　　소 - 경기도 파주시 월롱산로(야동동) 71
전　　화 - 031-946-3861(代)
팩　　스 - 031-946-3864
이 메 일 - tnwpub@naver.com
출판등록 - 2015년 8월 31일 제 2015-000211 호

ISBN 979-11-87118-54-1

정가 20,000원